U0943483

气 候 变 化 与
能源经济研究丛书

不确定性条件下油价宏观经济影响的动态一般均衡模拟研究

BUQUEDINGXING TIAOJIAN XIA YOUJIA HONGGUAN JINGJI YINGXIANG DE DONGTAI YIBAN JUNHENG MONI YANJIU

汤维祺◎著

人 民 出 版 社

总　序

全球气候变暖对全人类构成严峻挑战，而且应对气候变化的行动越迟缓社会成本就越大。因此，当前各国必须密切合作，减缓和适应气候变化，并探索低碳经济发展的新模式。为此，国际社会历经20余载的反复磋商，先后达成《联合国气候变化框架公约》和《京都议定书》，并于2015年12月在联合国气候变化框架公约第21次缔约方大会上达成《巴黎协定》。《巴黎协定》是历史上首个关于气候变化的全球性协定，为2020年后全球应对气候变化的目标和行动作出安排。

气候变化与大气污染同根同源，其治理也具有协同效应。当前，中国正面临日益严重的环境污染，大面积持续雾霾天气的治理刻不容缓，以环境为代价的粗放型发展模式已难以为继。中国自“十二五”以来就将能源强度和碳强度作为约束性目标写入五年规划，并层层分解至各省、市、自治区乃至行业和企业，党的十八大更是明确提出要发展绿色低碳经济、实现发展模式根本转变；我国向联合国提交的自主减排贡献（NDRC）承诺在2030年碳排放达到峰值。与此同时，中国在应对气候变化的国际气候治理中逐渐开始扮演领导者的角色，为推动达成《巴黎协议》作出了建设性的贡献。因此，无论是中国国内自身日益迫切的需要，还是在全球气候治理中发挥领导作用，树立负责任大国形象，我国都需要加强应对气候变化和大气污染治理，通过绿色低碳转型，实现可持续发展。

应对气候变化首要是改变当前的高碳能源体系，并推动经济社会发展方式的变革。自工业革命以来，人类活动所需要的能源主要来自化石能源消费，化石能源无节制的消费产生的碳排放，是引起全球气候问题的根源，还造成了环境污染严重、资源约束趋紧、生态系统退化的后果。因此，变革能源体系尤为关键。

这一方面需要节能减排和提高能源效率，另一方面则要大力发展新能源和可再生能源，从而推动能源结构的低碳化。能源体系的变革，涉及能源生产、能源消费、能源技术和能源管理体制的变革以及能源国际合作。在能源体系低碳化的基础上，经济社会发展方式的变革是更根本、更彻底、更长远的任务，这将推动人类社会从工业文明过渡到生态文明。中国迫切需要改变经济社会发展方式，全面协调经济发展、社会发展和资源节约、环境保护之间的关系，实现节能减排和经济社会持续发展的双赢。

应对气候变化需要能源体系和发展方式的深刻变革，也需要增强社会公众的低碳意识与行为，这给经济学提出了新的研究任务和方向。其一，能源体系变革的路径及影响，包括节能减排及能效提升、新能源技术创新和产业化、行政措施和市场化手段等方面的研究。其二，低碳经济及其发展模式，包括碳效率及其影响因素、碳脱钩相关理论和机制、减排路径及创新激励机制等方面的研究。其三，应对气候变化的相关国际制度，包括国家间减排责任的分担、气候政策与国际经济的合作以及全球气候治理等方面的研究。其四，政府在引领整个社会向低碳社会发展过程中，要发挥主导作用，通过有效传播，提高公众对气候变化问题的认知，增进公众对低碳社会和低碳理念的认同感，优化公众行为，自觉采取节能减排行动。发达国家已对这些问题进行了大量的研究，初步形成了相关的理论体系和研究方法，对发达国家经济社会的低碳转型产生了重要影响，并为气候谈判和相关国际合作提供了理论支撑。相比发达国家，中国在积极应对气候变化的同时还肩负着工业化、城镇化、绿色化等经济社会发展的重任，因而更加迫切需要对中国的气候变化和能源经济问题进行深入研究。

基于上述考虑，我们组织编写了这套《气候变化与能源经济研究丛书》，包括《FDI 对中国工业能源效率的影响研究》《不确定性条件下油价宏观经济影响的动态一般均衡模拟研究》《偏向型技术进步对中国工业碳强度的影响》《碳减排路径与绿色创新激励机制》《气候壁垒对人民币实际有效汇率的影响》《全球主要碳市场制度研究》《气候政策与国际贸易：经济、法律、制度视角》和《政府低碳理念传播的理论与实践》。上述研究立足于绿色低碳经济发展与低碳社会建构，关注国际气候谈判趋势，瞄准能源经济研究领域的前沿，主要是一批青年博士最新的研究成果，体现出青年学者对环境、气候变化和低碳经济转型的关注、思考和探索，希望能为全球应对气候变化和我国低碳经济转型与可持续发展作出自己的贡献。

齐绍洲　吴力波　张继宏

前 言

受到供需结构、资源总量、替代能源、流动性冲击乃至地缘政治等多重因素影响,国际石油市场的动荡不断加剧。而我国在石油需求快速增长、对外依存度逐年提升、油价水平渐居高位的趋势下,石油安全日益堪忧。未来一段时期,国际石油市场波动及其不确定性对我国宏观经济的影响机制将更趋复杂:国内原油期货的推出、战略石油储备规模的增加、成品油定价机制的改革、市场竞争程度的提高、替代能源的规模化应用等都凸现出基于不确定性条件下的经济系统分析对于捕捉油价宏观经济影响是十分必要且关键的。

我国正处于经济转轨阶段,近中期包括石油在内的能源部门从部门管理体制到市场结构都在不断变革,既存在从政府管制向市场竞争的自由性演化,也存在上下游一体化与分散化经营的对抗与整合。而产业政策、能效政策、低碳政策也从多个维度影响着这一结构性演化过程的方向与深度!普遍意义上的一般均衡模型既无法捕捉上述不确定性冲击的特征,也无法刻画中国经济、特别是能源部门的结构性演化路径。

本书着力于构建一个中国动态可计算一般均衡(CGE)模型,一方面在传统CGE模型的框架下细致刻画微观经济主体的投资行为,分析产业结构调整和经济增长的内生动态机制、精细模拟我国能源市场的结构特征、政策约束、资源禀赋以及运行规律;另一方面则将基于蒙特卡洛抽样实验法(Monte Carlo Experiment)所获取的油价随机波动特征纳入动态CGE模型分析框架下予以模拟和分析,从而突破了传统CGE模型因数值模拟限制无法有效分析油价随机特征的局限;同时借助外部迭代法以及识别相关关系法(PCM),对数值模型中的理性预期机制进行了优化和扩展;最后通过引入投资收益的风险价值(VaR)模拟了不确定性市场环境下，经济主体的风险规避行为。

本书实证研究结果表明，由于我国国内市场，尤其是上游生产资料市场价格管制与市场垄断盛行，加之国内需求不足、出口部门恶性竞争严重，这些因素阻滞阻碍了我国成本冲击的传导过程，导致价格信号和市场机制严重扭曲。细分行业的NVAR模型分析结果表明在油价冲击下粘滞的价格传导造成成本压力在行业间的分担并不均衡，从而导致资源配置的低效率和产业结构的不合理发展；另一方面，对宏观层面的SVAR模型分析结果表明，扭曲的价格机制也会影响各行业的预期收益，尤其是当油价波动不确定性增强时，会严重地抑制投资，从而进一步恶化油价冲击对我国宏观经济的长期影响。考虑到我国目前正处于工业化转型的关键时期，产业结构具有较大的不确定性，资本积累和产业结构调整过程在很大程度上决定着我国长期经济结构转型路径与经济增长方式；而优化产业结构调整路径的重要途径便是推进国内市场，尤其是能源以及其他上游生产资料行业的市场化改革，优化生产、生活要素的市场化定价机制，借助市场机制的价格信号引导资源优化配置。

以实证研究的结果为参照，本书构建了动态CGE模型，细化模拟了在国际原油价格波动不确定性情景下，我国的经济增长与产业结构调整机制和路径。模型模拟结果表明在现有价格机制、市场结构、经济结构以及政策规制条件下，油价持续上涨并且随机波动会对我国宏观经济产出会造成显著的影响，GDP年增速与绝对水平都会显著下降，其中由于油价波动不确定性造成的直接影响，以及通过经济主体风险规避行为造成的间接影响不容忽视。与静态模型以及不包含预期因素的动态模型不同，本书模型模拟了经济主体在理性预期的引导下，调整新增投资的行业流向，由此推动产业结构调整，并逐渐适应高油价的环境。模型模拟结果表明高耗能行业如冶金、建材、化工和造纸业，以及处于产业链前端的行业如石油天然气开采业等，对于预期国际油价变动的敏感性较高；而消费品，以及附加值较高、处于产业链末端的行业如纺织、电子产品等行业对于油价预期较不敏感。因而对未来高油价的预期会促使更多的投资流向轻型化、低能耗、高附加值的产业，从而提高宏观经济对未来高油价的适应能力，这也实际上推动了我国产业结构的转型。

本书最后对我国目前可行的能源政策效果及经济影响进行了评估，分析结果表明推进我国国内石油市场的市场化定价、打破下游垄断、优化能源结构、构建战略石油储备等政策对保障我国经济生产的平稳有序、提高经济产出与增速都有积极的作用，在此过程中优化市场定价机制与打破市场垄断具有基础性的作用。一方面推进竞争性的市场定价对刺激经济增长、提高产出平稳性具有最为明显的作用；另一方面灵活的市场机制是包括石油储备以及推进能源替代政策的重要前提。只有灵活的市场化定价机制才能够更加高效地实现稀缺资源的优化配置，从而保证相关政策实现应有的效果。

相比之下，推进节能技术政策发展的政策选择在我国现有的技术条件和经济结构背景下尚不具有非常成熟的条件。市场自发选择的政策情景下，新能源技术由于其成本劣势，对传统生产技术的替代规模有限，并且除低碳交通技术外，其他技术都没有对宏观经济产出带来积极的影响。相反，如果通过规制性政策提高新兴技术的推广速率，反而可能造成资源配置的低效率，导致极大的经济损失。

目　　录

导　言

随着我国经济的工业化转型逐渐进入关键时期，能源需求尤其是石油需求的规模和刚性都在快速提高。不断加快的城市化进程也进一步推动了我国石油需求的增长。统计数据显示，我国石油产品的消费总量从 2000 年的 2. 25 亿吨增长到 2011 年的 4. 54 亿吨，增长了一倍以上。在不断膨胀的国内石油需求与逐渐萎缩的国内供给影响下，我国石油消费的对外依存度逐年提高。统计数据表明，2011 年我国石油进口 3. 16 亿吨，对外依存度高达 69. 62%，进口石油占能源消费总量的 12. 11%（按照标煤当量计算），而用于石油进口的支出则占全年 GDP（按当年价格记）的 3. 14%（《中国能源统计年鉴 2012》《中国统计年鉴 2012》）。石油作为经济生产所必需的基础原材料，同时也是社会生活所必需的投入品，需求刚性与进口依存度的同时提高势必给我国宏观经济的平稳和增长带来巨大的隐患。

与此同时，我国国内石油市场定价机制也加快了改革的步伐。长期以来，我国石油市场以及所有主要能源商品的定价、供需、运销等行为均受到严格的政府管制，非市场化的能源系统对市场体系和价格机制造成了严重的扭曲，导致供需失衡频现，社会各界对于深化能源市场改革的呼声不断高涨。由此，近年来我国国内石油市场在市场结构、管理体制，尤其是定价机制等方面都发生了巨大的变革。1998 年油价改革方案规定国内市场原油价格按照国际市场（新加坡）价格月均价浮动，成品油价格则实行国家指导价；2001 年进一步增加欧洲和美国市场作为参照，同时将每月浮动改为不定期浮动；最近一次的价格机制改革出现在 2008 年年底，明确了成品油价格调整的“22+4%”标准，即国际原油价格在 22 个工作日内上涨超过 4%，则国内成品油价格即进入调价窗口期，由发改委价格主管部门进行适当的价格调整。经过多次改革，国内石油市场价格机制已经在很大程度上与国际市场接轨,国内原油和成品油价格与国际市场价格之间的联动关系逐渐形成,而国际市场价格冲击对我国国内市场的影响渠道也渐渐畅通。

反观国际原油市场,自本世纪初以来国际原油价格的变化呈现出前所未见的新特征:国际金融体系的不断发展使货币、资本与大宗商品市场的一体化趋势日渐强化,以石油期权、期货等金融工具为基础的投机行为使投机套利资金不断涌入和涌出石油市场,导致国际油价的金融属性日渐彰显,油价波动在本世纪以来显著加剧。在2008年全球金融危机之前,新兴经济体旺盛的经济增长带来未来石油需求增长的预期,加上对全球原油剩余产能不足的担忧,推动国际油价出现大幅、快速上涨的趋势,到2008年国际油价比此前的低点(1998年)上涨了近7倍。美国商品期货交易委员会(Commodity Futures Trading Commission,CFTC)指出,以对冲基金为代表的非商业净多头持仓大幅增加,助推了油价的此轮上涨。在2008年7月末,纽约商品期货交易所(NYMEX)交易的西得克萨斯中质原油(WTI)价格创下147美元的历史记录时,对冲基金的净多头持仓量超过了1.2亿桶,超过当时原油实际消费总量的近50%,而随着8月次贷危机爆发,大量资金撤出金融市场抵补核心资本市场流动性的缺陷,导致国际油价在5个月内跌幅接近80%。但在金融危机持续蔓延、全球经济依然泥足深陷时,石油市场作为美元避险市场,又迅速吸引了大量的资金进入,推动油价很快恢复到100美元以上,甚至超过了此前的高点。国际投机套利资金的不断冲击和推波助澜一方面大幅放大了石油市场供给和需求及与之相关的预期因素变化造成的价格波动;另一方面与其他金融市场的联动又使得国际油价可能出现与基本面无关的大幅波动。由此可见,国际石油市场的金融属性不断强化,在很大程度上改变了国际原油价格的形成机制,造成国际原油价格的波动性及不确定性大幅提高。

我国经济正处于结构转型的关键时期,产业结构本身就在不断调整和变化,未来经济增长路径与生产方式存在较大的不确定性,加之国际经济环境、能源供需态势等多方面因素同样扑朔迷离。在内部环境与外部环境的多重不确定性影响下,经济主体对未来经济增长路径和生产方式的预期不稳定,因而由此推动的投资行为也对国际油价变动等外生冲击较为敏感,这就给学术研究和政策决策提出了一系列的难题,非常有必要借助系统性的分析方法与框架,从微观机制入手,对不确定性、市场预期以及受此影响的经济主体行为进行分析和模拟,从而对我国宏观经济增长和产业结构转型的内生动力机制,及其发展路径进行探析,

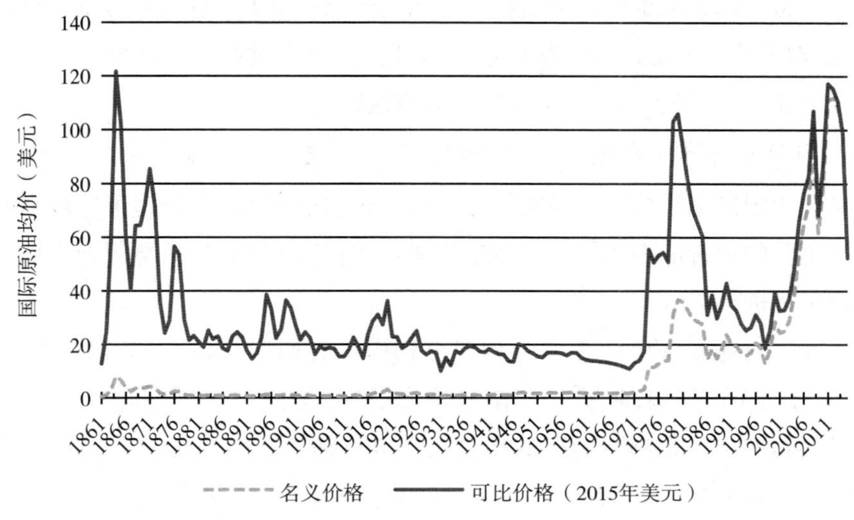

图 x.1　国际原油价格走势(1861—2015)

资料来源:英国石油公司:*BP Statistical Review 2016*。

研究在不确定性外部环境下,我国宏观经济增长和产业结构、生产方式转型的变化路径。本书拟建立的一般均衡(Computable General Equilibrium,CGE)模型通过细化模拟各部门、各类经济主体的最优化经济行为,并在瓦尔拉斯一般均衡理论的体系下对经济主体的个体行为进行闭合,从而求解市场均衡条件下的商品、要素的出清价格,以及相应的供需数量水平。由于 CGE 模型以微观经济主体的行为方程为基础,通过宏观经济理论将不同经济主体行为互相关联,因而能够细致地对经济系统的运行机制,以及不同模块之间的交互、反馈关系进行模拟,从而系统、全面地分析外生冲击以及内生政策变化对宏观经济增长和转型路径造成的影响,提高模型分析的参考价值。

本书研究拟从以下几个方面展开:

1. 国际原油价格影响宏观经济的理论机制与传导路径研究

通过对现有研究的回顾,归纳和梳理国际原油价格影响宏观经济的理论机制与传导路径。具体而言,本书拟从高油价影响宏观经济的传统理论与实证研究、油价冲击影响的非对称性与实际经济周期理论、油价不确定性与心理预期效应、一般均衡理论与宏观经济系统建模,以及国内关于油价波动宏观经济影响的研究等五个方面,对国内外相关研究进行综述。

通过将国际原油价格波动的特征与相关研究理论方法演进过程的时间轴两相对比,对理论和方法的发展脉络进行梳理。结合本世纪以来国际原油价格波动出现的新特征,提出与之相适应的研究方法创新。

2. 国际油价影响我国宏观经济的理论机制与传导路径研究

结合我国经济结构和市场特征,从理论分析的角度出发梳理现阶段对我国而言最主要的油价冲击传导路径与影响机制,并通过宏观层面与行业层面的实证分析对其进行验证。

宏观层面的实证研究拟通过构建结构向量自回归(Structural Vector Auto-regressive,SVAR)模型,对经济产出、物价水平、投资水平以及国际原油价格等宏观变量之间的交互影响与动态的相关关系进行估计。在此基础上,利用"叠加脉冲响应分解方法(Superposed Impulse Response Approach,SIRA)①"对油价冲击发生后,各宏观变量在总体传导中的作用与贡献度进行分解,由此研究外生油价冲击在宏观层面的主要传导机制和路径。

在行业层面的实证研究拟构建包含非对称系数约束和结构约束的向量自回归(Identified SVAR)模型,对各工业行业受油价冲击后产出与产品价格的变化情况进行估计。通过行业间横向比较研究,识别油价波动的对生产侧的"成本冲击效应"以及对需求侧的"需求抑制效应",同时通过 VAR 系统滞后项结构的分析,研究油价冲击在不同行业间的传导过程。

3. 动态可计算一般均衡(Dynamic CGE)建模

拟构建一个包含混合预期结构(理性预期、适应性预期)的动态 CGE 模型,细化模拟我国能源市场供需结构、价格形成以及相关的管制政策,为油价冲击的影响评估以及政策分析提供坚实的基础与平台。根据我国经济运行的实际特征,拟采用新古典主义的宏观闭合规则,设定国内外投资主体根据适应性预期调整储蓄率,从而决定下一期的投资总量;而金融市场根据理性预期决定投资的行业流向,从而实现跨期收益的最大化。

对能源供需以及能源市场定价机制的模拟是本书建模的重点。由于能源商品,尤其是一次能源中的化石燃料受到资源总量的限制,因而其供给特征与普通

① 吴力波等:《实际需求、预警性需求与垄断性供给——油价形成机制动态解构》,中国经济学学术资源网(CESG)工作论文,2012 年,第 186 页,见 http://www.erj.cn/cn/lwInfo.aspx? m=20100921113738390893&n=20120106181935043175。

商品不同。与此同时,我国能源市场中普遍存在政府管制,对能源供需及定价过程设定了大量的约束。我国能源系统中广泛存在的这种单侧(不等式)约束给传统的非线性规划求解方法造成了一定的困难。为了更好地模拟经济系统的运行情况,本书将市场主体的最优化经济行为表示为混合互补问题(Mixed Complementarity Problem,MCP),以此来解决成本函数非连续的问题。

在 CGE 模型的框架下,拟从两方面对传统的模型结构进行拓展。一方面,考虑到国际原油价格波动的不确定性特征,本书模型拟结合非平稳时间序列分析(基于 ARMA 模型的非平稳时间序列结构分解分析)与蒙特卡洛随机抽样技术(Monte Carlo Stochastic Experiments Method),对国际原油价格波动的不确定性进行模拟,并据此来优化模型的情景设置;另一方面,将预期结构(包括理性预期与静态预期)、风险偏好结构等因素引入经济主体的行为方程,借助金融市场的预期理论与风险价值(Value-at-Risk,VaR)模型对经济主体的微观行为特征进行更为细致的刻画,从而模拟在不确定的油价波动情景下,我国宏观经济的增长与结构调整路径。

此外,模型还将对我国能源市场结构进行细化的模拟,包括价格管制、市场垄断、石油峰值、进口管制以及我国进口对国际市场的反馈等因素。同时引入主要的替代能源和节能技术,设定 Putty-Clay 机制对内生的技术进步路径进行模拟。

4. 国际原油价格波动不确定性的结构分解分析

21 世纪以来,国际原油价格波动不确定性增强,但并不表示没有规律或者特征可循。要分析油价波动及其不确定性的经济影响及其应对,首先需要对油价波动不确定性本身进行研究,了解其特征和影响因素,从而为后文的分析提供依据。通过分析国际原油价格形成机制,拟从供给、需求和金融市场投机三个方面解释油价波动,通过构建包含国际石油市场供给、需求、价格三变量的向量误差修正(Vector Error Correction,VEC)模型,分析国际原油价格形成机制,并以此为基础,根据油价序列的 ARMA 结构特征,对其波动进行分解,获得供给因素、需求因素以及市场投机因素在各期油价波动中的贡献度。

5. 油价波动及其不确定性宏观经济影响的模拟

前期研究结果表明,原油价格形成机制中的供给与需求因素在很大程度上决定了油价的增长趋势,而金融市场因素则是油价总体波动不确定性的主要来源,两者相结合构成了完整的油价序列。对于油价长期变化趋势的预测,长期以来一直是各大国际能源机构、经济组织关注的焦点,经合组织(OECD)下属的国际能源署(IEA)、美国能源部下属的能源信息署(EIA)以及石油输出国组织(OPEC)均定期发布长期油价预测。这些预测是基于上述国际能源机构、国际经济组织构建的大型宏观经济与能源系统模型作出,而这些模型对全球能源供给与需求因素都进行了全面、细致的研究,因此能够较好地涵盖供需因素对长期油价变化趋势的影响。本书首先对各大国际机构发布的权威预测进行汇总和归纳,以此为依据设定确定性的油价长期增长趋势预测;而对于金融市场因素造成的油价随机波动,则结合前述油价波动不确定性的结构分解分析结果,与蒙特卡洛随机试验的方法,对其进行模拟。前述 VEC 模型中油价方程的残差,其经济意义即为与国际原油供给、需求都不相关(正交)的价格冲击,可以理解为金融市场因素造成的价格冲击。利用广义误差分布(General Error Distribution,GED)对残差项分布特征进行拟合,以此为依据通过蒙特卡洛随机实验得到一系列服从相同分布的冲击,并根据 SVEC 系统的脉冲响应函数模拟实际油价的波动。将基于 Meta-analysis 得到的趋势项与蒙特卡洛模拟得到的随机项加和,便得到模拟的油价波动,作为油价情景,利用 CGE 模型对其宏观经济影响进行模拟。

6. 我国应对国际油价不确定性的政策评估

在国际原油价格波动的不确定性日渐强化的背景下,如何应对国际油价波动,保证我国经济生产和社会生活的稳定,保障经济平稳增长和健康发展是亟须解答的问题,而这也恰是本书的主要目标。在我国现有经济特征和市场结构下,可行的应对措施主要包括以下几方面:

优化国内原油与成品油定价机制,推进市场化改革。通过放松价格管制,使市场机制和价格信号调整并引导资源优化利用。但值得注意的是,能源尤其是石油市场具有非常显著的规模效应、范围效应、网络效应,因而具有自然垄断的属性,加之长久以来我国能源市场国有国营导致了严重的垄断结构,在放松价格管制的同时如果对垄断不加管制,则可能导致更加严重的市场扭曲,给经济生产造成不利影响。因此放松价格管制必须与限制下游垄断相结合。通过调整 CGE 模型能源市场模块的微观市场结构,能够模拟我国石油市场放松管制、限制垄断政策的经济影响,比较在市场化的机制下,我国经济产出、GDP 增速及其平稳性受国际油价波动的影响。

优化能源结构，推进石油替代。我国能源资源禀赋特征长期以来一直是“富煤、贫油、少气”，而页岩气的发现和开发很可能在不远的将来给我国能源资源禀赋结构带来巨大的改变。但是随着现代工业的发展，以及人居、生活方式的改变，石油在能源需求结构中的地位却在不断提高。供需结构的上述矛盾带来了我国能源供需的严重失衡。结合我国实际的禀赋约束，推进石油替代，包括借由“煤制油”“气制油”技术实现的直接替代，以及通过“电气化”等途径实现的间接替代，对于优化我国能源供需结构、减少能源市场供需失衡、保障我国宏观经济平稳健康发展具有重要的意义。本书拟通过 CGE 模型模拟，定量地研究石油替代战略的作用机制、影响，以及相关的成本和经济效益。

促进节能技术进步是降低石油依赖的重要途径。随着全球范围内各种化石燃料普遍出现供给趋紧，推进节能技术发展逐渐引起了各国政府的重视。但是就我国目前的现实情况而言，能源产业技术水平低，相关产业和市场机制发展滞后，没有形成技术进步的内生动力机制。尽管政府主管部门制定了大量的扶持政策，也刺激了相关技术和产业的增长，但是往往并未形成自发增长的动力，扶持政策一取消，相关行业便失去增长动力，导致资源配置低效率，带来巨大的财政压力。

本书依据先前研究项目调研得到的我国能源技术效率与成本相关数据，对能源技术进行细化的设定。利用技术调整黏性（Putty-Clay）模型结构，模拟技术选择和技术进步的逐渐演进过程，分析在油价高企和不确定性增强的背景下，国内能源技术路线的内生机制，分析节能技术进步的成本与收益，为政策制定提供参考。

最后，加快构建商业和战略石油储备也是平抑价格波动、保障宏观经济平稳增长的重要手段。通过调整要素禀赋供给模拟储备构建与释放的动态机制，并比较储备机制对我国宏观经济受油价冲击敏感性的变化，同时对储备需求规模进行估算，对相应政策制定过程具有直接的参考意义。

本书研究的逻辑结构如下图所示：

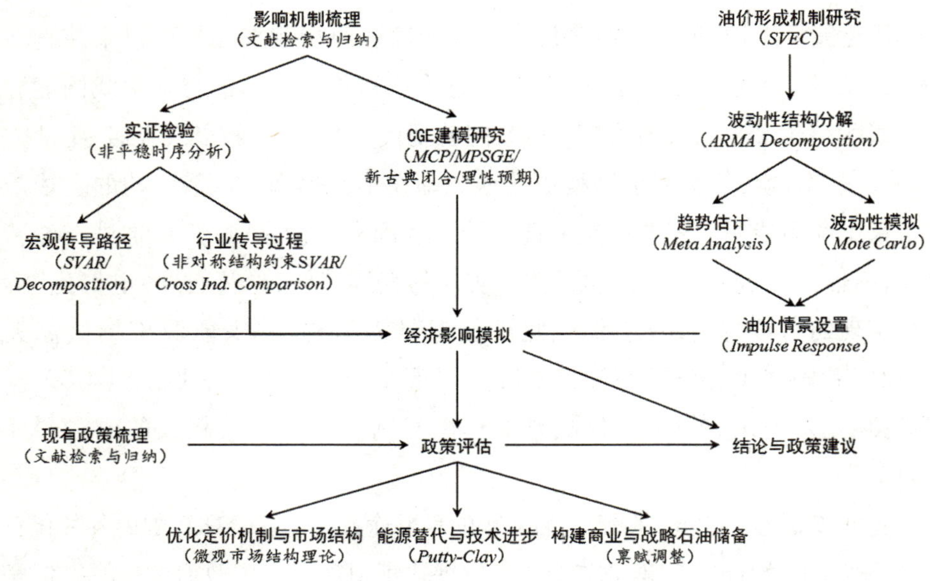

图 x.2　本书逻辑结构示意图

第一章 国内外相关研究现状与文献综述

自20世纪70年代两次石油危机导致国际油价急剧上涨终结了“廉价油”时代,并引发全球性的经济萧条之后,探讨国际原油价格上涨对宏观经济的影响,便成为能源经济学研究的一个重要领域。相关研究自20世纪70年代末期开始,经过了不断地探索,发展出了诸多研究方法,并形成了各种或一致或迥异的观点与结论。然而将国际原油价格的波动特征与相关研究的发展脉络在时间上对应起来,我们便可以找到一条线索,将这看似林林总总的研究方法和观点、结论贯穿起来。由此出发,我们能够更好地理解现有研究迥异的方法以及千差万别的结论和观点背后所包含的经济思想、基本判断和逻辑出发点的异同,更重要的是结合本世纪国际原油价格波动特征,能够为我们现在的研究指明方向。

本章将对油价波动影响宏观经济运行的相关研究进行系统地梳理,并在前人研究的基础上,提出本书研究的创新点。

第一节 研究脉络

追根溯源,对油价波动特征的认识和判断,是研究油价冲击影响宏观经济的出发点。关于油价波动与宏观经济相关关系的研究肇始于20世纪70年代的两次石油危机引发的全球性经济萧条。在两次石油危机的推动下,20世纪70年代的国际油价始终维持在很高的水平。这种油价水平的持续改变(Oil Price Shift)成为当时国际油价波动的主要特征,而这也是早期相关研究的出发点。由此出发，当时的许多学者都着眼于构建合理的生产函数，用以刻画油价改变后，在新的均衡条件下总产出以及物价等宏观变量的变化。由于传统生产函数所表示的经济含义是单一经济主体或者宏观经济体的最优化生产行为，因此基于生产函数的研究实际上分析了不同的均衡状态下经济体潜在产出的变化，而忽略了前后两种均衡状态之间的调整过程。

然而进入20世纪80年代后，石油危机尘埃落定、OPEC内部纷争导致油价大幅回落，然而全球经济却依然持续低迷。基于生产函数的研究方法无力解释油价与宏观经济的这种非对称关系，因此催生了实际经济周期（Real Business Cycle，RBC）理论在油价冲击的宏观经济影响相关研究领域的应用。RBC理论引入要素调整的黏性，从分析需求侧因素（包括企业投资需求和居民的储蓄、消费需求）在油价冲击发生后的调整过程入手，分析了“脉冲式”的油价冲击（Oil Price Shock或Impulse）对宏观经济的当期影响及后续调整过程，对于解释20世纪七八十年代的数次经济萧条起到了非常重要的作用。

20世纪90年代，尤其是中后期，国际石油市场与国际货币、金融市场越来越深入地耦合，油价波动也日趋频繁、剧烈，RBC理论所模拟的单一冲击式的油价波动与实际油价的持续、快速、大幅波动产生偏离，而宏观经济的现实也不再像RBC模型分析的那样遭遇油价的大幅波动便会产生持续的萧条。探究国际油价“波动性”以及“不确定性”（Fluctuation或Uncertainty），而非价格波动的绝对水平（Level）对宏观经济的影响，成为新的研究着眼点。但是由于波动性、不确定性等变量无法观测，同时它们也不是生产函数中的投入要素，因此探讨油价波动性与宏观经济产出之间的相关关系，必然面临一个不可回避的问题——不确定性是通过怎样的机制影响宏观经济的？这种影响的微观基础是什么？借助20世纪90年代以来快速发展成熟的企业风险管理理论，尤其是实物期权理论，我们得以从微观企业行为的层面分析不确定性市场环境下，经济主体生产、投资，以及劳动力供给行为的影响，这在很大程度上为宏观分析找到了微观基础，遗憾的是由于变量的不可观测，导致宏观的实证与微观机制的分析无法互相验证。而通过构建宏观经济模型将微观行为机制引入模型分析框架，从而模拟经济系统在油价不确定性条件下的宏观表现，是弥合宏观实证与微观机制研究的另一个重要途径，也是近年来发展非常迅猛的研究热点。随着油价波动不确定性受到学者们越来越多的重视，随机模拟技术，如蒙特卡洛随机实验（Monte

Carlo Experiment Method）法等在宏观经济模型中也得到了越来越多的应用。随着现代计算技术的突飞猛进，融合随机实验的大型宏观经济模型将会成为油价冲击宏观经济影响研究领域新的发展热点。[①]

通过上述的梳理，我们不难发现在国际石油市场和全球经济发展的各个阶段，国际油价波动的现实特征不断改变，学者们对油价冲击的认识与判断也相应地不断变化，而这也就构成了推动油价冲击影响宏观经济的相关研究脉络不断延伸的内在动力。延续上述分析的脉络，我们需要审视当下国际石油市场，以及国际油价波动的现实，从而指导研究推进的方向。

进入21世纪以来，随着石油供给方产能利用率临近极限、新兴经济体石油需求旺盛、石油峰值理论强化市场对石油稀缺性的溢价评估……一系列因素都导致国际原油价格进入了长期、大幅攀升的通道，并有继续上涨的趋势；同时，由于国际石油市场金融属性的不断强化，价格短期波动的幅度和频率显著提高。油价长期趋势的持续上涨与短期趋势的大幅波动互相耦合，导致油价冲击对生产侧和需求侧同时形成了冲击，任何局部均衡的分析方法与视角都无法全面地描述油价冲击的影响机制，因而需要系统性的、基于一般均衡理论和视角的研究框架。与此同时，油价波动不确定性不断提高，这对于全球以及各国宏观经济同样构成了不容忽视的影响，因此在宏观经济建模研究中，必须细致、深入、系统地对微观经济主体的行为模式进行模拟，从微观机制的角度研究油价不确定性的影响机制。由此可见，系统性地建模研究对于目前国际原油价格波动特征的分析显得非常必要而又具有显著的优势。

值得注意的是自20世纪90年代以来，新兴经济体逐渐成为推动全球经济增长的主导力量，而同时也成为国际石油市场的主要需求方。经济增长的资源密集性特征决定了新兴经济体的经济增长对要素价格冲击具有更高的敏感性，同时新兴经济体转型过程中的政策体制导致了特殊的冲击传导机制。由此我们不难发现，研究油价冲击对新兴经济体宏观经济运行的影响具有的重要理论和

---

① 事实上通过宏观经济的系统建模分析国际原油价格的宏观经济影响并不是近年才出现的课题。在上述每一次研究重点的转换过程中，都伴随着对油价波动特征的识别和验证，也即对国际原油价格形成机制的重新认识，在此过程中，探讨油价内生形成机制的研究逐渐形成了一个庞大而独立的研究方向，宏观经济建模则是其中占据主导地位的研究方法。因而从这个意义上看，关于油价形成机制与油价波动宏观经济影响的研究重新又交汇在一起，体现了它们内在的一致性。

现实意义,因而也不难理解相关研究的重点正在从欧美发达国家向中国等发展中国家转移。

一、高油价影响宏观经济的传统理论与实证研究

关于油价影响宏观经济的研究可以追溯到第一次石油危机之后的 20 世纪 70 年代中期。Pierce 和 Enzler(1974)①、Mork 和 Hall(1980)②分别从宏观和微观的角度构建了经济模型,分析了在国际石油价格改变后,新的经济产出以及物价等宏观变量的均衡水平。Bruno 和 Sachs(1982)③则从实际工资黏性和需求调整的角度,描绘了一条"油价冲击→实际工资不变→失业→需求下降→产出恶化"的传导路径。这些早期的研究往往将油价冲击理解为国际市场原油价格的突然上升,并维持高油价水平,因而构建的分析框架也往往是基于静态模型的比较静态分析——研究油价改变后,潜在经济产出的变化(Rasche 和 Tatom,1977a)④。

与此相应的,早期的实证研究也大多直接将油价水平与其他宏观变量引入回归方程,用以拟合经济产出(GDP 或 GNP)水平。Rasche 和 Tatom(1977b)⑤构建了一个"柯布—道格拉斯(C-D)"形式的生产函数,并用 6 个 OECD 国家的数据验证了 GNP 与油价之间的负向相关关系;Hamilton(1983)⑥证明了在 1946—1981 年间美国经济总共经历的十次经济衰退中,有九次都能够在衰退之前发现油价的突然上涨,也即验证了油价上涨是美国经济衰退的统计原因(Granger Causality);而反过来油价波动却显著外生于美国经济。这在很大程度上证实了国际原油价格波动是影响美国宏观经济产出的重要因素。在此之后更多学者利

① J.L.Pierce & J.J.Enzler,"The Effects of External Inflationary Shocks",in *Brookings Papers on Economic Activity*,1,1974,pp.13-61.

② K.A.Mork & R.E.Hall,"Energy Prices,Inflation,and Recession,1974-1975",in *The Energy Journal*,1(3),1980,pp.31-63.

③ M.R.Bruno & J.Sachs,"Input Price Shocks and the Slowdown in Economic Growth: The Case of U.K. Manufacturing",in *Review of Economic Studies*,1982,pp.679-705.

④ R.H.Rasche& J.A.Tatom,"The Effects of the New Energy Regime on Economic Capacity,Production and Prices",in *Federal Reserve Bank of St.Louis Review*,59(4),1977a,pp.2-12.

⑤ R.H.Rasche & J.A.Tatom,"Energy Resources and Potential GNP",in *Federal Reserve Bank of St.Louis Review* 59(6),1977b,pp.10-24.

⑥ J.D.Hamilton,"Oil and the Macroeconomy Since World War II",in *Journal of Political Economy*,91,1983,pp.28-248.

用不同的数据和方法，进一步验证了国际油价与各国（*Burbidge* 和 *Harrison*，1984①；Bruno 和 Sachs，1981②）经济增长之间存在的负向相关关系。Jones 等（2004）③对这一阶段的相关研究进行了全面、系统地归纳，指出前期研究对 GDP 增速与油价上涨之间的弹性关系估计水平为-2%—8%，中间值约为-5%。

与此同时，更多的学者则在探究油价上涨影响宏观经济产出的传导机制，提出并验证了包括供给冲击效应（Berndt 和 Wood，1975④；Ram 和 Ramsey，1989⑤；Brown 和 Yücel，1999⑥ 等）、收入转移效应（Fried 和 Schulze，1975⑦；Dohner，1981⑧）、实际余额效应（Pierce 和 Enzler，1974⑨）等多种机制，为油价冲击影响宏观经济找到了理论依据。

然而这看似无可辩驳的相关关系却在进入 20 世纪 80 年代之后逐渐变得扑朔迷离。在 80 年代初石油危机褪去之后，以及 1986 年 OPEC 内部争端导致油价暴跌，却并没有给全球经济带来显著的积极影响。Bentzen 和 Engsted（1993）⑩试图估计 20 世纪 80 年代后期到 90 年代前期美国能源消费、宏观经济总产出与实际原油价格之间的协整关系，但是结果却没有通过显著性检验，他们指出这很可能是由于在解释长期产出和油价的关系过程中"……遗漏了一个或多个重要

① J.Burbidge & A.Harrison，"Testing for the Effects of Oil-price Rises Using Vector Autoregression"，in *International Economic Review*，25，1984，pp.459-484.

② M.R.Bruno & J.Sachs，"Supply Versus Demand Approaches to the Problem of Stagflation"，in H.Giersch & J.C.B.Tubingen（Eds.），*Macroeconomic Policies for Growth and Stability*.

③ D.W.Jones，P.N.Leiby，and I.Paik，"Oil Price Shocks and the Macroeconomy：What Has Been Learned Since 1996"，in *The Energy Journal*，Vol.25，No.2，2004，pp.1-32.

④ E，Berndt and D.Wood，"Technology，Prices，and the Derived Demand for Energy"，in *The Review of Economics and Statistics*，Vol.57，1975，pp.259-268.

⑤ R.Ram and D.D.Ramsey，"Government Capital and Private Output in the United States：Additional Evidence"，*Economics Letters*，30，1989，pp.223-226.

⑥ S.P.A.Brown & M.K.Yücel，"Oil Prices and U.S.Aggregate Economic Activity：A Question of Neutrality"，in *Economic and Financial Review*，*Federal Reserve Bank of Dallas*，Second Quarter：1999，pp.16-23.

⑦ E.R.Fried & C.L.Schultze，"Overview"，in Fried & Schultze（Eds.），*Higher Oil Prices and the World Economy*，Washington，D.C.：The Brookings Institution，1975.

⑧ R.S.Dohner，"Energy Prices，Economic Activity and Inflation：Survey of Issues and Results"，in K.A. Mork（Ed.），*Energy Prices*，*Inflation and Economic Activity*，Cambridge，MA：Ballinger，1981.

⑨ J.L.Pierce & J.J.Enzler，"The Effects of External Inflationary Shocks"，in *Brookings Papers on Economic Activity*，1，1974，pp.13-61.

⑩ J.Bentzen and T.Engsted，"Short-and Long-Run Elasticities in Energy Demand：A Cointegration Approach"，in *Energy Economics*，15（1），1993，pp.9-166.

的非平稳序列”。基于实证检验的结果，Hooker(1996)①提出了几种可能的原因解释油价与宏观经济相关关系的“消失”，包括油价波动的内生性、非对称性等。为了回应 Hooker 的观点，Hamilton(1996)②提出了“油价净增长(NOPI)”指标，引入油价波动对宏观经济的非对称影响，并成功地使两者之间的相关关系重又浮出水面。事实上在此之前，Mork(1989)③便提出将油价序列的一阶对数差分拆分成为“上涨(>0)”和“下跌(<0)”两部分，分别引入计量模型进行分析，结果表明油价上涨对宏观经济的不利影响显著地大于油价下跌对宏观经济的刺激作用，从而第一次从实证分析的角度证明了油价波动对宏观经济影响的非对称性。Mory(1993)④用相同的方法区分油价上涨与下跌，并检验了油价与美国宏观以及各行业产出的因果关系，结果表明不论在宏观层面还是行业层面，油价上涨都能够导致产出下降，而油价下跌却没有显著的影响。之后，油价冲击的非对称性影响在多个国家得到了验证(Mork 等，1994)⑤。Hamilton 提出的 NOPI，以及 Mork 的油价“上涨”与“下跌”指标成为之后的学者最为常用的油价指标，在实证上重新找到了油价冲击与宏观经济之间的相关关系。

尽管油价与宏观经济产出在实证检验中又重新找到了相关性，但是传统的供给冲击效应，即基于比较静态的生产函数分析方法却无法解释油价冲击的非对称影响。此外，油价的大幅波动也促使研究者重新审视油价冲击的特征与本质，由此引发了研究者的关注焦点逐渐从生产侧向需求侧因素转移、从宏观总体向细分行业转移、从比较静态模型向动态模型转移，并由此出发解释油价冲击的非对称性影响。学者们提出的原因与机制主要可以归纳为以下几项：

· 调整成本效应(Loungani，1986⑥)

---

① M.Hooker，“What Happened to the Oil Price-Macroeconomy Relationship?”，in *Journal of Monetary Economics*，38，1996，pp.195-213.

② J.D.Hamilton，“This Is What Happened To the Oil Price-Macroeconomy Relationship”，in *Journal of Monetary Economics*，38，1996，pp.15-220.

③ K.A.Mork，“Oil and the Macroeconomy When Prices Go Up and Down：An Extension of Hamilton's Results”，in *Journal of Political Economy*，97，1989，pp.740-744.

④ Mory，J.F.，“Oil Prices and Economic Activity：Is the Relationship Symmetric?”，in *Energy Journal*，14(4)，1993，pp. 151-161.

⑤ K.A .Mork，Ø.Olsen，and H.T.Mysen，“Macroeconomic Responses to Oil Price Increases and Decreases in Seven OECD Countries”，in *Energy Journal*，15(4)，1994，pp.19-35.

⑥ P.Loungani，“Oil Price Shocks and the Dispersion Hypothesis，in *Review of Economics and Statistics*，68，1986，pp.536-539.

· 心理预期效应(Ferderer,1996[①])

· 油价波动的内生性(Barsky 和 Kilian,2004[②])

· 货币政策的作用(Bernanke 等,1997;Bohi,1991)

不论是调整成本还是心理预期,都是产生于经济主体对未预期到或者未知的油价波动的事后应对与事前预防,其共同的理论出发点都在于要素"调整黏性"和油价波动"不确定性"的条件下,经济主体特定的行为模式。因此对于调整成本和心理预期效应的分析,必须从行业结构调整,乃至微观主体行为的角度,分析油价波动及其不确定性对要素和商品供需行为带来的影响。

而油价波动的内生性以及货币政策的影响,则从宏观经济系统运行的整体性的角度,提出了宏观变量之间广泛存在的交互和反馈关系,强调需要从一般均衡理论出发,系统性地分析供给、需求因素,进而构建系统性的经济模型,评估油价波动与政策机制对宏观经济的影响。至此,关于油价影响宏观经济的理论研究不论是研究视角还是研究工具,都进入了更为丰富的发展阶段。

二、油价冲击影响的非对称性与实际经济周期(RBC)理论

20 世纪 80 年代初当石油危机褪去,油价迅速回到危机前水平,大大出乎了研究者的意料,而这也引发了关于油价形成机制、价格决定因素的大量讨论与研究。Griffin(1985)[③]、Jones(1991)[④]、Dahl 和 Yücel(1991)[⑤]以及 Wirl(1990)[⑥]、Watkins(1992)[⑦]对 OPEC 行为的实证研究结果都表明:尽管 OPEC 具有一定的

① J.P.Ferderer,"Oil Price Volatility and the Macroeconomy: A Solution to the Asymmetry Puzzle", in *Journal of Macroeconomics*, 18, 1996, pp.1-16.

② R.Barsky and R.Kilian,"Oil and the Macroeconomy since the 1970s", NBER Working Paper 10855.

③ J.M.Griffin,"OPEC Behavior: A Test of Alternative Hypotheses", in *American Economic Review*, 75, 1985, pp.954-963.

④ C.T.Jones,"OPEC Behavior under Falling Prices: Implications for Cartel Stability", in *Energy Journal*, 11(3), 1991, pp.117-129.

⑤ C.A.Dahland M.Yücel,"Testing Alternative Hypotheses of Oil Producer Behavior", in *Energy Journal*, 12(4), 1991, pp.117-138.

⑥ F.Wirl,"Dynamic Demand and OPEC Pricing", in *Energy Economics*, 12, 1990, pp.174-177.

⑦ G.C.Watkins,"The Hotelling Principle: Autobahn or Cul de Sac?", in *Energy Journal*, 13(1), 1992, pp.1-24.

垄断力，但完全的价格控制却并不可能，长期的油价依然由供给和需求基本面因素决定。同时，由于并没有找到明确的实证结果支持 Hotelling（1931）①提出的可耗竭资源价格上涨路径，因此学者们更愿意相信20世纪70年代的两次石油危机主要是由突发的地缘政治事件引起，所以油价冲击更可能是“脉冲式”的油价波动，而不是“持续式”的油价上涨。

当传统的基于生产函数的比较静态分析框架无力分析外生冲击从产生到消退的变化过程时，实际经济周期理论（RBC）却在这里找到了用武之地。实际经济周期理论通过引入要素调整的黏性——包括资本与劳动的供给量、供给价格的调整黏性，以及经济主体的预期因素，分析在外生冲击发生时，冲击在经济体中扩散，并逐渐影响经济变量的过程。

Hamilton（1988）②构建了一个基于新古典主义的多行业一般均衡模型，引入了具有行业差异的、专业化分工的劳动供给，以及劳动力跨行业调整的黏性，从行业结构调整与转型的角度，模拟了油价冲击对失业以及经济周期的影响。借助此模型，Hamilton 专门分析了油价冲击影响宏观经济的传导机制，他指出油价冲击对于不同行业的影响有所差异，同时由于要素在不同行业之间的转换涉及额外的成本（比如劳动力的再培训、生产设备的改造等），因此当油价冲击对不同行业产生差异化冲击时，要素无法很快地完成行业结构调整，而可能继续留在原来的行业保持自愿失业或闲置状态，等待不利冲击的褪去。Hamilton 证明了在理性预期条件下，即便要素价格具有完全弹性，要素跨行业流动的成本（摩擦）也会对油价冲击的不利效应产生放大作用，增加失业率和产出损失。Lilien（1982）③、Kydland 和 Prescott（1982）④以及 Davis（1987a⑤，1987b⑥）的实证研究

① H.Hotelling，“The Economics of Exhaustible Resources”，in *Journal of Political Economy*，Vol.39，No.2，1931，pp.137–175.

② J.D.Hamilton，“A Neoclassical Model of Unemployment and The Business Cycle”，in *Journal of Political Economy*，96，1988，pp.593–617.

③ D.Lilien，“Sectoral Shifts and Cyclical Unemployment”，in *Journal of Political Economy*，90，1982，pp.777–793.

④ F.E.Kydland & E.C.Prescott，“Time to Build and Aggregate Fluctuations”，in *Econometrica*，50（6），1982，pp.1345–1370.

⑤ S.J.Davis，“Allocative Disturbances and Specific Capital in Real Business Cycle Theories”，in *American Economic Review*，77 1987，pp.326–332.

⑥ S.J.Davis，“Fluctuations in the Pace of Labor Allocation”，in *Carnegie–Rochester Conference Series on Public Policy*，27，1987，pp.335–402.

也证实了这一观点，即当油价冲击发生时，石油密集性高的行业生产受影响较大，而其他行业受影响较小，考虑劳动力跨行业调整具有成本，因此外生价格波动提高时，总失业率也会随之上升。Bruno 和 Sachs（1982[①]）构建了包含劳动力调整成本的一般均衡模型，对产出以及商品价格冲击进行了模拟，结果表明考虑劳动力调整成本后，外生冲击造成的产出损失比完全就业情景下高约 75%，由此也验证了要素调整成本在外生的油价冲击影响宏观经济的过程中具有不容忽视的作用。

受 Hamilton 的启发，更多学者开始从调整成本的角度分析宏观经济系统在油价冲击发生后的调整过程，但是与 Hamilton 不同的是，后续研究对调整成本的设定主要集中于资本的数量调整方面——实证研究表明能源与资本之间的替代弹性远高于能源与劳动之间的弹性，因而油价冲击引发的资本调整会远高于劳动力调整的规模（Berndt 和 Wood，1975[②]；Griffin 和 Gregory，1976[③]；Pindyck，1979[④]）。在此之中，有部分模型假定存在多种不同的资产（机器设备），分别对应于不同的生产技术（比如高能效、高成本的技术与低能效、低成本的技术），经济主体根据当时的市场条件（要素价格）决定投资于何种资产，同时投资具有不可逆性，即资本的调整成本为正无穷。因此，技术调整只能随着存量固定资产的折旧与新增投资的调整逐渐完成——由此便产生了著名的"黏性技术（Putty-Clay Technology）"模型（Struckmeyer，1987[⑤]）。

由于 Putty-Clay 模型不仅能够分析要素替代，同时引入了技术选择，并且具有坚实的微观基础，因此在产生之初受到了极高的重视，然而由于其微观机制难以进行实证检验，因此直到本世纪系统性经济建模技术，尤其是一般均衡和能源技术模型的兴盛，Putty-Clay 模型蕴含的微观机制和逻辑才重新焕发了生机。

---

① M.R.Bruno & J.Sachs，"Input Price Shocks and the Slowdown in Economic Growth：The Case of U.K. Manufacturing"，in *Review of Economic Studies*，49，1982，pp.679-705.

② E.Berndtand D.Wood，"Technology，Prices，and the Derived Demand for Energy"，in *The Review of Economics and Statistics*，Vol.57，1975，pp.259-268.

③ J.Griffin and P.Gregory，"An Intercountry Translog Model of Energy Substitution Responses"，in *American Economic Review*，Vol.66，1976，pp.845-857.

④ R.S.Pindyck，"Interfuel Substitution and the Industrial Demand for Energy：An International Comparison"，in *The Review of Economics and Statistics*，Vol.61，No.2 1979，pp.169-179.

⑤ C.S.Struckmeyer，"The Putty-Clay Perspective on the Capital-Energy Complementarity Debate"，in *The Review of Economics and Statistics*，Vol.69，No.2，1987，pp.320-326.

Atkeson和 Kehoe(1999)①构建了一个 Putty-Clay 模型,对油价的短期冲击进行了模拟,结果表明与传统模型的模拟结果相比,Putty-Clay 模型能够更好地模拟油价冲击造成的短期影响;Wei(2003)②则构建了一个包含 Putty-Clay 机制的一般均衡模型,模拟了油价冲击对宏观经济,以及企业价值造成的影响。此外,Gilchrist 和 Williams(2005)③同样构建了一个包含 Putty-Clay 技术调整机制的一般均衡模型,并且同时考虑了劳动力调整的黏性。

除了要素供需与价格的调整黏性外,市场结构同样也是影响市场调整灵活性的重要因素。Rotemberg 和 Woodford(1996)④构建了一个抽象的动态一般均衡模型,模拟了资本与劳动力价格调整具有黏性,同时市场结构为垄断竞争,生产能够获得高于完全竞争条件下的产出品的价格水平。Rotemberg 和 Woodford 比较了完全竞争与非完全竞争两种情况下,油价冲击对宏观经济的影响。结果表明,在非完全竞争条件下,油价上涨 10%会在 5—6 个季度内使总产出下降 2.5%;而同样的油价冲击,在完全竞争条件下的影响仅有 0.5%。但同时,Rotemberg 和 Woodford 也发现他们模型预测的实际工资下降幅度远小于实证检验的结果,因此他们指出,对于模拟油价冲击影响宏观经济的一般均衡模型,并不适合使用黏性工资的假定。

三、油价不确定性与心理预期效应

当国际石油市场进入 20 世纪 90 年代后,“油价冲击”也渐渐开始无法描述国际原油价格波动的特征了。

Krichene(2002)⑤分析了 1918—1973 年以及 1973—1999 年间原油价格波

---

① A.Atkeson & P.J.Kehoe,“Models of Energy Use: Putty-Putty Vs.Putty-Clay”,in *American Economic Review*,89,1999,pp.1028-1043.

② C.Wei,“Energy,the Stock Market,and the Putty-Clay Investment Model”,in *American Economic Review*,Vol.93,No.1.2003,pp.311-323.

③ S.Gilchristand J.C.Williams,“Investment,Capacity,and Uncertainty: A Putty-Clay Approach”,in *Review of Economic Dynamics*,8,2005,pp.1-27.

④ J.J.Rotemberg and M.Woodford,“Imperfect Competition and the Effects of Energy Price Increases on Economic Activity”,NBER Working Paper No.5634,1996.

⑤ N.Krichene,“World Crude Oil and Natural Gas: A Demand and Supply Model”,in *Energy Economics*,24,2002,pp.557-576.

动特征,结果表明原油价格在后期的波动性远远大于前期。Pindyck(2004)[①]运用GARCH模型分析了1990年5月2日至2003年2月26日的原油价格以及汇率等变量的日数据,研究以周为单位的时间内价格波动的情况。结果表明20世纪90年代以后原油价格的波动性维持在较高的水平,没有很大的变化,但是进入2003年以后却有增强的迹象,进一步说明了原油市场进入20世纪90年代以后呈现出的巨大的波动性。这一结果也可以从图1.1中明显地看到。

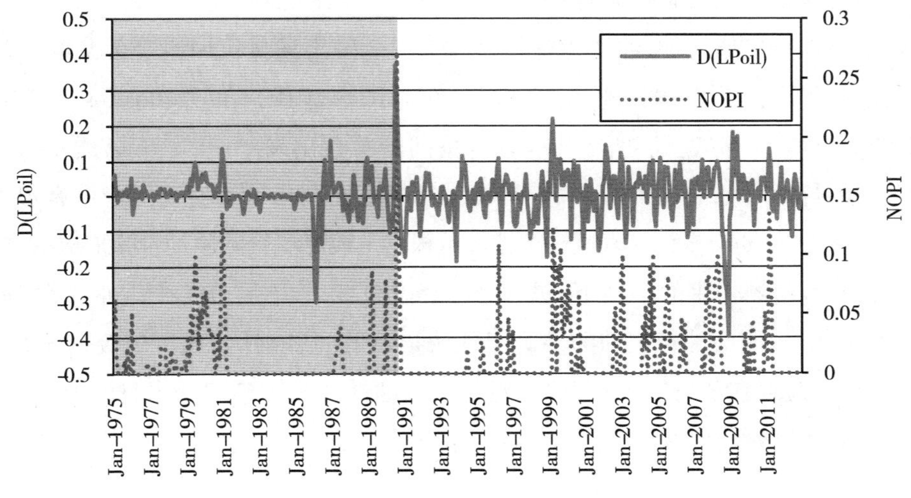

图1.1　国际原油价格波动示意图

注:左轴为WTI油价的对数一阶差分序列;右轴为Hamilton的NOPI指标。

究其原因,很多学者都将其归结为国际石油市场金融属性增强所造成的。随着20世纪80年代末国际原油期货市场的出现与快速发展(1986年WTI原油期货在纽约期货交易所NYMEX上市;1988年布伦特原油期货在国际石油交易所IPE上市),国际石油市场与全球货币、金融和资产市场的耦合日益紧密。早在20世纪80年代初,Razavi和Samii(1983)[②]就已经注意到金融市场上与原油相关的投机行为改变了国际原油价格的形成机制。他们指出,原油的商业性需求受长期合约限制,具有长期属性;但是随着与原油相关的投机行为不断发展,

① R.S.Pindyck,"Volatility and Commodity Price Dynamics",in *The Journal of Futures Markets*,Vol.24,No.11,2004,pp.1029-1047.

② H.Razavi and M.Samii,"Speculative Demand for Oil",in *OPEC Review*,Volume 7,Issue 1,1983,pp.86-101.

使得价格波动出现短期属性。投机行为带来的额外需求很大程度上改变了生产者的行为。

金融属性的提高从根本上改变了原油价格的形成机制，增加了原油价格的波动性。统计数据显示（Büyükşahin，2009）①，本世纪以来非商业原油期货持仓量与国际油价具有高度正相关性，每当基金净多持仓量大幅增加，国际油价随之飙升，而当基金大幅减仓时，国际油价便会出现快速下挫。在2007年7月末国际原油价格攀升到最高点附近的阶段，对冲基金的净多头持仓量最高增至1.2亿桶以上，超过当时日原油消费总量近50%。金融市场投机因素毫无疑问对油价波动起到了推波助澜的作用。Alquist和Kilian（2010）②以及Bekiros和Diks（2008）③等学者都从原油期货和现货价格间的关系出发，分析了市场预期和跨期套利的行为对原油现货价格的影响力，结果表明期货价格对现货价格有很强的引导作用，预期与投机和套利行为已经从根本上改变了国际原油价格形成机制。

在金融市场作用的推动下，进入20世纪90年代以后，油价的“冲击”变成了“常态”——因而油价波动的不确定性所描述的问题则从“或有的突发事件”转变为“客观存在的持续的状态”。对油价波动性及其不确定性本身的分析，逐渐开始成为研究油价对宏观经济影响的新热点。

（一）波动性影响宏观经济的实证研究

“波动性”与“不确定性”是一个硬币的两面：对于随机变量，尤其是时间序列而言，波动性是不确定性的表现形式，而后者则是前者的内在本质。经济主体借助“波动性”的表现对内在的“不确定性”即“风险”进行认知，在此基础上形成对未来经济运行情况的预期，并依据自身的“风险偏好结构（Risk Appetite）”调整行为，进而对经济系统的运行造成影响。然而有一点需要注意的是，不确定性影响预期，进而影响经济主体行为的传导路径，同样需要以前一节介绍的调整

① B.Buyuksahin，M.S.Haigh，J.H.Harris，J.A.Overdahl，and M.A.Robe，M.A，“Fundamentals，Trader Activity and Derivative Pricing”，EFA 2009 Bergen Meetings Paper，2008.

② R.Alquist and L.Kilian，What Do We Learn from the Price of Crude Oil Futures?”，in *Journal of Applied Econometrics*，*Special Issue*：*Forecast Uncertainty in Macroeconomics and Finance*，Volume 25，Issue 4，2010，pp. 539-573.

③ Bekiros，S.D.and Diks，C.G.H.，“The Relationship between Crude Oil Spot and Futures Prices：Cointegration，Linear and Nonlinear Causality”，*Energy Economics*，Volume 30，Issue 5，September 2008，pp.2673-2685.

黏性，或调整成本为前提。如果没有黏性，要素的供需和价格可以自由地进行调整，那么经济主体便不需要对未来的不确定性以及经济运行情况进行预期，而每一期的经济决策只需要考虑当期的变量，而不需要进行跨期的动态决策。

Ferder（1996）①最早从实证的角度分析油价波动性对宏观经济的影响，他构建了一个同时包含实际油价日数据的月度均值（一阶矩）和月度标准差（二阶矩）的VAR系统，估计结果表明油价波动对于宏观经济总产出的变化具有显著的影响。与此同时，这种影响也在很大程度上解释了20世纪80年代之后油价与宏观经济变量之间相关关系的非对称性。Lee等（1995）②的实证研究同样将油价影响宏观经济的非对称性归结为价格不确定性造成的。

Boyd和Caporale（1996）③利用一个GARCH模型对油价的波动特征进行了分析，并将GARCH模型得到的波动性变量引入一个VAR系统，估计了能源价格、能源价格波动性的变化对宏观经济的影响。结果同样表明能源价格波动性的提高对于宏观经济会带来显著的冲击，而且其冲击幅度甚至大于能源价格的绝对水平变化造成的影响。Sadorsky（1999）④则发现油价变化（波动性）比价格的绝对水平对宏观经济有更强的解释力。不仅如此，油价波动性对于美国股票市场收益率的解释力甚至优于利率。Arize（2000）⑤构建了一个二阶自回归模型分析油价的波动特征，并将得到的残差滚动标准差作为油价不确定性变量，检验其与油价、石油需求以及宏观经济产出之间的多变量协整关系。结果表明不论波动性指标是以外生变量还是以内生变量的形式引入方程，结果都显著地表明变量之间具有稳定的长期协整关系。

归纳上述研究，我们发现对于油价波动性与宏观经济相关关系的实证研究，主要聚焦于波动性指标的构建，以及回归方程变量的选择，对于不确定性如何影响宏观经济运行的传导机制和路径却少有涉及。由于油价波动性以及不确定性

---

① J.P.Ferderer, "Oil Price Volatility And The Macroeconomy: A Solution To The Asymmetry Puzzle", in *Journal of Macroeconomics*, 18, 1996, pp.1-16.

② K.Lee, S.Ni, and R.A.Ratti, "Oil Shocks and the Macroeconomy: The Role of Price Variability", in *The Energy Journal*, Vol.16, No.4 1995, pp.39-56.

③ R.Boyd, and T.Caporale, "Scarcity, Resource Price Uncertainty, and Economic Growth", in *Land Economics*, Vol.72, No.3, 1996, pp.326-335.

④ P.Sadorsky, "Oil Price Shocks and Stock Market Activity", in *Energy Economics* 21, 1999, pp.449-469.

⑤ A.C.Arize, "U.S.Petroleum Consumption Behavior and Oil Price Uncertainty: Tests of Cointegration and Parameter Instability", in *Atlantic Economic Journal*, Volume 28, Issue 4, 2000, pp 463-477.

等特征表现为时间序列的高阶矩,不是传统的生产函数、需求函数中的要素,因此无法直接影响宏观经济变量,因而也无法从实证的角度分析其传导和影响机制。

事实上关于油价波动不确定性影响微观主体行为的研究早在 20 世纪 80 年代便逐渐展开,但由于与不确定性相关的变量在宏观层面往往无法观测,因而难以进行实证检验,这也导致了实证研究与理论分析的脱节。

(二)石油价格不确定性影响经济系统运行的作用机制研究

不确定性冲击、理性预期以及要素调整黏性三者互相影响又互相统一:如果经济主体能够自由地、没有任何成本地调整要素投入量,或者要素市场能够实时出清,价格可以根据实际供需灵活调整,那么即便存在外生的不确定性冲击,经济生产也能够及时根据实际发生的冲击进行调整,因而不确定性并不会对经济主题的行为造成影响。只有当要素的供需或者价格无法自由、实时调整,或者调整过程会造成额外的成本时,经济主体面对不确定性,就需要对未来的经济运行情况进行预期,并根据自身的风险偏好调整其行为。

凯恩斯在《就业、利息和货币通论》关于经济周期的论述中便指出,在不确定性条件下,经济主体对资本产出率的预期,进而由此预期推动的投资行为变化,是造成经济波动的主要原因:

> “……我认为商业循环之所以可以称为循环,……主要是从资本之边际效率之变动上产生的。……资本之边际效率,不仅系乎现有资本品之多寡及其当前生产成本之大小,亦须看现在人们对于资本品之未来收益作何预期而定。故若为持久性资产,则在决定新投资之多寡时,人们对于未来之预期如何,影响颇大,亦自在意中。但预期之基础,非常脆弱,其物证亦变幻不可靠,故预期常有骤然而剧烈的变化。”
>
> ——凯恩斯《就业、利息和货币通论》(高鸿业译,商务印书馆 1999 年版,第 141 页)

受此启发,Bernanke(1983)[①]假定企业的投资行为不可逆,同时在未来投资收益不确定,但是关于收益分布情况的信息会不断积累。在这样的假设条

① B.S.Bernanke,“Irreversibility, Uncertainty and Cyclical Investment”, in *Quarterly Journal of Economics*, 98(1), 1983, pp.85-106.

件下构建了投资决策模型，对存在和不存在不确定性的情况下企业的优化投资决策进行了比较。借助上述模型，Bernanke 指出在投资不可逆，以及不确定性收益的条件下，企业投资决策从“是否”投资转变为“何时”投资，而只有当推迟投资的成本大于新增信息带来的收益时，企业才会进行投资。而此时，不确定性使得企业推迟投资、等待新增信息的决策具有了价值。Bernanke 同时证明，即便在风险中性的条件下，引入不确定性依然使得企业当期投资下降[①]。遗憾的是 Bernanke 的研究对于石油价格不确定性的适用性并不理想，原因在于 Bernanke 分析的不确定性结构特征要求随着时间的推移，企业能够获得关于真实收益的更多信息，而投资决策执行之后不再考虑收益的变化。按照 Bernanke 的定义，投资决策之后发生的外生冲击被称为“风险”，而 Bernanke 的模型并不能用于分析事后发生的“风险”，而只能用于分析事前存在的“不确定性”。但是对于油价序列而言，不确定性却是体现在其不断的波动当中：当期油价的上涨并不意味着未来油价会下跌，即便投资决策作出之后，未来油价波动依然存在不确定性。油价波动的不确定性是一种状态而非一个过程，因而延迟投资并不会给企业投资决策带来额外的信息溢价。而 Dixit（1989）[②]扩展了 Bernanke 的模型，分析当企业的生产成本或产品价格服从“随机游走（Random Walk）”过程的情况下，企业进入与退出的决策。模型分析的结果同样验证了企业投资的“延后效应（Hysteresis）”。油价冲击与投资需求之间的上述反向相关关系得到了 Ferderer（1996）[③]、Carruth 等（1998）[④]众多学者实证研究结果的支持。Yoon 和 Ratti（2011）[⑤]则用股票市场的数据，从企业的层面验证了 Bernanke 的结论，及油价波动不确定性的提高对企业长期与短期投资都有明显的抑制作

---

① 值得一提的是除此之外，不可逆的投资与投资收益的不确定性这样的组合在经济周期理论发展脉络中扮演了非常重要的角色，Bernanke、Gertler 和 Gilchrist（1999）提出的金融加速器模型便是基于此构建起来的更为一般的模型。

② A.Dixit，“Entry and Exit Decisions under Uncertainty”，in *The Journal of Political Economy*，Vol.97，No. 3.1989，pp.620－638.

③ J.P.Ferderer，“Oil Price Volatility and the Macroeconomy：A Solution to the Asymmetry Puzzle”，in *Journal of Macroeconomics*，18，1996，pp.1－16.

④ A.Carruth，M.Hooker，& A.Oswald，“Unemployment Equilibria and Input Prices：Theory and Evidence from the United States”，in *Review of Economics and Statistics*，1998.

⑤ K.H.Yoonand R.A.Ratti，“Energy Price Uncertainty，Energy Intensity and Firm Investment”，in *Energy Economics*，33，2011，pp.67－78.

用。Lee等(2011)[①]则从行业层面对油价波动不确定性的影响进行了分析,结果表明油价波动的不确定性与油价波动本身一样,会造成产业结构调整的效应:能源密集性高的行业受到的影响较显著,而能源密集性低的行业则相反。

(三)原油价格的预期及其对经济主体行为的影响

尽管用“实物期权”的概念指导企业战略投资的思想直到20世纪90年代末才开始逐渐兴起,但是从Bernanke和Dixit的逻辑中我们可以很明显地看到实物期权的逻辑框架。Myers(1977)[②]首先提出了“实物期权”的概念,他指出用金融的思维模式规划企业投资,是处理具有不确定性投资结果的非金融资产的一种有效投资决策工具。因而在不确定的市场环境下,实物期权的价值来源于为企业投资决策的调整保留了机会。从定性的角度看,实物期权很好地解释了油价波动的不确定性造成企业投资的下降,进而引起产出的下降。但是如果要进一步进行定量的分析,就需要对经济主体的预期模式,以及风险偏好进行估计。

关于预期对宏观经济的影响,最早并且影响最为深远的研究,毫无疑问是Lucas(1976)[③]对理性预期的概念及影响的分析。与适应性预期相比,在理性预期假设下,经济主体针对特定经济现象(如价格、产出等)进行的预期过程中,会最大限度地、最有效地利用现有可得的信息作出预期,并以此为依据指导自身的行动,避免系统性错误。理性预期假说的一个重要推论便是从平均意义上看,基于现有全部信息作出的理性预期应当是准确的,可以通过实际经济变量加以验证(Muth,1961)[④]。

Fama(1976)[⑤]提出了预期有效性的严格定义,记经济主体在t时期可得的

---

① K.Lee,W.Kang,and R.A.Ratti,“Oil Price Shocks,Firm Uncertainty and Investment”,in *Macroeconomic Dynamics*,2011,Cambridge Univ Press.

② S.C.Myers,“Determinants of Corporate Borrowing”,in *Journal of Financial Economics*,Volume 5,Issue 2,1977,pp.147-175.

③ R.E.Lucas,“Econometric Policy Evaluation: A Critique”,Carnegie-Rochester Conference Series on Public Policy,1976.

④ J.F.Muth,“Rational Expectations and the Theory of Price Movements”,in *Econometrica*,Vol.29,No.3,1961,pp.315-335.

⑤ E.F.Fama,*Foundations of Finance: Portfolio Decisions and Securities Prices*,New York Basic Books,1976.

信息集 Ω_t 的条件下，对未来 j 期之后经济变量 x_{t+j} 进行理性预期，用 x^* 表示在 t 期作出的 j 期之后理性预期结果，则目标函数为 $\min E[(x_{t+j}-x^*_{t+j})^2|\Omega_t]$，整理后可进一步改写为 $\min E[(x_{t+j}-\bar{x}_{t+j})^2|\Omega_t]+(\bar{x}_{t+j}-x^*_{t+j})^2$，其中 $\bar{x}_{t+j}$ 为 $t+j$ 期变量 x 的期望。因此最小化目标函数的结果便是 $x^*_{t+j}=\bar{x}_{t+j}$，即理性预期结果便是目标变量的条件期望。由于信息集 Ω_t 不可观测，因此为了实证检验，Nordhaus (1987)①提出了理性预期的弱有效性定义 $\min E[(x_{t+j}-x^*_{t+j})^2|X_{t-1}]$，即弱有效的理性预期是指基于以前各期的预期作出的对未来经济变量的预期。与强有效性相比，弱有效性不考虑当期新信息对预期造成的影响，但是从计量的角度看，在基于 ARMA 过程或者高斯—马尔可夫过程的时间序列分析过程中，自变量当期的变化往往以残差的形式出现在方程中；同时在结构性模型中，变量的当期变化往往具有内生性，与经济主体当期的行为有关，因而难以进行预测。因此弱有效性对当期信息的处理正好契合了实证分析的要求。Nordhaus 证明了弱有效预期满足无偏性、有效性和一致性，并且利用大型调研数据对包括国际油价在内的多种经济变量的预期有效性进行了验证。期货市场的出现从根本上改变了油价的形成机制，为市场主体的预期影响价格形成过程提供了重要的途径。在国际石油市场上，期货价格对现货价格的引导作用得到了大量实证检验的证实，并且这种引导趋势还在不断地强化（CFTC，2008）②。从预期的角度，Alquist 和 Kilian（2007）③、Bekiros 和 Diks（2008）④等学者用原油期货作为油价预期的替代指标，验证了油价预期的有效性，但结果表明期货市场对现货价格的预测是有偏的，可能的原因在于金融市场自身的波动非平稳性特征，以及石油市场供需双方风险偏好非中性等问题。此外，Schmidbauer 和 Rösch（2011）⑤则从更加微观的

① W.D.Nordhaus, "Forecasting Efficiency: Concepts and Applications", in *The Review of Economics and Statistics*, Vol.LXIX, No.4, Nov., 1987.

② Commodity Futures Trading Commission (CFTC), *Staff Report on Commodity Swap Dealers & Index Traders*, SEP.2008.

③ R.Alquist and L.Kilian, "What Do We Learn from the Price of Crude Oil Futures?", in *Journal of Applied Econometrics, Special Issue: Forecast Uncertainty in Macroeconomics and Finance*, Volume 25, Issue 4, 2010, pp.539–573.

④ S.D.Bekirosand C.G.H.Diks, "The Relationship Between Crude Oil Spot and Futures Prices: Cointegration, Linear and Nonlinear Causality", in *Energy Economics*, Volume 30, Issue 5, 2008, pp.2673–2685.

⑤ H.Schmidbauer and A.Rösch, "OPEC News Announcements: Effects on Oil Price Expectation and Volatility", in *Energy Economics*, 34, 2012, pp.1656–1663.

角度,分析了 OPEC 产量信息的发布对于油价预期和波动性的影响。

预期有效性的问题之所以重要,不光在预期对结构建模的重要指导作用,更重要的是其解决了宏观计量研究中的一个根本性问题。宏观经济的时间序列建模有一个不可回避的问题,即任何宏观经济计量模型所描述的经济变量之间相关关系,实际上反映了经济主体预期形成,以及由预期影响行为这两个过程,因而我们无法识别是由于模型设定的“行为方程”还是“预期形成机制”导致了模型拟合结果的好或者不好。这便是著名的“观测等价性”问题[①](the Problem of Observational Equivalence)。

用经济变量直接拟合经济变量,跳过了对微观主体行为模型的分析。如果严格地考虑预期对经济主体行为的影响,那么计量分析模型实际上隐含了一个前提假设,即经济主体的预期从加总的宏观层面看,与实际经济变量的期望具有一致性。从这个角度看,预期有效性问题的提出与验证,与风险中立的假设一起,为这个宏观计量研究领域的根本性问题提供了合理的解释。然而我们必须看到,预期有效性与风险中立的假设并非当然成立的。越来越多的学者致力于为宏观经济模型寻找微观行为基础,而在微观的企业决策层面,尤其是本世纪以来金融市场分析工具不断发展并且与宏观经济研究逐渐融合的背景下,基于理性预期与风险中立的思想受到了严重的挑战。对于单一微观经济主体而言,理性预期的有效性只是表明预期充分考虑了现有的信息,但并不能保证预测的“精确性”,而后者才是经济主体更为关心的。由于单一经济主体往往无法通过投资组合等方式分散非系统性风险,因此在预期“精确性”无法保证的条件下采取保守性的行为便是更为合理的选择。换个角度考虑,以企业套期保值为例,购买期货或者期权的成本(对期货而言,包括佣金等交易成本;对期权而言主要指期权价值)也就表明了企业为了规避风险愿意指出的价格,也即否定了风险中性的假定。即便所有经济主体的平均预期确实是经济变量的无偏估计,但如果每个单一经济主体都采取风险规避的策略,则加总的行为必然会与无风险的情形下有所差异,从而影响宏观变量之间的关系。

实物期权(Real Option)和风险价值(Value at Risk,VaR)是近年来蓬勃发展的处理不确定性问题的分析工具。尽管实物期权的概念直到 1989 年才提出并

① 我们不难发现观测等价性问题与卢卡斯批判具有非常明显的逻辑一致性。

开始应用于企业的投资决策，但其思想却早在 20 世纪 80 年代初，从 Bernank (1983)[①]的研究便已经开始应用于分析宏观经济问题。只是在微观层面，实物期权方法关注期权价值的具体核算方法，而在宏观层面则更倾向于分析不确定性影响行业以及总体投资水平的宏观表现。但是正如前文所述，实物期权的期权价值来自于新增信息带来的额外收益。因此当油价波动以及不确定性成为客观存在的、持续的状态时，等待并不能带来额外的信息，因此实物期权的分析方法在研究油价宏观经济影响的领域逐渐式微。

而风险价值(VaR)由 G30 集团在其 1993 年发表的《衍生产品的实践和规则》报告中提出，指投资者在存在不确定性风险的条件下，与风险程度相对应的收益水平——投资风险越大，则相应要求的收益率就要越高。VaR 方法比传统的利用方差及 β 系数衡量风险的方法更为直观，并且适用于投资组合分析，现在已经在《巴塞尔协议》中得到了承认并成为了金融市场度量风险的主流方法。VaR 方法相比于传统风险测度，有一个显著的特点便是着重于考虑更重要的资产下行风险，特别是极端情况下的损失规模。由于风险价值的计算需要依据历史数据测算其不确定性风险程度，因此对于实物投资并不适用。这也导致了 VaR 方法目前仅仅在金融市场分析中得到了广泛的应用，还没有用于宏观经济，尤其是实体经济的分析。追本溯源，从不确定性与风险偏好结构的角度看，风险价值与期望价值的差，实际上反映了风险厌恶的经济主体面对不确定性所表达的风险溢价，从这个角度看，VaR 所包含的经济意义，也便是风险厌恶的经济主体对不确定性变量的“确定性等价”水平。这样理解 VaR，对于我们将其引入宏观经济分析具有非常重要的意义。

随着国际商品市场，尤其是商品期货市场的发展，以原油为代表的大宗商品价格波动的金融属性特征日渐彰显。同时，对于新兴经济体“资源投入带动”的经济增长模式[②]，大宗商品价格对于经济平稳和增长都会造成非常重要的影响。因此 VaR 的分析方法可以发挥更大的作用。

---

① B.S.Bernanke,“Irreversibility,Uncertainty and Cyclical Investment”,in *Quarterly Journal of Economics*, 98(1),1983,pp.85-106.

② 尽管对于新兴经济体的经济增长是否是由“资源投入带动”尚存争议，但不可否认的是新兴经济体的快速增长在很大程度上促成了国际商品市场的趋紧。同时相比于已经完成了后工业化转型的发达经济体而言，新兴经济体的产业结构、技术效率都相对较为落后，客观上造成了要素需求的刚性，以及经济增长的要素投入弹性较高的现实。

四、一般均衡理论与宏观经济系统建模

在新兴经济体需求激增、石油峰值的担忧日盛,以及全球原油剩余产能萎缩等多重因素的推动下,国际油价在本世纪进入了持续上涨的通道,从2002年到2008年金融危机之前的六年间始终维持着快速增长的趋势,尽管在2008年全球金融危机爆发后一度急剧下跌,但很快又恢复到100美元每桶(WTI)的高油价水平,并且全球各主要国际机构关于油价的预测都表示油价在将来20—30年间还将继续保持上涨态势。与此同时,随着全球金融市场一体化(包括不同地区市场的一体化,以及货币、商品、资本等不同种类市场的联动)趋势日渐强化,与原油相关的投机行为也在不断膨胀。另外,国际石油市场与国际货币、资本市场的耦合也增加了油价波动与宏观经济运行的内生性。

整理过去三十多年来关于油价波动宏观影响的研究脉络,同时结合本世纪国际油价变动特征,我们便可以管窥相关研究需要重点发展的方向。

(一)一般均衡框架下的技术进步模拟

本世纪以来油价持续上涨与大幅波动并存的特征不同于之前任何时期,对生产侧和需求侧同时造成冲击。这样的特征表明,单一的局部均衡模型已经无法继续胜任对油价冲击宏观经济影响的研究任务,而从一般均衡的角度出发研究油价变动对宏观经济的影响,有助于我们系统性地把握冲击的作用机制和传导路径。Wirl(2008)①在传统的供需模型中引入动态需求,并在此基础上重新审视生产者收益最大化行为、垄断组织、产能利用率以及政策因素对原油的长期/短期生产弹性、需求弹性的影响,做了非常有益的尝试。

尽管在20世纪八九十年代的相关研究中,一般均衡的思想已经得到了应用,但是在全新的油价波动特征以及经济生产结构下,油价冲击影响宏观经济的机制也已经发生了巨大的变化。Blanchard 和 Galì(2007)②的实证研究发现进入

① F.Wirl,“Dynamic Demand and OPEC Pricing”,in *Energy Economics*,12,1990,pp.174-177.

② O.J.Blanchard,and J,Galì,“The Macroeconomic Effects of Oil Shocks: Why are the 2000s So Different from the 1970s?”,NBER Working Paper No.13368,Issued in September 2007.

本世纪后，油价冲击对各国通涨、经济产出的影响大幅减弱①。他们认为其中一个非常重要的原因就在于生产技术进步以及产业结构调整导致石油密集性和石油支出占比的下降。原油是重要的基础性工业生产要素以及生活必需品。从传统理论与实证研究的结果可以看到，其价格的持续、大幅上涨毫无疑问会对经济生产造成影响。但是与20世纪70年代石油危机的突发性不同，本世纪油价持续地逐渐上涨。生产部门除了根据要素价格，在生产函数边界上调整生产外，更重要的是在油价不断高企的推动下，生产技术发生了显著的变化，从而改变了生产函数的形状。从宏观的角度，技术进步主要通过R&D、"干中学"效应，以及技术溢出等途径实现（Clarke等，2008②）。在一般均衡建模领域，在宏观层面模拟技术进步主要通过修改生产函数的参数，引入一个与能源价格或者行业产出等宏观变量相关的效率系数，模拟能源价格提高对能源技术效率的刺激作用，以及"干中学"效应对要素生产率的提高，典型的研究可以参见Doroodian和Boyd（2003）③等。然而这种设定方式只是外生地模拟了技术进步，却忽略了其内在的微观基础。原因在于技术进步系数需要依据历史数据回归，得到能源效率与相关变量的相关关系，以此为依据进行设定。Otto等（2007）④构建了一个CGE模型，通过引入内生积累的"知识资本（Knowledge Capital）"，并且模拟在能源价格变化时，这种知识资本的产生、扩散以及对生产成本的影响，从而将技术进步内生化。除此之外，从更微观的角度分析在一般均衡框架下具体的技术选择也是分析技术进步，尤其是能源技术的重要途径。Wei（2003）⑤、Gilchrist和Williams（2005）⑥构建的模型从理论上指明了将Putty-Clay机制引入一般均衡分析框架的重要意义；以Thomas F. Rutherford、Christoph Böhringer以及Andreas

① Blanchard和Galì（2007）的研究主要针对了美国、欧洲等发达国家，并没有对新兴经济体进行分析。

② L.Clarke，J.Weyant，and J.Edmonds，"On the Sources of Technological Change：What Do the Models Assume?"，in *Energy Economics*，30，2008，pp.409-424.

③ K.Doroodian，and R.Boyd，"The Linkage between Oil Price Shocks and Economic Growth with Inflation in the Presence of Technological Advances：A CGE model"，in *Energy Policy*，31，2003，pp.989-1006.

④ V.M.Otto，A.Löschel，and R.Dellink，"Energy Biased Technical Change：A CGE Analysis"，ZEW Discussion Paper No.05-32，2007.

⑤ C.Wei，"Energy，the Stock Market，and the Putty-Clay Investment Model"，in *The American Economic Review*，Vol.93，No.1.2003，pp.311-323.

⑥ S.Gilchrist，and J.C.Williams，"Investment，Capacity，and Uncertainty：A Putty-Clay Approach"，in *Review of Economic Dynamics* 8，2005，pp.1-27.

Löschel 为代表的一些学者则致力于在大型模型中实现对 Putty-Clay 机制的模拟，从而将微观的"自下而上(Buttom-up)"能源技术模型与"自上而下"的宏观经济模型(CGE)整合(Böhringer 和 Rutherford, 2008[①]; Löschel 和 Otto, 2009[②]); Martinsen(2011)[③]则通过构建多国模型，模拟了技术学习效应(技术溢出)对单一国家技术进步的影响。这些探索对于模拟能源价格持续上涨对生产技术，进而对长期潜在产出的影响具有非常重要的意义。

(二)一般均衡框架下的不确定性分析

国际油价的大幅、频繁波动造成了巨大的市场不确定性。在不确定性成为客观的、持续存在的状态时，经济主体的微观行为机制必然会相应作出调整。

在一般均衡理论中分析不确定性问题，最早可以回溯到一般均衡理论形成之初，Arrow(1964)[④]以及 Rubinstein(1975)[⑤]在分析保险市场的作用时，引入外生形成的产出冲击，构建了一个包含不确定性的一般均衡模型。模型设定经济主体风险中性，并且对其他主体的行为具有完全信息(理性预期)，因此可以经济变量的期望值作为不确定性变量的确定性等价，简化了模型的分析。Geanakoplos(1990)[⑥]在 Arrow 模型基础上引入了交易成本，构建了一个包含不完全市场的一般均衡模型，并以此为基础分析了市场不确定性的影响；Kurz(1994)[⑦]在 Arrow 模型的基础上，对经济主体预期结构进行了修正，设定经济主体对经济系统的状态具有不完全信息，因而预期可能产生偏差(由一个马尔可夫过程模拟经济主体预期的偏差)，但经济主体依然相信自己的预期具有理性

① C.Böhringer and T.F.Rutherford, "Combining Bottom-up and Top-down", in *Energy Economics* 30, 2008, pp.574-596.

② A.Löschel, A.and V.M.Otto, V.M., "Technological Uncertainty and Cost Effectiveness Of CO2 Emission Reduction", in *Energy Economics*, 31, 2009, pp.S4-S17.

③ T.Martinsen, "Introducing Technology Learning for Energy Technologies in A National CGE Model Through Soft Links to Global and National Energy Models", in *Energy Policy*, Volume 39, Issue 6, 2011, pp. 3327-3336.

④ Arrow, K.J., "The Role of Securities in the Optimal Allocation of Risk Bearing", in *Review of Economic Studies*, Apr.1964, 31, pp.91-96.

⑤ M.Rubinstein, "Securities Market Efficiency in an Arrow-Debreu Economy", in *The American Economic Review*, Vol.65, No.5, 1975, pp.812-824.

⑥ J.Geanakoplos, "An Introduction to General Equilibrium with Incomplete Asset Markets", in *Journal of Mathematical Economics*, 19, 1990, pp.1-38.

⑦ M.Kurz, "On the Structure and Diversity of Rational Beliefs", in *Economic Theory*, pp.877-900.

预期的特征。在这样的预期结构下，即便没有外生的产出冲击，但经济主体根据自己的预期作出的决策，从而产生的实际结果就可能与原始的预期产生偏离，这种在信息缺失条件下的“理性认知均衡（Rational Belief Equilibrium，RBE）”可以内生地模拟不确定性的形成过程，是对基于“理性预期均衡（Rational Expectation Equilibruim，REE）”条件下一般均衡理论的一大进步。Chichilnisky（1999）①则在数学上证明了 Kurz 提出的内生不确定性一般均衡模型均衡解的存在性，但 Chichilnisky 同时指出经济主体对自身预期的“理性”的错误认知（Rational Belief）与他们实际上掌握的不完全信息之间的冲突，虽然模拟了内生形成的不确定性机制，为内生价格波动的分析提供了基础，但是这也同时可能导致模型存在多个解。无法保证模型均衡解的唯一性对于理论模型固然不会造成根本的影响，但是对于数量模型而言却是灾难性的，而这也限制了内生不确定性一般均衡模型的进一步推广与应用。此外，更重要的是这种设置实际上导致了经济系统不确定性变成了由“认知偏误”而产生的结果，而没有对经济主体的行为模式产生任何的影响，经济主体依然抱有“确定性”（尽管可能是有偏差的）的单值预期，并以此为依据决定自身行为。

要对不确定性预期进行分析，我们需要回溯到 Arrow 的外生不确定性模型。Chichilnisky 指出，Arrow 的外生不确定性一般均衡模型存在“自由度限制”的问题，即考虑所有市场的出清，则模型过度识别。原因在于 Arrow 模型中经济主体的理性预期与模型本身求解过程一致，因此增加了一个方程之后却没有增加变量。Arrow（1964）通过调整模型闭合条件，放弃“保险合约市场”的出清条件，从而重新使模型恰好可识别。但是这在一定程度上牺牲了一般均衡系统的完整性。这提示我们，既然 Arrow 模型的过度识别问题是由于引入了预期方程造成的，那么我们如果可以在经济主体的行为方程中引入一个内生变量对应于预期的不确定性因素，那么也同样可以解决模型的识别问题。Féménia 和 Gohin（2011）②比较了在外生不确定性冲击下，经济主体理性预期、适应性预期，以及风险中性、风险厌恶等因素对农产品价格波动的影响。

① G. Chichilnisky and H. M. Wu，“General Equilibrium with Endogenous Uncertainty and Default”，in *Journal of Mathematical Economics* 42，2006，pp.499-524.

② F. Féménia and A. Gohin，“Dynamic Modelling of Agricultural Policies：The Role of Expectation Schemes”，in *Economic Modelling* 28，2011，pp.1950-1958.

遗憾的是包含不确定性与预期因素的一般均衡模型多集中于分析农业生产和农产品价格的领域——自然条件的不确定性，以及投资(播种)收益的时间差较长并且在一个周期内具有不可逆性，这些因素都决定了对不确定性因素的分析成为了农业经济领域一般均衡分析的重点。但是在能源经济领域，尤其是石油价格宏观经济影响的一般均衡建模领域应用却非常有限。Milani(2009)①在其构建的一般均衡模型中，放弃了理性预期的假设，引入了预期的学习过程。他假定经济主体的预期是基于历史数据表示出来的变量间相关关系得到的，因此随着时间的推进，经济主体的预期存在一个学习的过程。当外生冲击发生时，经济主体根据历史经验判断未来经济变量的变动情况，作为预期；同时根据实际的经济数据修正自己的历史经验。Milani 利用这种预期的学习并不断优化的机制，解释了本世纪以来油价冲击对宏观经济的影响逐渐减弱的过程，但是这种学习机制无法保证模型在不同情景下经济主体行为的一致性，因而较难用于对政策或外生冲击进行模拟。

(三)原油价格内生性与大型模型构建

随着本世纪以来国际金融、资本市场的不断发展，原油市场也逐渐与之耦合。一方面导致了国际原油价格金融属性增强、价格波动性提高，另一方面也造成油价波动与宏观经济运行的内生性不断加强。随着经济一体化浪潮不断推进，世界经济的任何变动都会造成系统性的影响。因此构建全球性的、包含金融体系与实体经济的大型模型成为研究全球就经济运行的重要途径，也是近年来经济研究领域发展的一个重要方向。

国际能源署(IEA)2004 年发布的题为《高油价对全球经济的影响分析》(*Analysis of the Impact of High Oil Prices on the Global Economy*)的报告中，对原油价格影响宏观经济运行的机制进行了分析和汇总，并定量地估计了原油价格变化对 OECD 国家以及发展中国家宏观经济的影响。该报告综合运用了 OECD 的 Intelink 模型、IMF 的 Multimod 模型以及 IEA 的世界能源模型三个大型经济模型，对油价上涨的经济影响进行了估计。估计结果表明，如果油价上涨 40%，全

① F.Milani,"Expectations,Learning,And the Changing Relationship Between Oil Prices and The Macroeconomy",in *Energy Economics*,31,2009,pp.827-837.

球 GDP 将会在第一年下降 0.5%以上。在此之中,OECD 国家 GDP 损失约为 0.4%;亚洲发展中国家平均为 0.8%左右,而最不发达国家则高达 1.5%。由于高油价无法完全补偿产量下降的影响,因此即便原油出口国的长期 GDP 也会低于低油价的情况。

IMF 长期以来对原油价格与宏观经济间的关系非常关注,每年基于其构建的 GEM 模型对油价变化的宏观经济影响进行评估。2005 年的《世界经济展望》第四章专门探讨了国际石油市场波动性及其对全球经济的消极影响;2006 年的《世界经济展望》第二章测算了原油价格上涨对全球经济失衡的放大作用;2008 年的《世界经济展望》则是在全球化的背景下,分析了石油等商品价格上涨对发展中国家造成的冲击。

此外,世界银行、欧洲经济研究中心等国际组织也都有自己的大型宏观经济模型,并经常关注国际油价波动的宏观经济影响。

五、国内的相关研究

尽管现有理论与实证研究从不同的角度、在不同的层面证明了油价上涨以及油价波动对宏观经济具有显著的影响,但由于各国产业结构、能源结构、能源消费强度、能源进口依存度、能源定价机制不同,油价冲击造成的影响也会各不相同。遗憾的是大部分现有研究都集中于发达国家,针对中国以及其他发展中国家的系统性研究却寥寥无几。通过文献检索,我们发现针对国际油价与我国宏观经济运行情况之间的研究非常有限,并且大多出现于本世纪。

相较其他一般商品部门,我国能源部门无疑是国有资产占比最高、政府管制最强、市场化程度最低的产业部门,在新中国成立之后的很长一段时间,能源尤其是石油都是作为重要的战略物资,其价格受到严格的管制。尽管自 20 世纪 80 年代中期以来,我国能源市场先后进行了管理体制、产业组织、市场结构、价格体系等多方面的渐进式改革,但是相较其他开放程度高、市场化机制推进深入的产业而言,能源部门的投资、生产、供应、消费等过程仍然存在一系列非市场性限制,包括垄断、政府管制、计划经济与市场经济并存等多重因素,阻碍了价格的市场化波动。国有、国营的经营管理模式,以及严格的价格管制切断了国际油价直接影响我国宏观经济的路径，因此在很长一段时间里，国际油价的波动都没有进入我国学者的研究视野。

进入本世纪以来，我国工业化、城市化进程加速，经济增长对能源要素的依赖程度进一步增强；同时，随着我国石油对外依存度的不断提高，以及我国加入WTO，国际市场的价格波动也更多地影响到国内市场。在国际国内多重压力的推动下，20世纪90年代末我国石油市场逐渐开始加快改革，主要表现为我国国内原油与成品油价格机制的两次重大转变，分别为：1998年油价改革方案规定按照新加坡市场原油月均价确定国内原油基准价，成品油价格则实行国家指导价；2001年进一步加进了荷兰鹿特丹和美国纽约市场作为参照；2008年年底的改革细化了成品油价格调整方式，确定了国际油价连续20天日均涨幅或跌幅超过4%的国内调价门槛。经过这多次的改革，国内原油、成品油价格机制已经在很大程度上与国际市场接轨，或者至少可以说是打通了国际市场与国内市场的价格传导关系。

焦建玲等(2004)①对中国油价与国际油价的走势波动及中国油价与国际油价的因果关系进行了比较分析与检验，结果表明1997年以来我国原油价格与国际原油价格走势基本一致，但其波动比国际原油价格小，两种价格之间存在双向因果关系，但影响程度是非对称的。张意翔等(2007)②等对国内外原油价格关系进行了动态分析，得出国内原油价格和国际原油价格之间存在着长期协整和动态均衡关系。张跃军、范英、魏一鸣(2007)③等学者运用GARCH模型分析了国际原油价格(以Brent原油价格为代表)和国内油价(大庆原油现货价格为代表)的市场价格波动性，并且采用了Hamao(1990)④提出的波动溢出效应模型分析了两个国家油价波动的短期相依性和互动性。结果发现两个市场存在着波动集聚现象，表明我国国内油品价格与国际价格的波动特征逐渐趋同。魏巍贤和林伯强(2007)⑤进一步利用协整检验和误差修正模型研究认为国际和国内市场

① 焦建玲、范英、魏一鸣：《石油价格研究综述》，《中国能源》2004年第4期。

② 张意翔、孙涵、成金华：《国内外原油价格关系的动态分析》，《管理学报》2007年第1期。

③ 张跃军、范英、魏一鸣：《基于GED—GARCH模型的中国原油价格波动特征研究》，《数理统计与管理》2007年5月第26卷第3期。

④ Hamao, Y., Masulis, R.W. and Ng, V., "Correlations in Price Changes and Volatility across International Stock Markets", *Review of Financial Studies*, Volume 3, Issue 2, 1990, pp.281-307.

⑤ 魏巍贤、林伯强：《国内外石油价格波动性及其互动关系》，《经济研究》2007年第12期。

存在长期均衡关系和短期的动态调整,两市场波动性的传导呈现双向性,国际油价对国内油价具有绝对的引导作用。芦琳娜等(2012)①从国内原油的供给、需求角度出发,运用单位根检验、协整检验和误差修正模型对国内原油价格波动的影响因素进行研究,结果显示,国内原油价格增长率与国际原油价格增长率、国内生产总值增长率和国内原油消费量增长率之间存在协整关系,国内原油价格波动主要受国际原油价格、国内生产总值、国内原油消费量的增长率影响而呈现长期稳定性特征。在这些实证研究中,无一例外地都证明了我国目前国内石油市场,不论是成品油价格还是原油价格,都越来越明显地受到国际市场价格波动的影响。鉴于此,关于国际油价对我国宏观经济的影响研究也逐渐受到了越来越多的关注。

在一般均衡建模研究领域,魏涛远(2002)②、吴静等(2005)③、肖明智、谢锐(2012)④等学者构建了静态 CGE 模型,分析了对国际油价上涨对我国 GDP、物价、工资等宏观经济变量的影响;林伯强、牟敦国(2008)⑤借助 CGE 模型比较了石油价格和煤炭价格变化对我国宏观经济,尤其是物价水平的影响,指出在我国现有经济体系下,能源价格上涨可能同时造成产出下降和通货膨胀,导致"滞胀"的可能;袁永德(2007)⑥、李丽(2011)⑦等则通过在标准 CGE 模型结构中引入非完全竞争的市场结构,模拟我国国内石油市场的运行,强调非市场因素,以及不完全竞争因素会放大国际油价变化对我国宏观经济运行的不利影响。遗憾的是,目前国内关于国际油价冲击影响的 CGE 建模研究以静态模型为主,动态化的模型非常有限。

---

① 芦琳娜、雷涯邻、车纲:《国际油价、经济增长与原油消费变动对国内油价的协整分析》,《资源与产业》2012 年第 3 期。

② 魏涛远(2002):世界油价上涨对我国经济的影响分析[J],《数量经济技术经济研究》2002 年第 5 期。

③ 吴静、王铮、吴兵:《石油价格上涨对中国经济的冲击——可计算一般均衡模型分析》,《中国农业大学学报(社会科学版)》2005 年第 2 期。

④ 肖明智、谢锐:《国际原油价格上涨对中国经济影响的一般均衡研究》,《世界经济与政治论坛》2012 年第 1 期。

⑤ 林伯强、牟敦国:《能源价格对宏观经济的影响——基于可计算一般均衡(CGE)的分析》,《经济研究》2008 年第 11 期。

⑥ 袁永德:《非完全竞争市场假设在 CGE 模型中的引入及应用》,《当代经济科学》2007 年第 1 期。

⑦ 李丽:《国际油价波动对中国经济影响的评估》,《华东经济管理》2011 年第 5 期。

第二节 本书对现有研究的发展

结合上述研究脉络的梳理，我们不难发现分析油价冲击的宏观经济影响的研究方法、技术路线、逻辑起点等，都会随着油价波动特征的改变而不断调整、不断发展，因而在本世纪新的油价波动特征影响下，相关研究又一次面临着重大的调整与改变，在研究方法上需要向基于一般均衡理论的系统性建模领域延伸；而研究的逻辑起点则需要从微观行为模式的角度出发，研究国际油价波动不确定性对宏观经济影响的路径与机制；研究对象也应更多地关注在全球经济系统以及能源供需体系中扮演着越来越重要角色的新兴经济体。

本书研究拟首先对国际油价形成机制进行分析，探究价格波动及其不确定性的结构与特征，在此基础上，借助 CGE 建模研究，对油价冲击影响我国宏观经济的机制、路径以及效果进行评估。本书构建的一般均衡模型对传统的 CGE 模型的微观行为方程进行了扩展与修正，引入了预期结构与风险偏好等因素，模拟不确定性的市场环境下，市场预期的形成过程以及经济主体的行为模式。在此基础上，将传统的数量模型与蒙特卡洛随机试验方法进行有机的结合，从而使我们能够更加系统、全面、深入地探究本世纪油价波动及其不确定性对宏观经济的影响。此外，随着当代全球经济运行节奏不断加快，不确定性不仅是石油市场专有的特征，而是普遍存在的经济现象，因而本书构建的模型创新性地对市场不确定性进行的模拟与分析填补了相关研究的空白，其研究方法与建模技术在对我国以及全球宏观经济研究领域都具有非常广阔的适用空间。

具体而言，本书对现有文献的贡献主要在于以下几个方面：

1. 在我国市场机制转型的过渡期中，探析油价冲击的传导机制以及传导路径的特异性，为模型结构设置提供参考。

改革开放 30 多年来，我国的市场经济体制已经得到了长足的发展，但是时至今日经济体制的改革依然在不断的进行中，在我国的市场体系中依然能够看到价格管制、政府规制等计划经济的积弊。在体制转型的过渡期中，市场力量与政府力量的交织是所有发达国家经济转型过程中普遍面临的问题，而随着经济全球化浪潮的不断推进，国内市场或主动，或被动地与国际市场形成互动和角力。多重因素的复合导致不同系统之间的交互影响与关联反馈变得极其复杂多变，对经济系统的分析因而也变得困难重重。

具体到国际原油价格冲击对我国宏观经济的影响来看，由于我国内需不足、出口部门恶性竞争严重、价格管制与隐性成本盛行，这些因素严重扭曲了价格机制的作用，使得成本冲击的传导路径发生变异。而对于成本冲击在我国现有的经济环境下的传导机制与路径进行探析，不仅其本身具有非常重要的理论价值，同时也是宏观经济模型构建的基础和重要依据。

本书拟通过基于SVAR系统的叠加脉冲响应函数法(SIRA)，对油价冲击影响我国宏观经济产出的不同传导路径进行解构与比较，分析在我国经济结构与特征下，影响最为显著的影响机制和传导路径，为下文CGE建模提供参考。

2. 在本世纪国际油价金融属性增强、形成机制异化的背景下，对国际原油价格波动的分析和模拟需要系统性的视角与工具，而对油价波动特征的有效模拟则是评估油价波动宏观经济影响的重要前提。

石油具有一般商品所不具备的三重属性：从商品角度看，它具有可耗竭性；从需求角度看，它是重要的基础性生产要素；从市场角度看，它具有高度垄断性和金融衍生品属性。随着金融市场的发展以及国际资本、货币市场与商品市场的耦合使得石油的金融属性不断强化，在金融交易工具的帮助下，预期因素使得石油的消费需求、派生需求和投机性需求互相交织、不断演化，使得国际原油市场价格形成机制日趋复杂多变。

从石油的三重属性出发，本书拟利用VEC模型对石油供给、需求以及金融市场因素对油价波动的动态影响和交互关系进行估计，并通过序列波动分解的方法，对油价波动进行解构，分析不同影响因素对油价的影响及其作用规律。通过对油价波动性的分解分析，不仅有助于我们了解油价波动的特征与规律，更能够结合元分析(Meta Analysis)和随机模拟技术，为模型分析提供合理有效的情景设置。

3. 从微观机制的角度模拟投资与资本积累的过程，探究我国经济增长与产业结构调整的动态过程与内生动力机制。

目前我国经济正逐渐进入一个从快速增长向平稳增长过渡的调整阶段，一方面工业化转型在我国部分地区正进一步深化，城市化发展也在不断推进；另一方面随着改革开放30多年来制度红利的逐渐释放，在全球经济减速、外部需求萎缩的背景下,我国经济增长新的动力从何而来的问题逐渐浮现。随着宏观经济进一步快速增长的阻力越来越强,结构调整的压力也随之越来越大,未来经济结构的调整路径和生产方式的转变方向都面临着多种路径的选择。

在结构调整的过程中,我们有必要从微观机制入手,探析经济主体的行为模式,分析消费结构、生产结构的调整过程,以及在不确定性条件下经济主体跨期优化的行为机制。这对于我们系统、全面地把握经济增长和结构转型的内生动力,从总量和结构两个层面理解经济增长和发展过程具有非常重要的作用。

本书模型拟通过设定黏性资本调整机制(Putty-Clay Mechanism)对产业结构调整的动态过程进行模拟,具体而言,模型设定各行业使用差异化的资本,新增投资具有不可逆性,即在形成产业资本之前具有跨行业流动性,而形成产业资本之后便不能跨行业流动,只能通过折旧和新增资本的形式逐渐调整。在这样的动态调整机制下,经济主体根据最大化投资收益净现值的目标调整各期投资的行业结构,在此过程中,逐渐引导产业结构调整,并推动各行业产能积累与产出增长。

4. 对原油价格波动不确定性的分析需要在建模技术方面,对传统 CGE 模型的数值模拟进行拓展。

CGE 模型是典型的数值模拟模型,无法通过数理方法对随机变量进行处理。然而随着现代计算技术的突飞猛进,我们可以利用随机试验的方法,在数值模型的框架下分析随机变量的影响。本书拟将蒙特卡洛随机实验(Mone Carlo Experiment Method)技术与 CGE 模型相结合,对油价波动的不确定性进行模拟和分析,具体而言根据油价波动分解分析的结果,确定油价随机波动的结构与特征,并据此进行随机抽样,设定模型油价情景。在此基础上通过修正不确定性条件下经济主体的行为模式,实现对不确定性影响的系统性评估。

5. 在不确定性环境下,修正经济主体的行为模式,能够显著地优化模型对产业结构调整以及经济增长内生动力机制模拟的精确性与合理性,对于政策评估的有效性也具有非常重要的意义。

在不确定性环境下对经济主体的行为模式的分析主要包括两个方面:预期结构与风险偏好结构。

理性预期理论在宏观经济建模中的应用引发了一场地震式的变革。就本书构建的模型而言,经济主体的投资行为需要以未来收益的贴现最大化作为目标,因而必然涉及对未来油价以及宏观变量的预期，从这个意义上看，理性预期因素是构成产业结构调整内生机制的关键要素。在确定性的数值模型中，理性预期的求解可以通过数理推导或者外部迭代的方式进行求解，但是在结合蒙特卡洛与数量模拟的模型框架下，极大的计算要求使得外部迭代的方式不再具有可行性。本书拟通过“识别相关关系法(Perceived Correlation Methodology)”，将随机试验与计量分析工具相结合，识别不确定性油价波动与各行业投资收益率的相关关系，以此为依据设定经济主体预期规则——这样的理性预期模式符合Nordhaus提出的“理性预期弱有效性”标准。

对于经济主体的风险规避行为，本书拟借用金融市场分析领域中的风险价值(Value at Risk，VaR)理论，对经济主体的投资行为进行修正。在理性预期的条件下，设定经济主体根据投资的风险价值(即VaR)确定未来预期投资收益，并以此为依据调整投资的行业流向。

通过上述修正，本书模型得以在包含外生不确定性的模型框架内实现对理性预期以及风险偏好的模拟，在建模技术以及数量经济方法和宏观经济理论方面都具有相当的创新性。

第二章　国际油价影响我国宏观经济的理论机制与传导路径研究

在过去的30多年时间里，国际石油市场的供需结构以及市场主体行为模式不断发展，而油价波动的特征也随之不断改变。持续的变化对研究油价波动的宏观经济影响提出了挑战，同时也激发出新的研究方法、理论观点，形成了浩如烟海的研究成果。对于相关研究发展脉络的详细介绍请参见本书前一章文献综述。归纳这30多年的发展，我们发现每次研究方向的转折过程中，总是实证研究首先获得突破，从结果上证明了油价波动对各种宏观经济变量的影响，不论是20世纪70年代末的因果关系检验，80年代中后期的非对称性关系检验，以及90年代末引入波动性等。但是在实证研究证明了油价波动对宏观经济的影响之后，试图从理论的角度揭示油价冲击的传导路径和作用机制的研究却往往较为困难。尽管许多学者从不同的视角出发、基于不同的逻辑和研究方法，提出了各种不同的影响机制，但是关于油价冲击影响机制的争论却从来未曾停歇。

一方面，石油作为重要的基础性生产要素，其对宏观经济运行，以及经济社会发展的方方面面都会造成深远的影响。与此同时，在宏观经济系统中，油价冲击传导的不同路径以及各个因素交互影响、互相耦合，产生协同放大或者矛盾抵消的结果，导致任何单一的机制或者影响因素都无法完整地刻画油价冲击的影响。另一方面，正如Bernanke（1983）[①]、Hamilton（1988）[②]等学者的研究指出的，

① B. S. Bernanke, "Irreversibility, Uncertainty and Cyclical Investment", in *Quarterly Journal of Economics*, 98(1), 1983, pp.85-106.

② J.D.Hamilton, "Oil and the Macroeconomy since World War II", in *Journal of Political Economy*, 91, pp.28-248.

油价波动对宏观经济的影响不仅表现为促使最优生产点沿着既定的生产边界调整(直接冲击),更重要的是油价变化引导要素的重新配置,从而改变生产边界本身(间接冲击)。而在要素重新配置的过程中,调整黏性以及调整成本的存在则可能导致油价波动的间接冲击强于直接冲击、长期影响胜于短期影响。最后,经济体中各个行业通过相互间复杂交织的供需关系,形成一个有机的整体,其结构是立体的、多维的,而非扁平化的。不同行业处于产业链的不同环节,面临的供给需求情况各不相同,同时各行业对石油产品,以及能源的依赖程度不同,因此不难理解油价冲击对于不同行业的影响程度和作用机制同样也会有所区别;即便同样的传导机制和效应,在不同行业中的表现形式也会有很大差异。与此同时,由于不同经济体的产业结构、发展路径、资源禀赋、能源依赖性以及能源结构等特征相差巨大,因而油价冲击的传导过程及其影响强度和表现形式也各不相同。

这些因素的存在很大程度上干扰了我们更为深入细致地研究油价冲击的机制与传导路径,但反过来说,却也给进一步的研究指明了方向。鉴于此,本章首先将系统地梳理油价波动影响宏观经济的传导机制与相关理论,结合我国经济结构和特征,分析现阶段国际油价波动影响我国经济运行的主要传导路径。在此基础上,从宏观和行业两个层面分析油价冲击的传导过程与表现形式。通过对油价冲击的长期与短期效应、供给侧与需求侧影响,以及对不同行业影响效应的分解和比较,以期全面地解释和刻画油价冲击在我国宏观经济系统中的传导机制和路径,为后文建模研究提供参考。

第一节　油价波动影响宏观经济的传导机制理论梳理

自 Pierce 和 Enzler(1974)①、Rasche 和 Tatom(1977)②以及 Hamilton(1983)③

① J.L.Pierce & J.J.Enzler,"The Effects of External Inflationary Shocks",in *Brookings Papers on Economic Activity*,1,1974,pp.13-61.

② R.H.Rasche & J.A.Tatom,"The Effects of the New Energy Regime on Economic Capacity,Production And Prices",in *Federal Reserve Bank of St.Louis Review*,59(4),1997,pp.2-12.

③ J.D.Hamilton,"Oil and the Macroeconomy since World War II",in *Journal of Political Economy*,91,1983,pp.28-248.

等学者早期的实证研究证明了油价高企对宏观经济造成的不利影响以来，许多学者都致力于解释这种相关关系背后的机理。随着实证证据的不断积累和改变，相关理论研究也在不断充实，综合现有研究，我们可以将各国学者提出的油价影响宏观经济的传导机制总结为以下几类：

一、基于古典经济学理论的供给冲击效应

根据古典经济学理论，生产要素的价格上涨会导致生产者面对的生产要素等成本线内移，如果给定生产者的生产技术即等产量线形状不变，则此时等产量线会随等成本线相应内移。因此在要素价格上涨时，如果不考虑产出价格的变化，则最优化生产行为会导致产出下降。在古典经济学理论框架下，要素价格的上涨表征了要素稀缺性的提高。而石油作为关键的基础性生产原料，甚至有学者认为能源（对于发达经济体而言，这当然主要指石油）是与资本、劳动同样重要的一般性的生产要素，因而其价格上涨势必会导致生产成本上升、产出下降。与此同时，如果视劳动、资本等要素与能源要素之间具有替代关系，则当石油价格上涨时，生产者便会增加劳动、资本等要素的投入，以替代石油的投入。在古典经济学理论体系中，增加要素投入导致要素边际生产率，也即实际工资率与资本收益率等要素报酬率的下降。如果工资具有向下调整的刚性，那么劳动产出率的下降和名义工资率的向下刚性便会导致更高的失业率，同时带来总体通胀率的上升，从而降低实际工资率，由此导致的总需求下降进一步压低总产出。

在古典经济理论框架下，这样的传导机制显得直观、明确，同时也是研究最为充分的传导机制。然而也有很多学者质疑上述供给冲击效应是否就是导致宏观经济在油价上涨之后陷入大规模危机的主因。Okun（1975）[①]、Perry（1977）[②]以及 Nordhaus（1980）[③]都曾指出，由于能源成本在工业生产总成本中

① A.M.Okun, "A Postmortem of the 1974 Recession", in *Brooking Papers on Economic Activity*, 1, 1975, pp.207–221.

② G.L.Perry, "Potential Output and Productivity", in *Brooking Papers on Economic Activity*, 1, 1977, pp.11–47.

③ W.D.Nordhaus, "Oil and Economic Performance in Industrial Countries", in *Brooking Papers on Economic Activity*, 2, 1980, pp.341–388.

的占比很低,因此直接的成本效应造成的产出下降同样应该非常有限。此外,如果供给冲击效应就是造成经济危机的主要原因,那么能源密集性更高的国家受到的冲击应该更为严重。但是 Bohi(1991)①的实证研究却没有找到这方面的证据。

二、收入转移效应导致总需求改变

油价上涨会导致石油输出国和输入国贸易盈余的改变,从而导致收入从石油输入国流入输出国。对于石油输入国而言,油价上涨导致进口成本上升、购买力外流,从而抑制国内的总需求,导致宏观经济产出恶化。同时石油输出国的贸易盈余,即"石油美金"的边际消费倾向远低于石油书输出国的边际消费倾向(Fried 和 Schulze,1975②;Dohner,1981③),因此从全球尺度看,国际油价上涨导致收入的国际间转移将会降低全球总需求。当石油输出国的贸易盈余进入国际货币或者资本市场,而非进入实体经济时,就会导致资产价格的波动,而不会导致石油进口国国内实际利率的下降。在油价上涨幅度较大时,收入转移效应一方面能够直接导致总需求的下降,同时可以通过与国际货币、资本市场的耦合改变资产价格,进一步给世界经济带来更为不利的影响。

就单一国家层面而言,收入转移效应同样存在——表现为在油价上涨之后,国内石油部门与非石油部门之间的收入转移。对原油供给部门而言,国际价格上涨导致国内价格上涨,利润提高;对于石油炼化部门而言,由于各国石化部门无一例外地都具有相当的市场垄断力,并且往往与上游原油开采与供应部门一体化经营,因而更进一步强化了其垄断。石油炼化部门的市场垄断力导致了他们在国际油价上涨后,反而可以更大幅度地提价,从而获得更高的利润。由于在垄断行业、国有经营行业以及其他普通行业之间收入分配、投资倾向的不同,因

① D.R.Bohi,"On the Macroeconomic Effects of Energy Price Shocks",in *Resources and Energy*,13,1991,pp.145-162.

② E.R.Fried& C.L.Schultze,"Overview",in *Higher Oil Prices and the World Economy*,Washington,D.C.:The Brookings Institution,1975.

③ R.S.Dohner,"Energy Prices,Economic Activity and Inflation: Survey of Issues and Results",in K.A.Mork(Ed.),*Energy Prices,Inflation and Economic Activity*,Cambridge,MA: Ballinger,1981.

而导致总需求的改变。这种国内的收入转移效应在市场转型的过程中,或者在转型经济体中尤为引人关注。

三、通货膨胀效应与货币实际余额效应

如供给冲击效应所分析的,在油价上涨的推动下,如果实际工资不变,则会导致国内通货膨胀。但是输入性的通货膨胀不同于由国内需求不足、货币供应失调导致的内生通货膨胀,无法通过减少货币供应的方式对其进行干预和调整。相反,由于输入型通货膨胀增加了进口成本支出,因此货币需求反而提高(Pierce 和 Enzler,1974)①,因此如果货币当局不能相应增加货币供应量,则会使国内实际利率水平上升,从而降低投资和消费,减少总产出。但是事实上在早期油价上涨的过程中,各国货币当局对此并没有明确的认识,因而依然固守以控制通货膨胀为目标的货币政策,在油价上涨导致国内出现通胀迹象时反而降低货币供应,以期控制物价水平。在这样的外部冲击与内部紧缩共同作用下,造成对宏观经济更为不利的影响。很多学者也从这个角度解释了油价冲击引致大规模经济萧条。

四、产业结构转型与调整成本效应

自 20 世纪 80 年代后期起,油价波动与宏观经济之间的非对称关系引起了研究者的高度关注与深入的分析。在此之中,调整成本效应的提出,以及由此出发构建的动态的、包含预期因素的宏观经济分析框架与理论具有划时代的意义。

Hamilton(1988)②指出由于油价上涨对不同行业的影响有所区别,因此在油价波动后会导致产业结构的调整,包括投资的转移以及劳动力的转移。不论是资本还是劳动力,在跨行业转移的过程中都涉及相应的调整成本或者具有调整

① J.L.Pierce &J.J.Enzler,"The Effects af External Inflationary Shocks",in *Brookings Papers on Economic Activity*,1,1974,pp.13-61.

② J.D.Hamilton,"A Neoclassical Model of Unemployment and The Business Cycle",in *Journal of Political Economy*,96,1988,pp.593-617.

黏性。比如劳动力的再培训、资产的变现折价等。这种调整成本不论在油价上涨还是下跌的过程中都会产生，因而导致油价波动对于宏观经济影响的非对称性。

五、油价波动不确定性与预期效应

对预期因素的考量，推动了宏观经济理论分析领域的革命性变革。而在国际油价波动不确定性的条件下，引入预期因素修正经济主体的行为更是具有非常重要的作用。但是尽管预期因素对于分析油价波动对宏观经济的影响意义非凡，但实际上预期效应并非单独的一种传导机制，而是通过与其他机制相结合，并对其他传导机制进行修正。

如果经济主体预期油价上涨是暂时的，那么根据永续收入假说，消费者倾向于提高消费倾向以平滑终身消费支出，由此带来借贷需求和货币需求的上升，从而推高利率水平，抑制投资需求。由此可见，预期效应的存在会强化货币需求效应，放大油价波动的不利冲击。此外，由于资本、劳动等要素的跨行业调整涉及调整成本，或者具有调整黏性，因此在油价不确定的情景下，经济主体理性的决策便是延后投资(Bernanke,1983)①。而对于消费者而言，则会延缓对汽车等耐用消费品的消费，从而导致短期总需求大幅度下降，给经济运行带来巨大的冲击。

第二节 油价冲击在我国的传导机制梳理

自20世纪70年代中后期以来，各国学者对于油价冲击展开了浩如烟海的研究，而2003年起到2008年全球金融危机之间的近6年时间里，国际油价的持续、快速、大幅上涨更是引起了学者们的高度关注。由于各国经济发展方式、增长路径、产业结构、能源供需结构，以及要素禀赋、市场机制甚至政治体制都各不

① B. S. Bernanke,"Irreversibility, Uncertainty and Cyclical Investment", in *Quarterly Journal of Economics*,98(1),1983,pp.85-106.

相同,因此外生冲击的传导路径、表现形式也会大相径庭。但遗憾的是现有研究往往集中于发达国家,对于发展中国家,尤其是中国的研究非常有限。然而事实上,以中国为代表的新兴经济体不论在全球经济增长过程中,还是在国际能源市场的均衡中,都扮演了非常重要的角色。

在全球经济持续低迷、出口需求急剧萎缩的背景下,国际油价的持续上涨势必会对我国经济增长、社会发展带来更为不利的影响。更重要的是,我国经济正处于经济转型的关键时期,产业结构本身就在不断调整和变化,未来经济增长路径与生产方式存较大的不确定性,加之国内外经济增长趋势,以及能源供需态势等多方面因素同样扑朔迷离。在多重不确定性影响下,经济主体对未来经济增长路径和生产方式的预期不稳定,因而由此推动的投资行为也对国际油价变动等外生冲击较为敏感。因此要分析油价冲击在我国的传导机制,首先需要对我国的经济结构特征、能源供需特征等进行分析和梳理。

一、我国能源消费结构特征

目前我国的经济增长正处于工业化发展的中后期,城市化转型也正在快速推进。石油作为经济生产所必需的基础原材料,同时也是社会生活所必需的投入品,因此不论是生产端还是消费端,对石油的需求都在快速增长、需求刚性日渐强化。根据国家统计局发布的数据,2011 年我国每万元 GDP 产出能耗约为 0.74 吨标准煤,这个数值比德国高约 6 倍、比日本高 4 倍、比美国高 3 倍(世界银行《世界发展指数 WDI 数据库》)。从能源消费的弹性系数(能源消费的增速/经济增长的增速)看,进入本世纪以来我国经济增长与能源消费之间的耦合关系日渐紧密,尤其是本世纪初,能源消费增速甚至高于经济产出增速。尽管其间能源消费增速有所放缓,但是 2008 年之后又有抬头的趋势。这在很大程度上表明了我国目前能源消费的需求刚性较强,对能源投入的依赖性很高(参见图 2. 1)。我国经济增长过程中较高的能源密集性主要受到两方面因素的影响,一方面我国经济产业结构中高耗能行业,尤其是重化工业占比较大;另一方面我国工业生产和经营管理较为粗放、技术水平落后,导致我国总体能源效率低下。

自 20 世纪 90 年代以来,我国九大重点高耗能产业(钢铁行业、有色金属行

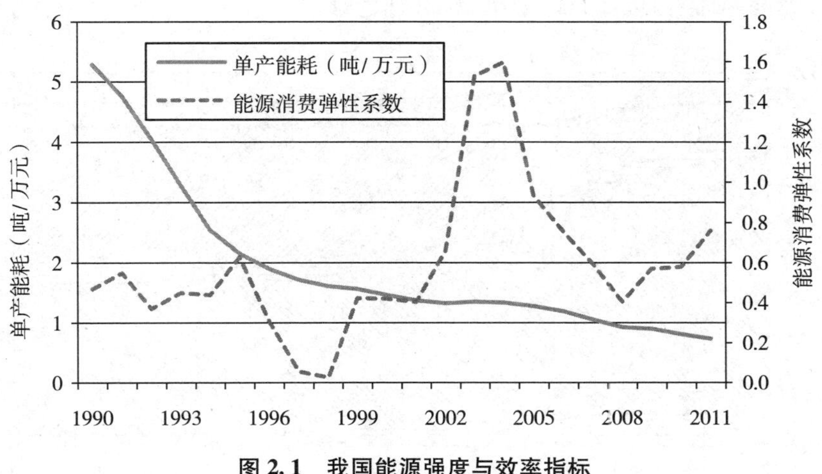

图 2.1　我国能源强度与效率指标

资料来源：国家统计局：《中国统计年鉴 2012》。

业、煤炭行业、电力行业、石油与石化行业、化工行业、建材行业、纺织行业以及造纸行业）产值在工业总产出以及增加值中的占比始终在 40%以上，并且有逐渐上升的趋势。统计数据显示 1995 年九大重点高耗能行业产值占工业总产值的比例约为 42%，到 2005 年该比例上升到 44%，而 2011 年进一步上升到 45%。在工业化转型的发展路径推动下，我国各地大力发展重化工业，刺激 GDP 增长，也带来了产业结构的重型化与高耗能产业的增长。尽管随着生产技术的不断提高，以及产能调整的逐渐推进，我国工业生产能效近年来有所提高，但是与国际先进，乃至国际平均水平相比，很多行业的能源效率依然有很大的差距。按照《能源统计年鉴 2012》发布的数据，我国发电效率比世界先进水平低 10%，造纸行业能源效率比世界先进水平低 88%，化工行业低约 49%（乙烯）至 64%（合成氨），建材行业低 23%，钢铁行业低 11%，交通运输能效低 45%（客运）至 49%（货运）。

另一方面，城镇化发展的进程也在很大程度上改变着我国的能源消费结构。城镇化带来人居、生活方式的改变，其中非常重要的一个方面便是交通运输和出行方式的改变。随着城镇化的不断加速推进，民用交通和出行方式的改变以及民用车辆保有量的提升必定会在很大程度上进一步提升石油需求。这一特征在我国石油消费结构中已经逐渐显现出来，如图 2.2 所示。党的十八大报告中再次强调了推进城镇化建设的目标，随着这一目标的进一步推进，我们有理由推断未来交通能源需求，进而石油需求也将加快增长。

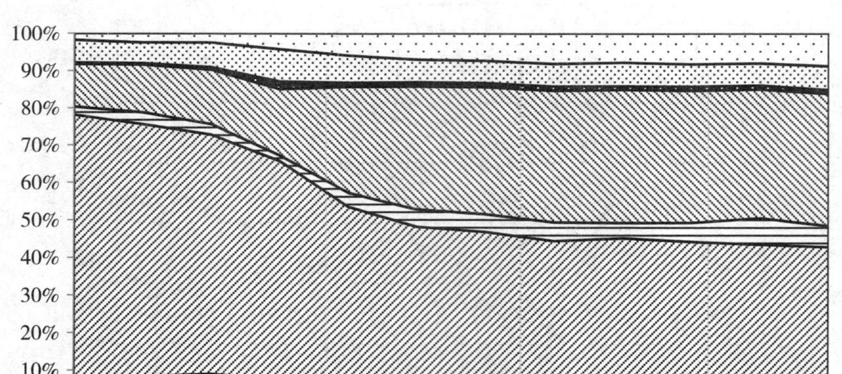

图 2.2　我国石油消费结构

资料来源：国家统计局：《中国能源统计年鉴 2011》。

随着石油需求规模及其刚性的不断增加，我国石油的对外依存度也在逐年提高。统计数据显示，我国石油产品的消费总量从 2000 年的 2.25 亿吨增长到 2011 年的 4.54 亿吨，进口依存度也从 43%提高到 69.62%，进口石油占能源消费总量的 12.11%（按照标煤当量计算），而进口支出则占全年 GDP 的 3.14%。石油作为经济生产所必需的基础原材料，同时也是社会生活所必需的投入品，需求刚性与进口依存度的提高势必给我国宏观经济的平稳和增长带来巨大的隐患。

二、我国石油市场结构特征

我国石油市场垄断主要是行政性保护政策的结果。以专营权的形式赋予三大石油集团垄断地位，一方面是出于维护能源安全考虑，另一方面也易于管控，存在一定的历史原因。在原油的开采、加工、销售的各个环节，三大集团经过多年的积累，已经掌控了市场，即便有部分原油外放炼制，其成品油也将由两大集团买断。而进口石油也主要通过这三巨头进行代理。目前，国内成品油经营资格申请程序繁复，进入门槛高。这些政策性障碍，与三大石油集团的既有垄断地位市场结构固化共同构成了非国营企业的进入壁垒。

然而，是否由于存在垄断就必须抑制垄断？石油行业上游开采具有规模效应；中游炼化具有范围效应；而下游分销则具有网络效应，因此从经济特征上看，石油行业本身具有典型的自然垄断特征。从经济效率的角度出发，维持自然垄断行业的垄断性生产结构能够实现最高的产出效率。如果采取合理、有效的措施避免垄断厂商滥用其市场力量提高产品价格，损害消费者的利益和总体社会福利水平，那么可以说其存在也必然是合理的。因此我们有必要对现行市场效率进行定量的衡量，如选取适当的行业指标体系，建立综合指标分析系统进行测量。当然，从市场表现来看以及已有的研究成果来看，我国石油市场的垄断程度偏高，有必要进行一定的抑制。

从抑制垄断的必要性来看，垄断企业的利益并不完全代表国家利益，其决策行为也主要从自身利益最大化角度进行考虑，在国际市场上的行为并不能真实反映我国的需求状况。抑制垄断将有利于我国石油市场的健康、可持续发展。

三、我国国内石油市场改革与价格机制演进

随着国内石油需求的不断增长，屡次发生供给短缺已经成为社会关注的焦点。尽管引发"油荒"的原因有许多，其中最受诟病的就是我国石油价格体系中存在的诸多问题。相较其他一般商品部门，我国能源部门无疑是国有资产占比最高、政府管制最强、市场化程度最低的产业部门。能源价格体系也一直是在强有力的政府监管之下，根据"确保宏观经济稳定运行、适当兼顾能源企业利益"的基本原则予以调整。尽管自20世纪80年代中期以来，我国能源系统进行了管理体制、产业组织、市场结构、价格体系等多方面的渐进式改革，但是仍然存在一系列非市场性扭曲，自然垄断、政府管制、计划经济与市场经济并存等多重因素，导致能源供需失衡。

在这样的市场结构和管制体系的背景下，快速增长的油气需求直接凸显出市场改革的滞后：近年来多地出现的油气供应短缺尽管不能排除偶发因素的影响，但是"市场调节机制"的缺位直接弱化了价格这一"看不见的手"在市场短缺条件下，及时刺激生产侧扩大供给、需求侧缩减消费的调节作用。随着国内能源

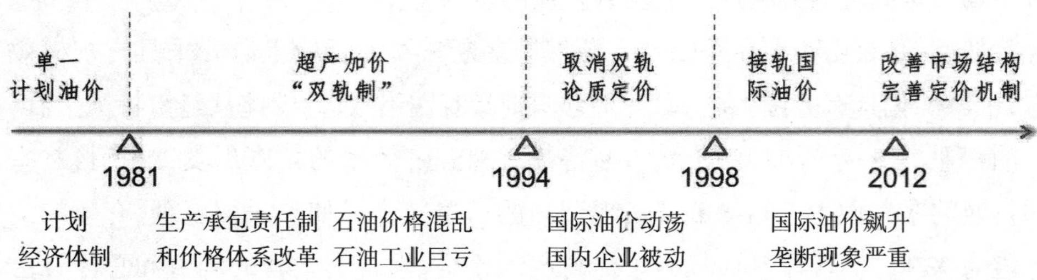

图 2.3　我国石油市场改革历程

市场价格机制扭曲导致供需失衡频现，社会各界对于深化能源市场改革的呼声不断高涨。由此推动，我国国内石油市场定价机制也在近年来加快了改革的步伐。1998 年油价改革方案规定国内市场原油价格按照国际市场（新加坡）价格月均价浮动，成品油价格则实行国家指导价；2001 年进一步增加欧洲和美国市场作为参照，同时将每月浮动改为不定期浮动；最近一次的价格机制改革出现在 2008 年年底，明确了成品油价格调整的具体标准和窗口期，即“22+4%”的调节机制。

经过多次改革，国内石油市场价格机制已经在很大程度上与国际市场接轨，国内原油、成品油价格与国际市场价格之间的联动关系逐渐形成，而国际市场价格冲击对我国国内市场的影响渠道也渐渐畅通。尽管如此，现有的定价机制本质上并未脱离政府定价，这种价格形成机制无法有效平衡供需，而且价格调整存在明显的时间滞后性。这一方面导致了市场在调价窗口期前后供需行为的异化、客观上催生了投机行为；另一方面则放大了市场对价格预期的不确定性、导致了市场的超调行为，反而使得石油价格扭曲和供需失衡进一步加剧。

四、油价冲击影响我国宏观经济的路径分析

原油是工业生产过程中最为关键的基础原材料之一，其价格变化通过“供给冲击效应”，能够直接低影响产出水平，如图 2.4 中的箭头①所示。但是“供给冲击效应”所描述的生产者优化生产行为的调整是在既定生产函数基础上进行的，在资本要素不能很快地实现跨行业流动的条件下，“供给冲击效应”带来的产出下降，实际上反映了生产者降低“产能利用率”的结果。如果

不考虑产能调整,并且劳动力市场存在剩余劳动力供给,则当油价上涨的造成的成本冲击褪去之后,生产者能够在原有的资本积累即产能基础上很快恢复生产。由此出发得到的油价冲击对宏观经济的影响是对称的,也是短期的。

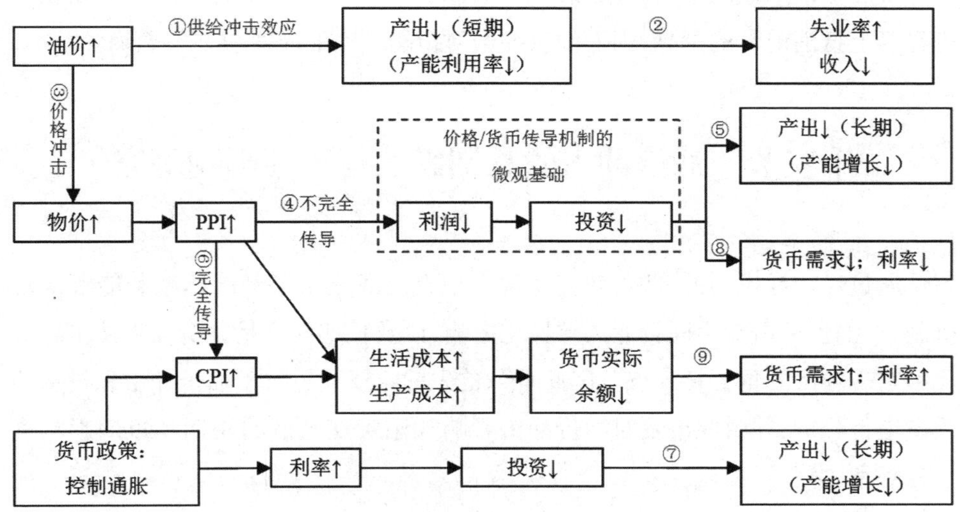

图 2.4　油价冲击的传导路径

在产出向下调整的过程中,由于生产成本的上升,导致产品价格上涨,从而将成本冲击逐渐向下传导,并且在传导的过程中,使油价冲击带来的不利影响均匀地由整个产业链以及终端消费者分担。这种价格传导机制最终导致整体物价水平上涨,从而导致通货膨胀效应,降低实际货币余额(如箭头③所示)。在一个成熟的自由市场上,成本冲击沿产业链的传导能够很顺畅地完成,原材料、中间品以及最终消费品的价格均衡地分担价格冲击产生的不利影响。但是在我国,由于国内市场价格管制的存在,同时国内市场内需不足,而出口部门由于商品同质性高、可替代性强、附加值低,从而导致低价竞争日趋恶化……这种种因素都导致了价格冲击在我国的传导非常粘滞(如箭头④所示)。价格冲击无法顺利地向下游传导,导致上游生产者只能被动地消化成本冲击带来的不利影响,导致生产经营条件恶化。而对于下游行业而言,由于市场价格无法有效地体现要素和商品的稀缺性,因而导致供需失衡、市场短缺,同样会给下游行业带来不利影响。更重要的是,由于部分上游行业承担了主要的成本冲击,因而生产条件恶化、经营利润下降甚至亏损。如果成本冲击持续时间较长,则会在很大程度上抑制这些行业的投资,也即产能积累过程。而由此带来的产能萎缩会在长期内导致国内市场供给下降,影响经济的健康发展。在我国现有的能源定价机制下,我们认为,这条传导路径更为重要。

实际货币余额的下降会增加国内市场的货币需求,而投资下降则可以在一定程度上抵消前者的影响,因而油价冲击对市场利率的净效应并不明确。

第三节　油价冲击的长期影响与短期影响研究

通过对传导机制的分析,我们发现在现有的我国市场经济体系和能源定价机制下,油价冲击对不同行业的差异化影响,以及长期效应是分析油价冲击影响我国宏观经济的重要切入点。因此本节首先就希望通过对于油价冲击和投资的关系进行分析,并由此出发对油价冲击影响我国宏观经济的长期和短期影响进行分解和比较。

一、油价冲击影响宏观经济的单因素分析

油价冲击在宏观经济系统中的传导过程将会导致价格水平提高、利率上升,而企业利润率、投资水平以及产出则会下降。详细的分析请见 Tang 等(2010)。通过局部均衡的单因素分析,我们发现油价冲击对于我国 PPI 水平的影响逐渐显现,并于油价冲击发生的 2—3 个月之后达到峰值,随后逐渐下降,PPI 涨幅对油价的弹性峰值约为 0.1117。而油价冲击对于我国 CPI 则没有显著的影响,这也印证了我国价格传导的黏性与不完全性。

同时,误差修正模型表明油价冲击会对国内利率以及利润率造成显著的影响,进而降低投资,而投资与总产出则具有明显的协整关系。由此可见,油价波动对于长期经济产出同样具有显著的影响。

基于单因素分析的结论,本节拟通过构建结构向量自回归模型(Structural Vector Auto-Regressive,SVAR),对油价冲击影响我国宏观经济的动态表现和机制进行系统性的分析,在此基础上分析长期影响与短期影响的相对作用。

二、SVAR 模型的建立与估计

向量自回归(VAR)模型在现代宏观经济研究中占据了非常重要的地位,通过系统性地遍历所有变量的滞后项与各个内生变量之间的线性相关关系,从而拟合变量之间复杂的交互影响及反馈关系。而在普通的 VAR 系统上,通过引入结构约束使变量之间具有当期相关关系(即构建 SVAR 系统),能够进一步优化模型拟合的优度以及预测的精度。

由于油价冲击对宏观经济系统的影响具有广泛、复杂、多变,并且具有滞后性的特点,因而 VAR 系统的特征能够非常有效地用于揭示油价冲击的传导机制和过程。本节中,我们拟建立一个包含 5 个变量的 SVAR 模型分析油价波动、物价水平、利率以及投资和经济总产出之间的交互影响关系。SVAR 系统的数学表达式如下:

$$\boldsymbol{B}_0 \boldsymbol{X}_t = \boldsymbol{c}_0 + \sum_{i=1}^{k} \boldsymbol{B}_i \boldsymbol{X}_{t-i} + \boldsymbol{\varepsilon}_t \tag{2.1}$$

式中 $\boldsymbol{X}_t$ 是由五个内生变量构成的变量矩阵,即 $\boldsymbol{X}_t' = \{IAV_t, INV_t, I_t, PPI_t, NOPI_t\}$,其中 *IAV* 表示工业增加值①,*INV* 表示投资②,*I*、*CPI* 和 *NPOI* 分别表示利率③、物价水平以及油价冲击④;$\boldsymbol{B}_0$为一个 5×5 的结构约束系数矩阵,表征变量之间的当期相关性;$\boldsymbol{c}_0$和 $\boldsymbol{B}_i$分别为常数向量和 5×5 的系数矩阵,表示内生变量各期(i)滞后项与被解释变量之间的相关关系;$\boldsymbol{\varepsilon}_t$则为正交的残差向量;$k$ 表示滞后项数量。

VAR 模型的估计结果对方程中滞后项的数量非常敏感。一方面增加滞后项的阶数能够更全面地反映变量之间的长期相关关系,但另一方面引入过多的滞后项会急剧地降低系统自由度,从而影响估计结果的准确性。因此滞后项的选择实际上是在模型精度与估计精度之间的权衡。本书根据序贯修正的似然比

---

① 用工业增加值(IAV)表示工业产出,以 1995 年不变价格标价。

② 工业部门实际投资总额(INV)以 1995 年不变价格标价。

③ 一年期基准利率减去通胀率,得到实际利率。

④ NOPI 变量的定义参照 Hamilton(1996)提出的“油价净增增长(NOPI)”指标,即当油价高于过去 12 个月中的最高油价时,NOPI 定义为当期油价与过去 12 个月中最高油价的对数差值;否则 NOPI 为 0。通过构建 NOPI 变量,Hamilton 成功地识别出了油价冲击对于宏观经济影响的非对称性。

统计量检验(Sequential Modified Likelihood Ratio Test)对滞后一阶到十阶的滞后项进行了检验,结果表明滞后三阶($k=3$)是最佳选择,如表 2.1 所示。

表 2.1　SVAR 系统滞后项长度选择

VAR Lag Order Selection Criteria
Endogenous variables: LOG(RIAV_SA) INVA I LOG(CPI2_SA) NPI
Exogenous variables: C
Date: 03/11/13　　Time: 00:21　　Sample: 1989M01 2008M08

Lag	1	2	3	4
LogL	1290.841	1321.408	1343.432	1361.728
LR	1081.222	55.33679	37.97376 *	29.96705
Lag	5	6	7	8
LogL	1380.284	1393.193	1408.912	1435.315
LR	28.79426	18.9173	21.68145	34.14274

* indicates lag order selected by the criterion
LR: sequential modified LR test statistic (each test at 5% level)

要估计上述 SVAR 系统,首先需要对退化形式(Reduced Form),即不包含结构约束的 VAR 系统进行估计。用滞后算子的形式表示退化形式的 VAR 系统,形式如下:

$$\boldsymbol{A}(L)\boldsymbol{X}_t=\boldsymbol{\mu}_t \tag{2.2}$$

式中$\boldsymbol{\mu}_t=\boldsymbol{B}_0^{-1}\boldsymbol{\varepsilon}_t$为未经正交处理的残差序列。估计结果如下表所示:

表 2.2　退化形式的 VAR 系统拟合结果

Included observations: 123　　Sample: 1998M06 2008M08　　t-statistics in [ ]

	LOG(RIAV_SA)	LOG(RINV2_SA)	I	LOG(CPI2_SA)	NPI
LOG(RIAV_SA(-1))	0.344443 [3.60572]	0.089462 [0.41225]	0.042883 [0.10933]	0.055388 [4.75008]	0.041045 [0.98327]
LOG(RIAV_SA(-2))	0.258585 [2.25927]	0.461378 [1.77444]	-0.170013 [-0.36177]	-0.030126 [-2.15634]	-0.121326 [-2.42582]
LOG(RIAV_SA(-3))	0.297952 [2.79840]	-0.063287 [-0.26165]	0.031789 [0.07272]	-0.011143 [-0.85735]	0.040025 [0.86028]
LOG(RINV2_SA(-1))	0.004438 [0.10564]	0.324815 [3.40337]	-0.127048 [-0.73652]	-0.009675 [-1.88659]	-0.003856 [-0.21003]

续表

	LOG (RIAV_SA)	LOG (RINV2_SA)	I	LOG (CPI2_SA)	NPI
LOG(RINV2_SA(-2))	0. 047493 [1. 08184]	0. 153074 [1. 53490]	0. 175219 [0. 97208]	0. 000947 [0. 17669]	0. 059365 [3. 09464]
LOG(RINV2_SA(-3))	0. 035026 [0. 81306]	0. 107790 [1. 10143]	0. 099849 [0. 56450]	-0. 001668 [-0. 31722]	-0. 022181 [-1. 17832]
I(-1)	-0. 002074 [-0. 08813]	-0. 057756 [-1. 08022]	0. 809741 [8. 37934]	0. 000182 [0. 06328]	-0. 008321 [-0. 80909]
I(-2)	-0. 000895 (0. 03039) [-0. 02944]	-0. 067853 (0. 06904) [-0. 98283]	0. 061284 (0. 12478) [0. 49113]	-0. 000435 (0. 00371) [-0. 11732]	0. 018364 (0. 01328) [1. 38288]
I(-3)	-0. 014733 [-0. 64689]	0. 123221 [2. 38162]	0. 066699 [0. 71327]	0. 000910 [0. 32719]	-0. 010462 [-1. 05127]
LOG(CPI2_SA(-1))	0. 487037 [0. 56171]	-0. 905917 [-0. 45991]	4. 359067 [1. 22440]	0. 262449 [2. 47972]	0. 560496 [1. 47932]
LOG(CPI2_SA(-2))	-0. 764102 [-0. 85928]	2. 779044 [1. 37569]	2. 846755 [0. 77969]	-0. 071896 [-0. 66237]	-0. 139212 [-0. 35826]
LOG(CPI2_SA(-3))	3. 090212 [4. 00024]	2. 346046 [1. 33683]	4. 221825 [1. 33101]	-0. 031401 [-0. 33300]	0. 093980 [0. 27840]
NPI(-1)	-0. 346992 [-1. 56979]	-0. 280618 [-0. 55883]	0. 411282 [0. 45315]	0. 011592 [0. 42963]	0. 216446 [2. 24084]
NPI(-2)	-0. 122690 [-0. 57427]	-0. 161208 [-0. 33215]	-0. 636659 [-0. 72577]	0. 009254 [0. 35487]	0. 126253 [1. 35235]
NPI(-3)	0. 199563 [0. 94155]	0. 585988 [1. 21701]	0. 405960 [0. 46648]	-0. 005977 [-0. 23102]	0. 004669 [0. 05041]
C	-12. 64322 [-2. 17916]	-20. 37850 [-1. 54613]	-52. 56542 [-2. 20656]	3. 828464 [5. 40589]	-2. 278742 [-0. 89881]
R-squared	0. 997465	0. 990237	0. 966726	0. 320556	0. 187278
Adj. R-squared	0. 997109	0. 988868	0. 962061	0. 225307	0. 073345
Sum sq. resids	0. 109001	0. 562534	1. 837646	0. 001624	0. 020814
S.E. equation	0. 031917	0. 072507	0. 131051	0. 003896	0. 013947
F-statistic	2806. 492	723. 5091	207. 2456	3. 365451	1. 643754
Log likelihood	257. 7284	156. 8011	83. 99806	516. 4227	359. 5573
Akaike AIC	-3. 930544	-2. 289449	-1. 105659	-8. 136955	-5. 586298
Schwarz SC	-3. 564731	-1. 923637	-0. 739847	-7. 771142	-5. 220485

续表

	LOG (RIAV_SA)	LOG (RINV2_SA)	I	LOG (CPI2_SA)	NPI
Mean dependent	8. 204380	7. 281828	5. 964146	4. 606543	0. 007846
S.D. dependent	0. 593638	0. 687227	0. 672815	0. 004426	0. 014488
Determinant resid covariance (dof adj.)		2. 17E-16	Determinant resid covariance		1. 08E-16
Log likelihood		1388. 301	Akaike information criterion		-21. 27318
Schwarz criterion		-19. 44412			

由于退化形式的 VAR 系统中,方程右侧只有变量的滞后项,因此无法反映变量之间的当期相关关系,这就导致了残差序列之间具有交叉相关性,如表 2. 3 所示。这虽然不会对系统估计结果本身的无偏性和有效性造成影响,但是却会对基于轨迹结果推算的脉冲响应函数造成较大的影响,进而降低预测的有效性。更重要的是本书拟基于 VAR 系统的脉冲响应函数对油价冲击的长期与短期效应进行分解分析,因而需要对此进行修正。

表 2. 3　退化形式的 VAR 系统各方程残差的方差/协方差矩阵

	LOG (RIAV_SA)	LOG (RINV2_SA)	I	LOG (CPI2_SA)	NPI
LOG(RIAV_SA)	1. 000000	0. 083832	-0. 022891	-0. 347898	-0. 010365
LOG(RINV2_SA)	0. 083832	1. 000000	-0. 205593	0. 072953	0. 041857
I	-0. 022891	-0. 205593	1. 000000	0. 069331	0. 095044
LOG(CPI2_SA)	-0. 347898	0. 072953	0. 069331	1. 000000	-0. 081952
NPI	-0. 010365	0. 041857	0. 095044	-0. 081952	1. 000000

通过引入结构约束,能够有效地解决残差当期相关性的问题。从数学意义上看,结构约束的引入及估计,实际上是要找到一个 5×5 的可逆矩阵 $\boldsymbol{B}_0$,使

$$\boldsymbol{B}_0\boldsymbol{A}(L)\ \boldsymbol{X}_t = \boldsymbol{B}_0\boldsymbol{\mu}_t = \boldsymbol{\varepsilon}_t \tag{2.3}$$

其中 $\boldsymbol{\varepsilon}_t$ 为正交的残差序列,即:

$$E(\boldsymbol{\varepsilon}_t\boldsymbol{\varepsilon}_t') = E(\boldsymbol{B}_0\,\boldsymbol{\mu}_t\,\boldsymbol{\mu}_t'\boldsymbol{B}_0') = \boldsymbol{B}_0\sum\boldsymbol{B}_0' = \boldsymbol{I} \tag{2.4}$$

式中由于 $\sum$ 可以由 $\boldsymbol{\mu}_t$ 计算得到,因此我们实际上已经对矩阵 $\boldsymbol{B}$ 设定了 5(5+

1)/2=15 个约束条件,要使 $\boldsymbol{B}$ 恰好可识别,则还要 $5^2-15=10$ 个约束条件,需要从经济理论中寻找参考:

(1)油价波动外生,即在 t 期,油价 NPI_t 不受 IAV_t、INV_t 和 CPI_t 的影响①;

(2)当期价格水平只受油价的影响,利率、投资和产出的变化只能影响后续各期的价格水平;

(3)产出以及投资的变化对当期的利率水平无影响,原因在于货币政策的调整具有时滞;

(4)投资影响即期产出,但产出却不能当期影响投资。

用矩阵形式表示变量之间当期相关关系的上述约束条件,可以得到一个上三角矩阵 $\boldsymbol{B}_0$,如下所示:

$$\boldsymbol{B}_0=\begin{pmatrix} b_{11} & b_{12} & b_{13} & b_{14} & b_{15} \\ 0 & b_{22} & b_{23} & b_{24} & b_{25} \\ 0 & 0 & b_{33} & b_{34} & b_{35} \\ 0 & 0 & 0 & b_{44} & b_{45} \\ 0 & 0 & 0 & 0 & b_{55} \end{pmatrix}$$

利用退化形式的 VAR 系统估计得到的残差序列 $\boldsymbol{\mu}_t$ 以及式(2.4),我们便可以对上述矩阵进行估计,结果如下:

$$\hat{\boldsymbol{B}}=\begin{pmatrix} 33.71* & -1.76 & -0.26 & 100.14* & 3.70 \\ 0 & 14.19* & 1.72* & -24.79 & -5.19 \\ 0 & 0 & 7.69* & -20.08 & -7.33 \\ 0 & 0 & 0 & 257.54* & 5.90 \\ 0 & 0 & 0 & 0 & 71.70* \end{pmatrix}$$

注:*表示 1%的显著性水平;**表示 5%的显著性水平;***表示 10%的显著性水平。

至此,一个完整的 SVAR 系统便构建完成了。基于估计得到的系数 $\boldsymbol{B}_i$ 以及结构参数矩阵 $\boldsymbol{B}_0$,我们可以构建脉冲响应函数,对油价冲击发生后各宏观经济变量的变化路径进行模拟和预测。

---

① 需要强调的是这里的“外生”仅指当期,即其他变量的波动不能影响油价在即期的值,但并不表示模型将油价设为完全的外生变量。事实上模型设定各内生变量的滞后项同样会对油价产生影响。

三、油价冲击影响对宏观经济变量的脉冲响应函数模拟

根据上节估计得到的 SVAR 系统变量之间的动态交互关系,我们可以对特定变量发生冲击之后,其他变量相应的变化路径进行模拟。记要模拟的脉冲发生在第 v 个变量(比如本书拟分析的油价冲击,由于油价变量 NOPI 在 SVAR 系统中的排序为第五个变量,因此 $v=5$),在第 t 期发生了强度为 ξ_v 的脉冲,则系统的相应函数定义为:

$$g(s) = \frac{\partial X_{t+s}}{\partial \xi_t} \tag{2.5}$$

式中 $s=0,1,2,\cdots$ 表示脉冲发生之后间隔的时间,而 X 则表示 SVAR 系统中的各个内生变量。通过递归求解的方法,我们可以利用上节估计得到的 SVAR 模型系数与结构参数求得系统的脉冲响应函数。

图 2.5 显示了当油价发生一单位(等于 SVAR 系统中油价方程的残差序列

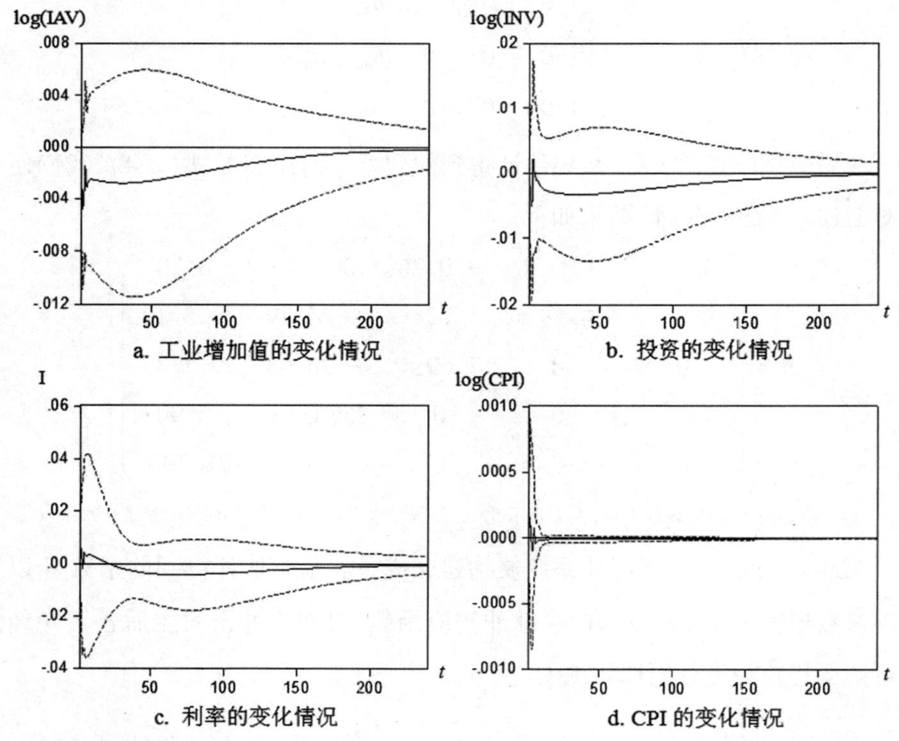

图 2.5　我国宏观经济变量对油价冲击的脉冲响应函数示意图

标准差）冲击后，我国宏观经济变量的变化情况。从中可以明显地看到当油价冲击发生后，我国 CPI 所受的影响并不显著，表明价格冲击传导无法充分地完成；同时投资和产出水平都有明显的下降。而利率则发生了先上升后下降的变化路径，表明在油价冲击的实际余额效应导致实际利率上升，而同时货币当局也可能为了抑制由油价上涨带来的输入型通货膨胀，从而紧缩货币，进一步提高利率。但是随着油价上涨对宏观经济产出与增长带来的不利影响逐渐显现，经济增长减速导致货币需求下降使得利率水平恢复并下跌；而另一方面货币当局也可能为了刺激经济增长，从而增加货币供应、降低利率。

四、油价冲击的长期与短期效应分解分析

从各宏观变量对油价冲击的脉冲响应函数中可以发现，油价冲击对于实体经济变量，如产出、投资等的影响具有较强的滞后性，产出影响的峰值出现在 20—25 期之间（约两年），而投资影响的峰值更是持续到近 40 期（超过 3 年时间）。相比之下，价格和利率水平的变化则相对较为短期。根据前文分析，油价冲击通过影响要素投入价格，进而影响短期的产能利用率；同时，在价格传导粘滞的市场环境下，油价冲击在行业间的分担并不充分，导致部门行业收益率受到明显影响，进而影响投资即长期的产能积累过程，因而在长期影响基础要素的供给能力，从而对其他行业同样造成影响。如果我们定义油价冲击的长期影响为“油价波动通过影响投资变化，进而影响总产出”的部分，则通过修正投资变量，使其与油价冲击正交化，并将此变量引入原先的 SVAR 系统重新进行估计，就可以得到与投资无关的产出变动，即为油价冲击对产出的短期效应。

为此，我们首先需要对投资序列与油价波动正交化处理。将式（2.1）中的投资方程单列，并借助脉冲响应函数将其表示为 MA（∞）的形式，即：

$$INV_t - c_{inv} = \sum_{s=1}^{\infty} G(s)\ \eta_t \tag{2.6}$$

式中 G(s)表示投资变量对于各内生变量之前各期(s)发生的冲击响应系数所构成的向量。则记各期油价冲击 $\xi_t^{NOPI} = \eta_t^{NOPI}$ 为 SVAR 系统油价方程的残差序列，则与油价冲击正交化的投资序列 $INVA_t$ 可以表示为：

$$INVA_t = INV_t - \sum_{s=1}^{p} \left(\frac{\eta_{p-s}^{NOPI}}{\sigma^{NOPI}} \right) \cdot g_s^{NOPI} \tag{2.7}$$

式中 σ^{NOPI} 表示油价方程残差序列 η_t^{NOPI} 的标准差；p 表示滞后影响的长度，也即变量影响的“记忆期限”，在理想的情况下，$p\to\infty$，在本书中根据样本的最长期限设定 $p=121$。通过上述变形，我们得到了一个与油价波动正交的投资序列，替代原有投资序列重新估计 SVAR 系统，得到的脉冲响应函数如图 2.6 所示。

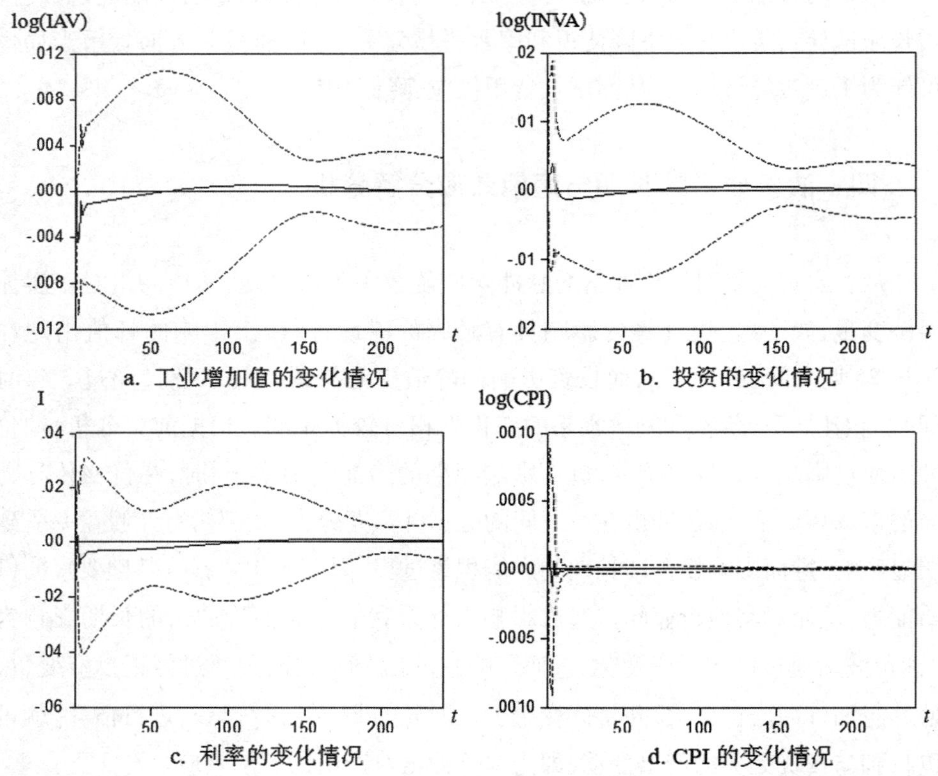

图 2.6　投资调整后的 SVAR 系统脉冲响应函数示意图（对油价冲击的响应）

从中可以看到油价冲击发生后，对投资的影响相应从单向变为波动式的，并且其置信区间放大了，这就表明经过调整后的新的投资序列并没有受到油价冲击造成明显的影响。由此得到的产出影响收敛得也更快。由于此时产出变化中没有包含由投资影响的部分，因此按照前文的定义，我们可以将其视为油价冲击的短期影响效应（记为 S_t）。而由原始的 SVAR 系统得到的产出对油价冲击的脉冲响应函数记为 M_t，那么长期影响 $L_t=M_t-S_t$，如图 2.7 所示。从图 2.7 中，我们可以明显地看到在最初的 6 期中，短期效应即直接通过调整产能利用率实现的产出下降占据主导地位，但是长期影响的比重逐渐提高，直至第七期以后，超过50%，并且在之后很长的时期内，都是油价冲击影响我国宏观经济的主要因素。

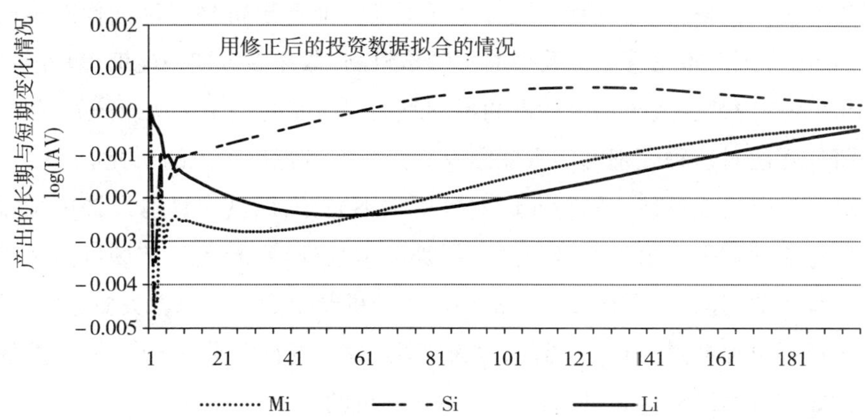

图2.7 油价冲击对我国宏观经济产出的长期与短期影响效应分解

第四节 油价冲击的供给效应与需求效应研究

现有的分析油价冲击传导机制的理论研究中，大部分都是以宏观经济整体作为研究对象，分析油价冲击在不同宏观经济变量之间的传导。从上一章的文献综述中可以看到，基于宏观经济变量的实证研究有助于我们从更为宏观的角度分析油价冲击的影响，了解油价波动对整体经济运行的影响与冲击。但是从另一个角度看，这样的研究视角实际上忽视了油价冲击在不同行业、不同部门间的传导过程，以及各行业对油价冲击的不同反映。在数量有限的行业分析中，我们确实能够发现一些证据表明油价冲击对不同行业的影响也是不一样的。Keane 和 Prasad(1996)①以及 Davis 和 Haltiwanger(2001)②的研究就指出，各行业的工资与就业状况受油价冲击影响各不相同，有的甚至可能是积极影响。而

① M.P.Keaneand E.S.Prasad,"The Employment and Wage Effects of Oil Price Changes: A Sectoral Analysis",in *Review of Economics and Statistics* 78,1996,pp.389-400.

② S.J.Davis and J.Haltiwanger,"Sectoral Job Creation and Destruction Responses to Oil Price Changes", in *Journal of Monetary Economics*,Volume 48,Issue 3,December 2001,pp.465-512.

Lee 和 Ni(2002)①则从产出和价格的角度分析了油价冲击对不同行业的影响,指出高油价能够使绝大部分行业产出下降,但是其价格效应却有不同——高油价会推高部分行业的产出价格,而另一些行业则会下降。Tang 等(2010)②在研究油价冲击的价格传导过程中,注意到了不同行业产出价格对高油价的不同反应,并指出中国的价格管制政策扭曲了价格机制,虽然在短期内能够保持经济产出,但是长期内却放大了油价冲击的不利影响。遗憾的是在宏观经济的视角下,上述研究无法对这种区别的产生原因及具体影响进行更深入的研究。

现有研究对油价冲击的行业影响分析很不充分,而其中针对发展中国家的研究更是非常有限。由于发展中国家特殊的市场环境,导致其市场机制往往受到不同程度的扭曲,使得传统的油价冲击传导机制受到阻滞或者失效,油价冲击的传导过程更加粘滞,行业区别也尤为明显,对宏观计量分析构成了严重的干扰。正如本章第二节传导机制梳理的部分分析的,油价冲击对不同行业的差异化影响是干扰我们细致分析油价冲击传导机制的重要因素。因此,我们有必要通过行业分析,从更微观的角度分析油价冲击的传导过程,进而进一步了解完整的传导机制。此外,由于各个行业对油价冲击的反应也各不相同,因此单一化的政策难以有效地缓解油价冲击带来的不利影响,需要为不同行业制定针对性的产业政策,这也就需要我们对各个行业受油价冲击的作用机制有更深入、更具体的把握。

本节拟对中国与美国各个行业建立包含系数结构约束的 VAR 系统(Near-VAR)模型,通过脉冲响应函数分析油价冲击发生后各行业产出与产品价格的不同表现,并进行跨行业和国际比较。

一、油价冲击的行业间传导过程

原油作为重要的工业基础原材料,其价格上涨能够直接提高各生产部门的投入成本,从而改变要素最优配置、降低产出。这种供给冲击效应是最为直观、

① K.Lee, S.Ni, and R.A.Ratti, "Oil Shocks and the Macroeconomy: The Role of Price Variability", in *The Energy Journal*, Vol.16, No.4, 1995, pp.39-56.

② W.Tang, L.Wu, and Z.Zhang, "Oil Price Shocks and Their Short-And Long-Term Effects on The Chinese Economy", in *Energy Economics*, 32, 2010, pp.S3-S14.

明确，同时也是研究最为充分的传导机制。然而也有很多学者（Okun，1975①；Perry，1977②；Nordhaus，1980③；Bohi，1991④等）从成本占比、油价冲击影响经济产出的对称性等角度，质疑供给冲击效应就是造成经济危机的主因。除了供给冲击效应，油价上升也会造成石油进口国贸易条件恶化，导致购买力从石油输出国向石油进口国转移，降低进口国需求（Fried 和 Schulze，1975⑤；Dohner，1981⑥）；同时油价上涨带来成本推动型的通货膨胀推高物价，导致市场上的实际货币余额下降、利率上升，降低投资需求（Pierce 和 Enzler，1974⑦；Mork，1994⑧）；此外，油价上涨会提高汽车、机器设备的使用成本，因此扩大了市场不确定性，这会导致消费者推迟购买耐用消费品，或使生产者减少/延缓投资（Hamilton，1988⑨、1996⑩；Pindyck 和 Rotemberg，1984⑪）。

从上述分析不难发现，收入转移效应、实际余额效应以及不确定性效应等机制都是通过降低需求影响产出，因此我们可以将这几条传导机制归为一大类，即与供给冲击效应相对应的需求冲击效应。这样的“两分法”一方面反映了油价冲击对经济产出和总需求（包括消费需求和投资需求）的影响，有助于区别不同传导机制对不同行业的相对贡献度；另一方面，由于这两种效应的表现形式截然

① A.M.Okun, "A Postmortem of the 1974 Recession", in *Brooking Papers on Economic Activity*, 1, 1975, pp.207-221.

② G.L.Perry, "Potential Output and Productivity", in *Brooking Papers on Economic Activity*, 1, pp.11-47.

③ W.D.Nordhaus, "Oil and Economic Performance in Industrial Countries", in *Brooking Papers on Economic Activity*, 2, pp.341-388.

④ D.R.Bohi, "On the Macroeconomic Effects of Energy Price Shocks", in *Resources and Energy*, 13, 1991, pp.145-162.

⑤ E.R.Fried &C.L.Schultze, "Overview", in Fried & Schultze (Eds.), *Higher Oil Prices and the World Economy*, Washington, D.C.: The Brookings Institution, 1975.

⑥ R.S.Dohner, "Energy Prices, Economic Activity and Inflation: Survey Of Issues And Results", in K.A. Mork (Ed.), *Energy Prices, Inflation and Economic Activity*, Cambridge, MA: Ballinger.

⑦ J.L.Pierce&J.J.Enzler, "The Effects of External Inflationary Shocks", in *Brookings Papers on Economic Activity*, 1, 1974, pp.13-61.

⑧ K.A.Mork, "Business Cycles and the Oil Market", in *The Energy Journal*, 15, 1994, pp.15-38.

⑨ J.D.Hamilton, "A Neoclassical Model of Unemployment and The Business Cycle", in *Journal of Political Economy*, 96, 1988, pp.593-617.

⑩ J.D.Hamilton, "This is What Happened to the Oil Price-Macroeconomy Relationship", in *Journal of Monetary Economics* 38, 1996, pp.215-220.

⑪ R.S.Pindyckand J.J.Rotemberg, "Energy Shocks and the Macroeconomy", in Alm, A.L., Weimer, R.J. (Eds.), *Oil Shock: Policy Response and Implementation*. Harper & Row Ballinger, Cambridge, MA, pp.97-120.

不同,可以通过实证分析加以识别,对油价冲击的行业传导过程给予更精确的解构。具体而言,当油价冲击发生以后,供给冲击效应表现为生产成本上升,进而产出品价格上涨。这种成本冲击会沿着产业链从上游向下游逐渐传导,并在传导过程中不断衰减。事实上这种衰减的过程本质上就是成本冲击在不同行业分摊的过程,对单个行业来说,其对上游产品需求的弹性越小,则其承担的价格冲击就会越大;同样,市场对其产品的需求弹性越小,则其向下游或者消费者转嫁成本冲击的能力就越强。从整个市场的角度来看,总体的需求弹性越大,则价格冲击衰减的速率越快,此时上游产业受到的影响将较为严重;而价格机制越灵活、价格调整速度越快,则整个传导的过程也会越迅速,市场机制利用价格杠杆将会很快使资源配置达到新的最优均衡。但是不论传导链的长短、传导过程的快慢,供给冲击效应都会使各行业产出品价格有上涨的压力。

需求冲击的作用方向则相反,从消费品和工业制成品的终端需求(包括消费需求和投资需求)向上游产业逐渐传导。传导速度取决于各行业产量调整的灵活性,如果假设库存总量不会长期偏离平均水平,那么产量调整越快,需求冲击的传导也就越迅速。由于需求的下降,在不考虑成本冲击的条件下,各行业的产出规模和价格都会有下降的趋势。图 2.8 显示了供给冲击效应和需求冲击效应在行业间的传导过程,以及两者在不同行业的相对强度。

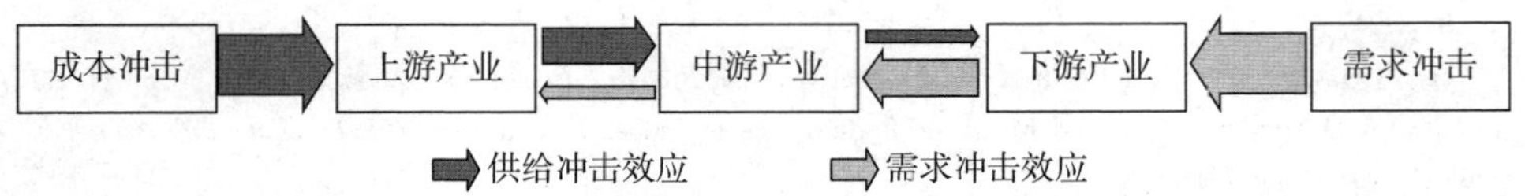

图 2.8　油价供给冲击效应与需求冲击效应在产业间的传导过程示意图

二、数据选择与处理

本节拟通过分析油价冲击对各行业产出和价格的影响效应,分析和比较油价冲击的供给冲击效应和需求冲击效应在不同行业的表现。本书采用相对价格指数 P_i表征行业 i 的产出价格水平:

$$P_i = PPI_i / PPI$$

PPI_i是国家统计局公布的各细分行业工业品出厂价格定基指数,而无下标的

PPI 表示工业品出厂价格总指数（定基）。因此 P_i 表示相应行业产品价格相对与市场总体价格水平的变化情况。采用相对价格反应行业价格水平能够剔除价格总体变化趋势的影响，更好地反映行业间细微的差别。

由于没有直接的分行业产量数据，因此我们通过如下方法计算产量指标：

$$Q_i = R_i / PPI_i$$

其中，R_i 表示各行业的主营业务收入，除以该行业的定基价格指数 PPI_i 便得到该行业的产量变化情况。行业分类依照国家质量监督检验检疫总局 2002 年发布的《国民经济行业分类（国标 GB/T 4754-2002）》，按照代码前两位选择全部 39 个工业行业①。

除了行业数据之外，宏观经济变量在我们的行业分析中同样不可或缺，原因在于宏观经济运行情况对于行业表现具有引导性甚至决定性的作用。因此要分析油价对工业行业的影响，就必须控制宏观变量对行业价格及产出的影响：

· 总产出：用可比价格计算的工业增加值（IAV）代表总产出的变化②；

· 实际利率：以央行公布的一年期贷款基准利率，扣除同期 CPI 得到实际利率（RR）；

· 价格水平：用 PPI（定基，1995 年 2 月为 100）代表总体价格水平；

· 油价：根据纽约交易所西得克萨斯中质原油（WTI）现货价格的月均价计算"油价净增指标"——NOPI 表征油价冲击。

本书所用的 VAI、PPI、CPI 等宏观数据来源于国家统计局发布的各年《中国统计年鉴》；基准利率数据来源于中国人民银行主页；油价数据摘自美国能源信息署（EIA）网站。样本周期为 1998 年 1 月到 2011 年 2 月，共 158 组样本。

为了进行国际比较，我们还分析了油价冲击对美国工业各行业产生的影响，行业分类依照北美工业行业标准分类（North American Industry Classification System，NAICS）四位行业分类码的分类，选择了与我国《国民经济行业分类（国标

① 由于数据可得性问题，实际可以分析的行业仅有 22 个，参见表 3.4。

② 由于本书分析的对象是工业行业，因此工业增加值相对于国内生产总值（GDP）等宏观产出指标，能够更好地与本书的研究对象相对应。同时工业增加值的公布频度高，更有利于实证研究。由于国家统计局 2006 年 11 月以后仅公布季度工业增加值（可变价格）数据，但依旧每月公布可比价格计算的工业增加值（不变价格）同比增长指数。因此，我们对 2007 年之前的数据进行了价格平减后，结合同比增长率推算 2007 年 1 月之后的工业增加值水平。

GB/T 4754-2002)》中两位分类码相对应的行业。行业价格指标采用分行业定基 PPI 指数(PPI by Industry,数据来源于美国劳工部统计数据库);行业产出指标采用工业生产指数(Industrial Production Index,数据来源于美联储数据下载计划,Data Download Program: section G.17-Industrial Production and Capacity Utilization);宏观数据包括工业增加值、联邦基金利率,以及 CPI 和 PPI(来源于美联储)。数据的样本周期与中国数据相同。尽管美国的数据在口径上与中国数据不同(如利率指标),但是由于我们不对中国和美国的回归结果进行定量比对,因此不影响我们对结果的分析。

表 2.4　数据处理和检验结果

分类	中国行业		美国行业	
	编码	名　称	NAIC 编码	名　称
上游产业	06	煤炭开采和洗选业	2121	Coal Mining
	07	石油和天然气开采业	211	Oil And Gas Extarction
	08	黑色金属矿采选业	2122	Metal Ore Mining
	09	有色金属矿采选业		
	10	非金属矿采选业	2123	Nonmetallic Mineral Mining And Quarrying
	11	其他采矿业		
	25	石油加工、炼焦及核燃料加工业	324	Petroleum And Coal Products Mfg
	26	化学原料及化学制品制造业	25	Chemical Mfg
	28	化学纤维制造业		
	32	黑色金属冶炼及压延加工业	3311	Iron And Steel Mills & Ferroalloy Mfg
			3312	Steel Product Mfg From Purchased Steel
	33	有色金属冶炼及压延加工业	3313	Alumina & Aluminum Production And Processing
			3314	Nonferrous (Except Alum) Production & Processing
	44	电力、热力的生产和供应业	2211	Elec. Generation, Transmission & Distribution
	45	燃气生产和供应业	2212	Natural Gas Distribution
	46	水的生产和供应业		

续表

分类	中国行业		美国行业	
	编码	名　　称	NAIC编码	名　　称
中游产业	17	纺织业	313	Textile Mills
			314	Textile Product Mills
	29	橡胶制品业	3262	Rubber Product Mfg
	30	塑料制品业	3261	Plastic Product Mfg
	31	非金属矿物制品业	327	Nonmetallic Mineral Product Mfg
	34	金属制品业	331	Primary Metal Mfg
	35	通用设备制造业	333	Machinery Mfg
	36	专用设备制造业		
	37	交通运输设备制造业	336	Transportation Equipment Mfg
	39	电气机械及器材制造业	335	Electrical Equipment And Appliance Mfg
	40	通信设备、计算机及其他电子设备制造业	334	Computer & Electronic Products Mfg
	41	仪器仪表及文化、办公用机械制造业		
	43	废弃资源和废旧材料回收加工业		
下游产业	13	农副食品加工业	311	Food Mfg
	14	食品制造业		
	15	饮料制造业	3121	Beverage Mfg
	16	烟草制品业	3122	Tobacco Mfg
	18	纺织服装、鞋、帽制造业	315	Apparel Mfg
	19	皮革、毛皮、羽毛（绒）及其制品业	316	Leather And Allied Product Mfg
	20	木材加工及木、竹、藤、棕、草制品业	321	Wood Product Mfg
	21	家具制造业	337	Furniture And Related Product Mfg
	22	造纸及纸制品业	322	Paper Mfg
	23	印刷业和记录媒介的复制	323	Printing And Related Support Activities
	24	文教体育用品制造业		
	27	医药制造业		
	42	工艺品及其他制造业		

为了剔除数据异常波动、提高模型估计质量,我们在进行实证分析之前,还需要对原始时间序列数据进行一系列的检验和处理,具体如表2.5所示。除CPI和NOPI序列没有明显的季节周期性特征外,我们用Census X12方法对其他变量进行了季节调整(参见Findley等,1998),以剔除季节性波动的影响。此外,我们对VAI、INV、CPI以及各行业的产出和价格 Q_i、P_i 都进行了对数转换。

ADF检验结果表明只有NOPI是平稳序列,其他序列都为一阶单整的非平稳序列。由于本书建立的VAR模型引入的上述变量间具有协整关系,即方程残差序列满足了平稳性的要求,因此序列的非平稳性并不会对模型估计的无偏性和有效性造成影响。具体模型结构和统计检验在下节详细介绍。

表2.5 数据处理和检验结果

变量	季节调整	对数转换	平稳性
Q_i	√	√	I(1)
P_i	√	√	I(1)
VAI	√	√	I(1)
RR			I(1)
PPI		√	I(1)
NOPI	√		I(0)

注:"√"表示序列做了相应的调整或转换;I(0)表示平稳序列;I(1)为一阶单整非平稳序列。

三、Near-VAR模型的构建

我们将建立一个引入结构约束的近似向量自回归(Near-VAR)模型,并对各工业行业对油价冲击的反应模式进行分析和比较。

为了提高模型估计的有效性,以及行业间的可比性,本节的模型在分析宏观变量时需要屏蔽行业变量的影响,而在分析行业变量时则需要考虑宏观变量的作用。为此,我们对传统的VAR模型中的部分参数进行了约束,限制行业变量不影响宏观变量,但宏观变量能够影响行业变量,从而建立了一个Near-VAR系统,数学表达如下:

$$\boldsymbol{Y}_t = \boldsymbol{c} + \boldsymbol{B}(L)\,\boldsymbol{Y}_t + \boldsymbol{\varepsilon}_t \tag{2.8}$$

其中 $\boldsymbol{Y}_t$ 为包含六个变量的向量，我们可以将 $\boldsymbol{Y}_t$ 改写为分块矩阵 $\boldsymbol{Y}_t = (\boldsymbol{Y}_{1t} \quad \boldsymbol{Y}_{2t})'$，其中 $\boldsymbol{Y}_{1t} = (NOPI_t \quad PPI_t \quad RR_t \quad VAI_t)'$ 为 4 维宏观变量向量；$\boldsymbol{Y}_{2t} = (Q_{it} \quad P_{it})'$ 为 2 维行业变量向量。常数项向量 $\boldsymbol{c}$ 也可以表示为分块向量 $\boldsymbol{c} = (c_1 \quad c_2)'$。$\boldsymbol{B}(L)$ 为包含滞后算子 L 的系数矩阵，同样可以表示为分块矩阵形式：

$$\boldsymbol{B}(L) = \begin{bmatrix} \boldsymbol{B}_{11}(L) & \boldsymbol{B}_{12}(L) \\ \boldsymbol{B}_{21}(L) & \boldsymbol{B}_{22}(L) \end{bmatrix}$$

其中 $\boldsymbol{B}_{11}(L)$ 为 4×4 矩阵，包含宏观变量间交互影响的系数；$\boldsymbol{B}_{12}(L)$ 为 4×2 矩阵，包含行业变量影响宏观变量的系数；$\boldsymbol{B}_{21}(L)$ 为 2×4 矩阵，包含宏观变量影响行业变量的系数；$\boldsymbol{B}_{22}(L)$ 为 2×2 矩阵，包含行业变量间的系数。根据前文的分析，我们需要限制行业变量对宏观变量的影响，因此可以令 $\boldsymbol{B}_{12}(L)$ 中的所有系数为 0，此时 $\boldsymbol{B}(L)$ 变成一个分块下三角矩阵。

滞后期的选择对于 VAR 模型模拟的精确度有较大的影响。虽然对每个行业的分析中，都用了同样的变量指标，但是由于油价冲击在各个行业的作用机制、表现形式以及影响时滞各不相同，而且各个行业面对的供需状况也不相同，因此它们的产出、价格调整周期也会有所差别。因此，我们根据 AIC 标准（Akaike Information Criterion，参见 Akaike，1974）选择最佳的滞后阶数，据此设定 Near-VAR 系统的滞后结构，并估计相关系数矩阵 $\boldsymbol{B}(L)$ 和结构约束矩阵 $\boldsymbol{A}$。表 2.6 列示了各行业模型的滞后项参数选择。

表 2.6　各行业 Near-VAR 模型滞后项选择列表

行　业	中国	美国	行　业	中国	美国
煤炭开采和洗选业		1	专用设备制造业		2
石油和天然气开采业	1	1	交通运输设备制造业	2	1
黑色金属矿采选业	1	2	电气机械及器材制造业	2	1
有色金属矿采选业	1		通信设备、计算机及其他电子设备制造业		1
非金属矿采选业		1	仪器仪表及文化、办公用机械制造业		
其他采矿业			废弃资源和废旧材料回收加工业		
石油加工、炼焦及核燃料加工业	1	1	农副食品加工业	2	2

续表

行　　业	中国	美国	行　　业	中国	美国
化学原料及化学制品制造业	1	2	食品制造业	2	2
化学纤维制造业			饮料制造业	3	2
黑色金属冶炼及压延加工业	2	1	烟草制品业		2
有色金属冶炼及压延加工业	2	1	纺织服装、鞋、帽制造业	2	2
电力、热力的生产和供应业	1	1	皮革、毛皮、羽毛(绒)及其制品业	2	1
燃气生产和供应业		1	木材加工及木、竹、藤、棕、草制品业	3	2
水的生产和供应业			家具制造业	2	1
纺织业	2	1	造纸及纸制品业	2	2
橡胶制品业		1	印刷业和记录媒介的复制		
塑料制品业	2	2	文教体育用品制造业	2	
非金属矿物制品业		2	医药制造业		
金属制品业	1	2	工艺品及其他制造业		
通用设备制造业					

四、结构约束的设定

由于VAR模型中每个方程的等号右侧只有变量的滞后项,因此非限制性VAR模型无法分析变量间在当期的相关关系。如果变量间具有当期相关性,则会导致残差序列交叉相关,即残差序列的协方差矩阵 $\boldsymbol{\Omega}=E(\varepsilon_t\varepsilon_t')$ 不是对角矩阵。残差的协方差相关会对“脉冲响应方程”造成显著的影响。因此,我们引入即期相关系数矩阵作为结构约束条件:

$$\boldsymbol{A}\boldsymbol{Y}_t=\boldsymbol{A}\boldsymbol{c}+\boldsymbol{A}\boldsymbol{B}(L)\ \boldsymbol{Y}_t+\boldsymbol{\mu}_t \tag{2.9}$$

其中 $\boldsymbol{A}$ 为结构向量约束矩阵,表示变量间在即期的相关关系;$\boldsymbol{\mu}_t$ 为不包含交叉相关性的残差向量,即 $E(\boldsymbol{\mu}_t\boldsymbol{\mu}_t')=\boldsymbol{I}$。根据前文对宏观变量与行业变量间相关关系的分析,我们同样将结构约束矩阵 $\boldsymbol{A}$ 改写为分块矩阵的形式:

$$\boldsymbol{A}=\begin{bmatrix}\boldsymbol{A}_{11} & 0\\ \boldsymbol{A}_{21} & \boldsymbol{A}_{22}\end{bmatrix}$$

其中 $\boldsymbol{A}_{11}$、$\boldsymbol{A}_{21}$ 和 $\boldsymbol{A}_{22}$ 分别为 4×4、2×4 和 2×2 维矩阵，表示宏观变量间、宏观变量影响行业变量，以及行业变量间的当期相关关系。由于行业变量在即期同样无法影响宏观变量，因此相应的结构约束系数矩阵 $\boldsymbol{A}_{12}$ 为 0。包含结构约束的 Near-VAR 模型表达式为：

$$\begin{bmatrix} \boldsymbol{A}_{11} & 0 \\ \boldsymbol{A}_{21} & \boldsymbol{A}_{22} \end{bmatrix}\begin{bmatrix} \boldsymbol{Y}_{1t} \\ \boldsymbol{Y}_{2t} \end{bmatrix}=\begin{bmatrix} \boldsymbol{A}_{11} & 0 \\ \boldsymbol{A}_{21} & \boldsymbol{A}_{22} \end{bmatrix}\begin{bmatrix} \boldsymbol{c}_{1} \\ \boldsymbol{c}_{2} \end{bmatrix}+\begin{bmatrix} \boldsymbol{A}_{11} & 0 \\ \boldsymbol{A}_{21} & \boldsymbol{A}_{22} \end{bmatrix}\begin{bmatrix} \boldsymbol{B}_{11}(L) & 0 \\ \boldsymbol{B}_{21}(L) & \boldsymbol{B}_{22}(L) \end{bmatrix}\begin{bmatrix} \boldsymbol{Y}_{1t} \\ \boldsymbol{Y}_{2t} \end{bmatrix}+\begin{bmatrix} \boldsymbol{\mu}_{1} \\ \boldsymbol{\mu}_{2} \end{bmatrix} \tag{2.10}$$

识别结构矩阵 $\boldsymbol{A}$ 需要 6×6＝36 个约束条件。由于

$$\boldsymbol{E}(\boldsymbol{\mu}_t\boldsymbol{\mu}'_t)=\boldsymbol{E}(\boldsymbol{A}\,\boldsymbol{\varepsilon}_t\,\boldsymbol{\varepsilon}'_t\boldsymbol{A}')=\boldsymbol{A}\sum\boldsymbol{A}'=\boldsymbol{I} \tag{2.11}$$

其中 Σ 可以计算得到，因此实际上已经有 6×(6+1)/2＝21 个约束；此外，$\boldsymbol{A}_{12}=0$ 包含了 2×4＝8 个约束。对其余 7 个约束条件，我们可以从经济理论中寻找参考：

（1）我们假定油价波动在当期外生于特定某个国家的宏观经济；

（2）PPI 在当期仅受外生成本冲击（油价冲击）影响，而不受其他宏观变量的影响；

（3）以控制通胀为目的的货币政策根据通胀水平调整利率水平，因此利率受当期 PPI 和 NOPI 影响，但外生于当期产出；

（4）当期产出由所有宏观变量共同决定。

对于行业变量，我们认为厂商只能通过调整产量决策来影响市场价格，因而当期价格受当期产量影响，而当期产量外生于当期价格。需要指出的是，这里的“外生”仅指变量间当期的影响，而不考虑滞后效应。事实上在 VAR 系统中，所有变量都被视为是内生的，变量之间的滞后影响由矩阵 $\boldsymbol{B}(L)$ 表示；而结构约束矩阵 $\boldsymbol{A}$ 反映的是当期的相关关系。根据以上的设定，我们实际上将结构约束矩阵 $\boldsymbol{A}$ 设置成为一个下三角矩阵，即 Cholesky 分解形式，模型恰好可识别，能够根据式（2.11）得到结构约束矩阵 $\boldsymbol{A}$。

五、计量结果与初步分析

脉冲响应函数的结果表明，不同行业对于油价冲击都会表现出特有的反应

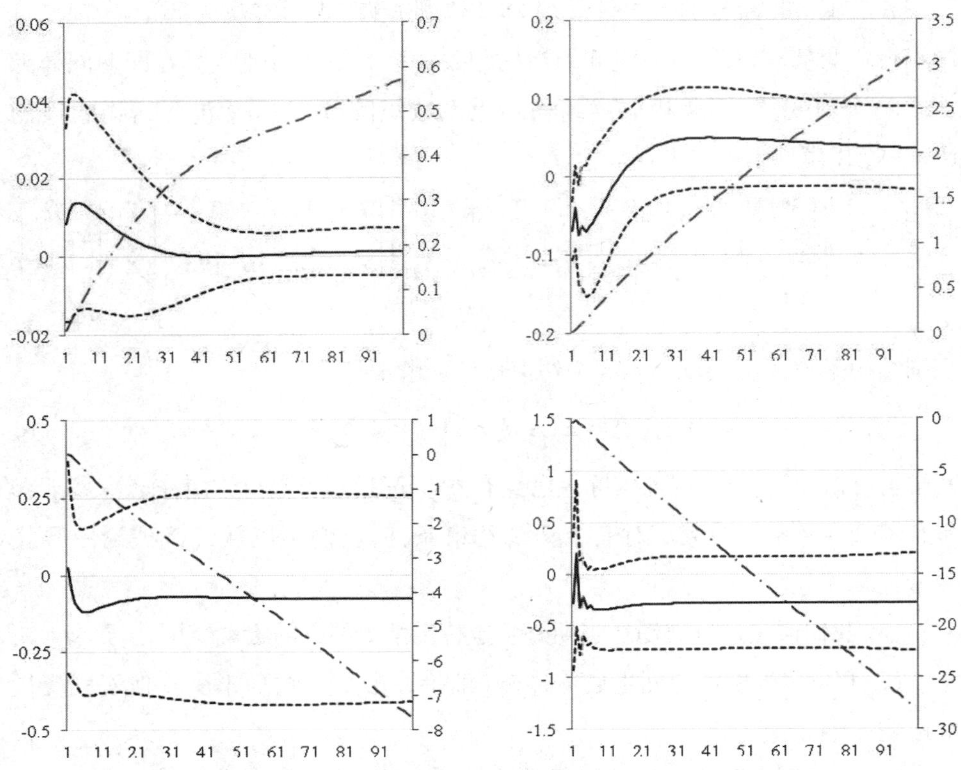

图 2.9　工业品价格与产出对油价脉冲的响应函数示例

注：左侧为化工行业，右侧为交通运输设备制造业；上图为价格响应，下图为产量响应；虚线表示±2 倍标准差区间；点划线表示累积脉冲响应函数（右侧坐标轴）。

模式，各不相同。图 2.9 列示了成本冲击效应和需求冲击效应的两个典型例子。图 2.9 左侧两张小图显示的是我国化工行业受油价冲击后，产品价格和产量的变化情况。化工行业是重要的上游产业，为下游各行业提供初级化学原料，同时根据《国家能源统计年鉴（2009）》的统计，该行业是所有工业行业中能源密集性、石油密集性最高的行业之一（仅次于石化行业）。毫无疑问，原油价格上涨将会在很大程度上推高该行业的生产成本，而需求冲击效应短时间内又难以传导到上游行业，因此不难理解油价冲击主要通过成本效应对化工行业造成影响。大部分上游行业对油价冲击的反应也表现出了相似的模式——成本冲击效应。而右侧两张小图显示的是交通与运输设备制造业的产品价格、产量对油价冲击的反应。交通运输设备制造业的主要产品包括车、船等交通工具，上游产业链较长，处于产业链的末端。不论是民用还是商用交通运输设备，都是消费或者投资直接需求的产品，因此需求冲击能够对该行业构成直接的影响。此外，交通运输设备作为耐用消费品，其需求对使用成本的变动十分敏感，短期弹性很大。石油价格上涨导致汽柴油价格一同上涨，或者至少提供了涨价的预期，增加了使用成本的不确定性，因而会在很大程度上延缓需求方的消费或投资决策。因此从图中我们可以看到，油价冲击对该行业的影响主要表现为需求冲击效应，导致价格下降、产出下降。在很多终端消费品行业同样可以看到类似的响应模式。

六、比较分析与讨论

油价冲击在不同行业具有不同的表现形式，而这正是导致一般意义的宏观层面研究无法得到统一结论的重要原因。根据前文的分析，影响油价冲击在不同行业表现形式的主要因素包括成本冲击的传导时滞，以及成本效应和需求效应的相对强度。因此，分析各行业在产业链中所处的位置，以及对石油产品的依赖程度，是研究油价冲击的行业区别，进而归纳和揭示油价冲击在不同行业间的传导过程的重要依据。事实上，这两者之间还具有一定的转换关系：如果价格传导非常顺畅，各个行业受到的成本冲击能够借由市场价格的调整很快向下游传导，那么特定行业处于产业链的什么位置将变得无足轻重，行业的能源密集性将是最主要的决定因素；相反，如果价格传导非常粘滞，那么能源密集性的影响将在价格传导的过程中被掩盖，油价波动带来的成本冲击对中下游行业将不构成影响。从这个角度看，通过纵向比较不同类型的行业对油价冲击的反应，发现油价冲击的作用规律，有助于揭示油价冲击的传导机制；同时通过横向的国际比较，有助于分析在不同的市场条件下，油价冲击表现形式的异同。

图 2. 10 显示了以原油投入为起点的工业系统完整的产业链，油价冲击也正是沿着这样的链条在行业间逐渐传导。如图 2. 10 所示，我们可以根据不同行也的产品特点以及所处的位置，将各工业行业分为三类：

· 上游产业：提供工业基础原料，包括采矿业、石油、化学原料以及金属制造业等；

· 中游产业：制造工业中间品，包括金属、橡胶、塑料制品业，以及机器设备制造业等；

· 下游产业：生产终端消费品，包括食品、饮料制造业，服装制造业等。

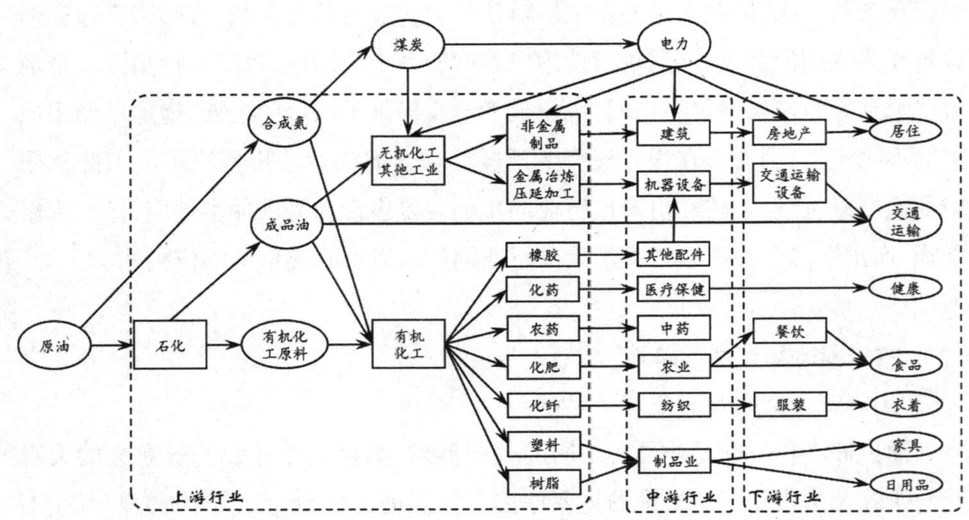

图 2.10 以原油投入为起点的产业链示意图

对各行业按照上、中、下游的分类进行排序，并归纳 Near-VAR 模型实证分析结果，如表 2.7 所示。从中可以明显看出油价冲击在各类产业中表现形式的差异：上游产业在油价冲击发生后，往往受供给冲击影响较大，造成产出下降、价格上涨；而中、下游产业则更多地受需求冲击的影响。国际原油价格波动对我国工业生产造成的成本冲击效应止步于上游产业，这从一个侧面反映了我国价格传导较为粘滞，调整过程缓慢。对比美国各行业在油价冲击后的反应，可以发现美国的上游行业同样以成本冲击效应为主，下游行业以需求冲击效应为主，但与中国的显著差别在于上游产业受到的成本冲击能够顺利地传导到中游行业，导致中游行业受油价冲击的影响主要表现为成本冲击效应，而这也是油价冲击影响我国和美国的主要差异。

表 2.7 分行业 Near-VAR 模型分析结果汇总

行 业	中国		美国		石油密集性(tce/万元)	完全消耗系数[1]	出口占比(%)[2]
	Q_i	P_i	Q_i	P_i			
上游产业							
煤炭开采和洗选业			−+	−	0.0270	0.0509	2.42
石油和天然气开采业	−	+	−+	+	0.1935	0.0691	1.82
黑色金属矿采选业	−	−+	+−	−	0.0601	0.1080	1.34

续表

行 业	中国		美国		石油密集性(tce/万元)	完全消耗系数[1]	出口占比(%)[2]
	Q_i	P_i	Q_i	P_i			
有色金属矿采选业	−	+			0.0267	0.1080	1.34
非金属矿采选业			−	−	0.1799	0.0957	3.91
石油加工、炼焦及核燃料加工业	+	−	+	+	2.3053	0.6576	3.64
化学原料及化学制品制造业	−	+	+	−+	0.5340	0.1504	11.67
黑色金属冶炼及压延加工业	−	−	−	/	0.0490	0.1022	8.44
有色金属冶炼及压延加工业	−	+	−	−	0.0862	0.1022	8.44
电力、热力的生产和供应业	−	−	−	+	0.0188	0.0895	0.21
燃气生产和供应业			−	−+	0.4983	0.5904	0.00
中游产业							
纺织业	−	−	−	+	0.0326	0.0587	32.61
橡胶制品业			−	+	0.0669	0.0870	6.51
塑料制品业	−	/	−	−+	0.0517	0.0870	6.51
非金属矿物制品业			−	−	0.3125	0.0870	6.51
金属制品业	−	−	+	−	0.0533	0.0789	20.10
专用设备制造业			−	−	0.0284	0.0705	14.53
交通运输设备制造业	−	−	−	−+	0.0295	0.0660	9.95
电气机械及器材制造业	−	−	−	+	0.0260	0.0774	25.14
通信设备、计算机及其他电子设备制造业			−	+	0.0177	0.0595	51.90
下游产业							
农副食品加工业	+−	−	+	−	0.0289	0.0377	4.58%
食品制造业	−	−	−	−	0.0390	0.0377	4.58%
饮料制造业	−	−	+	−	0.0290	0.0377	4.58%
烟草制品业			−	+	0.0038	0.0377	4.58%
纺织服装、鞋、帽制造业	−	−	+	−	0.0304	0.0534	31.39%
皮革、毛皮、羽毛(绒)及其制品业	−	−	−	−	0.0322	0.0534	31.39%
木材加工及木、竹、藤、棕、草制品业	−	−	−	−	0.0299	0.0565	22.05%

续表

行　业	中国		美国		石油密集性(tce/万元)	完全消耗系数[1]	出口占比(%)[2]
	Q_i	P_i	Q_i	P_i			
家具制造业	-	-	-	+	0.0292	0.0565	22.05%
造纸及纸制品业	-	-	-	+	0.0599	0.0604	15.16%
文教体育用品制造业	-	-			0.0377	0.0604	15.16%

注:1 根据 2007 年中国 42 部门投入产出表推算得到的各行业对石油和天然气开采业产品的完全消耗系数。

2 根据 2007 年中国 42 部门投入产出表得到。

+ 表示产出/相对价格上涨,相对价格的上涨也即供给冲击效应占主导。

-表示产出/相对价格下降,相对价格的下降也即需求冲击效应占主导。

-+ 或者 +-表示产出/相对价格先下降再上升,或者先上升后下降,表明该行业受两种效应共同影响;/ 表示影响不显著或者不明确。

除此之外,从前文的模型滞后期选择的结果就能够反映出价格传导黏性的差异:如表 2.5 所示,我国大部分上游行业的 Near-VAR 模型最优滞后阶数为 1 阶,而中、下游行业则主要为 2—3 阶。这表明油价冲击对上游行业的影响较为迅速,而对中、下游行业的影响则有一定的时滞和黏性。相比之下,美国不仅大部分上游行业,还有不少中游和下游行业的最优滞后阶数为 1 阶,表明油价冲击的传导较为顺畅,冲击的影响迅速显现。

在上游行业中,我们发现石油加工、炼焦及核燃料加工业、黑色金属冶炼及压延加工业,以及电力、热力的生产和供应业在油价冲击发生后产品价格反而下降,这与其他上游行业对油价冲击的响应模式不同,值得进一步具体分析。

上述三部门中,有两个部门都是二次能源加工、转换部门——石油加工、炼焦及核燃料加工业和电力、热力生产和供应业。其特殊反应模式与我国目前对二次能源的价格管制有直接关系。目前我国成品油、电力价格形成机制依然由政府主导。在本节分析的数据样本期内,我国国内成品油价格的市场化程度非常低。尽管自 1998 年以来,我国成品油定价尝试与国际市场逐渐接轨,但是从本质上而言,国内成品油价格调整过程相对于国际市场价格波动依然有较大的时滞。严格的价格管制导致油价冲击发生后,其他行业受到成本冲击纷纷提高产品价格,而成品油价格却无法随之上涨,导致短期内相对于其他行业价格反而有所降低。而这一相对价格的降低以及对未来价格有可能上调的预期必然导致成品油需求的上升,引致行业产量上升。同样受到价格管制的影响,电力、热力的生产和供应业在受到油价冲击后，价格无法调整，导致其相对于其他行业相对价格下降。由于电力需求与宏观经济产出总量高度相关，因此油价冲击导致宏观经济产出下降，也同时导致了电力消费（也即电力生产）的下降。

反观美国，不论是成品油还是电力，都有非常成熟的市场和灵活的价格形成机制。尤其是美国电力系统市场化程度高，在发、输、配电等各个环节都存在灵活的市场竞争机制。因此在国际原油价格冲击传导到美国市场后，成品油和电力价格能够迅速进行调整，以适应和消弭成本冲击。此外，美国电力系统燃油发电机组的占比和发电量都远高于我国，因此油价冲击对美国电力系统生产成本的影响也高于我国。从这个角度看，美国市场成品油、电力价格对油价冲击的正向响应，反映了两国在特定市场结构、价格机制，以及成本结构上的巨大差异。

黑色金属冶炼及压延加工业从产品特征来看，主要为工业基础原材料、建筑材料，是基本的投资品。油价冲击之所以会导致该行业相对价格下降，可能主要是由于需求效应所导致：一方面我国钢铁行业对外依存度较高，国际油价大幅上涨往往导致全球性的经济增速放缓，对钢铁的出口需求也会相应下降；另一方面国内经济增速放缓，工业部门和房地产部门的直接需求下降，也是导致价格下降的可能因素。此外，我国钢铁行业能源消费以煤炭为主，石油密集性较低，为0.049吨标煤/万元产值，不到化工行业的十分之一（0.534吨标煤/万元产值），石油价格波动对钢铁行业成本的影响并不强烈，这就解释了该行业在油价冲击发生后相对价格不升反降。

综上所述，油价冲击在不同行业的表现形式可以归纳为如下几个突出特征：

第一，油价上涨导致上游行业生产成本上升，推高上游产品价格、降低产出。但是对个别二次能源加工转换部门和直接投资品部门，则可能存在产出下降、价格下降的现象。

第二，油价上涨往往导致我国中下游产业产出下降、价格下降。这主要是由于我国价格传导粘滞，成本冲击无法迅速传导到中、下游行业；而油价冲击所引发的产出下降则从出口需求和国内需求两个方向形成对最终需求直接负面影响，从而使得我国中、下游产品相对价格下跌，产出下降。

第三，供给冲击效应从上游逐渐向下游传导，而需求冲击效应则从下游向上游传导，两种效应同时作用于宏观经济，导致产出下降，但对价格的影响却取决于两种效应传导的速度与相对规模。

第四，在成熟市场经济国家如美国，市场机制发展成熟完善，基本没有政府干预，价格传导顺畅，因此中游产业受油价冲击影响主要表现为成本冲击效应。

本章小结

随着国际油价的不断上扬，原油冲击对宏观经济运行的影响受到了越来越多的重视，但是对于油价冲击传导机制的研究尚有很大争议。

本章首先通过构建包含五个宏观经济变量的 SVAR 模型，对油价冲击在我国宏观经济层面上的传导过程进行了分析。估计结果表明油价冲击对我国宏观经济不仅具有短期的直接影响，更重要的是会通过影响企业投资行为，改变产能积累的过程，从而导致长期产出的下降。序列分解的结果表明，油价冲击借由对投资的抑制进而影响宏观经济产出的部分在油价冲击发生的最初半年的时间里比较小，但是其在产出变化中的占比不断上升，并在半年之后占据主导地位。从冲击影响持续的时间来看，短期冲击效应在最初几期非常显著，但是在油价冲击消失后很快便会恢复均衡水平，从分解结果来看，这种短期效应的半衰期为 2—3 个月。但是长期影响则要到约 60 期（4—5 年）才能达到峰值，并导致宏观经济产出的下降持续很长时间。

这种长期影响在市场价格传导机制阻滞或者传导不完全时尤为重要。因为在粘滞的价格传导机制下，油价冲击造成的成本上升压力在行业间的分担并不均衡，市场价格无法使供需平衡，从而导致资源配置的低效率。因此，分析油价冲击对不同行业的差异化影响，便是我们进一步细致地分析油价冲击传导过程及影响机制的重要途径。通过为我国各工业行业构建包含结构约束与非对称系数约束的 Near-SVAR 模型，本章第四节分析了各行业对油价冲击的不同反应模式。跨行业以及跨国的比较分析表明，对于上游产业，油价冲击主要通过供给冲击效应降低产出；而对于下游产业，主要通过降低市场需求的机制来影响产出。而中游产业的反应模式较为复杂：在中国，油价冲击对中游产业的影响主要表现为需求冲击效应；而美国则主要表现为供给冲击效应。造成这种区别的主要原因在于我国市场需求不足、出口部门恶性竞争严重、价格管制盛行，这些因素阻碍了价格机制的调整过程，使得我国的成本冲击难以沿产业链向下传导，而这种价格调整的阻滞会恶化油价冲击带来的不利影响。由于各类行业对油价冲击的反应模式不同,因此要有效缓解高油价的不利影响,就需要制定针对性的产业政策,而反观现有的价格管制政策,大多无法达到预期的效果。针对上游基础原材料的价格管制事实上越来越难以落实,而且也无益于刺激中游产业的产出;而针对下游 CPI 产品的价格管制实际上没有必要,因为下游产业主要受到需求冲击的影响,在油价上升之后,产品价格反而会出现下降趋势,因此即便没有价格管制,价格也不会飙升。因此,有效的政策应当一方面减少人为扭曲价格机制,减少价格管制、提高市场效率与公平性、完善市场机制,从而提高价格调整的灵活性;另一方面刺激内需,扩大市场需求刺激经济产出,尤其需要针对中、下游行业。

本章研究的结果也为后文构建动态 CGE 模型提供了重要的参考,尤其是对于模型结构和机制的设定。首先,对长期影响机制分析结果表明,投资和资本积累是油价影响我国宏观经济长期产出的重要机制。考虑到我国目前正处于工业化转型的关键时期,产业结构调整过程与资本积累过程密切关联,在很大程度上决定着我国长期经济结构转型路径与经济增长方式。而在政策评估过程中,研究相关政策对投资,进而对资本积累过程和产业结构调整的影响,是有效评估政策长期效果的关键。

同时,价格传导的时滞是导致油价冲击长期效应被放大的重要因素,也是油价冲击对各行业影响机制和表现形式有所差异的主要成因。因此在构建我国的宏观经济模型,分析油价冲击造成的影响时,一个非常重要的因素便是模拟我国普遍存在的价格管制,尤其是上游基础原材料,和能源市场的价格管制。这些因素在很大程度上决定了成本冲击在我国的传导过程,同时也是政策分析所必须要重点关注的方面。

第三章　国际原油价格形成机制研究与波动分解

分析并把握国际原油价格波动特征及其影响因素，是我们分析油价波动影响宏观经济的一个重要前提。正如文献综述中提到的，关于原油价格形成机制的探讨，与对油价波动的宏观经济影响的研究是紧密相连的，后者必须以前者为基础构建理论出发点；而反过来由于石油供需与全球经济都密切相关，因此油价形成机制又必须放在宏观经济的系统中内生地进行分析。从相关研究的发展脉络中也可以清楚地看到，油价冲击影响机制研究的每一次突破和创新，都是由油价波动特征改变所触发，伴随着对油价波动特征的识别和验证，也即对国际原油价格形成机制的重新认识。

因此，本章拟通过对价格形成机制的相关理论综述，并选择核心的影响因素，对油价的历史波动进行分解，系统地分析国际原油价格波动结构和特征，为我们理解国际石油市场运行过程，并为后文的宏观经济建模提供参考。

第一节　国际原油价格形成机制梳理

油价形成机制不同于普通商品的重要原因，在于原油具有一般商品所不具备的三重属性：从商品角度看，具有可耗竭性；从需求角度看，是重要基础性生产要素；从市场角度看，具有高度垄断性和金融衍生品属性。这三重属性带来消费需求、派生需求和投机性需求互相交织、不断演化，使得国际原油市场价格形成机制日趋复杂多变。

本世纪油价冲击的波动幅度之大、持续周期之长、绝对价格水平之高都史无前例。与20世纪70年代两次大规模原油危机不同，此次油价冲击并不是由大规模的供给中断所直接导致，而是由地缘政治事件触发，随后受到美元持续降息、全球流动性过剩、新兴经济体需求旺盛、OPEC剩余产能不足、金融衍生品市场空前繁荣等多种因素的共同影响。与此同时，油价与经济增长速度、美元汇率水平、货币供应量等宏观经济变量间的关系，相比前几次原油危机时也有了很大的变化（吴力波，2008）①。

因此对原油价格形成机制展开全面研究，解析本世纪油价异常波动背后的动因，关键要从理论和实证两个角度对多重属性予以剖析，对上述多种因素的影响予以甄别，明确其各自的作用途径以及可能存在的耦合机制。

一、国际原油价格形成机制的供给侧因素

在石油价格形成机制的多重属性中，最为核心和基础的特征首先是其可耗竭资源品属性。与普通商品不同，石油当期供给量的最优决策过程并不仅仅限于对当期成本收益的考量，而是需要分析石油资源的跨期价值，也即由于当期开采导致未来可开采量的下降。通过比较与权衡当期收益增长与未来收益下降，寻求最优的开采路径。从这个意义上看，石油等可耗竭资源的供给决策是动态的过程，如果假定石油的总储量不变，并且现有储量都将被开采，那么实际上此时的决策便成了“何时”开采，即开采时机的选择（Mason和Polasky，2005）②。

（一）可耗竭资源定价的微观机制

Hotelling（1931）③的研究是分析可耗竭资源品供给与定价的开山之作，他指出：在资源总量约束的条件下，生产者的最优决策目标应当是根据市场需求弹性选择合适的产量，从而实现最大化各期开采收入的净现值。基于这样的逻辑，

① 吴力波：《国际原油价格上涨特征分析及其对世界经济的影响初探》，《世界经济情况》2008年第8期。

② C.F.Masonand S.Polasky，“What Motivates Membership in non-Renewable Resource Cartels? The Case of OPEC”，in *Resource and Energy Economics* 27，2005，pp.321-342.

③ H.Hotelling，“The Economics of Exhaustible Resources”，in *Journal of Political Economy*，Vol.39，No.2，1931，pp.137-175.

Hotelling 建立了最简化、最抽象的可耗竭资源供给和定价模型，设定不存在开采成本、没有储量效应，同时市场需求弹性外生、无风险贴现率外生，市场完全竞争，由此推导了使厂商在各个开采周期的动态收益均等化的最优跨期生产决策路径，结果表明代表性厂商的最优生产决策使价格按利率（贴现率）逐期上涨：

$$S_t = Qd_t(p_t)\ ;\ p_t = (1 + r)^t p_0 \tag{3.1}$$

式中下标 t 表示时间，S 为供给，Qd 表示需求，p 表示价格，r 为外生的无风险贴现率。换言之，在竞争性市场条件下，石油价格上涨速度应该与无风险利率相等。

虽然 Hotelling 的分析只限于完全竞争市场，但是净现值最大化的理论仍然一度占据重要的地位。OPEC 成立以后，Pindyck（1979）①在 Hotelling 的模型基础上，引入了市场垄断结构，并成功地解释了 1973—1974 年第一次石油危机期间国际原油价格的上涨。Pindyck 指出，这一阶段的石油供给下降、价格上涨，符合 OPEC 最大化石油资源净现值的行为逻辑。除此之外，运用 Hotelling 模型解释原油价格的实际变动往往是失败的：不论是油价的短期波动还是长期趋势，都与等比例增长的路径相去甚远。一方面，Hotelling 模型基于完全竞争、需求弹性不变、零生产成本的分析框架过于简略。Pinyck（1979）和 Heal（1975）②以及其他一些学者致力于通过引入开采成本、回止价格等因素，将 Hotelling 理论推广到更为一般化的层面。另一方面，来自生产者、消费者以及市场的一系列不确定性因素，包括储量分布、需求规模、生产成本、技术进步、资本回报率、价格走势等，都会对市场预期产生影响，从而使市场价格形成过程偏离 Hotelling 的基本理论框架。而且对于生产者而言，产权问题、垄断势力、环境外部性、政府干预等市场因素使价格形成机制愈发复杂（Krautkraemer 和 Toman，2003）③。

尽管如此，Hotelling 的方法为我们理解生产者的许多行为提供了重要参考：

---

① R.S.Pindyck，R.S.，"Interfuel Substitution and the Industrial Demand for Energy：An International Comparison"，in *The Review of Economics and Statistics*，Vol.61，No.2，1979，pp.169-179.

② G.M. Heal，"Economic Aspects of Natural Resource Depletion"，in Pearce，D. W. and Rose，*The Economics of Natural Resource Depletion*，1975，pp.118-139.

③ J.A.Krautkraemerand M.A.Toman，"Fundamental economics of Depletable Energy Supply"，Discussion Paper 03-01，*Resources for the Future*，2003.

Griffin和Xiong(1997)[①]从Hotelling的完全竞争模型出发,进一步分析了OPEC成员国根据卡特尔行为模式、古诺—纳什均衡行为模式所得收入净现值,并与OPEC配额机制进行比较,来讨论OPEC各成员守约与违约行为的动机。分析表明如果所有成员都守约,则OPEC的总收益最大,但单个成员违约能够提高自身的收益。当存在惩罚机制时,石油储量相对较小的成员违约的动机更强,因为当期产量超过配额的违约行为使剩余储量减少,未来因受惩罚而损失的收益也就相对较小;相反,储量较大的国家则更希望维持卡特尔组织的秩序从而实现自身收益的最大化。Griffin和Xiong分析了1990年的配额比例,发现OPEC本身也承认了"石油小国"的违约动机,在配额分配上向小国倾斜。但是这种配额实际上是使资源储量中等的国家向小国提供补贴,因而减少了中等储量国家的守约激励,造成实际上违约激励最大的反而是那些中等储量的国家如阿联酋、科威特和委内瑞拉等。更有趣的是,模型分析表明沙特阿拉伯作为OPEC卡特尔的管理者,其惩罚违约者的行为实际上能够提高自身的长期收益,这使得沙特阿拉伯的"以牙还牙"惩罚机制对其他OPEC成员的违约行为具有现实的威胁。

Mason和Polasky(2005)[②]则通过分析1975、1987、1992、1997四个年度的日数据,对OPEC成员、"影子成员"[③]和非OPEC原油生产国的石油储量、国内原油消费量、政治体制、主流宗教信仰以及资源集中度等要素进行了比较,发现一国的石油储量与该国加入OPEC的可能性有显著的正向关系。这也从另一个侧面验证了Griffin和Xiong(1997)的分析,即储量较大的国家通过参加卡特尔组织提高石油价格,有利于实现资源收益净现值的最大化。由此可见,Hotelling分析方法对于我们理解原油生产者,尤其是OPEC的行为具有重要的参考作用。但是我们应该看到,石油资源大多为国家所垄断,生产行为的实际决策者是各国政府,而政府的目标函数往往是非常复杂的——除了石油资源的收益最大化外,政治因素、宏观经济因素等都会影响生产决策。正如Mason和Polasky(2005)的实证分析表明,原油生产国是否参加OPEC不仅与资源储量有关,与国内原油消

① J.M.Griffin and W.W.Xiong,"The Incentive to Cheat: An Empirical Analysis of OPEC",in *Journal of Law & Economics*,40,1979,pp.289-316.

② C.F.Mason and S.Polasky,"What Motivates Membership in non-Renewable Resource Cartels? The Case of OPEC",in *Resource and Energy Economics*,27,2005,pp.321-342.

③ OPEC的影子成员包括墨西哥、挪威等参加OPEC讨论,允诺按照OPEC配额减少产量,但是非正式OPEC成员的原油生产国。

耗量、政治民主程度也都有关系:国内消耗量较大的国家如果接受 OPEC 生产配额,就会使国内原油价格上升,损害国内消费者的利益;而政治民主程度则决定了一国政府对国内消费者的关注程度。由此可见,国际原油市场供给并不是单一的收益最大化目标能够解释的。

在对于 Hotelling 理论的批评与完善的相关研究中,对生产者信息不完全因素的分析最早出现,也研究得最为充分。在现实石油市场上,即使像 OPEC 这样的垄断组织,控制了大部分的市场供给,但是它对于需求水平、需求的价格弹性,甚至是 OPEC 以外的生产者的产量都无法准确预测,因而无法作出收益最大化的决策。为了修正收益最大化模型要求的"信息充分"的假设,有的学者提出原油生产者(OPEC 成员国)在有限信息的条件下,通过经验性地设定"间接目标"来实现次优的生产规划。产能利用率(Capacity-Utilization)是最常具代表性的间接目标之一。目标产能利用率定价模型(Target Capacity-Utilization Pricing Models)认为 OPEC 在无法准确预测国际原油市场的供给和需求状况的有限理性条件下,根据当期的产能利用率决定下一期的价格水平。模型要求下期价格的变动幅度是当期产能利用率的递增的凸函数,而目标产能利用率就是使价格不变的产量水平(如图 3.1 所示)。一般认为目标产能利用率应该维持在 85%左右(Gately,1984)①。虽然数学模型的推算表明合理设定目标产能利用率能够

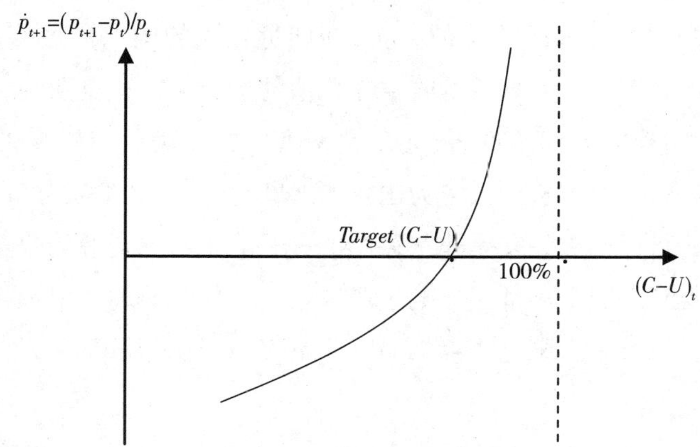

图 3.1 产能利用率定价模型示意图

① D.Gately,"A Ten-year Retrospective: OPEC and the World Oil Market",in *Journal of Economic Literature*, Vol.22, No.3, 1984, pp.1100-1114.

使 OPEC 获得接近最大化的收益,但是这个模型仍然不能解决实际决策过程中目标函数的复杂性问题,而且模型描述的情况也与 OPEC 实际采用的决策过程相差甚远。

然而不能因此就认为对产能利用率的考量是没有根据的。Kaufmann 等(2008)[①]的实证研究表明,产能利用率与 OPEC 成员的超配额产量(也即违约程度)负相关。这不难理解,因为较高的产能利用率使得增加额外产量的边际成本增加,产出的价格弹性降低;反之则反。可见,产能利用率对于产量有一定的影响作用,但更多的是表现在 OPEC 个别成员国的国别行为层面上,在 OPEC 整体行为的决策过程中则并非关键因素。

(二)市场结构因素对国际原油价格形成机制的影响

石油输出国组织(OPEC)在国际原油市场中占据了重要地位。根据最新统计数据,2011 年 OPEC 原油产量占全球总产量的 42.87%;在全球共计约 1.65 万亿桶的探明储量中则占据了 72.39%(BP,2012)。2011 年 OPEC 的出口量占全球总量的 57.31%(EIA,2013)。OPEC 每个季度为其成员国设置生产配额,以此来控制原油市场的均衡价格,因此很多学者认为 OPEC 是一个典型的卡特尔组织,其行为机制对国际原油市场的价格决定有着至关重要的作用。

但是很多学者也对 OPEC 卡特尔的性质提出了质疑,比如 Alhajji 和 Huettner(2000)[②]就提出 OPEC 的管理体制事实上并没有严格的约束力,其成员国政府之间的合作只是依靠对协议的“自觉”来维系,而并没有实际意义上的超政府的管理体制。在很长的一段时间里,OPEC 也并没有规定对违约行为的惩罚机制,而且连最基本的配额机制也是在 1983 年以后才出现,因此将 OPEC 视为卡特尔是不合理的。也有学者主张运用竞争性的市场结构模型能够很好地分析 OPEC 成员的生产行为,从而揭示国际原油价格的长期走势,其中最具影响力

① R.K.Kaufmann, A.Bradford, L.H.Belanger, J.P.Mclaughlin, and Y.Miki, “Determinants of OPEC Production: Implications for OPEC Behavior”, in *Energy Economics*, 30, 2008, pp.333-351.

② A.F.Alhajji and D.Huettner, “OPEC and Other Commodity Cartels: A Comparison”, in *Energy Policy*, Volume 28, Issue 15, December 2000, pp.1151-1164.

的竞争性模型为目标收益模型(Ezzati,1976[①];Cremer 和 Isfahani,1980[②])。

Griffin(1985)[③]对目标收益模型、产权模型、市场份额模型等不同观点的模型进行了实证检验,分析 OPEC 各成员产量之间的互相关系。Griffin 的实证检验结果表明 OPEC 国家的生产决策介于垄断性与竞争性之间。Kaufmann(2004[④],2008[⑤])对 Griffin 的研究作出了重要的补充,讨论了 OECD 国家的石油储备量、OPEC 配额、OPEC 超配额产量以及产能利用率等变量与均衡价格间的关系,一方面证明了 OPEC 配额对于其成员的约束力,支持了 OPEC 作为卡特尔的性质;但同时也发现 OPEC 部分成员国的产量与价格有正相关关系,在一定程度上代表了竞争性的行为模式。可见,OPEC 的性质及其成员的行为模式都具有复合性。

我们必须看到,由于不同国家国内的吸收能力不同,依靠原油收入满足国内需求的能力也有所区别,这导致了不同国家对目标收益决策模式的不同态度。不仅如此,如 Adelman(1982)[⑥]所指出的,OPEC 成员的行为会随着全球经济以及石油供需的变化而相应调整,而从 OPEC 整体来看,其性质在不同的历史阶段也是变化的。从国别的角度看:沙特、科威特、阿联酋等国人口相对较少,国内吸收能力弱,但是石油财富充裕。因此,对石油资源长期收益更为重视。事实上这几个国家恰恰都是 OPEC 卡特尔行为模式的极力维护者,是 OPEC 的中坚力量。相反,阿尔及利亚、印尼、尼日利亚等国的国内吸收能力强,相对于长期收益而言,满足国内财政求、投资需求的目标更为迫切。导致这些国家往往倾向于更高的油价、更大的产量。从时间角度看:在原油价格较低的时候,遵守 OPEC 配额难以满足国内的财政、投资需求,因此生产者就可能从卡特尔"最大化长期收益"的合作行为模式转为非合作的"目标收益"行为模式,以满足国内的财政需

① A.Ezzati,"Future OPEC Price and Production Strategies as Affected by Its Capacity to Absorb Oil Revenues",in *European Economic Review*,8,1976,2,pp.107-138.

② J.Cremerand D.S.,"Isfahani,D.S.Competitive Pricing in the Oil Market:How Important is OPEC?",University of Pennsylvania,Center for Analytic Research in Economics and the Social Sciences,1980.

③ J.M.Griffin,"OPEC Behavior:A Test of Alternative Hypotheses",in *American Economic Review*,75,1985,pp.954-963.

④ R.K.Kaufmann,S.Dees,P.Karadeloglou and M.Sanchez,"Does OPEC Matter? An Econometric Analysis of Oil Prices",in *The Energy Journal*,Vol.25,No.4,2004,pp.67-90.

⑤ R.K.Kaufmann,A.Bradford,L H.nger,J.P.hlin and Y.Miki,"Determinants of OPEC production:Implications for OPEC Behavior",in *Energy Economics*,30,2008,pp.333-351.

⑥ M.A.Adelman,"OPEC as a Cartel",in *OPEC Behavior and World Oil Prices*,pp.37-63.

求。事实上，沙特在1985年改变策略，从“剩余生产者”转化为“以牙还牙”的管理者，这在客观上提高了本国的产量，一个很重要的原因就在于1985年国际原油价格的急速下跌威胁到了其国内的经济安全，迫使沙特暂时放弃整体利益最大化的行为模式，通过提高产量来增加自身的收益。1998年至1999年再次出现的原油价格下跌导致很多OPEC成员国陷入不同程度的困境。不仅如此，多数OPEC国家经济结构单一、外债高度集中，在高油价时代建立起来的社会保障体系、政府冗员等因素导致OPEC国家的国内吸收能力大幅增加，对石油收入的依赖更加严重（Kohl，2002）①。以沙特阿拉伯为例：1980年沙特的原油收入为2000亿美元，1986年骤跌至260亿美元；人均GDP在1980年为34000美元，而1986年只有8000美元，1999年更是下跌至6500美元；同时沙特的人口从1976年至2000年增长了4倍，这很大程度上降低了生活水平；不仅如此，2000年的国内负债高达当年GDP的115%。同时，原油收入在总收入中的比重保持在80%左右的高水平，依赖程度非常高。Kohl指出，OPEC成员普遍出现这样的情况，对其未来的行为模式可能会有重大的影响，OPEC国家可能会被迫采取“目标收益”的生产决策。但是就目前的情况来看，国际原油价格持续高企的局面短期内难以改变，大大缓解了OPEC国家的财政压力，因而合作的行为模式在一定程度上会得到了巩固。

二、国际原油价格形成机制的需求侧因素

原油是工业生产的基础原材料，也是主要的能源来源和生活必需品。因此影响石油需求的因素数不胜数。但是从国际石油市场的层面来看，决定国际石油需求总量的决定因素主要包括全球宏观经济运行情况，以及能源技术进步和替代能源的发展水平。这两个因素是决定原油长期需求，进而影响长期均衡价格水平的重要变量。

（一）经济增长与石油需求

大量的实证研究结果都表明，全球以及各国的GDP产出和增速都与石油需

① W.L.Kohl，“OPEC behavior，1998-2001”，in *The Quarterly Review of Economics and Finance*，Volume 42，Issue 2，2002，pp.209-233.

求有非常密切的、直接的关联。尤其是从2002年至今，虽然OPEC以及全球原油产量保持稳定的增长，但是原油价格仍然出现持续的上涨，关键原因就是全球经济增长导致的能源需求增长超过了原油产量的增长。其中，以中国为代表的发展中国家经济发展迅速，能源消耗量大，是影响总体需求进而推高油价的重要力量。此外，技术水平决定的石油产品提炼工艺、能源使用效率，以及替代能源的生产成本也都在很大程度上影响了对原油的需求弹性。对原油需求的收入弹性、价格弹性的研究与估计是分析国际原油市场需求的核心内容，也是决定国际原油均衡价格的重要因素。

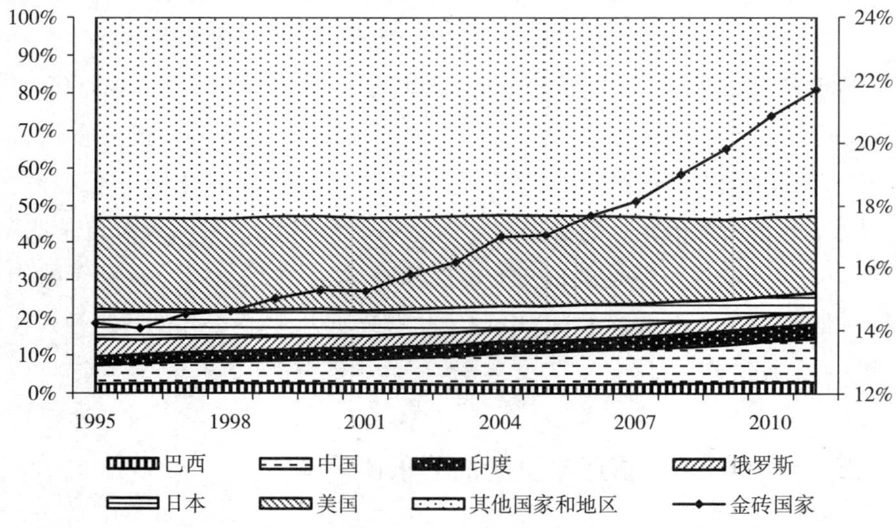

图3.2　新兴经济体石油需求占比变化趋势

Griffin和Xiong(1997)①构建了计量模型检验了全球GDP与石油、天然气、煤炭等传统化石燃料消费量和价格的相关关系，研究结果表明石油需求的收入弹性较大，为0.93；而短期价格弹性非常小，仅为-0.23；相比之下，长期价格弹性则较高，为-1.04。长期价格弹性高于短期价格弹性的结论也印证了长期产业结构和生产技术的调整对石油需求的影响。Horn(2004)②在Griffin和Xiong(1997)的研究基础上，加入了技术进步的因素，并强调了不同地区、不同国家在

① J.M.Griffinand W.W.Xiong,"The Incentive to Cheat: An Empirical Analysis of OPEC",in *Journal of Law & Economics*,40,1997,pp.289-316.

② M.Horn,"OPEC's Optimal Crude Oil Price",in *Energy Policy*,Volume 32,Issue 2,2004,pp.269-280.

经济发展速度、能源需求弹性上的差别，以此为基础对世界各国的石油需求进行了预测。

进入本世纪以来，新兴经济体的经济快速增长，在引领全球经济增长的同时，也在很大程度上重构了全球石油需求的版图。从图 3.2 中可以看到，新兴经济体（巴西、俄罗斯、印度、中国，"金砖四国（BRICS）"）在全球原油消费总量中的占比从 1995 年的 15%上涨到 2011 年的 22%。随着发展中国家经济的进一步持续、快速增长，原油需求也必然会随之提高。由此可见，对发展中国家能源需求进行更深入的分析对于理解国际原油市场的未来发展方向具有非常重要的作用。

（二）技术进步与石油需求

能源技术的进步对于石油需求，尤其是对于长期石油需求的变化，同样有着关键性的影响，主要包括石油实用技术的效率提高，以及替代能源技术的发展。随着国际原油价格的不断高企，各国、各行业都在积极寻求更加节能高效的生产技术，受此推动，本世纪以来全球经济增长的能源密集性以及石油密集性都有显著的改善。根据世界银行《世界发展指数（*World Development Index*，WDI）》发布的数据，自 2000 年起到 2010 年，全球总计的单位 GDP 产出能耗从 203.3 千克油当量/千美元（2005 年不变价）下降到 182.4 千克油当量/千美元，平均每年下降 1.15%；而发展中国家的能源技术效率进步更快，达到了年均 1.84%；"金砖四国（巴西、俄罗斯、印度、中国，BRICS）"的平均年降幅更是达到了 2.3%。能源技术的进步以及能源效率的提高对于降低能源需求有着非常重要的作用，需要深入的分析。遗憾的是对于技术进步的内生动力机制模拟的困难妨碍了相关研究，在现有的关于石油需求的分析模型中，往往通过在能源效率系数中引入一个趋势项的方法，模拟外生设定的能源技术进步速率。然而这样的分析方式较为粗糙，更重要的是无法模拟技术进步机制与市场条件，包括能源价格等因素的交互影响。Pindyck 和 Rotemberg（1984）①提出了 Putty-Clay 技术进步模型，设定生产者可以根据市场条件选择不同的生产技术，具体表现为能源与资本、劳动

① R.S.Pindyck and J.J.Rotemberg, "Energy Shocks and the Macroeconomy", in Alvin L.Alm and Robert J.Weiner (eds.), *Oil Shock*, Cambridge, MA: Balinger, 1984.

等要素的投入比;不同的技术对应于不同的资本品,在资本品投资形成产能之后相应的生产技术便固定下来,具体表现为资本、劳动和能源的投入占比不能调整。用经济学的逻辑表述,Putty-Clay 模型实际上构建了一个技术具有事前调整弹性和事后调整刚性的特征,在投资形成产能之前,资本、劳动与能源具有替代性,而投资形成产能之后即具有互补性。通过模拟新技术的产能形成与旧技术的折旧过程,就能够相应地模拟技术进步的内生路径。这样的方法极大地提高了能源技术模拟的有效性和合理性。

能源技术进步除了提高能源使用效率外,另一个重要的方面是在于开发传统化石燃料的替代能源,主要指可再生能源,如太阳能、水力、风力,以及各种现代化生物质燃料等。可再生能源的出现与发展一度被认为具有划时代的意义,能够完全替代石油等传统化石燃料,实现人类社会能源的无限供给。由此出发,20 世纪 90 年代很多学者都在传统的石油供给模型中引入一个"回止价格",即当油价超过可再生能源生产成本时,可再生能源便会实现对石油的完全替代,从而使石油需求降为零。

Griffin 和 Xiong(1997)①将"回止价格"设定为 50 美元,但事实上由于技术的限制,以及成本过高等因素,可再生能源的发展受到了严重的阻碍。尤其是在过去的几年中,一方面全球经济萧条导致各国政府无力支持高成本的新能源技术发展;另一方面国际油价波动的不确定性为未来新能源技术的投资收益带来了极大的风险,削弱了进一步投资的市场动机。除了新能源本身的生产成本外,影响新能源技术发展的一个更重要的因素,在于巨大的投资成本需求。新能源技术往往是资本密集型技术,即便其生产成本不高,但是受制于既有资本存量及生产能力的限制,依然无法很快实现对传统能源的替代。Salant 指出,在新能源对传统能源逐渐替代的前期,生产者最优的定价水平会高于边际生产成本,以抵补投资成本的支出,因而相应的原油的"回止价格"也会提高,从而导致了原油价格的"超调(Overshooting)"现象。

尽管存在着技术不成熟、产业和配套发展严重滞后,以及成本劣势和投资需求巨大等问题,导致在全球经济不确定性加大的环境下,新能源、可再生能源对

① J.M.Griffin and W.W.Xiong,"The Incentive to Cheat: An Empirical Analysis of OPEC",in *Journal of Law & Economics*,40,1997,pp.289-316.

石油的替代遭遇了一定的阻碍，但是随着全球范围内的化石燃料供给不断趋紧、环境污染和全球变暖问题逐渐受到越来越多的重视，相信在不久的将来新能源与可再生能源将会成为世界各国能源生产结构中非常重要的组成部分，对减少石油使用、实现可持续发展起到积极的推动作用。

三、金融市场因素与原油价格短期波动

在现代金融市场体系中，贸易品的商品属性与其金融属性再也无法割裂开来。自 1986 年 WTI 原油期货在纽约期货交易所 NYMEX 上市、1988 年布伦特原油期货在国际石油交易所 IPE 上市，以石油为基础的金融衍生品交易对国际原油价格的形成机制造成了根本性的改变。随着全球金融市场的不断成熟，以及全球市场一体化进程的不断加快，国际石油市场与全球货币、金融和资产市场的耦合日益紧密。早在 20 世纪 80 年代初，Razavi 和 Samii（1983）[①]就已经注意到金融市场上与原油相关的投机行为改变了国际原油价格的形成机制。他们的研究区分了石油市场的商业性需求与非商业性需求，指出前者主要通过长期合约的形式实现供给，其供需及价格较为稳定；而后者主要集中于交易市场上的现货交易，以短期合约为主，具有很强的金融资产的特征。但是一方面商业性交易者在长期合约提供的稳定供给之外，还会需要短期合约实现套期保值、对冲风险的功能；另一方面金融市场的价格发现功能使得市场预期能够迅速地体现在价格信号中，因而会对各种市场主体的行为决策都形成一定的引导作用。随着金融市场的不断发展、商品市场与金融市场的不断耦合，上述两方面因素使得石油商品的金融属性对生产者、商业性需求者的行为也带来了根本性的改变。

受石油市场金融属性的影响，预期因素以及由预期推动的交易市场价格对于实体供需形成了越来越强的引导作用。Alquist 和 Kilian（2007）[②]分析了国际

---

① H.Razavi and M.Samii, "Speculative Demand for Oil", in *OPEC Review*, Volume 7, Issue 1, 1983, pp. 86-101.

② R.Alquistand L.Kilian, "What Do We Learn from The Price of Crude Oil Futures?", in *Journal of Applied Econometrics, Special Issue: Forecast Uncertainty in Macroeconomics and Finance*, Volume 25, Issue 4, 2010, pp.539-573.

原油现货价格与期货价格之间的动态相关关系，研究结果表明：原油期货价格波动对现货价格波动具有明显的引导作用，在一定程度上，期货价格可以视为是现货价格的无偏估计。Hammoudeh 和 Madan（1995）①则从预期形成过程的角度分析了石油市场金融属性对定价机制的影响，他们指出原油价格的波动在很大程度上受到市场预期的影响，而预期则是由实际供需因素决定，并能够放大实际供需因素的作用。比如 OPEC 承诺，并且有足够的剩余产能以维持目标价格时，市场预期国际原油价格在 OPEC 的干预下将不会发生大幅波动，受此影响，金融市场投机行为将使价格出现"均值回归"的特征，维持相对稳定的水平；反之当 OPEC 剩余产能不足，无法有效地维持既定的价格水平时，投机行为将会放大这种不利因素，做多石油的需求导致市场预警性需求上升，进一步放大价格上涨的压力，从而使价格发散。全球金融市场的一体化，包括不同地区市场以及不同商品市场的联动，使得货币、资本等金融市场因素在各市场间形成协同、耦合和放大作用，单一经济体或者单一市场的利率、汇率等工具已经无法有效地对国际金融市场的波动形成有效的干预，这使得全球经济更彻底地暴露在国际原油市场不确定性带来的风险之中。

现代金融市场体系中"天量"的跨国、跨市场投机套利资金（即"国际游资"）出于套利或者避险的目的，在各种市场频繁进出，不仅放大了原油供需因素对价格的影响，更重要的是其加深了原油市场与国际资本、货币市场的耦合，从而在原油市场上引入了与石油供需无关的金融货币市场影响因素，导致原油价格的大幅波动及其不确定性的显著提高。Chandrasekhar 和 Ghosh（2004）②以及 Coleman 和 Levin（2007）③的研究都明确地指出，投机因素是本世纪国际原油价格飙升的主要推动力。美国商品期货交易委员会（Commodity Futures Trading Commission，CFTC）2008 年发布的一份统计数据（*CFTC Staff Report*，2008）显示本世纪以来非商业原油期货持仓量与国际油价具有非常紧密的关联。CFTC 定期发布在纽约商品期货交易所（NYMAX）注册的商业交易者和

① S.Hammoudeh and V.Madan，"Expectations，Target Zones，and Oil Price Dynamics"，in *Journal of Policy Modeling*，Volume 17，Issue 6，December 1995，pp.597-613.

② C.P.Chandrasekharand J.Ghosh，"Oil Speculation and Global Growth"，http://www.networkideas.org/news/mar2008/China_Asia_Trade.pdf.

③ N.Colemanand C.Levin，"Excessive Speculation in the Natural Gas Market"，in *Permanent Subcommittee on Investigations*，US Senate，2007.

非商业交易者的未平仓合约数量,数据显示每当非商业交易者净多头持仓量激增,都会导致国际油价的大幅上涨;相反而当非商品交易者大幅减仓时,国际油价便会相应下跌。最典型的例子出现在2007年下半年NYMEX交易的WTI原油现货合约创下历史新高147美元/桶时,对冲基金的净多头持仓量高达1.2亿桶以上,相当于当时日原油消费量的150%,对油价波动起到了推波助澜的作用。

值得注意的是,一般认为供需因素决定长期油价,而投机因素影响短期波动,但是本轮油价涨跌的过程中,投机因素的影响不仅幅度大,而且周期长。似乎金融市场的投机因素,或者说预期因素,已经与实际供需一样,成为决定油价长期走势的重要变量。Kaufmann(2008)①的一项研究表明,迪拜原油现货价格和WTI期货价格的变化,是影响全球各个原油市场现货以及期货价格的发端。迪拜原油由于直接反映了OPEC原油供应情况,因此其对全球油价的影响自不待言。但是WTI期货价格作为全球油价波动的发端,出人意料却又在情理之中。由此可见预期因素对于油价的决定性作用。值得一提的是,Kaufmann采用的价格数据频度是一周,而非一般研究金融市场所采用的天、小时甚至更高频度的数据。一般认为周数据反映了价格时间序列较长期的变化情况,可见金融市场对原油价格的影响已远不仅仅限于短期了。

四、其他影响因素

除了影响长期均衡的因素外,各国的能源政策、气候、汇率、战争等外生冲击也会使原油价格偏离均衡水平。长期因素发生改变,形成新的均衡价格也会使当前价格与均衡价格发生偏离。了解短期价格向均衡价格调整的过程,对理解原油价格短期波动有重要意义。

(一)价格调整的滞后性

由于不完全信息、产品差异性、合约刚性以及调整生产需要时间等原因,导

① R.K.Kaufmann, A.Bradford, L.H.Belanger, J.P.Mclaughlin, and Y.Miki, "Determinants of OPEC production: Implications for OPEC behavior", in *Energy Economics*, 30, 2008, pp.333-351.

致外生冲击发生后，短期价格并不能及时调整；或者向长期均衡价格的调整不能瞬间完成，造成价格调整有一定的时滞。Verleger(1982)[①]在分析供给冲击造成的石油危机时，就指出在产量恢复以后，供给冲击对价格造成的影响仍然会在很长时间内继续存在。这是关于原油价格调整时滞最早的研究之一。Verleger 分析了减产幅度为 100 万桶/天、持续时间为 6 个月的攻击冲击对原油市场均衡条件的影响。他利用月度数据对各国原油储备、现货价格、官价、市场价以及预期的产量和需求进行了研究，结果发现原油市场的自发行为会放大供给冲击造成的影响，使市场条件恶化，即使在供给恢复以后，市场价格仍然会在很长一段时间里高于潜在的均衡水平。客观原因造成的短期均衡与长期均衡的偏离，主要表现在原油需求的短期价格弹性和长期价格弹性的区别。Kaufmann(2004)[②]的实证检验结果显示，原油需求的长期价格弹性大于短期弹性。在发生冲击后，市场通过调整需求平抑价格波动的能力随着时间的推移逐渐显现，因而在短期价格波动大，随着时间的推移逐渐向长期均衡逼近。按照 Kaufmann 的分析，短期弹性会在一年的时间内逐渐增大，直至与长期弹性相等，而价格也随之变化。

（二）美元汇率对国际原油价格的影响

目前绝大多数的原油进出口贸易使用美元结算，尤其是 OPEC 的出口全部以美元标价。因此，美元汇率的变化对原油的名义价格有重要的影响。近年来国际原油价格的大幅上涨与美元的大幅贬值有一定的关系。

除此之外，OPEC 国家的进口大部分也使用美元计价，由于 OPEC 国家需要从发达国家进口大量设备来开采原油，因此美元汇率的变化会在很大程度上影响 OPEC 国家的贸易条件，改变原油的生产成本。可见，美元汇率不仅会影响原油的名义价格，还会改变原油出口国的贸易条件，从而影响供给，改变长期价格。

Yousefi 和 Wirjanto(2003)[③]用非完全竞争条件下的两国贸易模型分析了

① P.K.Verleger Jr,"Oil Markets in Turmoil: An Economic Analysis", in *OPEC Behavior and World Oil Prices*, 1982.

② R.K. Kaufmannn, S. Dees, P. Karadeloglou and M. Sanchez, "Does OPEC Matter? An Econometric Analysis of Oil Prices", in *The Energy Journal*, Vol.25, No.4, 2004, pp.67-90.

③ A.Yousefi, and T.S.Wirjanto, "Exchange Rate of the US Dollar and the J Courve: The Case of Oil Exporting Countries", in *Energy Economics*, 25, 2003, pp.741-765.

美元汇率变化对原油出口国原油出口价格的长期和短期影响。估计结果表明如果美元贬值10%，会导致从原油出口国出口的原油价格短期上涨2.1%—4.5%、长期则会上涨1.2%—7.7%，从而在很大程度上影响国际原油价格。同时，原油出口国相关设备的进口价格则会上涨1.9%—8.5%，相应增加原油生产成本。

第二节　国际原油价格波动模拟与结构分解

前文分析了国际石油市场不确定性的种种因素，其集中表现为原油价格的剧烈波动。本世纪以来原油价格的剧烈波动是多因素综合作用的结果。综合现有研究，可以将引发石油市场不确定性的因素分为影响供给需求条件的基本面因素和金融投机因素两大类（Wirl，2009[①]；Krichene，2002[②]）。然而前期大量研究对油价之谜的解释存在诸多不确定性，特别是对于供给、需求与金融市场因素的相对重要性的定量分解还相当欠缺。事实上，油价的波动动力无外乎来自于供给面、需求面以及金融市场投机因素三方面。供给因素主要来自于原油生产国生产行为、定价策略等的综合影响；需求因素则涉及经济体的各个部门，既有中间品生产部门的引致需求，也有终端消费部门的最终需求；而金融市场投机因素则直接组用于价格本身。引致需求因素主要取决于中间品生产部门的产出变化、调整成本以及与上下游部门之间的成本传导能力；最终需求因素主要取决于消费主体需求的短期、长期收入弹性和价格弹性。而金融市场因素不仅反映了原油生产、加工企业直接的套期保值需求，也混合了其他金融机构纯粹的投机需求，这种需求实际上是为了降低未来原油供应的风险而衍生出来的一种间接需求（Kilian，2009）[③]，往往表现为市场对价格波动趋势本身所作出的直接反应。

本节拟将推动油价波动的各类因素予以解构——将油价序列分解为由供给

① F.Wirl，"Why Do Oil Prices Jump（or Fall）"，in *Energy Policy*，36，2008，pp.1029-1043.

② N.Krichene，"World Crude Oil and Natural Gas：A Demand and Supply Model"，in *Energy Economics*，24，2002，pp.557-576.

③ L.Kilian，"Association Not All Oil Price Shocks Are Alike：Disentangling Demand and Supply Shocks in the Crude Oil Market"，in *The American Economic Review*，Vol.99，No.3，2009，pp.1053-1069.

因素、需求因素以及预警性需求因素所决定的三个子序列，分别观察这三个序列的变化特征，从而明确本世纪油价异常波动背后的动因。具体而言，本节将通过构建向量误差修正模型（Vector Error-Correction，VEC），借助脉冲响应函数分析供给、需求以及金融市场冲击对油价的影响过程。在此基础上，利用 VEC 系统的 ARMA 结构特征，对其历史波动进行结构分解，即将油价序列分别分解为由供给因素、需求因素和预警性需求因素所引起的波动。本节的研究受到了 Kilian（2010）的启发，但是也对其研究进行了重要修正：Kilian 基于 1975 年至 2005 年油价数据所建立的 VAR 系统存在严重的平稳性问题，这使得脉冲响应函数在很大程度上失效。由于油价以及石油供给、需求等变量都具有明显的非平稳性，因此本节采用包含协整关系的 VEC 模型，有效地解决了变量非平稳的问题，使模型拟合与分解的优度得到了显著的提升。

一、数据选择与处理

本节使用 WTI 现货价格（1982 年不变美元标价）表征油价序列；用世界原油日产量（PRO）表征原油供给；用波罗的海干散货运综合指数（BDI①）表征宏观经济运行情况即石油需求。分析的样本周期为 1985 年 1 月到 2011 年 6 月，其中，油价（名义）、全球原油日产量数据来源于美国能源部能源情报署（EIA）网站，名义 BDI 数据来源于波罗的海航运交易所网站，美国 CPI 数据（用以折算实际油价和实际 BDI）来源于美国劳动信息署。我们用美元 CPI 指数对名义油价和 BDI 进行平减，折算成 1982 年不变美元标价（实际价格）；同时对实际油价、BDI 和原油产量进行了对数处理。

ADF 检验结果表明（参见表 3.1）所有变量都是具有一阶单整特征的非平稳

① BDI 是由伦敦波罗的海交易所每日发布的干散货航运价格指数，该指标与世界经济运行情况高度相关。当世界经济向好、总需求上升时，对于煤炭、矿产等原材料或谷物的需求会率先上升，由于全球干散货船运能是一个相对慢变量，因此干散货运需求的上升会引致船运价格的上升；反之亦然。由此，BDI 与世界经济周期呈现正向关系，可以用来表征总需求情况。值得一提的是，之所以使用 BDI 而不是诸如全球 GDP 等指标来表征总需求情况，主要有两个原因：第一，BDI 是每日发布的数据，在频度上要明显优于季度发布的 GDP 数据；第二，从数据质量上讲，BDI 更为可靠，并且能更好地体现工业商品的需求情况，这与本书所研究的原油关系更为密切。当然，正如 Kilian（2010）指出的，BDI 也存在一些缺陷，如货船的建造和报废周期可能削弱 BDI 与世界经济周期的相关关系。但总体而言，我们认为 BDI 在这里是一个优于全球 GDP 的指标。

序列,因此简单地用 VAR 系统对这些变量之间的交互关系进行分析可能会出现系统非平稳的现象,对脉冲响应函数估计的准确性造成严重的影响。

表 3.1　变量平稳性的 ADF 检验结果

	ln*WTI*	ln*BDI*	ln*PRO*
Level			
$D(y_t) = \rho y_{t-1} + \sum_{i=1}^{p} D(y_{t-p}) + \varepsilon_t$	-0. 1031 (0. 6475)	-0. 2750 (0. 5864)	2. 8747 (0. 9991)
$D(y_t) = \alpha + \rho y_{t-1} + \sum_{i=1}^{p} D(y_{t-p}) + \varepsilon_t$	-2. 0476 (0. 2665)	-3. 2725 (0. 0170)	-2. 1133 (0. 2397)
First order			
$D(y_t) = \rho y_{t-1} + \sum_{i=1}^{p} D(y_{t-p}) + \varepsilon_t$	-8. 5433 (0. 0000)	-6. 0270 (0. 0000)	-11. 929 (0. 0000)
$D(y_t) = \alpha + \rho y_{t-1} + \sum_{i=1}^{p} D(y_{t-p}) + \varepsilon_t$	-8. 5352 (0. 0000)	-6. 0175 (0. 0000)	-9. 3490 (0. 0000)

注:ADF 检验的 p 值采用 MacKinnon(1996)提出的单侧 p 值水平。

Johansen 系统协整检验(Johansen System Cointegration Test)的结果则表明在本节分析的三个变量中,具有一个协整关系(如表 3.2 所示)。因此,可以用包含协整关系的 VEC 模型从而解决变量非平稳性给系统带来的风险。

表 3.2　多变量协整关系的 Johansen 检验结果

Unrestricted Cointegration Rank Test (Trace)				
H0 No. of CEs	Eigenvalue	Statistic	Critical value	Prob
None *	0. 0617	27. 633	24. 276	0. 0182
At most 1	0. 0177	7. 5039	12. 3209	0. 2778
At most 2	0. 0058	1. 8532	4. 1299	0. 2041
Unrestricted Cointegration Rank Test (Maximum Eigenvalue)				
H0 No. of CEs	Eigenvalue	Statistic	Critical value	Prob
None *	0. 0617	20. 129	17. 797	0. 0219
At most 1	0. 0177	5. 6506	11. 225	0. 3911
At most 2	0. 0058	1. 8532	4. 1299	0. 2041

注:协整关系的形式设定没有趋势项、没有截距项;p 值水平按照 MacKinnon-Haug-Michelis(1999)确定。

二、VEC 系统建模与估计

由于变量之间具有协整关系,因此我们可以用一个 VEC 模型来模拟变量之间的交互影响关系,数学表达式如下:

$$\Delta \boldsymbol{Z}_t = \boldsymbol{\Pi} \boldsymbol{Z}_{t-1} + \sum_{i=1}^{p} \Phi_i \Delta \boldsymbol{Z}_{t-i} + \varepsilon_t \tag{3.2}$$

式中 $\boldsymbol{\Pi}$ 为一个 3×3 矩阵,表示变量之间的协整关系系数;$\boldsymbol{Z}_t$ 和 $\Delta \boldsymbol{Z}_t$ 分别为内生变量和其差分项矩阵;因而 $\boldsymbol{\Pi Z}_{t-1}$ 即为 VEC 模型中的误差修正项;ε_t 为残差项。p 表示 VEC 系统中差分方程的滞后阶数。根据 AIC 标准选择滞后项阶数,结果如表 3. 3 所示。

表 3. 3 VEC 系统差分方程滞后项选择结果(AIC 标准)

Lag	AIC	Lag	AIC
1	−9. 1217	6	−9. 0685
2	−9. 1239	7	−9. 0429
3	−9. 1019	8	−9. 0565
4	−9. 0779	9	−9. 0873
5	−9. 0617	10	−9. 0502

根据 AIC 选择标准,我们设定 $p=2$,即构建二阶 VEC 系统,并用最大似然估计对系数矩阵 $\boldsymbol{\Phi}$ 和协整系数矩阵 $\boldsymbol{\Pi}$ 进行估计,结果如表 3. 4 所示。

表 3. 4 VEC 系统参数估计结果

Cointegrating Equation			
	ln*WTI*(−1)	ln*BDI*(−1)	ln*PRO*(−1)
CointEq1	1 (.)	−3. 8568 (−4. 4506)	2. 1353 −3. 9124
VECM estimation output			
	D(ln*WTI*)	D(ln*BDI*)	D(ln*PRO*)
CoinEq1	−0. 0023 (−0. 7715)	0. 0196 −3. 6499	−0. 0003 (−0. 6412)

续表

D(ln*WTI*(−1))	0.2504 −4.3523	0.1701 −1.6067	−0.0142 (−1.7353)
D(ln*BDI*(−1))	0.0727 −2.3526	0.2863 −5.0311	−0.0008 (−0.1776)
D(ln*PRO*(−1))	−0.0303 (−0.0769)	1.7528 −2.418	−0.0236 (−0.4226)
D(ln*WTI*(−2))	−0.0542 (−0.9457)	0.0175 −0.1657	0.0265 −3.2624
D(ln*BDI*(−2))	0.0356 −1.1236	−0.0621 (−1.0647)	0.0022 −0.4991
D(ln*PRO*(−2))	−0.7381 (−1.8714)	0.2729 −0.376	−0.0623 (−1.1126)

三、油价形成机制的动态分析

根据上文估计得到的系数，可以基于VEC系统构建脉冲响应函数，具体如图3.3—图3.5所示。图3.3列示了油价序列的脉冲响应函数，从中可以看出当供给增加后(LPRO)，油价下跌；需求增加后(LBDI)，油价上涨；当金融市场因

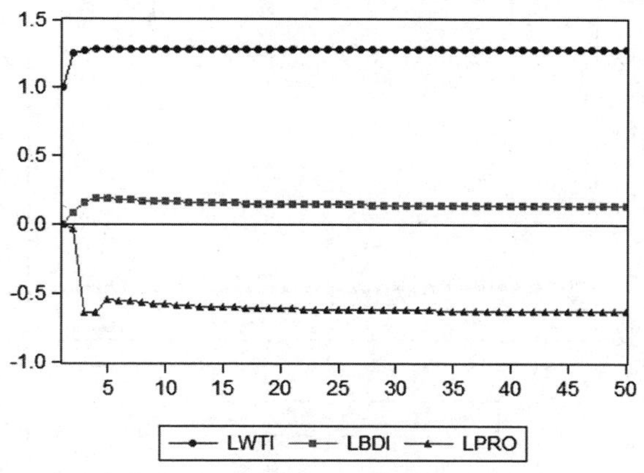

图3.3　WTI油价的脉冲响应函数示意图

素导致价格本身出现正向冲击时(LWTI),价格会大幅上涨并维持在较高的水平。

图 3.4 列示了原油供给受到外生冲击后的变化路径。从中可以看到,当油价上涨后,会刺激生产提高,但是幅度非常有限;当全球经济向好时,同样会使产出增加,但同样幅度非常有限。原因在于产量调整具有相当的黏性和时滞。

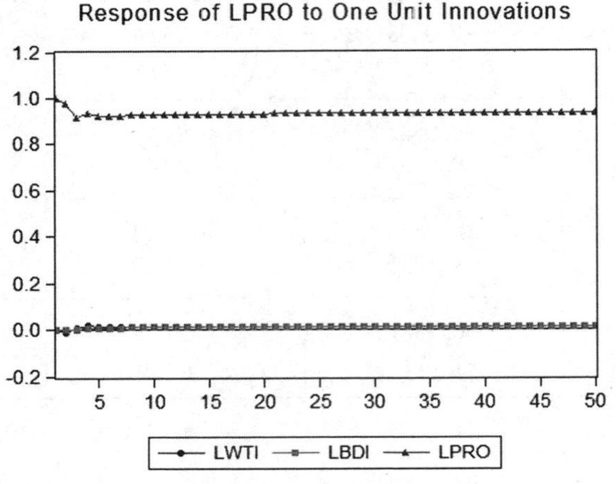

图 3.4 原油供给的脉冲响应函数示意图

图 3.5 列示了世界经济运行情况,即反映总需求对其他变量的影响。从中可以看到当石油产量提高时,会对全球经济有一个较强的刺激作用,从而导致全球产出增加,石油需求提高。

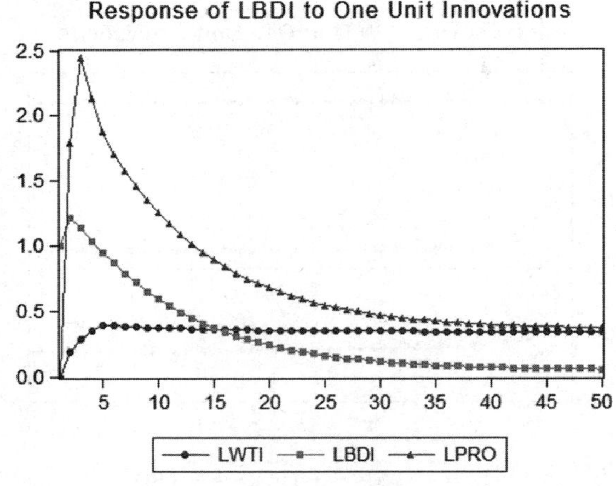

图 3.5 原油需求/经济总产出的脉冲响应函数示意图

四、油价波动的历史分解

为了更进一步对油价波动的特征及其影响因素进行分析，本节的一个重要的目标便是对国际原油价格的历史波动进行分解。将上文构建的 VEC 模型改写成为滞后算子的形式，即：

$$(I_n - \boldsymbol{\Phi}_1 L - \boldsymbol{\Phi}_2 L^2)\ \Delta Z_t = \boldsymbol{\Pi Z}_{t-1} + \varepsilon_t => \boldsymbol{\Phi}(L)\ \Delta \boldsymbol{Z}_t = \boldsymbol{\Pi Z}_{t-1} + \varepsilon_t \quad (3.3)$$

进一步变形，可得到：

$$\Delta Z_t = \boldsymbol{\Psi}(L)\ \boldsymbol{\Pi} Z_{t-1} + \boldsymbol{\Psi}(L)\ \varepsilon_t \quad (3.4)$$

式中：

$$\boldsymbol{\Psi}(L) = I_n + \boldsymbol{\Psi}_1 L + \boldsymbol{\Psi}_2 L^2 + \boldsymbol{\Psi}_3 L^3 + \cdots \quad (3.5)$$

联立式(3.3)和式(3.5)可得：

$$\boldsymbol{\Psi}(L) = [\boldsymbol{\Phi}(L)]^{-1}, \text{即}\ (I_n + \boldsymbol{\Psi}_1 L + \boldsymbol{\Psi}_2 L^2 + \boldsymbol{\Psi}_3 L^3 + \cdots)(I_n - \boldsymbol{\Phi}_1 L - \boldsymbol{\Phi}_2 L^2) = I_n \quad (3.6)$$

根据待定系数法(Method of Undetermined Coefficients)，可得：

$$\boldsymbol{\Psi}_1 - \boldsymbol{\Phi}_1 = 0\ ;\ \boldsymbol{\Psi}_2 = \boldsymbol{\Psi}_1 \boldsymbol{\Phi}_1 + \boldsymbol{\Phi}_2\ ;\ \boldsymbol{\Psi}_s = \boldsymbol{\Psi}_{s-1} \boldsymbol{\Phi}_1 + \boldsymbol{\Psi}_{s-2} \boldsymbol{\Phi}_2, s \geqslant 3 \quad (3.7)$$

根据上述方法求得移动平均系数矩阵后，原来的 VEC 模型(式 3.3)就可以展开为如下形式：

$$\begin{pmatrix} \Delta \ln WTI_t \\ \Delta \ln BDI_t \\ \Delta \ln PRO_t \end{pmatrix} = \begin{pmatrix} \varepsilon_{1t} \\ \varepsilon_{2t} \\ \varepsilon_{3t} \end{pmatrix} + \begin{pmatrix} \boldsymbol{\Psi}_{11}^1 & \boldsymbol{\Psi}_{12}^1 & \boldsymbol{\Psi}_{13}^1 \\ \boldsymbol{\Psi}_{21}^1 & \boldsymbol{\Psi}_{22}^1 & \boldsymbol{\Psi}_{23}^1 \\ \boldsymbol{\Psi}_{31}^1 & \boldsymbol{\Psi}_{32}^1 & \boldsymbol{\Psi}_{33}^1 \end{pmatrix} \begin{pmatrix} \varepsilon_{1t-1} \\ \varepsilon_{2t-1} \\ \varepsilon_{3t-1} \end{pmatrix} + \begin{pmatrix} \boldsymbol{\Psi}_{11}^2 & \boldsymbol{\Psi}_{12}^2 & \boldsymbol{\Psi}_{13}^2 \\ \boldsymbol{\Psi}_{21}^2 & \boldsymbol{\Psi}_{22}^2 & \boldsymbol{\Psi}_{23}^2 \\ \boldsymbol{\Psi}_{31}^2 & \boldsymbol{\Psi}_{32}^2 & \boldsymbol{\Psi}_{33}^2 \end{pmatrix} \begin{pmatrix} \varepsilon_{1t-2} \\ \varepsilon_{2t-2} \\ \varepsilon_{3t-2} \end{pmatrix} + \cdots +$$

$$\begin{pmatrix} Coineq_{1t} \\ Coineq_{2t} \\ Coineq_{3t} \end{pmatrix} + \begin{pmatrix} \boldsymbol{\Psi}_{11}^1 & \boldsymbol{\Psi}_{12}^1 & \boldsymbol{\Psi}_{13}^1 \\ \boldsymbol{\Psi}_{21}^1 & \boldsymbol{\Psi}_{22}^1 & \boldsymbol{\Psi}_{23}^1 \\ \boldsymbol{\Psi}_{31}^1 & \boldsymbol{\Psi}_{32}^1 & \boldsymbol{\Psi}_{33}^1 \end{pmatrix} \begin{pmatrix} Coineq_{1t-1} \\ Coineq_{2t-1} \\ Coineq_{3t-1} \end{pmatrix} +$$

$$\begin{pmatrix} \boldsymbol{\Psi}_{11}^2 & \boldsymbol{\Psi}_{12}^2 & \boldsymbol{\Psi}_{13}^2 \\ \boldsymbol{\Psi}_{21}^2 & \boldsymbol{\Psi}_{22}^2 & \boldsymbol{\Psi}_{23}^2 \\ \boldsymbol{\Psi}_{31}^2 & \boldsymbol{\Psi}_{32}^2 & \boldsymbol{\Psi}_{33}^2 \end{pmatrix} \begin{pmatrix} Coineq_{1t-2} \\ Coineq_{2t-2} \\ Coineq_{3t-2} \end{pmatrix} + \cdots \quad (3.8)$$

将油价波动的部分从上述系统中单列出来，可以得到：

$$\Delta \ln WTI_t = \varepsilon_{1t} + \sum_{i=1}^{\infty} \boldsymbol{\Psi}_{11}^{i} \varepsilon_{1t-1} + \sum_{i=1}^{\infty} \boldsymbol{\Psi}_{12}^{i} \varepsilon_{2t-1} + \sum_{i=1}^{\infty} \boldsymbol{\Psi}_{13}^{i} \varepsilon_{3t-1} + Coineq_{1t} + \sum_{i=1}^{\infty} \boldsymbol{\Psi}_{11}^{i} Coineq_{1t-i} + \sum_{i=1}^{\infty} \boldsymbol{\Psi}_{12}^{i} Coineq_{2t-i} + \sum_{i=1}^{\infty} \boldsymbol{\Psi}_{13}^{i} Coineq_{3t-i} \quad (3.9)$$

从式(3.9)中，我们可以清楚地看到油价波动事实上是由价格冲击($\sum_{i=1}^{\infty} \boldsymbol{\Psi}_{11}^{i} \varepsilon_{1t-i}$)、需求冲击($\sum_{i=1}^{\infty} \boldsymbol{\Psi}_{12}^{i} \varepsilon_{2t-i}$)、供给冲击($\sum_{i=1}^{\infty} \boldsymbol{\Psi}_{13}^{i} \varepsilon_{3t-i}$)，以及协整项构成。如果用 VEC 模型各个方程估计得到的残差序列 $\hat{\varepsilon}_t$ 作为冲击序列，我们就可以将油价的历史波动进行分解：

$$\Delta \ln WTI_t = \hat{\varepsilon}_{1t} + \sum_{i=1}^{\infty} \boldsymbol{\Psi}_{11}^{i} \hat{\varepsilon}_{1t-1} + \sum_{i=1}^{\infty} \boldsymbol{\Psi}_{12}^{i} \hat{\varepsilon}_{2t-1} + \sum_{i=1}^{\infty} \boldsymbol{\Psi}_{13}^{i} \hat{\varepsilon}_{3t-1} + Coineq_{1t} + \sum_{i=1}^{\infty} \boldsymbol{\Psi}_{11}^{i} Coineq_{1t-i} + \sum_{i=1}^{\infty} \boldsymbol{\Psi}_{12}^{i} Coineq_{2t-i} + \sum_{i=1}^{\infty} \boldsymbol{\Psi}_{13}^{i} Coineq_{3t-i} \quad (3.10)$$

图 3.6 列示了油价波动(差分项)的分解情况。

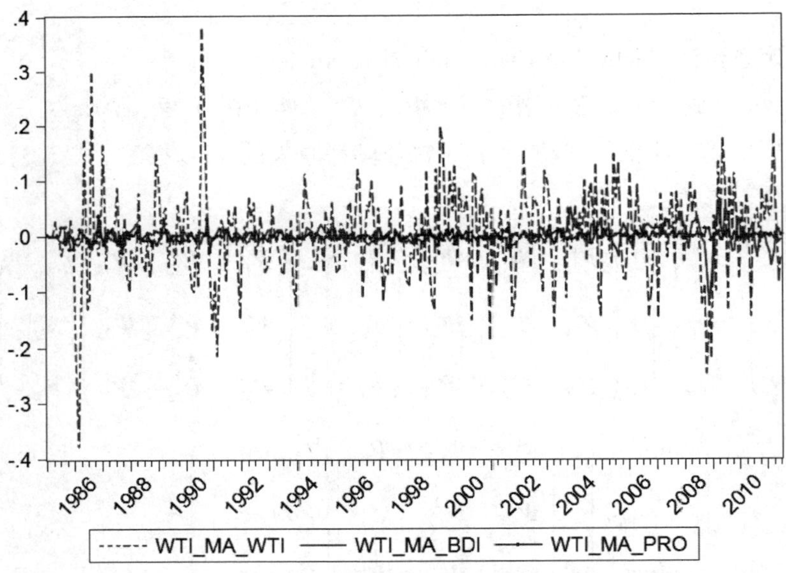

图 3.6 原油价格波动分解结果

将差分序列还原至原始油价的结果如图 3.7 所示。还原到原始油价序列后，分解序列依然保持了对原始油价很高的拟合优度。

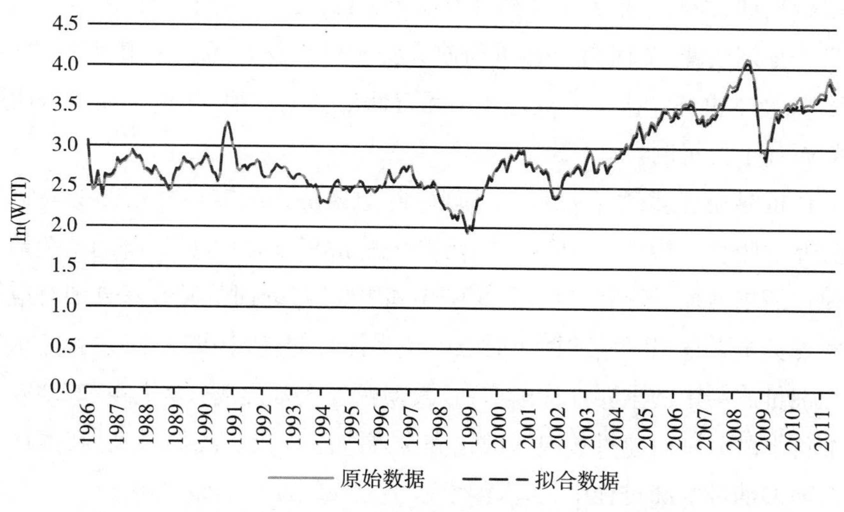

图 3.7 原油价格波动分解序列还原结果与原始油价序列的对比

本章小结

借助上文对油价波动的分解,可以定量地对供给、需求以及金融市场等各方面因素的影响进行分析和比较。通过对比分解后的各子序列与供给方的供给行为变化特征、全球宏观经济运行情况,以及金融市场发展历程,有助于我们更加细致、系统地理解油价波动,掌握其波动特征与影响因素,为后文系统性建模的油价情景设置提供依据。

供给因素对于油价波动的影响非常有限。除了在 20 世纪 80 年代中期由于 OPEC 内部出现纷争,导致国际石油供给出现较大幅度的波动,带动国际油价随之起伏之外,在整个分析的时间维度内,国际原油供给量始终在逐渐增长,从而压低油价,形成缓慢向下的趋势。

其中有一点值得注意的是,在 1991 年海湾战争爆发后,国际能源署(IEA)启动了紧急计划,每天将 250 万桶的储备原油投放市场,同时以沙特阿拉伯为首的 OPEC 也迅速增加产量,因而国际原油市场供给很快便得到了稳定。受此影响,供给因素导致油价出现了轻微的上涨。但与此同时,我们也可以看到金融市场因素推动油价有较大幅度的上涨,表明金融市场预期战争将会带来石油断供,导致涨价预期，因而产生大量的预警性需求，推高油价。这种由供需因素的小幅波动带来预期改变，从而由金融市场放大油价整体波动幅度的特征在20世纪90年代以及本世纪一次又一次地在国际石油市场上重演，在很大程度上改变了原有的石油定价机制。

对比世界经济运行情况，我们发现国际原油价格的需求冲击效应与世界经济走势非常吻合。1986—1989年以及1993—1997年间世界经济的两个繁荣期带来原油需求增加，推高油价，而1991年和1997年的回落又恰好分别对应海湾战争和亚洲金融危机开始的两个时点。值得注意的是在1999年之后，需求冲击效应在油价波动中的重要性逐渐增加，波动幅度大幅提高：2001年和2008年的两次油价下跌分别对应科技泡沫破灭和全球金融危机。我们看到，在本次金融危机之前的油价上涨过程中，需求因素起了重要的推波助澜作用。

前期大量研究往往都聚焦于分析供给和需求因素，而较少对金融市场的影响予以量化研究，更少有人将这些因素进行系统性的分析和比较。本书中，我们分解出了金融市场因素对油价的影响，而这也成了讨论中最为有趣的部分之一。

观察油价的预警性需求冲击效应，我们发现1999年之后金融市场因素成为推动油价大幅、高频波动的主要原因。不仅如此，这一波动在1999年之后还出现了显著的周期性特征，大约一年半到两年左右一个周期。这一特征主要和21世纪以来金融市场的迅速发展有关。尽管发展金融衍生品的初衷是为了对冲风险、降低价格波动，但本书的研究结果却表明这一目标没能实现。投机者在金融市场上构成了重要的一个参与群体，加剧了1999年之后的石油价格波动，这进一步强化了市场对于油价剧烈波动的预期，从而“培育”出新一批投机者。

此外，由金融市场因素对油价的影响往往与需求冲击效应具有很强的正相关性，尤其在1997年之前两者的契合度很高，尽管前者的振幅更大。在科技泡沫破灭和本次金融危机爆发前的两轮经济繁荣之中，金融因素对油价都有显著的推动作用；而在危机爆发之后，市场情绪一落千丈，从而拖累油价迅速下跌。两者的正相关可以由流动性因素和预期因素来解释。从流动性角度分析，经济繁荣时期往往伴随流动性充裕，这种流动性又会推高资产价格；反过来，在经济低谷时期，流动性紧张，导致借贷成本上升，投资下降，资产价格随之下降。从预期角度看，由于“追涨杀跌”是任何一个以投机套利为目的的市场参与者普遍采取的行为模式，因此在原油金融属性日渐明显、金融市场因素对油价形成机制的影响不断强化的今天，我们看到金融因素推动油价与经济周期同涨同落也就不足为奇了。

但是仔细分析 2005 年的油价走势与分解序列，我们可以看到尽管需求因素在压低油价，但是金融市场因素却在推高油价，两者出现了分歧。根据之前的分析，2005 年出现的需求萎缩主要归咎于自然灾害而非经济衰退，因此在 2005 年不存在明显的流动性和预期因素。然而由于飓风的原因，导致供给的不确定性提高，从而推高市场投资者对未来油价的预期。这合理地解释了 2005 年两者的分歧。

最后，在国际金融危机爆发之后的 2009 年，国际原油价格在短期探底之后又快速上涨至 80 美元/桶的高价，在这个阶段我们发现金融因素对油价的影响与实体经济需求脱钩，油价上涨主要是由于金融市场投机因素所致。事实上这一现象在先前的经济萧条之后也曾出现过，比如 2001 年互联网泡沫破灭之后，金融市场在 2001 年年底就逐渐复苏，推动油价逐渐上涨，而此时实体经济需求依然在压低油价直至 2003 年年初才开始逐渐反转。对两个分解序列进行比较分析，我们发现在经济萧条之后的低迷期中，金融市场往往比实体经济提前复苏，导致石油价格脱离基本面供需因素的支持出现非理性上涨，而这对于经济复苏可能会带来极大的不利影响。

第四章　中国动态 CGE 模型介绍与说明

本书构建了一个开放经济条件下的中国单区域动态一般均衡(Computable General Equilibrium,CGE)模型,用以模拟国际石油市场冲击对我国宏观经济造成的影响。模型分别对生产部门的生产行为、居民部门的要素供给和消费行为、国内投资者与国外投资者的投资行为,以及政府的市场干预行为进行了模拟,通过求解开放经济条件下国际、国内要素市场和商品市场的动态出清过程,将各类经济主体的行为交互关联,从而实现对经济系统的动态模拟。模型以 2007 年《中国投入产出表》为基准设定资本和劳动等初始资源禀赋规模、各生产部门的生产技术,以及其他部门的需求结构,以此为基础,模拟了 2007—2035 年间国际石油市场冲击作用下,我国的经济增长以及产业结构调整路径。模型时间维度以一年为一期,其中 2007—2012 年为校准期,通过比对模拟结果与实际经济变量,调整模型参数;最后 5 期的模拟结果用于缓冲动态模型关于末期的一些假定造成的影响。

模型生产部门的行业分类同样以《中国投入产出表》区分的 42 行业为基础,并对重点能源生产部门进行了拆分,最终涵盖 44 个行业,每个行业生产特定的一种商品,用于本地消费、出口、中间品投入,以及实物投资;永续存在的居民部门通过提供劳动力以及资本等基本要素获得收入,用于消费和储蓄,优化跨期效用;政府部门根据政策目标,向生产者和消费者征收税收、提供补贴,或提供特殊的许可证,获得的收入扣减政府消费后,向居民部门转移支付。国外投资者以 FDI 的形式提供资产,投资收益结转外汇汇出国外。

本书模型重点刻画了资本积累的动态机制,及其受国际石油市场冲击的影响。一方面通过引入各行业异质化资本的设定,模拟产业结构调整的黏性机制

(Putty-Clay Mechanism);另一方面,通过分析不同经济主体差异化的预期模式,刻画了在国际石油市场冲击不确定性条件下,资本形成过程,即产业结构逐渐调整的动态过程。而这也是国际油价冲击影响我国长期宏观经济的重要传导机制。

此外,能源市场的结构、特征以及价格形成过程与普通商品都有着很大的不同——一方面,传统化石能源存在资源总量约束,这使得其他商品的边际成本定价机制不适用于能源产品的定价,而是需要在总量约束条件下,考虑跨期优化的要求;另一方面,在现实经济中,能源市场供需往往带有非完全竞争属性,存在资源垄断、自然垄断或者政策性垄断等。尤其在我国现有能源体系下,市场化改革尚未完成,价格管制、数量限制以及市场垄断并存,导致市场价格无法有效地反映市场的实际供需。随着我国市场经济体制的不断发展和完善,能源体系的市场化改革近年来也在积极地推进,市场结构和约束都面临巨大的变革——这些因素都对模型分析提出了巨大的挑战。本书模型从能源市场的微观结构,以及我国现有能源政策的实际情况出发,对能源市场的运行规律进行了细致的模拟和设定,引入了原油、传统天然气的资源总量限制;成品油的价格约束、市场垄断;以及进口限制等因素,力求真实有效地刻画我国能源市场的运行机制,为模型模拟和分析提供坚实的基础。

本章后面几节将分别从生产、终端需求、开放经济、资本积累、劳动供给、技术进步以及能源市场和其他政策约束等角度,对构建的动态 CGE 模型进行全面的介绍和说明。

第一节　生产、需求与贸易

一、生产模块

本书构建的基本模型包含了 42 部门的《中国投入产出表》中的全部行业,同时将表中“石油和天然气开采业”拆分为“石油开采业(编码 03)”和“天然气开采业(编码 S03)”;将表中的“石油加工炼焦及核燃料加工业”拆分为“石油加工业(编码 11)”和“炼焦及核燃料加工业(编码 S11)”。[①] 因此模型共涵盖了 44 个生产行业,具体如表 4.1 所示。

① 具体拆分的方法见第九节《模型数据及参数校准》。

表 4.1　模型包含的生产行业列表

编号	行　　业	行业属性	编号	行　　业	行业属性
01	农林牧渔业		21	工艺品及其他制造业	
02	煤炭开采和洗选业	一次能源供应	22	废品废料	
03	石油开采业	一次能源供应	23	电力、热力的生产和供应业	能源转化 高耗能行业
S03	天然气开采业	一次能源供应			
04	金属矿采选业	高耗能行业	24	燃气生产和供应业	能源转化
05	非金属及其他矿采选业		25	水的生产和供应业	
06	食品制造及烟草加工业		26	建筑业	
07	纺织业		27	交通运输及仓储业	高耗能行业
08	纺织服装鞋帽皮革羽绒及其制品业		28	邮政业	
09	木材加工及家具制造业		29	信息传输、计算机服务和软件业	
10	造纸印刷及文教体育用品制造业		30	批发和零售业	
			31	住宿和餐饮业	
11	石油加工业	能源转化 高耗能行业	32	金融业	
			33	房地产业	
S11	炼焦及核燃料加工业	能源转化	34	租赁和商务服务业	
12	化学工业	高耗能行业	35	研究与试验发展业	
13	非金属矿物制品业	高耗能行业	36	综合技术服务业	
14	金属冶炼及压延加工业	高耗能行业	37	水利、环境和公共设施管理业	
15	金属制品业				
16	通用、专用设备制造业		38	居民服务和其他服务业	
17	交通运输设备制造业		39	教育	
18	电气机械及器材制造业		40	卫生、社会保障和社会福利业	
19	通信设备、计算机及其他电子设备制造业		41	文化、体育和娱乐业	
20	仪器仪表及文化办公用机械制造业		42	公共管理和社会组织	

（一）生产函数与成本函数

生产是指一切经济主体在特定的生产技术条件下，将按照一定方式组合的生产要素、投入品转化成为能够提供功用或效用的产品。生产过程是社会财富再创造的核心，因而也是经济增长的根本动力所在。因此不难理解对生产技术、生产行为的系统性描述，即生产理论会成为现代经济学理论研究的重要基石。从经济逻辑的角度出发，可以将生产技术理解为描述在一定投入要素组合下所有可能的产出的对应关系。用 n 维实数空间 R^n 上的向量 $y=(y_1,\cdots,y_n)$ 表示某种产出组合，用 $Y\in R^n$ 表示在给定投入集 $x=(x_1,\cdots,x_n)\in R^n$ 下所有可能的产出点的集合，那么生产函数所描述的，就是集合 Y 上最优生产边界与相应投入集之间的映射关系：

$$f(x) = \max\{y : x \in R^n\} \tag{4.1}$$

由此可见，生产函数描述的是在特定生产技术条件下，最经济有效的生产方案对应的投入与产出关系。在给定生产技术即投入产出关系下，生产部门依据投入、产出品价格调整生产，从而获得最大化的利润。为了量化研究经济生产过程，经济学的先驱们构造了许多特征各异的生产函数形式，对应于不同的研究目标。在此之中，Arrow 等（1961）①提出的常替代弹性生产函数（Constant Elasticity of Substitution Production Frontier，CES）因其数学上的简洁性，以及经济意义上的灵活性，得到了广泛的应用。通过调整 CES 生产函数的替代弹性，便可以得到柯布—道格拉斯生产函数、里昂惕夫生产函数等常用的生产函数形式。

Sato（1967）②在传统的 CES 生产函数基础上，利用其可分性特征构造了具有嵌套层级的 Nested CES 生产函数。Nested CES 生产函数中，属于不同分组的投入要素可以先在组内进行组合，形成投入要素集束（Bundle），再在组间进行组合，由此形成了多层嵌套的结构，从而得以在不同的投入要素之间设定不同的替代弹性，极大地提高了模型生产函数设定的灵活性，尤其适用于多部门、多种投入要素的宏观经济模型，在国内外 CGE 建模研究领域被广泛应用（翟凡、李善

① K.J.Arrow，H.B.Chenery，B.S.Minhas and R.M.Solow，"Capital-Labor Substitution and Economic Efficiency"，in *The Review of Economics and Statistics*，Vol.43，No.3，1961，pp.225-250.

② K.Sato，"A Two-Level Constant-Elasticity-of-Substitution Production Function"，in *The Review of Economic Studies*，Vol.34，No.2，Apr.，1967.

同,1997[①];郑玉歆、樊明太,1999[②])。

本书模型即采用 Nested CES 生产函数模拟各行业的生产技术,设定每个生产部门使用资本、劳动,以及其他部门的产品作为中间投入,生产单一商品。对于一个四要素(资本、劳动、能源、物料)的生产函数,Nested CES 生产函数的嵌套结构可以有很多种——怎样的嵌套结构最符合经济生产的实际,需要通过系统的实证检验进行比较和选择。Kemfert(1998)[③]、van der Werf(2008)[④]等学者针对欧美发达经济体开展的实证研究表明,KLEM 嵌套结构对于各行业的投入产出的拟合效果较好,并对部分行业的具体替代弹性参数进行了估计,其中 Okagawa 和 Ban(2008)[⑤]的研究成果为国内外 CGE 建模研究者广泛地引用;国内学者如黄英娜等(2003)[⑥]的实证研究同样发现,KLEM 或者 KELM 嵌套结构对我国经济生产的拟合度更高。综合国内外研究成果,本书模型设定各行业生产函数遵循 KLEM 的三层嵌套结构,即资本投入(dk)和劳动投入(dl)两要素构成底层嵌套(式(4.2)),形成增加值(VA)集束(Bundle),再与能源集束(EG)构成中层嵌套(式(4.3)),形成初级要素集束(EVA),最后再与其他中间投入品集束(M)形成顶层嵌套(式(4.4)),形成各行业的最终产出(QY)。其中能源集束由不同能源品投入(dae)构成(式(4.5));而中间投入品集束则由各类非能源中间品投入(dam)构成(式(4.6))。

$$VA_{i,t} = (c_i \cdot dk_{i,t}{}^{-\rho_1} + (1 - c_i) \cdot \lambda_{l,t} \cdot dl_{i,t}^{-\rho_1})^{\frac{-1}{\rho_1}} \tag{4.2}$$

$$EVA_{i,t} = (b_i \cdot VA_{i,t}{}^{-\rho_2} + (1 - b_i) \cdot EG_{i,t}{}^{-\rho_2})^{\frac{-1}{\rho_2}} \tag{4.3}$$

$$QY_{i,t} = A_{i,t} \cdot (a_i \cdot EVA_{i,t}{}^{-\rho_3} + (1 - a_i) \cdot M_{i,t}{}^{-\rho_3})^{-\mu_{i,t}/\rho_3} \tag{4.4}$$

① 翟凡、李善同:《一个中国经济的可计算一般均衡模型》,《数量经济技术经济研究》1997 年第 3 期。

② 郑玉歆、樊明太:《中国 CGE 模型及政策分析》,社会科学及文献出版社 1999 年版。

③ C.Kemfert,"Estimated Substitution Elasticities of A Nested CES Production Function Approach for Germany",in *Energy Economics*,20,1998,pp.249-264.

④ van der Werf,E.,"Production functions for climate policy modeling: An empirical analysis",in *Energy Economics*,30,2008,pp.2964-2979.

⑤ A.Okagawa, and K.Ban,"Estimation of Substitution Elasticities for CGE Models",Discussion Paper 08-16,Graduate School of Economics and Osaka School of International Public Policy,2008.

⑥ 黄英娜、张巍、王学军:《环境 CGE 模型中生产函数的计量经济估算与选择》,《环境科学学报》2003 年第 3 期。

$$EG_{i,t} = \left(\sum_{e} d_{e,i} \cdot dae_{e,i,t}{}^{-\rho_e} \right)^{\frac{-1}{\rho_e}}, \ \sum_{e} d_{e,i} = 1 \tag{4.5}$$

$$M_{i,t} = \min \{ dam_{j,i,t} / m_{ji} \} \tag{4.6}$$

式中下标 i 表示行业编码[①];j 表示商品编码,由于模型设定各行业生产一种特定的商品,因此在基本模型中[②],行业编码与产品编码一一对应,即 $i=j$;e 表示能源品种,$e \in j$;t 表示时间[③];a、b、c、d 和 m 分别为各个嵌套层级的成本占比系数;$\lambda_{l,t}$为劳动产出率的增长率,$A_{i,t}$为全要素生产率的增长率,$\mu_{i,t}$表示行业规模报酬参数。给定投入要素与产出品价格,则各行业生产者在上述生产函数所刻画的生产技术条件下进行生产,以期最大化利润。用对偶形式,即成本最小化问题表示:

$$CY(rk_i, w, \mathrm{P}_j, QY) = \min_{\{dk_i, dl, DAM_j, DAE_e\}} (rk_i dk_i + w \cdot dl + \boldsymbol{P}'_{j \neq e} \cdot \boldsymbol{DAM}_{j \neq e} + \boldsymbol{P}'_e \cdot \boldsymbol{DAE}_e)$$

$$\text{s.t.: 式}(4.2)\text{—式}(4.6) \tag{4.7}$$

式中 rk_i[④]、w 分别表示资本与劳动力要素的价格(租金);$\boldsymbol{P}_j$和 $\boldsymbol{P}_e$分别为包含 j 个元素和 e 个元素的行向量,表示各类商品以及能源产品的价格;$\boldsymbol{DAM}_j$和 $\boldsymbol{DAE}_e$则为各类商品与能源商品投入量的向量。在式(4.2)—式(4.6)的约束条件下,构建式(4.7)的拉格朗日函数并求解一阶条件,可得 Nested CES 的(单位)成本函数表达式:

$$CY = \frac{1}{A} PEVA \cdot PM \left[(1-\alpha)^{\sigma_3} PEVA^{-\sigma_3 \rho_3} + \alpha^{\sigma_3} PM^{-\sigma_3 \rho_3} \right]^{\frac{1}{\sigma_3 \rho_3}} \tag{4.8}$$

$$PEVA = PVA \cdot PEG \left[(1-b)^{\sigma_2} PVA^{-\sigma_2 \rho_2} + b^{\sigma_2} PEG^{-\sigma_2 \rho_2} \right]^{\frac{1}{\sigma_2 \rho_2}} \tag{4.9}$$

$$PVA = rk_i \cdot w \left[(1-c)^{\sigma_1} rk^{-\sigma_1 \rho_1} + c^{\sigma_1} w^{-\sigma_1 \rho_1} \right]^{\frac{1}{\sigma_1 \rho_1}} \tag{4.10}$$

$$PEG = \prod_{e} pae_e \left[\sum_{e} (1-d_e)^{\sigma_e} pae_e{}^{-\sigma_e \rho_e} \right]^{\frac{1}{\sigma_e \rho_e}} \tag{4.11}$$

---

① 由于除部分特殊行业外,模型生产模块所包含的各个行业均采用 Nested CES 形式的生产函数,只在具体参数上有所区别,而函数结构相同。因此下文推导过程中除必要的地方外,均略去行业下标 i,以求表述简洁。

② 在后文"能源替代"与"技术替代"政策情景分析模型中,为了分析技术进步与技术选择,引入了替代能源与替代用能技术部门,与传统部门产出同样的产品。这里暂时不涉及。

③ 由于下文只有在动态模块中涉及时间维度,因此为表述简洁,下文公式推导过程中除必要时,均将时间下标 t 去掉。

④ 由于本书引入了行业间异质化的资本模拟产业结构调整的黏性,因此 rk 与 dk 的下标 i 表示专属于特定行业 i 的资本价格与用量。

$$PM = \sum_{j \neq e} pam_j / m_j \tag{4.12}$$

式中 *PEVA*、*PVA*、*PEG*、*PM* 分别表示初级要素集束、增加值集束、能源集束以及中间品集束的生产成本①；pae_e 和 pam_j 则分别为 $\boldsymbol{P}_e$ 和 $\boldsymbol{P}_j$ 向量中的元素，表示单一能源品和非能源产品的价格；σ 表示要素替代弹性，$\sigma = 1/(1+\rho)$。进一步，我们可以推导不同价格水平下，各生产部门对要素和中间投入品的需求函数：

$$dk(rk, w, VA) = VA \cdot c^{1/\rho_1} \left[\left(\frac{1-c}{c} \right)^{1-\sigma_1\rho_1} \left(\frac{w}{rk} \right)^{\sigma_1\rho_1} + 1 \right]^{\frac{1}{\rho_1}} \tag{4.13}$$

$$dl(rk, w, VA) = VA \cdot (1-c)^{1/\rho_1} \left[\left(\frac{c}{1-c} \right)^{1-\sigma_1\rho_1} \left(\frac{rk}{w} \right)^{\sigma_1\rho_1} + 1 \right]^{\frac{1}{\rho_1}} \tag{4.14}$$

$$dae_{prd}(P_e, EG) = EG \cdot d^{1/\rho_e} \left[\sum_{\varepsilon \neq e} \left(\frac{d_e}{1-d_e} \right)^{1-\sigma_e\rho_e} \left(\frac{p_\varepsilon}{p_e} \right)^{\sigma_e\rho_e} + 1 \right]^{\frac{1}{\rho_e}} \tag{4.15}$$

$$dam_{prd}(P_{j \neq e}, M) = M \cdot m \tag{4.16}$$

其中：

$$VA(PVA, PEG, EVA) = EVA \cdot b^{1/\rho_2} \left[\left(\frac{1-b}{b} \right)^{1-\sigma_2\rho_2} \left(\frac{PEG}{PVA} \right)^{\sigma_2\rho_2} + 1 \right]^{\frac{1}{\rho_2}} \tag{4.17}$$

$$EVA(PEVA, PM, QY) = \frac{QY}{A} a^{1/\rho_3} \left[\left(\frac{1-a}{a} \right)^{1-\sigma_3\rho_3} \left(\frac{PM}{PEVA} \right)^{\sigma_3\rho_3} + 1 \right]^{\frac{1}{\rho_3}} \tag{4.18}$$

$$EG(PVA, PEG, EVA) = EVA \cdot (1-b)^{1/\rho_2} \left[\left(\frac{b}{1-b} \right)^{1-\sigma_2\rho_2} \left(\frac{PVA}{PEG} \right)^{\sigma_2\rho_2} + 1 \right]^{\frac{1}{\rho_2}} \tag{4.19}$$

$$M(PEVA, PM, QY) = \frac{QY}{A} (1-a)^{1/\rho_3} \left[\left(\frac{a}{1-a} \right)^{1-\sigma_3\rho_3} \left(\frac{PEVA}{PM} \right)^{\sigma_3\rho_3} + 1 \right]^{\frac{1}{\rho_3}} \tag{4.20}$$

① 由于这些投入要素事实上是同一个 Nestec CES 生产函数中的分量，可以理解为生产过程中不同环节的产物，因此其生产成本也即其购买价格，都用 *PXXX* 表示。而对于不同生产部门生产的商品，在存在流转损耗或者税收扭曲的情况下，生产成本与购买价格可能出现差异。

（二）可变资产投资

物料、存货以及现金等可变资产，是企业保证生产经营所必需的投入。对于生产者而言，合理的可变资产实际是应对生产与销售过程中的摩擦的有效缓冲机制。因此，尽管在出现外生经济冲击的情况下，可变资产留存，尤其是存货和现金会相应调整，但是总体而言在经济平稳运行的过程中，尤其是对于以一年为一期的时间尺度上，大部分行业的生产者都能够完成生产调整，避免过多或者过少的存货。从年均水平看，可变资产的需求应当与相应行业的产出保持较为稳定的关系。在本书模型中由于没有引入货币，因此以存货投资的形式反映可变资产的需求，并设定其与行业产出正相关：

$$DY_{stk} = \kappa \cdot QY \tag{4.21}$$

因此，考虑存货投资需求后，本地生产的有效供给即为$(1-\kappa) \cdot QY$。

（三）要素替代弹性的设定

投入要素之间的替代弹性参数 ρ 是构建生产函数的关键参数——不同的参数决定了投入要素间的互相替代的难度。以底层嵌套（式 4.2）为例，当 $\sigma_1 = 1/(1+\rho_1)$ 趋近于 0 时，表示资本与劳动完全不可替代，生产函数转化为里昂惕夫生产函数；随着弹性系数逐渐增大，表示要素之间的可替代性越强，当 σ_1 等于 1 时，CES 生产函数退化为 C-D 生产函数；σ_1 进一步增大至趋近 $+\infty$ 时，即表示要素完全同质，生产函数退化为线性生产函数。本书模型中 Nested CES 生产函数各嵌套层级要素替代弹性参数参见图 4.1 及注释。有一点需要指出的是，由于不同能源品种之间具有一定的替代性，但是涉及设备更换和技术改造等需要相应的成本，因此替代具有一定的黏性。所以模型设定不同品种能源之间的替代弹性大于普通中间投入品的不可替代（CES=0），但是小于资本与劳动的替代性，参考吴力波（2011）①的研究，本书模型中设定不同能源品种之间的替代弹性为 $\rho_e = 0.5$。

本书模型设定了进口商品与国产商品之间具有一定的异质性，因此不能完全

① 吴力波：《中国工业生产的劳动、资本和能源的替代分析》，《电力与能源》2011 年第 3 期。

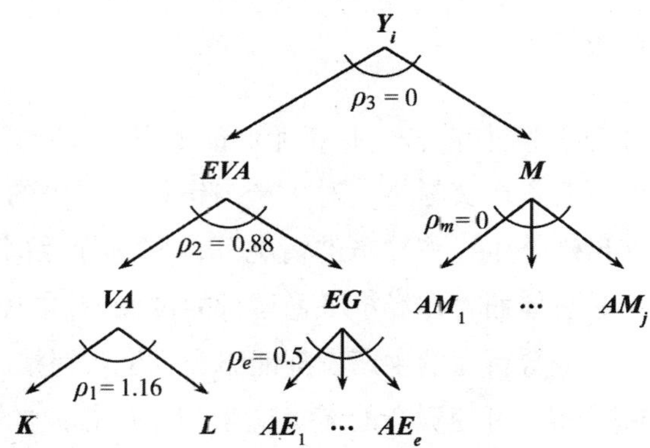

图 4.1 Nested CES 生产函数嵌套结构及弹性设置

注:ρ_1设定参照黄英娜等(2003);ρ_2设定参照张丽峰(2006);ρ_3和ρ_m设定参照 Zhang Zhongxiang(1996)①;ρ_e设定参照吴力波(2010)②

替代。图 4.1 中 AE、AM 即为由进口商品与本地生产的商品组成的商品供给集束(参见 Armington,1969)③,其中 AE 为能源产品,AM 为非能源产品。对于不同的商品,模型设定了差异化的 Armington 组合结构,在开放经济模块中将会详细介绍。

二、终端需求模块

在需求模块中,本书模型对传统的“柯布—道格拉斯(C-D)”效用函数形式进行了扩展,构建了一组嵌套结构的柯布—道格拉斯形式的效用函数。对比生产模块中所应用的 Nested CES 生产函数,效用函数的设定采用相同的结构,即常转换弹性(Nested Constant Elasticity of Transformation,Nested CET)效用函数,只是各个嵌套层级的替代弹性均设定为 $\sigma_c = 1$。

(一)本国居民的效用函数

对本国消费者而言,本书模型设定的 Nested CET 效用函数设定本国消费者

① Zhongxiang Zhang,“Integrated Economy-Energy-Environment Policy Analysis: A Case Study for the People's Republic of China”,1996,Ph.D Thesis,p.111.

② 吴力波:《中国经济低碳化的政策体系与产业路径研究》,复旦大学出版社 2010 年版,第 65 页。

③ P. S. Armington,“A Theory of Demand for Products Distinguished by Place of Production”,Staff Papers-International Monetary Fund,Vol.16,No.1,1969,pp.159-178.

的总效用由消费效用（WLF）和储蓄带来的效用（$DINV$）构成，而消费和投资则分别由具体的商品构成。居民部门的优化行为方程为：

$$\max_{\{WLF,DINV\}} DU = D + \eta \cdot \ln WLF + (1 - \eta) \cdot \ln INV_d \tag{4.22}$$

上式表示了 Nested CET 效用函数的顶层嵌套结构，其中 $1-\eta$ 即为居民部门在基期的储蓄倾向（Saving Propensity，SP）。在商品相对价格不变时，国内储蓄总额即为储蓄倾向 SP 与可支配收入的乘积；而当商品相对价格改变时，居民部门根据式（4.22）相应调整储蓄水平，从而实现效用最大化。

（二）居民部门储蓄倾向

在现实经济运行过程中，居民部门，包括企业和所有其他经济主体的储蓄（窖藏）行为，都是通过牺牲当期效用或收益，以期获得未来效用的跨期平滑手段——因而储蓄本身并不能直接提供当期效用。在理想状态下，经济主体需要对未来的实际收入进行预测，并据此调整当期储蓄，实现跨期效用的最大化。然而在现实中，一方面不同类型的经济主体对于未来经济运行情况的信息资源禀赋差异巨大，预测能力因而也大相径庭，尤其是对于居民部门，很难要求所有居民都按照理性预期的模式进行跨期决策；另一方面，宏观经济不确定性较大，尤其是我国目前经济快速增长、调整产业结构和转变生产方式的进程如火如荼，国内经济政策也正在不断调整、变化的阶段，加之在经济全球化浪潮下，国际市场巨大的不确定性逐渐向国内市场传导，这些因素都导致了我国经济增长路径的巨大不确定性。因此经济主体很难对未来进行准确的预期。考虑到现实经济运行过程中的不确定性，则居民、企业的储蓄行为，以及其他经济主体的窖藏行为都在一定程度上可以理解为对未来风险的预防，即保障性储蓄——当期的储蓄并非基于对未来的理性预期而作出的效用最大化跨期决策，而是为了作为应对未来未预期到的冲击进行缓冲。跨期优化与保障性储蓄在现实中往往并存于经济主体经济决策过程中，但对不同的主体而言，两者的相对占比也有所不同。而决策过程的不同又会对经济系统的动态增长路径造成影响。从这个角度看，准确模拟生产要素，尤其是资本的动态积累过程，毫无疑问是构建动态宏观经济模型的核心和关键所在。

在国内为数不多的动态 CGE 建模研究中，关于资本积累的机制大多遵循国外模型常用的理性预期模式，根据预期未来投资收益率的水平决定当期储蓄规模以及资本的流向。理性预期的设定在很大程度上优化了资本的动态积累机制,是动态宏观经济建模技术的一大进步,但是在我国的适用性却没有得到实证的验证。贺菊煌(1998)①的研究证明持久收入是决定我国居民储蓄的主要因素;李焰(1999)②的研究表明我国居民储蓄的利率弹性很低,相反对于收入增长速度非常敏感,居民储蓄和可支配收入之间具有较为稳定的相关关系;杭斌(2007)③则指出我国居民储蓄率的决定具有试错的特征,存在学习和适应的过程。事实上与发达国家相对平稳的经济增长路径不同,我国正处于快速增长和结构转型的阶段,难以形成稳定的经济增长预期,而投资收益率也远非居民储蓄的主要决定因素。因此,本书模型设定消费者按照预期收入增长率决定储蓄倾向,同时依照适应性预期的规则,根据实际增长率调整对未来收入增长的预期。而对于新增储蓄的流向,即储蓄转化为各行业的产业资本的投资过程,本书模型设定其遵循理性预期规则。由于投资的行业流向往往由金融机构借助金融市场的交易机制决定,一方面金融机构本身往往具有较强的信息优势和研究预测能力;另一方面金融市场的价格发现能力为投资决策提供了很强的引导作用,促使市场将资金集中到未来收益较高的行业。具体参见本章"预期与资本积累"部分。

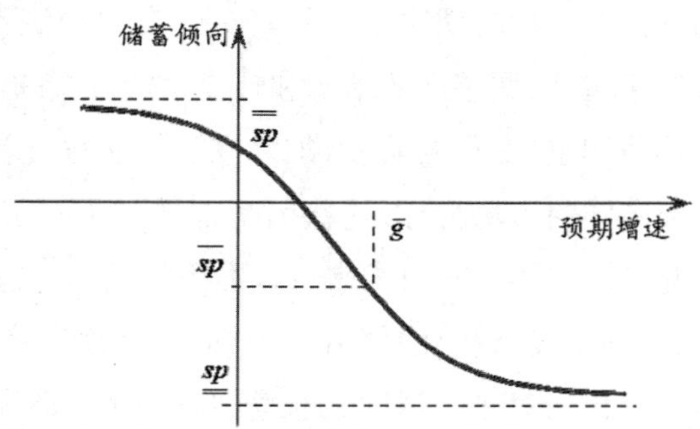

图 4.2 国内居民储蓄倾向的 Logit 函数示意图

本书模型设定预期可支配收入的增速与当期储蓄率反向相关:根据永续收入假说,未来收入增长率的提高会增加居民对永续收入水平的预期,从而提高当期消费;同时,按照目标财富假说,永续收入的提高将会降低目标财富在总收入

① 贺菊煌:《消费函数研究》,《数量经济技术经济研究》1998 年第 12 期。

② 李焰:《关于利率与我国居民储蓄关系的探讨》,《经济研究》1999 年第 11 期。

③ 杭斌:《基于持久收入和财富目标的跨时消费选择——中国城市居民消费行为的实证研究》,《统计研究》2007 年第 2 期。

中的占比,从而提高当期消费。这样的设置也与我国经济运行的现实相符——在经济衰退的环境下,居民的消费行为将会更趋于保守,增加储蓄、减少消费以防范未来收入的进一步下跌;而在经济向好的环境下则相反。为了避免极端情况的出现,我们用 Logistic 函数模拟预期经济增速与居民储蓄倾向之间的相关关系:

$$1-\eta=SP=\frac{e^{csp(\bar{g}-g_e)}\cdot(\overline{sp}-\underline{\underline{sp}})/(\overline{\overline{sp}}-\overline{sp})}{1+e^{csp(\bar{g}-g_e)}\cdot(\overline{sp}-\underline{\underline{sp}})/(\overline{\overline{sp}}-\overline{sp})} \tag{4.23}$$

其中 $\bar{g}$ 为均衡收入增长率;g_e为预期收入增长率;$\overline{\overline{sp}}$ 、$\underline{\underline{sp}}$ 和 $\overline{sp}$ 分别为储蓄倾向的上限、下限以及均衡水平;e 为自然对数底;csp 为斜率系数,用于模型校准。

(三)消费效用结构

对于消费效用,有学者指出由于我国居民收入水平较低,因此在居民总消费中有较大部分是用于满足基本需求。Lluch(1973)①在其研究中第一次将需求分为“基本需求”和“超额需求”,并指出居民消费的结构取决于收入水平,以及各种商品的价格,但基本需求与收入无关,居民部门的可支配收入首先用于满足基本需求后,才按照特定消费倾向安排各种非超额消费支出(高凌云、程敏,2007)②。因此,这部分消费的价格弹性较小、收入弹性较大,随着可支配收入的提高,基础性消费在总消费中的占比将会逐渐下降。由此出发,Lluch 提出了扩展线性支出模型(Extended Linear Expenditure System,ELES)。

表 4.2 ELES 结构中基本需求占比

商　　　品	占比(%)
食品(包括农产品与农副食品)	0.301
纺织服装鞋帽皮革羽绒及其制品业	0.09
木材加工及家具制造业;电气机械及器材制造业	0.072
卫生、社会保障和社会福利业	0.072

① C.Lluch,“The Extended Linear Expenditure System”, in *European Economic Review*, Volume 4, Issue 1, April 1973, pp.21-32.

② 高凌云、程敏:《居民消费结构分析:从 ELES 到 SFLE》,《统计与决策》2007 年第 11 期。

续表

商　　品	占比(%)
交通运输及仓储业、邮政业	0.109
教育;文化、体育和娱乐业	0.157
房地产业	0.133
居民服务和其他服务业	0.046

资料来源:参见高凌云、程敏:《居民消费结构分析:从 ELES 到 SFLF》,《统计决策》2007 年第 11 期;林文芳:《县域城乡居民消费结构与收入关系分析》,《统计研究》2011 年第 4 期。

结合现有研究,本书模型引入了 ELES 需求结构,依据 Stone-Geary 效用函数对基础消费和非基础消费进行差异化的设定,其中基础性需求在各类商品消费总量中的占比情况如表 4.2 所示。用 dam_{wlf} 表示各类非能源商品的总消费量;dam^* 为基础性消费部分,则居民部门的消费效用可以表示为:

$$WLF = G + \sum_{j \neq e} \varepsilon_j \cdot \ln(dam_{j,wlf} - dam_j^*) + \sum_{e} \varepsilon_e \cdot \ln(dae_{e,wlf} - dae_e^*)$$

$$\sum_j \varepsilon_j = 1 \ , \ dam_j^* \ , dae_e^* \geqslant 0 \qquad (4.24)$$

由于本书模型没有引入货币,因而国内居民部门的储蓄,当然也包括后文将要介绍的国外投资者的 FDI 投资,都是通过实物储蓄的形式实现。由于当期储蓄会在下一期的期初形成固定资产,而固定资产投资需求中,对于投资品结构的弹性较低。比如生产过程中,厂房、机器设备、辅助设施之间的替代弹性往往较小,甚至不能替代。因此在储蓄效用函数的构成中,本书模型采用里昂惕夫形式的生产函数,这样的设置也是国内外 CGE 建模研究中常用的设置方式(参见 Zhang,1996①):

$$INV_d = \min \ (\varphi_{j \neq e} \cdot dam_{j \neq e, invd}) \qquad (4.25)②$$

式(4.24)和式(4.25)中的 ε_j 和 φ_j 表示各类商品在消费和投资中的支出占比,根据基准数据推算得到;$dam_{j,invd}$ 表示本国居民对商品 i 的投资需求。与上一节"生产模块"中相同,我们可以根据式(4.22)和式(4.24)确定的需求结构,推导在给定商品价格条件下居民部门对各类商品的需求量。其中消费需求为:

① Z.X.Zhang,"Integrated Economy-Energy-Environment Policy.Analysis: A Case Study for the People's Republic of China",Ph.D Dissertation,Department of General Economics,University of Wageningen,The Netherlands,1996.

② 能源产品作为易耗品一般不作为固定资产投资,而事实上在基准数据中也没有将能源产品作为实物储蓄的部分,因此在投资模块中不考虑对 *dae* 的需求。

$$dam_{wlf} = \frac{\varepsilon \cdot PWLF}{pam} \cdot WLF + dam^{*} \tag{4.26}$$

$$dae_{wlf} = \frac{\varepsilon \cdot PWLF}{pae} \cdot WLF + dae^{*} \tag{4.27}$$

$$PWLF = \frac{1}{G} \cdot \prod_{j \neq e} \left(\frac{pam_j}{\varepsilon_j}\right)^{\varepsilon_j} \cdot \prod_{e} \left(\frac{pae_e}{\varepsilon_e}\right)^{\varepsilon_e} \tag{4.28}$$

$$WLF = \frac{\eta \left(\frac{PWLF}{\eta}\right)^{\eta} \cdot \left(\frac{PINV}{1-\eta}\right)^{1-\eta}}{D \cdot PWLF} \cdot DU \tag{4.29}$$

而投资需求则为：

$$dam_{inv_d} = INV_d / \varphi \tag{4.30}$$

$$PINV = \sum_{j \neq e} \varphi_j \cdot pam_j \tag{4.31}$$

$$INV_d = \frac{(1-\eta) \left(\frac{PWLF}{\eta}\right)^{\eta} \cdot \left(\frac{PINV}{1-\eta}\right)^{1-\eta}}{D \cdot PINV} \cdot DU \tag{4.32}$$

式中 $PINV$、$PWLF$ 为投资品集束和消费品集束的复合价格，同时也是他们的生产成本。

（四）政府消费与转移支付

政府收入为各项税收，而其支出则包括政府消费支出（GOV）和向居民部门的转移支付（$TRANS$），以及各种政策性补贴。政府收入首先用于政策性补贴，余下的部分按照下述 Nested CET 效用函数决定政府消费与转移支付之间的配比：

$$\max_{\{GOV, TRANS\}} GU = \vartheta \cdot \ln GOV + (1-\vartheta) \cdot \ln TRANS \tag{4.33}$$

$$GOV = \sum_{j \neq e} \xi_j \cdot \ln dam_{j,gov} + \sum_{e} \xi_e \cdot \ln dae_{e,gov}, \quad \sum_j \xi_j = 1 \tag{4.34}$$

式（4.33）中引入了一种虚拟的要素 $TRANS$，该要素为居民部门所有，供给总量与基期转移支付总额相当。通过这样的设置，可以内生地对政府消费需求和转移行为进行模拟和分析，此时政府的消费需求为：

$$dam_{gov} = \frac{\xi \cdot PGOV}{pam} \cdot GOV \tag{4.35}$$

$$dae_{gov} = \frac{\xi \cdot PGOV}{pae} \cdot GOV \tag{4.36}$$

$$PGOV = \prod_{j \neq e} \left(\frac{pam_j}{\xi_j} \right)^{\xi_j} \tag{4.37}$$

$$GOV = \frac{\xi \cdot \left(\frac{PGOV}{\xi} \right)^{\xi} \cdot \left(\frac{PTRANS}{1-\xi} \right)^{1-\xi}}{PGOV} \cdot GU \tag{4.38}$$

政府收入中的剩余部分用于转移支付：

$$TRANS = \frac{(1-\xi) \cdot \left(\frac{PGOV}{\xi} \right)^{\xi} \cdot \left(\frac{PTRANS}{1-\xi} \right)^{1-\xi}}{PTRANS} \cdot GU \tag{4.39}$$

（五）国外投资者的效用函数

本书模型还引入了外国投资者，通过实物资产投资的 FDI 形式增加国内市场资本供给。国外投资者的直接投资收益中，一部分用于再投资（形成新的 *FDI*），另一部分则转换成外汇（*FX*），汇出国外：

$$\max FU = R + \theta \cdot \ln FX_{fdi} + (1-\theta) \cdot \ln INV_f \tag{4.40}$$

其中 INV_f 为国外投资者留存国内用于扩大再生产的投资，其构成与 INV_d 相同。除了上述 FDI 的内生积累过程外，随着我国改革开放的深入以及国内市场投资环境的不断优化，将会吸引越来越多的国外投资者进入。而这种新增的 FDI 流入将在“预期与资本积累”部分详述。对于国内循环的 FDI 积累过程，则与国内居民投资一样，形成对实物投资品的需求：

$$dam_{inv_f} = \varphi \cdot INV_f \tag{4.41}$$

$$INV_f = \frac{(1-\theta) \left(\frac{PFX}{\theta} \right)^{\theta} \cdot \left(\frac{PINV}{1-\theta} \right)^{1-\theta}}{R \cdot PINV} \cdot FU \tag{4.42}$$

$$FX_{fdi} = \frac{\theta \cdot \left(\frac{PFX}{\theta} \right)^{\theta} \cdot \left(\frac{PINV}{1-\theta} \right)^{1-\theta}}{R \cdot PFX} \cdot FU \tag{4.43}$$

式中 *PFX* 表示外汇的价格，即汇率水平。值得注意的是本书模型中不论是国内居民部门的储蓄还是国外投资者的 FDI，在投资品需求的构成上没有区别，因此对于每一个行业，式（4.30）和式（4.41）中的 φ 相等。

综上所述，国内居民与国外投资者的需求结构如图 4.3 所示：

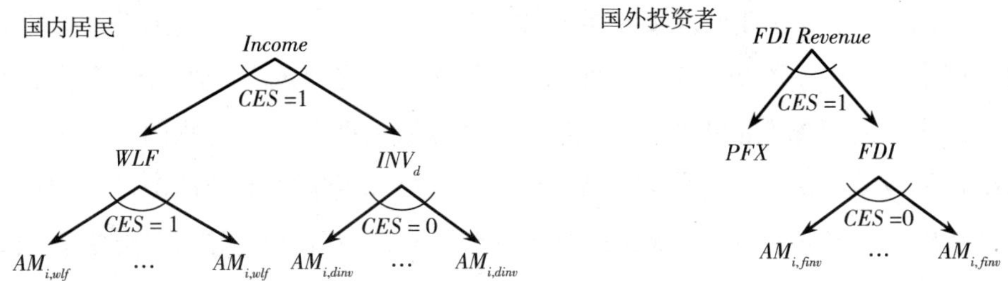

图 4.3　效用函数的嵌套结构示意图

注：国内居民可支配收入 M、国外投资者 FDI 收益 R_FDI、外汇 PFX；外资与内资所占份额依据《2007 中国统计年鉴》中全社会固定资产投资资金来源表中“利用外资”数据推算得到，为 4.73%。

三、开放经济模块

随着经济全球化的浪潮不断推进，以及我国市场开放进程的不断深入，国际市场与我国国内市场之间的关联关系日渐紧密，尤其是以国际石油市场为代表的大宗商品和基础原材料市场近年来出现的大幅波动，更是对我国宏观经济运行的平稳造成了巨大的冲击。目前我国的经济增长正处于工业化发展的中后期，城市化转型也正在快速推进。石油作为经济生产所必需的基础原材料，同时也是社会生活所必需的投入品，因此不论是生产端还是消费端，对石油的需求都在快速增长、需求刚性日渐强化；相应的，我国石油的对外依存度也在逐年提高。统计数据显示，我国石油产品的消费总量从 2000 年的 2.25 亿吨增长到 2011 年的 4.54 亿吨，增长一倍以上；而相应的，我国原油的进口依存度也从 2000 年的 43%提高到 2011 年的近 70%。根据历年《中国统计年鉴》的主要货物进口金额数据，我们可以推算出原油进口成本占 GDP 的比重从 2000 年的 1.74%上涨至 2011 年的 3.12%。尽管自 1978 年以来我国的单位 GDP 能耗一直持续下降，但是绝对水平仍然远高于日本、德国、美国等发达经济体。这些因素都表明，国际石油市场的冲击将会对我国的宏观经济造成严重的影响。另一方面，自 20 世纪 90 年代以来我国经济快速发展，在很大程度上是受到出口需求的推动，即出口导向的经济增长。出口需求的变化也会在很大程度上对我国宏观经济的运行造成影响。

更重要的是，本书模拟的是国际石油市场波动对我国宏观经济的影响，然而受到我国贸易政策、能源政策的影响，国际石油价格波动影响我国宏观经济的传导机制和表现形式也会有所不同。一方面国际石油价格波动会对我国石油进口成本和出口收益(尽管出口量非常有限)造成影响。由于目前我国石油对外依存度已大大超过60%并且还在不断提高,因此石油进口成本的变化会在很大程度上提高国内市场石油供给价格,提高生产者的生产成本。而我国的汇率制度与结售汇政策则决定了经常账户盈余的流向,形成了国际市场冲击影响我国宏观经济的另一条传导路径。最后,国内生产成本的变化也会对出口竞争力造成影响,从而降低出口需求,进一步对我国宏观经济产生冲击。因此本书模型的对外经济模块拟对我国商品进、出口,以及汇率和相应的结售汇政策进行设定,从而模拟国际市场与国内市场之间的关联。

(一)出口商品供给与需求

由于我国强制结售汇政策的存在,导致现有的对外贸易管理体制下,出口企业与内销企业虽然不是完全隔绝,但毫无疑问面临着完全不同的管理制度。此外,外贸业务与内销业务在营销渠道、产品结构与特征等方面都有较大的区别。因此模型设定同一行业的内销商品与出口商品具有一定的异质性,即对于在基准情景下有出口的行业,则在式(4.4)的生产函数中引入"联合生产"的结构,以此对产出的异质性进行模拟:

$$QY^{\gamma} \cdot QEXP^{1-\gamma} = A \cdot (a \cdot EVA^{-\rho_3} + (1-a) \cdot M^{-\rho_3})^{-\mu_{i,t}/\rho_3} \tag{4.44}$$

上式表示国内销售的商品(QY)与出口商品($QEXP$)以柯布—道格拉斯形式联合生产,生产者可以选择减少 QY 以提高 $QEXP$ 的产出;或者相反。但两者之间的替代弹性始终为1。式中 γ 表示产值占比系数,则两项产出的成本函数分别为:

$$CY = \gamma \cdot \frac{1}{A} PEVA \cdot PM\left[(1-\alpha)^{\sigma_3} PEVA^{-\sigma_3\rho_3} + \alpha^{\sigma_3} PM^{-\sigma_3\rho_3}\right]^{\frac{1}{\sigma_3\rho_3}} \tag{4.45}$$

$$CEXP = (1-\gamma) \cdot \frac{1}{A} PEVA \cdot PM\left[(1-\alpha)^{\sigma_3} PEVA^{-\sigma_3\rho_3} + \alpha^{\sigma_3} PM^{-\sigma_3\rho_3}\right]^{\frac{1}{\sigma_3\rho_3}} \tag{4.46}$$

对出口商品的需求则取决于国际市场的结构。尽管我国部分商品的出口在国际市场的份额较大,但由于与本书研究主旨并无直接关联,因此本书模型中依照"小国模型"设定非石油商品的国际市场结构,即在外生给定的国际市场价格水平下,国际市场需求和供给无限;我国的出口量和进口量并不会对国际市场均衡价格产生明显的影响。记外生给定的国际市场价格为 $\overline{PWM}$,则:

$$PEXP = \overline{PWM} \cdot PFX \tag{4.47}$$

因而对于国内生产者而言，当国际市场价格高于出口品生产成本 CEXP 时，就会增加出口供给、降低出口成本，同时减少内销占比，此时内销商品的成本则会相应提高；反之亦然。也可以通过整体性地扩大或者削减生产规模，从而同时提高或降低内销与出口商品的成本，以适应国内外市场价格的变化。因此对生产者而言，在均衡价格条件下，出口所得的外汇为：

$$FX_{exp} = DEXP \cdot \frac{PEXP}{PFX} = DEXP \cdot \overline{PWM} \tag{4.48}$$

（二）进口商品供给与需求

对于非石油进口商品而言，模型设定国际市场供给结构仍然遵循"小国模型"，即在给定的国际市场价格下，国际市场供给无限；我国的进口量变化不会对国际市场均衡价格产生影响：

$$PIMP = \overline{PWM} \cdot PFX \tag{4.49}$$

对于进口商品的需求，则不仅受国际市场价格影响，更取决于国内市场需求。由于进口商品与国产商品在产品结构和性能特征等方面往往具有一定的差异性，因此本书模型采用 Armington 结构，即设定进口商品与国产商品具有异质性，并借助 CES 函数的形式，将进口商品（$DIMP$）与国产商品（DY）组合，形成国内商品供给集束（QAM）：

$$QAM = B \cdot (\beta \cdot DY^{-\rho_a} + (1 - \beta) \cdot DIMP^{-\rho_a})^{\frac{-1}{\rho_a}} \tag{4.50}$$

$$QAE = B \cdot (\beta \cdot DY^{-\rho_a} + (1 - \beta) \cdot DIMP^{-\rho_a})^{\frac{-1}{\rho_a}} \tag{4.51}$$

式中 ρ_a 即为表示国产商品与进口商品替代弹性的弹性参数，$|\rho_a|$ 越大表示替代弹性越小，反之则反。本书模型参照参考陆旸（2007）[①]以及 Okagawa 和 Ban（2008）[②]的实证研究结果，设定非能源商品之间的 Armington 替代弹性（表达式为 $\sigma_a = 1/(1+\rho_a)$）为 4，煤炭为 10，其他能源则为 6。

此外，我国的石油进口量在国际石油市场中的占比逐年提高，BP（2012）统

① 陆旸：《我国主要进口商品的 Armington 替代弹性估计》，《国际贸易问题》2007 年第 12 期。

② A. Okagawa and K. Ban, "Estimation of Substitution Elasticities for CGE Models", Discussion Paper 08-16, Graduate School of Economics and Osaka School of International Public Policy.

计数据显示,在作为模型基期的 2007 年,我国原油进口量占各国进口总量的 8.23%,仅次于日本和美国,事实上“中国需求因素”已经成为国际原油价格波动的一个重要动因。可见,我国国内石油需求与国际市场的互动关系同样会对石油供给造成影响,因而“小国模型”的假定不再适用于模拟我国的石油进口,本书模型在原油进口环节采用了“大国模型”假设,即我国的进口增加会提高国际市场价格。具体将在“能源市场模块”中详细介绍。

以 Armington 形式整合后,国产商品和进口商品一起,构成了国内总供给;而此时国内供给成本也包含了本国生产成本,以及进口商品成本:

$$cam = \frac{1}{B}PY \cdot PIMP\left[(1-\beta)^{\sigma_a}PY^{-\sigma_a\rho_a} + \beta^{\sigma_a}PIMP^{-\sigma_a\rho_a}\right]^{\frac{1}{\sigma_a\rho_a}} \quad (4.52)$$

$$cae = \frac{1}{B}PY \cdot PIMP\left[(1-\beta)^{\sigma_a}PY^{-\sigma_a\rho_c} + \beta^{\sigma_a}PIMP^{-\sigma_a\rho_a}\right]^{\frac{1}{\sigma_a\rho_a}} \quad (4.53)$$

在给定各类商品国内外市场价格条件下,对国产商品与进口商品的需求函数可以分别表示为:

$$DY = \frac{QAM}{B}\beta^{\frac{1}{\sigma_a}}\left[\left(\frac{1-\beta}{\beta}\right)^{1-\sigma_a\rho_a}\left(\frac{PY}{PIMP}\right)^{-\sigma_a\rho_a} + 1\right]^{\frac{1}{\rho_a}} \quad (4.54)$$

$$DIMP = \frac{QAM}{B}(1-\beta)^{\frac{1}{\sigma_a}}\left[\left(\frac{\beta}{1-\beta}\right)^{1-\sigma_a\rho_c}\left(\frac{PIMP}{PY}\right)^{-\sigma_a\rho_a} + 1\right]^{\frac{1}{\rho_a}} \quad (4.55)$$

因此在给定的国际市场价格下,进口商品的外汇需求为:

$$FX_{imp} = QIMP \cdot \frac{PIMP}{PFX} = QIMP \cdot \overline{PWM} \quad (4.56)$$

第二节　要素供给

一、市场预期与资本动态积累机制[①]

资本积累是模型动态机制的核心。本书模型引入了差异化的资本,即存量

---

① 本节内容对确定性的国际油价变化路径下,市场主体的预期及相关的投资行为模式进行介绍。对于不确定性预期以及风险偏好结构等与国际原油价格波动不确定性相关的问题将在下一章第二节《不确定性条件下理性预期与风险偏好的模型实现》部分详细介绍。

固定资产不能跨行业流动，因此产业结构调整只能通过存量固定资产的折旧和新增资本的形成逐渐完成。

（一）投资流向决定机制

本书设定各行业的资本积累速率（固定资产增速）由行业的资产回报率决定：回报率越高则能够吸引更多的投资，从而推动资产加速积累。同样用 Logit 函数模拟收益率与资产积累速率之间的关系：

$$g_i^k = \frac{\underline{\underline{g}}_i^k + \overline{\overline{g}}_i^k \cdot e^{cgk(RIE_i - \overline{RI_i})} \cdot (\overline{g}_i^k - \underline{\underline{g}}_i^k)/(\overline{\overline{g}}_i^k - \overline{g}_i^k)}{1 + e^{cgk(RIE_i - \overline{RI_i})} \cdot (\overline{g}_i^k - \underline{\underline{g}}_i^k)/(\overline{\overline{g}}_i^k - \overline{g}_i^k)} \tag{4.57}$$

其中 g_i^k 为期望的 i 行业固定资产增速，$\overline{\overline{g}}_i^k$、$\underline{\underline{g}}_i^k$ 和 $\overline{g}_i^k$ 分别为增速的上限、下限和均衡水平；而 RIE_i 和 $\overline{RI_i}$ 分别表示 i 行业资本收益率的预期值和均衡值。用 RI_i^t 表示该行业在 t 期的实际资本收益率，则在理性预期条件下：

$$RIE_i^t = RI_i^t = \frac{1}{1+\rho} \cdot \frac{RK_i^{t+1}}{PINV^t} + \frac{1-\delta}{1+\rho} \cdot \frac{PINV^{t+1}}{PINV^t} - 1 \tag{4.58}$$

其中 $\rho = 5\%$，为主观贴现率；RK_i^t 表示 i 行业固定资产在 t 期的租金；$PINV^t$ 表示 t 期的投资成本，为 $AM_{i,dinv}$ 和 $AM_{i,finv}$ 的加权平均价格。此时 i 行业当期的投资需求为：

$$FNK_i^t = s \cdot (g_i^{k,t} + \delta) \cdot FXA_i^t \tag{4.59}$$

其中 FXA_i^t 表示 i 行业在 t 期的固定资产存量；FNK_i^t 表示在 t 期转化成为 i 行业固定资产的金融资产规模。

金融资产在期初具有流动性，但是一旦转化为特定行业固定资产后，便不能够跨行业流动。上式中 δ 为折旧率[①]；s 为总储蓄规模调整系数。由于当期的金融资产来自于式（4.32）和式（4.42）决定的前一期国内居民储蓄和国外投资者的新增 FDI，因此需要调整系数 s 对各行业投资进行平减，保证总投资与总储蓄相称：

---

① 按照 20 年折旧，固定资产残值 20%计算，即(1−δ)^(1/20) = 20%求得 δ = 7.7319%。

$$\sum_i FNK_i^t = DINV^{t-1} + FINV^{t-1} \quad (4.60)$$

由此，下一期的资本存量即为：

$$FXA_i^{t+1} = (1-\delta) \cdot FXA_i^t + FNK_i^t \quad (4.61)$$

（二）理性预期的迭代求解过程

上式表明在理性预期下，对当期收益率的预期需要知道下一期的相关信息。我们可以通过迭代的方式对理性预期的结果进行求解（Dixon 等，2005）①：

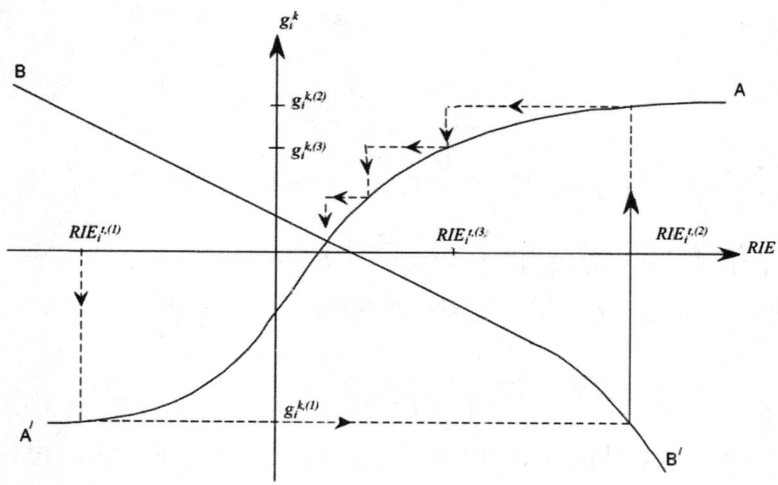

图 4.4　理性预期的迭代求解收敛过程示意图

对于第一次迭代，由于没有下一期的信息，因此用当期变量水平估计下一期水平，即依据静态预期模式求得资本积累的初始路径（式（4.62）中，上标（1）表示迭代序号）：

$$RIE_i^{t,(1)} = RI_i^{t,(1)} = \frac{1}{1+\rho} \cdot \frac{RK_i^{t,(1)}}{PINV^{t,(1)}} + \frac{1-\delta}{1+\rho} - 1 \quad (4.62)$$

在第二次迭代中便可以利用第一次迭代得到的静态预期模式下的资本积累路径，对预期资本收益率进行估计：

① P.B.Dixon, K.R.Pearson, M.R.Picton and M.T.Rimmer, "Rational Expectations for Large CGE Models: A Practical Algorithm and A Policy Application", in *Economic Modelling*, 22, 2005, pp.1001-1019.

$$RIE_i^{t,(2)} = RI_i^{t,(2)} = \frac{1}{1+\rho} \cdot \frac{RK_i^{t+1,(2)}}{PINV^{t,(2)}} + \frac{1-\delta}{1+\rho} \cdot \frac{PINV^{t+1,(2)}}{PINV^{t,(2)}} - 1 \tag{4.63}$$

为了避免迭代陷入死循环,对于第三次及之后的迭代(记为第 n 次)引入迭代调整系数 Δ:

$$RIE_i^{t,(n)} = (1-\Delta)\, RIE_i^{t,(n-1)} + \Delta \cdot \left(\frac{1}{1+\rho} \cdot \frac{RK_i^{t+1,(n)}}{PINV^{t,(n)}} + \frac{1-\delta}{1+\rho} \cdot \frac{PINV^{t+1,(n)}}{PINV^{t,(n)}} - 1\right) \tag{4.64}$$

迭代的收敛过程示意图如图 4.4 所示。经过本人多次试验,Δ 取值在 0.2—0.3 之间效果最佳。当 $\Delta = 0.3$ 时,经过约 30 次迭代可以达到较为稳定的收敛状态,$\max(|RIE_i^{t,(n)} - RIE_i^{t,(n-1)}|) \leqslant 1e-6$ 的数量级。

二、劳动供给模块

我国的劳动力供给相对充裕,低廉的劳动力成本为经济增长提供了源源不断的动力,也为我国吸引了大量的外来资本。然而随着农村剩余劳动力的逐渐解放,以及义务教育、高等教育、职业培训等的不断发展和普及,我国劳动力供给已经从绝对量的增长转变为质量的提高,即劳动生产率的上升。统计数据显示,自 20 世纪 90 年代中后期以来,我国不论是总人口还是经济人口、就业人口的增速都已经小于 1%的水平,2011 年人口增速与经济人口、就业人口增速分别为 0.48%、0.24%和 0.41%,人口与劳动力的自然增长已逐渐进入收敛阶段。此外,从人口的劳动结构看,经济人口、就业人口在总人口中的占比已经逐渐平稳(参见图 4.5),这在一定程度上可以看出我国农村剩余劳动力已经逐渐释放,未来我国劳动力供给增速将进入稳定和收敛阶段。

另一方面,随着我国九年制义务教育的落实,以及中、高等教育和职业培训的普及,我国劳动力素质,即劳动生产率提高很快。根据高帆(2007)[①]的实证研究结果表明,中国劳动生产率呈现持续上升趋势,改革开放之后增速进一步提高。在我国经济增长以要素投入为主要动力的环境下(李京文、钟学义,1998)[②],

① 高帆:《中国劳动生产率的增长及其因素分解》,《经济理论与经济管理》2007 年第 4 期。

② 李京文、钟学义:《中国生产率分析前沿》,社会科学文献出版社 1998 年版。

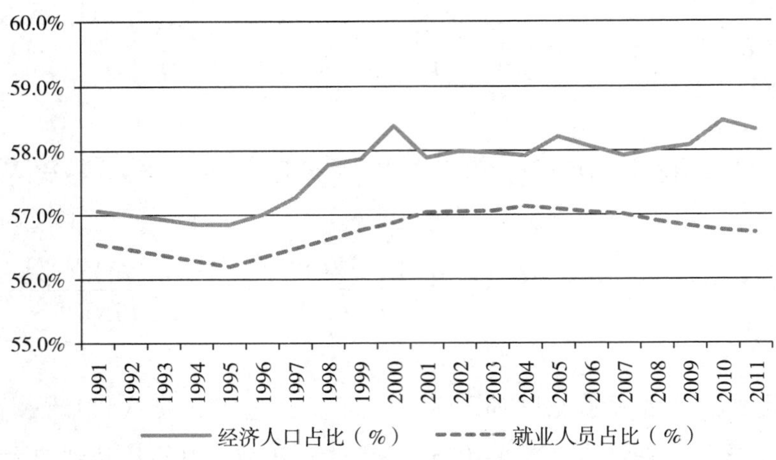

图 4.5　经济活动人口与就业人员占总人口比重

劳动生产率的提高为我国经济持续快速发展提供了重要的动力。由此可见，要有效地模拟我国劳动力供给的变化路径，需要从总量的增长与质量的提高两个方面，分别对经济活动人口与劳动生产率水平进行预测。

（一）劳动力供给的数量增长

我国人口总量以及劳动人口的长期增长情况如表 4.3 所示。根据《中国统计年鉴》的指标说明，“经济活动人口”是指在 16 周岁及以上、有劳动能力、参加或要求参加社会经济活动的人口，包括就业人员和失业人员。而“就业人员”则是指在 16 周岁及以上，从事一定社会劳动并取得劳动报酬或经营收入的人员。这一指标反映了一定时期内全部劳动力资源的实际利用情况，是研究我国基本国情国力的重要指标。由于模型中需要引入的并非实际就业人口，而是劳动力的“可供总量”，就业与工资率为模型内生求解得到。因此，对“经济活动人口”数量增长的预测，较为契合本书建模工作的需要。

表 4.3　我国劳动力供给总量、结构与增长情况

年份	总人口（万人）	人口增速（%）	经济活动人口（万人）	经济人口占比（%）	经济人口增速（%）	就业人员（万人）	就业增速（%）
1978	96259	1.37%	40682	42.26%	2.55%	40152	5.20%
1979	97542	1.33%	41592	42.64%	2.24%	41024	2.17%

续表

年份	总人口（万人）	人口增速（%）	经济活动人口（万人）	经济人口占比（%）	经济人口增速（%）	就业人员（万人）	就业增速（%）
1980	98705	1. 19%	42903	43. 47%	3. 15%	42361	3. 26%
1981	100072	1. 38%	44165	44. 13%	2. 94%	43725	3. 22%
1982	101654	1. 58%	45674	44. 93%	3. 42%	45295	3. 59%
1983	103008	1. 33%	46707	45. 34%	2. 26%	46436	2. 52%
1984	104357	1. 31%	48433	46. 41%	3. 70%	48197	3. 79%
1985	105851	1. 43%	50112	47. 34%	3. 47%	49873	3. 48%
1986	107507	1. 56%	51546	47. 95%	2. 86%	51282	2. 83%
1987	109300	1. 67%	53060	48. 55%	2. 94%	52783	2. 93%
1988	111026	1. 58%	54630	49. 20%	2. 96%	54334	2. 94%
1989	112704	1. 51%	55707	49. 43%	1. 97%	55329	1. 83%
1990	114333	1. 45%	65323	57. 13%	17. 26%	64749	17. 03%
1991	115823	1. 30%	66091	57. 06%	1. 18%	65491	1. 15%
1992	117171	1. 16%	66782	57. 00%	1. 05%	66152	1. 01%
1993	118517	1. 15%	67468	56. 93%	1. 03%	66808	0. 99%
1994	119850	1. 12%	68135	56. 85%	0. 99%	67455	0. 97%
1995	121121	1. 06%	68855	56. 85%	1. 06%	68065	0. 90%
1996	122389	1. 05%	69765	57. 00%	1. 32%	68950	1. 30%
1997	123626	1. 01%	70800	57. 27%	1. 48%	69820	1. 26%
1998	124761	0. 92%	72087	57. 78%	1. 82%	70637	1. 17%
1999	125786	0. 82%	72791	57. 87%	0. 98%	71394	1. 07%
2000	126743	0. 76%	73992	58. 38%	1. 65%	72085	0. 97%
2001	127627	0. 70%	73884	57. 89%	−0. 15%	72797	0. 99%
2002	128453	0. 65%	74492	57. 99%	0. 82%	73280	0. 66%
2003	129227	0. 60%	74911	57. 97%	0. 56%	73736	0. 62%
2004	129988	0. 59%	75290	57. 92%	0. 51%	74264	0. 72%
2005	130756	0. 59%	76120	58. 22%	1. 10%	74647	0. 52%
2006	131448	0. 53%	76315	58. 06%	0. 26%	74978	0. 44%
2007	132129	0. 52%	76531	57. 92%	0. 28%	75321	0. 46%
2008	132802	0. 51%	77046	58. 02%	0. 67%	75564	0. 32%

续表

年份	总人口（万人）	人口增速（%）	经济活动人口（万人）	经济人口占比（%）	经济人口增速（%）	就业人员（万人）	就业增速（%）
2009	133450	0.49%	77510	58.08%	0.60%	75828	0.35%
2010	134091	0.48%	78388	58.46%	1.13%	76105	0.37%
2011	134735	0.48%	78579	58.32%	0.24%	76420	0.41%

注：数据来源于国家统计局《中国统计年鉴2012》。根据指标说明，1990年人口和就业数据出现跳变，是由于1990年及以后的全国经济活动人口、就业人员、城镇和乡村就业人员的总计资料，根据第五次全国人口普查资料及历年劳动力调查资料推算得到。

经济人口的变化受两方面因素的影响，一是人口基数——人口增长越快，其中参加经济活动的人口就相应地会增加；而另一方面，在一定的人口基数条件下，经济增长加速或者产业结构工业化转型，也会吸引更多的人口参加经济活动。由此出发，我们可以采用两种路径对经济活动人口进行估计：直接估计经济活动人口的内在增长路径；分别估计总人口的增长路径，以及经济活动人口占比的变化趋势，以此为依据推算总劳动力供给。

表4.4 GLM估计就业人口增长率的回归结果

Dependent Variable: GROWTH_ECONPOP

Method: Generalized Linear Model (Quadratic Hill Climbing)

Sample (adjusted): 1978 2011

Included observations: 32 after adjustments

Family: Binomial Proportion (trials = 0.003)

Link: Logit

Coefficient covariance computed using observed Hessian

Variable	Coefficient	Std. Error	z-Statistic	Prob.
C	-3.222853	42.31659	-0.076161	0.9393
TIME	-0.058298	2.790565	-0.020891	0.9833
Mean dependent var	0.000519	S.D. dependent var		0.194018
Sum squared resid	0.001033	Deviance		0.000179
Deviance statistic	5.95E-06	Restr. deviance		0.000661
LR statistic	0.000482	Prob(LR statistic)		0.982475
Pearson SSR	0.000179	Pearson statistic		5.95E-06
Dispersion	1.000000			

利用表 4. 3 中的数据我们首先对经济活动人口的增长率进行估计。由于 1990 年及以后的全国经济活动人口、就业人员、城镇和乡村就业人员的总计资料，根据第五次全国人口普查资料及历年劳动力调查资料推算得到，因此在统计口径上与之前的数据有较大差异，从表 4. 3 中也可以明显地看到 1990 年出现的数据跳变。此外，在 2001 年经济人口增速出现负值，这对于拟合模型的设定造成了障碍。为了尽量保证观测值数量同时保证数据连续性，我们分别对这两个异常值引入了虚拟变量，在此基础上，对 1978—2011 年的数据进行拟合。考虑到人口增长的路径受到自然条件的约束，呈现出非线性性质，因此构建了 Logistic 模型，利用广义线性模型回归（Generalized Linear Model, GLM）方法对表 4. 3 中的数据进行拟合，回归结果如表 4. 4 所示。从回归结果可以看到，经济活动人口的增速随着时间的推进有明显的下降趋势，并在 98%的置信水平上通过了显著性检验。从 LR 统计指标可以看到模型总体的拟合优度较高。

以上述回归结果为依据，我们可以直接推导未来我国劳动就业率的增长情况，如图 4. 6 所示。

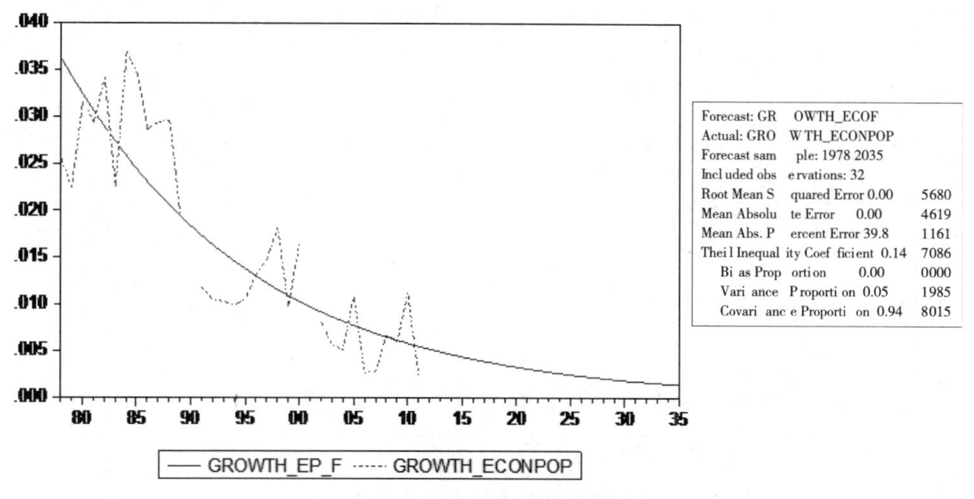

图 4. 6　我国经济活动人口增速预测

此外，本书还通过对人口自然增长的预测，以及参与经济活动的比例进行预测，推算劳动力供给的增长。首先，用同样的方法对我国人口增长的未来变化情况进行预测，如表 4. 5 所示。以此为基础，预测未来人口增长，如图 4. 7 所示。

表 4.5　GLM 估计人口自然增长率的回归结果

Dependent Variable: GROWTH_POP
Method: Generalized Linear Model (Quadratic Hill Climbing)
Sample (adjusted): 1987 2011
Included observations: 25 after adjustments
Family: Binomial Proportion (trials = 0.015)
Link: Logit
Coefficient covariance computed using observed Hessian

Variable	Coefficient	Std. Error	z-Statistic	Prob.
C	-3.502333	51.05443	-0.068600	0.9453
TIME	-0.057930	2.511052	-0.023070	0.9816
Mean dependent var	0.000363	S.D. dependent var		0.031147
Sum squared resid	4.05E-06	Deviance		7.74E-06
Deviance statistic	3.37E-07	Restr. deviance		0.000568
LR statistic	0.000560	Prob(LR statistic)		0.981124
Pearson SSR	7.77E-06	Pearson statistic		3.38E-07
Dispersion	1.000000			

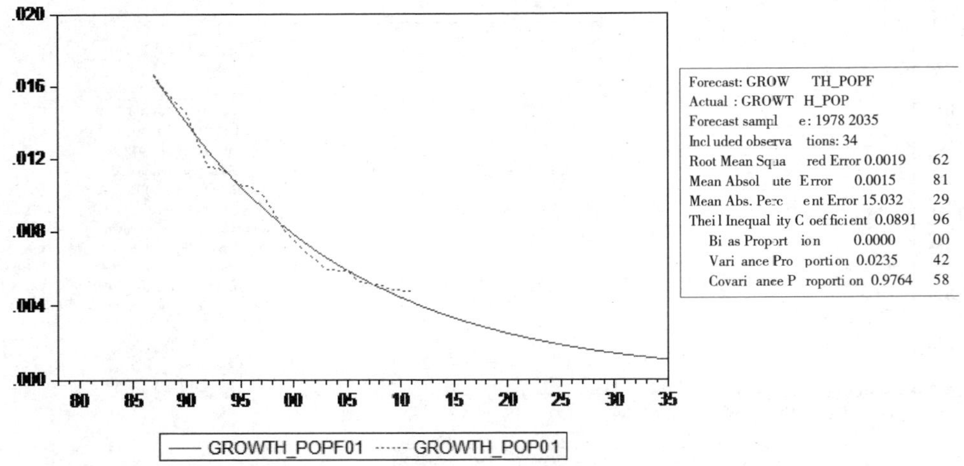

图 4.7　我国人口自然增速预测

而总人口中参加经济活动的比例，则不仅仅受自发的人口增长影响，更受到经济增长情况的影响。因此，本书用 GDP 指数对总人口中参与经济活动的占比进行了回归，结果如表 4.6 所示。

表 4.6　GDP 增速与人口参与经济活动的比例回归结果

Dependent Variable: SHARE

Method: Least Squares

Sample (adjusted): 1990 2011

Included observations: 22 after adjustments

Variable	Coefficient	Std. Error	t-Statistic	Prob.
GROWTH_GDP(-1)	-0.076316	0.024138	-3.161611	0.0057
GROWTH_GDP(-2)	0.003428	0.027991	0.122480	0.9040
GROWTH_GDP(-3)	-0.032890	0.023736	-1.385654	0.1838
TIME	0.000842	7.20E-05	11.69374	0.0000
C	0.567506	0.002556	222.0665	0.0000
R-squared	0.891949	Mean dependent var		0.576805
Adjusted R-squared	0.866525	S.D. dependent var		0.005488
S.E. of regression	0.002005	Akaike info criterion		-9.389557
Sum squared resid	6.83E-05	Schwarz criterion		-9.141593
Log likelihood	108.2851	Hannan-Quinn criter.		-9.331144
F-statistic	35.08333	Durbin-Watson stat		1.578992
Prob(F-statistic)	0.000000			

比较两种估计方法回归结果的检验指标，不难发现直接估计的回归结果更精确，拟合程度较好。因此在后文建模过程中，采用第一种方法得到的预测值，作为劳动力供给数量增长路径的依据。

（二）劳动生产率的提高

如前文所述，劳动生产率的提高是推动我国经济增长的重要动力。然而劳动力的素质难以直接观测。因而这也催生了关于劳动生产率测算的大量研究——尤其是在对我国经济增长动力的研究及增长核算（Growth Accounting）的相关研究过程中，都会涉及对劳动生产率的分析。

归纳现有研究，对于劳动生产率的测算方法主要包括两类：核算劳动收入占比，以及替代指标方法。本书模型遵循前述第一种方法，即直接从增长核算的角度核算劳动收入，以劳均产出作为表征劳动生产率的指标。以此为依据，核算并预测劳动生产率的增长速率。在经合组织（OECD）2001 年出版的《生产率测算手册》中，也将收入份额法作为核算要素产出率的推荐方法。

高帆(2007)[①]测算了1952—2005年间我国劳动生产率的变化情况。通过对三次产业的劳动收入分别核算并进行加权平均,得到1952—2005年间按不变价格计算的劳动生产率从327.56元/人增至5527.86元/人,年均增速为7.96%。改革开放以来,劳动生产率增速的峰值分别在1984年和1992年出现过两次,为12%—15%;李宾、曾志雄(2008)[②]用更细致的统计数据测算了劳动收入占比。根据他们的测算,1981—2007年间劳动生产率的年均增速约为6.84%,而增速总体呈逐渐下降的趋势。劳动生产率增速的峰值出现在1983年(16%),本世纪约为10.68%。而郭庆旺等(2005)[③]则运用数据包络分析(DEA)方法,测算了我国不同地区的经济增长Malmquist指数,并对各要素的产出率进行了分析。测算结果表明1979—2003年各地劳动生产率年均增速的均值为7.687%。

根据前述各位学者的实证研究,我们可以对我国劳动生产率的增长作如下假定:基期劳动生产率增速约为7%,劳动生产率增速的峰值出现在20世纪80年代,峰值增速约为15%。根据这些假设构建Logistic曲线,并约束曲线穿过1952年327.56元/人和2005年5527.86元/人两个数据点,便可以对我国劳动生产率的未来增长情况作粗略的外推预测:

$$LP(t)=\frac{10505.013}{1+e^{-0.1\cdot t}}+275.3835\ ;\ glp(t)=\frac{LP(t)}{LP(0)} \tag{4.65}$$

式中LP表示劳动生产率,而glp表示其增长率。由此,各期有效劳动力供给便可以表示为:

$$EL(t)=EL(0)\cdot gp(t)\cdot glp(t) \tag{4.66}$$

式中$EL(t)$表示各期有效劳动力供给;$gp(t)$表示本节之前估计的各期“经济活动人口”相对于基期水平的增长率。

(三)工资与失业

近年来,我国劳动用工制度已经出现了深刻变革,劳动工资决定机制也相应地发生着改变。以保护劳动者利益为出发点,2008年1月1日推行的《劳动合

① 高帆:《中国劳动生产率的增长及其因素分解》,《经济理论与经济管理》2007年第4期。

② 李宾、曾志雄:《中国全要素生产率变动的再测算》,《数量经济技术经济研究》2008年第1期。

③ 郭庆旺、赵志耘、贾俊雪:《中国省份经济的全要素生产率分析》,《世界经济》2005年第5期。

同法》强化了对最低工资标准的执行要求。这使得劳动工资的价格调整在最低工资率的临界值上成为只能单向调整,而当经济衰退时,工资无法向下调整将会导致厂商减少劳动力的雇用。因此本书模型中需要对劳动工资的这种向下调整的刚性进行模拟。因此模型中引入了内生失业率,在式(4.66)中引入失业率系数μ:

$$EL(t) = \mu \cdot EL(0) \cdot gp(t) \cdot glp(t) \tag{4.67}$$

当劳动力的均衡价格 w 低于最低工资水平 w^* ①时,$\mu<1$,减少劳动力供给(失业率提高),直至 $w=w^*$;当 $w \geq w^*$ 时,$\mu=1$。

三、能源市场模块

能源市场的结构与普通商品有很大的不同,一方面存在资源总量约束使得价格机制与其他商品的边际成本定价有很大区别;另一方面,能源市场供需往往带有非完全竞争属性,包括资源垄断、政策性垄断以及自然垄断等。目前我国能源体系正面临市场化改革,因此对能源市场结构特征的合理、细致的设置,是有效模拟我国能源市场运行的重要条件。

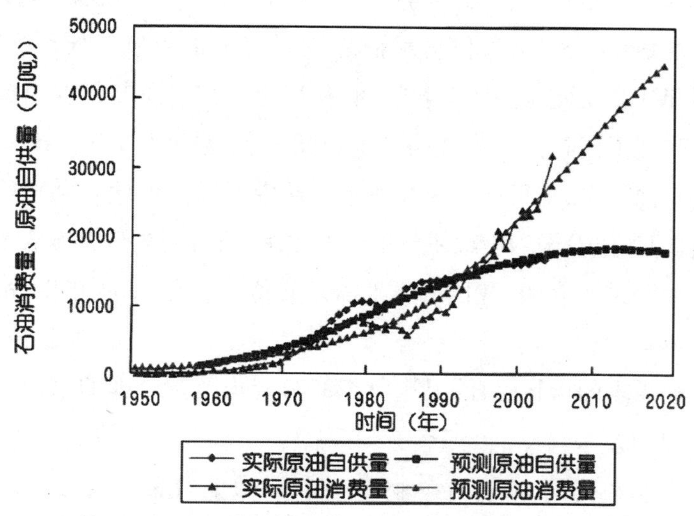

图 4.8　我国石油消费量和原油自供量预测结果图

资料来源:赵庆飞、陈元千:《对我国石油消费量和原油自供量的预测与分析》,《石油科技论坛》2006 年第 1 期。

① 模型中设定为与 CPI 增速相同,即最低工资能保证工资的实际收入不变。

（一）油气资源供给总量约束

可耗竭性是传统化石燃料商品区别于普通商品的主要因素，尤其是在我国实际的能源资源禀赋结构，以及日益提高的能源需求规模与刚性的条件下，能源总量约束显得愈发尖锐和突出。随着现代工业的发展对石化产品的需求激增，同时经济发展对交通运输提出了更高的要求，此外生活部门的汽车保有量近年来呈爆发式增长……这些因素都导致了对原油以及石油制品的需求快速增长，同时也更加凸显了我国能源禀赋结构贫油缺气多煤的结构约束。

1949 年美国地质学家 Hubbert 提出化石燃料供给的“钟形曲线”概念之后，“石油峰值”的探讨成为各国学者研究石油供给总量约束的重要理论依据。随着近年来我国石油需求的急剧上升，也有许多学者利用不同的理论模型对我国的石油峰值进行了大量的研究与预测（张抗，2005①；冯连勇等，2006②；李莹、李德贵，2007③；唐旭等，2010④）。现有研究对我国石油峰值出现的大致时间范围的预测结果为 2015—2030 年间，峰值产量约为 1.9 亿吨原油。

然而事实上石油供给的限制不应当只是依据产能或者可采储量决定；而更应当是一种国家战略行为。冯连勇（2007）⑤指出：“……（原油产量规划）……是一种战略规划，应当以国家利益为前提，考虑能源的供应安全和可持续发展，使能源利用和社会发展相协调，实现资源和社会的和谐发展。”他根据广义翁氏模型预测了我国不同石油开采战略下的供给变化路径，以及用 Hubbert 模型预测了我国的石油需求，结果如图 4.8 所示。从中可以清楚地看到随着我国石油需求的不断提高，以及国内石油供给的逐渐萎缩，石油对外依存度会出现持续快速的上涨。预测结果表明，我国的石油需求峰值将会在 2034 年出现，峰值需求约为 6.3 亿吨。

考虑石油需求的增长路径，冯连勇（2007）提出我国合理的原油产量规划如

---

① 张抗：《近 20 年中国石油储量变化分析》，《石油与天然气地原》2005 年第 5 期。

② 冯连勇、赵林、赵庆飞、王志明：《石油峰值理论及世界石油峰值预测》，《石油学报》2006 年第 5 期。

③ 李莹，李德贵：《我国石油产量峰值预测》，《中国能源》2007 年第 4 期。

④ 唐旭、张宝生、邓红梅、冯连勇：《基于系统动力学的中国石油产量预测分析》，《系统工程理论与实践》2010 年第 2 期。

⑤ 冯连勇、唐旭、赵林：《基于峰值预测模型的中国石油产量合理规划》，《石油勘探与开发》2007 年第 4 期。

表 4.7 所示。依据此结果，我们利用一条二次函数曲线①进行模拟和外推：

$$CRD\_dms(t) = (-3.7368 * t^2 + 15065 * t - 2e + 7) / CRD\_dms(0) \tag{4.68}$$

$$(R^2 = 0.9976)$$

式中 $CRD\_dms(t)$ 表示各期国内原油供给，$CRD\_dms(0)$ 表示基期 2007 年的水平。

表 4.7 我国石油供需峰值预测结果

年份	原油产量（万吨）	石油消费量（万吨）	供需缺口（万吨）
2005	18084	32730	14646
2010	18203	36757	18410
2020	18488	53637	35300
2030	17645	63126	45859
2050	14063	42040	28949

引入国内供给总量约束后，石油产品的国内供给函数中便加入了一个新增的约束条件（式(4.69)中下标 03 为石油开采业的编码，同时也是原油产品的编码）：

$$QAM_{03} = B \cdot (\beta \cdot DY_{03}{}^{-\rho_a} + (1-\beta) \cdot DIMP_{03}{}^{-\rho_a})^{\frac{-1}{\rho_a}}$$

$$\text{s.t.}: DY_{03} \leqslant CRD\_dms \tag{4.69}$$

在利润最大化行为方程下，构建拉格朗日函数，同时由于约束条件为不等式，因此根据“库恩—塔克”条件，求解一阶条件，可以得到一阶条件：

$$\begin{cases} \dfrac{\partial \pi}{\partial DY_{03}} = \lambda_1 \dfrac{\partial QAM_{03}}{\partial DY_{03}} + \lambda_2; (DY_{03} = CRD\_dms) \\ \dfrac{\partial \pi}{\partial DY_{03}} = \lambda_1 \dfrac{\partial QAM_{03}}{\partial DY_{03}}; (DY_{03} < CRD\_dms) \end{cases} \tag{4.70}$$

上式中 $\pi = PAM_{03}(QAM_{03}) \cdot QAM_{03}$ 表示销售收入；λ_1 为生产函数的拉格朗日乘子，表示本地供给原油的使用价值的影子价格；λ_2 为国内原油供给总量约束条件

① 从预测结果来看，钟形曲线左侧的拐点出现在 1979 年，右侧拐点在冯连勇文章估计的时间范围 2050 年前都没有出现，而本书模型估计的时间区间为 2007—2035 年，在广义翁氏模型估计结果的倒 U 形区间，即一阶导数单调下降的区间内，因此用二次函数多项式拟合这段区间内的石油供给并不会与钟形曲线产生显著差异。

的拉格朗日乘子，表示稀缺资源的垄断租金。因此一阶条件表明当本地原油供给总量约束为紧约束时，国内原油的投入成本包括使用价值与资源垄断租；而当总量约束为松时，稀缺租为0。由于我国石油天然气上游开采为几大国有石油巨头垄断，因此本书模型设定本国供给的原油生产成本与销售价格之间的差价即为垄断租，这部分收入由垄断开采部门所得，并不进入居民部门的收入。①

（二）下游市场价格管制与市场垄断并存

除了上游的资源垄断，我国成品油市场同样由几家国有石油集团垄断经营，但同时石油产品的价格又受到国家发改委的监管，无法自由定价。因此，成品油市场同时存在垄断供给与价格管制的结构特点：一方面垄断厂商对垄断超额利润的追求推动价格上涨；另一方面价格管制则限制了垄断定价的上限。

自1998年以来我国国内成品油市场经历了多次改革，其中两次重大的改革分别为：1998年油价改革方案规定按照国际原油月均价确定国内原油基准价，每月调整一次，成品油价格则实行国家指导价，可小范围浮动5%；随后2001年，进一步调整成品油定价机制，在原来以新加坡市场为参照的定价机制基础上，进一步加进了荷兰鹿特丹和美国纽约市场的价格，同时将调整周期改为不定期调整。2008年年底发改委进一步推进成品油价格和燃油税费改革，细化了成品油价格调整方式，规定国际油价连续20天日均涨幅或跌幅超过4%，就应考虑对国内成品油价格进行调整，以使成品油价格能够更真实、更灵敏地反映市场供求关系，促进资源合理利用与公平竞争。对比我国石油市场改革前后，我们可以看到国内原油与成品油定价机制的历次调整，都是以理顺成品油与原油价格关系，接轨国内油品价格与国际价格为目标的。

鉴于此，本书模型设定国内成品油供给参照国际原油价格定价，通过引入内生税收和补贴机制，保证市场供需的平衡。按照式(4.8)，国内成品油生产的单位成本用 CY_{11} 表示（下标11为石油加工业的编码，同时也是成品油的商品编码），而在价格管制下，国内成品油定价规则为：

$$PY_{11} = PCRD\_imp \tag{4.71}$$

① 这里的天然气供给总量约束仅指传统天然气，而不包括页岩气。在下文"能源替代"情景中，将会专门分析页岩气的发现与供给对我国石油需求以及能源安全的重要影响。

因此价格调整系数 $PRGL\_crd = (PY_{11} - CY_{11}) / PY_{11}$：当生产成本高于国际油价时，政府向生产者提供($CY_{11} - PY_{11}$) $\times QY_{11}$的补贴；相反，当生产成本低于国际原油价格时，政府征收($PY_{11} - CY_{11}$) $\times QY_{11}$的税收。有一点需要注意的是，由于模型中所采用的价格指标都不是相对于基准情景的相对价格指标，因此限定国内成品油价格参照国际原油价格变化，实际是限制了国内成品油价格在每一期的涨跌幅度与国际油价涨跌幅度相当，而并不表示两者的绝对价格相等。

同样，天然气作为重要的生活能源，其供应价格在我国也受到国家和地方发改委价格主管部门的严格监管。因此本书设定"燃气供应和输配业"（行业编码24）的产出实际价格不变，即 $PY_{24} = PWLF$（式中 $PWLF$ 为消费品加权平均价格，即 CPI），而价格调整的方式与成品油价格管制机制相同，即记天然气价格调整系数为 $PRGL\_ng = (PY_{24} - CY_{24}) / PY_{24}$，则当生产成本高于管制价格时，政府向生产者提供($CY_{24} - PY_{24}$) $\times QY_{24}$的补贴；相反，当生产成本低于管制价格时，政府征收($PY_{24} - CY_{24}$) $\times QY_{24}$的税收。

（三）我国石油需求对国际油价的反馈

我国国内石油需求与国际市场的互动关系同样会对石油供给造成影响。根据英国皇家石油公司（BP）2012 年发布的 *BP Statistical Review* 统计数据显示，在基期，即 2007 年，我国原油进口量占各国进口总量的 8.23%，仅次于日本和美国，事实上"中国需求因素"已经成为国际原油价格波动的一个重要动因。因此本书模型在原油进口环节采用了"大国模型"假设，即我国的进口增加会提高国际市场价格。这种交互、反馈作用的模拟，对于合理、全面地评估我国面临的国际石油市场风险具有非常重要的作用，对于正确评估我国相关石油政策的效果与执行成本也有着重要的意义。

遗憾的是，尽管"中国需求论"早已甚嚣尘上，对中国需求的巨大冲击力也在不同大宗商品的市场上得到了多次的验证，但是专门针对我国需求与国际油价之间的互动关系的理论研究却尚未有涉及。因此，本书只能从总需求与油价的相关关系中反推我国需求在其中的作用。Kilian（2009）①在其研究中提出了

① L.Kilian，"Not All Oil Price Shocks Are Alike：Disentangling Demand and Supply Shocks in the Crude Oil Market"，in *The American Economic Review*，Vol.99，No.3，2009，pp.1053-1069.

Kilian 指数,并以此为基础,细致地分析了国际石油供给、需求以及突发事件对国际油价的影响,他的实证研究结果表明,国际原油需求的逆价格弹性为 2.05,即国际原油需求增长 1%,会导致价格上涨 2.05%。而我国进口量占全球总量的 8.23%,因此如果我国进口需求与全球其他国家的进口需求对油价的影响同质,则我国进口需求量增加 1%,会使国际油价上涨 2.05×8.23%=0.168715%。以此为依据,我们可以对我国原油进口量对国际油价的反馈关系进行设定。此时国际原油价格不再是外生给定的,而是与原油进口量 $QIMP_{03}$ 有关的函数(03 为原油对应的产品编码),用 $PCRD\_imp(QIMP_{03})$ 表示。则此时原油进口的外汇需求为:

$$FX_{imp,03} = PCRD\_imp(QIMP_{03}) \cdot QIMP_{03} \tag{4.72}$$

两边对 $QIMP$ 求偏导可得:

$$\frac{\partial FX_{imp,03}}{\partial QIMP_{03}} = PCRD\_imp + QIMP_{03} \cdot \frac{\partial PCRD\_imp}{\partial QIMP_{03}} \tag{4.73}$$

注意到 $PCRD\_imp = FX_{imp,03}/QIMP_{03}$,上式可以变形为:

$$\frac{QIMP_{03}}{FX_{imp,03}} \cdot \frac{\partial FX_{imp,03}}{\partial QIMP_{03}} = 1 + \frac{QIMP_{03}}{PCRD\_imp} \cdot \frac{\partial PCRD\_imp}{\partial QIMP_{03}} = 1 + \frac{1}{\zeta} \tag{4.74}$$

根据弹性的定义,式中 ζ 即为原油进口需求的价格弹性,$1/\zeta = 0.168715$。

从模型构建和求解的角度,我们可以将原油进口部门视为一个生产环节:该生产环节通过投入“外汇”这一生产要素,产出“进口原油”这一产出。那么大国模型的假定条件下,随着产出(即原油进口量)的扩张,所需的投入要素(外汇)的需求,也即生产成本以更快的速度增长——从经济意义上看,实际上构成了一个规模报酬递减的生产部门。为了模型求解的便利,我们可以假定国际油价外生,并引入“进口价格加成(MK_imp)”这一虚拟的要素,构建如下柯布—道格拉斯生产函数:

$$QIMP_{03} = \left(\frac{FX_{imp,03}}{PCRD\_imp}\right)^{v} MK\_imp^{1-v} \tag{4.75}$$

$$FX_{imp,03} = PCRD\_imp \cdot QIMP_{03}^{1/v} \cdot MK\_imp^{1-1/v} \tag{4.76}$$

上式两边对 $QIMP_{03}$ 求偏导,可得:

$$\frac{\partial FX_{imp,03}}{\partial QIMP_{03}} = \frac{1}{v} \cdot PCRD\_imp \cdot \left(\frac{MK\_imp}{QIMP_{03}}\right)^{1-1/v}$$

$$=>\frac{QIMP_{03}}{FX_{imp,03}}\cdot\frac{\partial FX_{imp,03}}{\partial QIMP_{03}}=\frac{1}{v}\cdot PCRD\_imp\cdot\left(\frac{MK\_imp}{QIMP_{03}}\right)^{1-1/v}\cdot\frac{QIMP_{03}}{FX_{imp,03}}=\frac{1}{v} \tag{4.77}$$

将上式与式(4.74)联立,可得:$1/v=1+1/\zeta\ =\ 1.168715$,$v=0.85564$,$1-v=0.14436$。如果设定式(4.75)中的投入要素 MK_imp 供给量固定为与基期进口量相当,那么随着以后各期以及各个模拟情景下原油进口量的变化,MK_imp 要素的收入也相应变化,但其与进口量之间的弹性保持不变。此时利用式(4.75)构建的 C-D 生产函数,与式(4.76)直接模拟国际市场价格的变化方式同质。而新增要素 MK_imp 对应的收入,作为国外供给方的额外收益,对应于本国生产者和消费者因进口量增加而导致的额外成本增加,是国内的进口原油需求方收入的净损失。本书模型中为了求解便利,采用后一种方法,即构建生产函数的方式进行求解。

(四)成品油进口管制

我国成品油进口同样受到政府管制。按照我国加入 WTO 时的承诺,自2001 年起我国成品油进口限额将每年增加 15%,直至完全放开。而从实际统计数据看,2001 年以来我国成品油进口依然处于严格的管制之下,平均年增约10%,尤其在 2008 年后国际原油价格高企、经济增长乏力,成品油需求不足给国内炼化企业利润造成较大冲击的时期,原油进口增速更是被限制在 8%左右。由于原油进口主要用于炼化,因此成品油进口限制约束了国内消费者用进口成品油替代国产油品的可能,而国内不断扩张的石油产品需求便会随产业链向上传导至原油的进口需求。

成品油价格构成中,主要包括原油成本、炼化成本、税赋以及物流和其他成本。在这些成本项中,除了原油成本具有相当的波动性外,其他成本均相对为慢变量。因此,尽管国际市场成品油价格波动趋势随市场供需条件的变化会有所差异,但总体趋势主要受国际原油价格变化的驱动。因此,模型设定石油炼化产品的进口成本与原油价格波动趋势相同,同时限制成品油进口量($QIMP_{11}$)不高于前一年进口量的 110%。由于模型按照 Armington 结构设定国内产品与进口产品之间具有异质性,因此依据式(4.50),进口成品油的边际产出,即影子价格可能与国产成品油有所不同。当进口成品油价格外生,同时又有进口数量约束

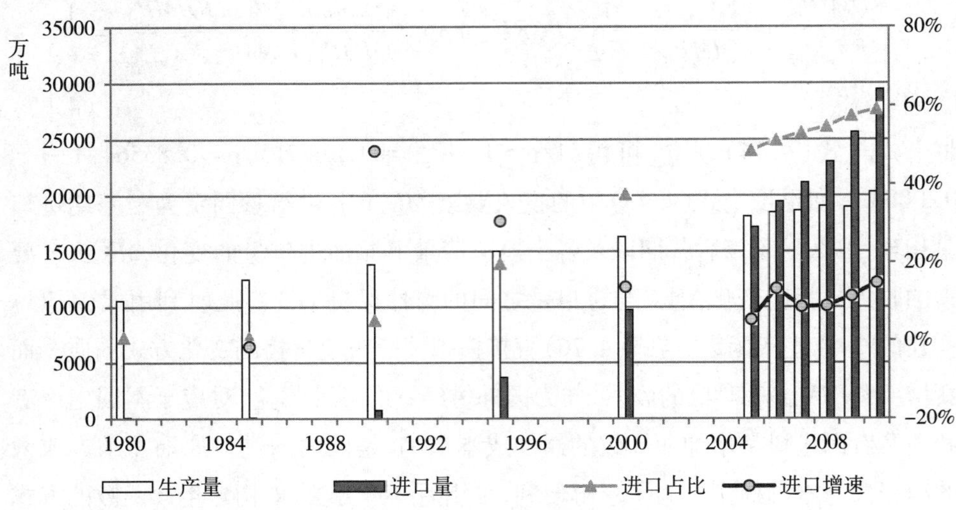

图 4.9 我国成品油国产与进口量增长情况

资料来源:国家统计局历年《中国统计年鉴》。

时,就可能出现短缺,造成模型无法求解。在实际经济运行过程中,稀缺要素或商品的分配方式,除了市场价格机制外,还可能受许可证等政策约束,或者通过黑市、排队等多种形式的隐性成本体现。如果将其量化,则这部分隐性的成本应当相当于要素的边际产出率(或者对于消费品来说的边际效用)与市场价格之间的差额,也就是要素(商品)稀缺性带来的经济租,即总量约束的影子价格。而在模型中,为保证市场供需的平衡,就需要对这部分经济租进行量化分析,而相对应的额外收益的流转过程也需要明确界定。

在我国成品油进口管理体制下,尽管商务部每年按照既定配额发放成品油进口牌照,但是发放的形式采用备案企业"先到先得"的方式,而非进行拍卖。从分配的实际效果看,进口许可主要依然由几家国有企业获得,非国有贸易企业仅占很小一部分,而且大多为受国有企业委托进口。据此,本书模型设定进口约束的稀缺租由国内石油企业所得,所得的收入作为垄断部门总的垄断租金的一部分,而不进入居民效用。此时成品油进口价格为:$PIMP_{11} = (1+\psi)PCRD\_imp$,其中 ψ 为进口价格调整系数,通过调整该系数,平衡成品油进口供需:

$$\psi = \left\{\frac{PIMP_{11}}{PCRD\_imp} - 1 \mid DIMP_{11}(PIMP_{11}) = QIMP_{11}\right\} \tag{4.78}$$

第三节　国内政策模拟

国内的税收、能源以及气候政策对于经济生产有着直接的影响，由于在基准数据中已经包含了相关政策的影响，因此我们在建模过程中必须对这些政策的表现和影响进行识别，相应调整模型参数的设定。

一、税收政策

利用投入产出表中“生产税净额”数据，本书模型对基准情景下的税收政策进行了设定，根据各行业“生产税净额”除以总产出计算生产税税率，记为 τ_i，则商品的市场价格为：$PY = CY/(1-\tau)$，而税收收入 $\tau \times PY \times QY$ 为政府收入，扣除政府消费后向居民部门转移支付。

基准情景中没有包含投入税等其他税种。

二、节能政策

本世纪以来，在国内能源供需趋紧、可持续发展压力紧迫，以及国际减排呼声日盛的多重压力下，推进节能减排已然成为我国国家发展战略的重要组成部分。2009 年哥本哈根气候大会上，时任国务院总理的温家宝同志承诺中国到 2020 年将在 2005 年基础上实现单位 GDP 碳排放减少 40%至 45%。国内政策方面，“十一五”规划要求 2005—2010 年单位 GDP 能耗下降 20%，“十二五”规划进一步要求到 2015 年再降低 16%，并出台了一系列宏观、产业以及技术政策推进减排目标的落实。统计数据显示“十一五”期间我国单位产出能耗实际下降了 19.1%。

节能政策的推进将会直接导致能源消费下降、能源使用成本上升，从而对能源市场供需造成影响。按照现有政策和相关规划，本书模型设定节能政策目标单产能耗指标在 2007—2010 年间每年降低 4.15%；2011—2015 年间每年下降 3.43%；自 2016 年起每年下降 3%。这样的设定使“十一五”期间的能耗强度降幅达到19.0978%,“十二五”期间达到16.0132%,而2005—2020年间总共实现的能耗强度降幅达到41.6514%,满足目前国内外减排政策目标和承诺。

由于单产能耗强度不是模型直接的控制变量,因此无法直接对其进行模拟。一种方式是调整能源消费总量约束,通过迭代的方式求解能耗强度减排约束下的均衡解,但迭代的方法将会耗费大量的时间,极大地降低模型求解的效率。因此,本书对各生产部门的生产函数进行了修改,引入一种新的要素:碳强度指标,通过调整其与其他投入要素与产出品之间的比例关系,模拟能耗强度减排目标,具体如下。记总生产函数 $Q=F(EG,V)$,其中 EG 为能源投入集合,V 表示其他非能源投入的集合。用 $QINT$ 和 $DINT$ 分别表示“强度指标”这一虚拟要素的供给和需求,我们可以构建如下扩展的总生产函数:

$$(Q,QINT)=F\left(\min\left(EG,\frac{DINT}{ecf}\right),V\right) \tag{4.79}$$

上式表示 INT 要素首先以里昂惕夫形式与能源耦合,进入生产函数,同时又以里昂惕夫形式与产品联合生产,其中 ecf 为能源折标系数,$QINT=TRG\_int\cdot z\cdot Q$($TRG\_int$ 为强度减排目标;$z=EG_{t=0}/(ecf\cdot Q_{t=0})$ 为调整系数)。记能源强度(单位产出能耗)为:

$$\frac{Q}{EG}=ecf\cdot\frac{QINT}{DINT}=TRG\_\mathrm{int}\cdot\frac{Q_{t=0}}{ET_{t=0}} \tag{4.80}$$

由上式可见,这样的设定保证了在任何要素相对价格水平下,能源强度与基期水平的比例等于强度目标 TRG_int。上式可以很方便地推广到多行业、多能源品种的模型结构中,这里不再赘述。

第四节　市场出清与模型闭合

CGE模型最终要求解的,就是在给定经济系统中所有主体的行为模式条件下,使所有商品、要素市场出清,供给与需求均衡的价格与相应的商品和要素的投入产出量。因此,从另一个角度看,市场出清的过程实际也是均衡价格形成的过程。本章前几节通过对不同经济主体的优化行为进行模拟,得到了各种商品和要素的供给与需求函数，本节便需要以前述行为方程为基础，对市场出清价格进行分析。

在一般均衡的分析框架下，市场出清主要包括商品市场、要素市场两个维度，以及国内供需、国际供需和跨期决策三个方面。

一、国内商品市场出清

商品市场的出清条件要求各行业产出总量与需求总量相等。由于本书遵循 Armington 结构的设定，对国产商品和进口商品进行整合之后形成国内总供给，因此直接需求国内生产者产品的，除了生产者本身的可变资本投资需求外，便只有作为生产部门引入模型的 Armington 组合部门（式(4.50)）。由此可得：

$$QY = DY_{stk} + DY\ ;\ (1 - \kappa) \cdot QY = DY \tag{4.81}$$

在一般均衡条件下，零利润条件要求所有生产部门的最大化利润为 0，也即产出品的收益完全用于支付生产投入要素的成本[①]。因此在均衡条件下，国内产品的生产成本与购买价格之间必须满足：

$$PY = \frac{CY}{1 - \tau} \tag{4.82}$$

其中 τ 为生产税率。

而对 Armington 组合部门产出的 Armington 组合商品总量（AM 和 AE），则必须和国内总需求相当，包括厂商的中间品投入需求、居民和政府的消费需求、居民和国外投资者的投资需求。通过联立需求函数（式(4.15)、式(4.16)、式(4.26)、式(4.27)、式(4.30)、式(4.35)、式(4.36)、式(4.41)等）和供给函数（式(4.50)、式(4.51)），可得 Armington 组合商品的市场均衡条件为：

$$QAM = dam_{prd} + dam_{wlf} + dae_{gov} + dam_{inv_d} + dam_{inv_f} \tag{4.83}$$

$$QAE = dae_{prd} + dae_{wlf} + dae_{gov} \tag{4.84}$$

当市场达到均衡状态时，由于 Armington 组合这一生产部门为模型引入的

① 事实上零利润条件的设定并不同于现实中的企业“利润”，从微观的角度分析企业经营的过程，企业的利润留存中资本公积部分实际是企业新增投资，对应资本成本；经营性现金对应于可变资本需求；分红则是对资本所有者的追加支付，实际也是资本成本的一种表现形式。由此可见，“零利润”并非约束企业没有利润，而是要求企业的全部收益都必须有确定的流向，从而保证模型解的唯一性。

虚拟生产部门，不存在税收扭曲和流转损耗，因此产品的成本与价格相等，即：

$$pam = cam;pae = cae \tag{4.85}$$

二、国内要素市场出清与要素价格决定

本书模型中引入的要素除了资本与劳动两种基本的生产要素外，还包括为了模型求解过程中引入的虚拟要素。这些要素共同的特征在于不需要经过生产过程即可存在，同时作为生产函数的投入要素中的一部分，引入生产函数后能够提供功用，或增加产品价值。根据一般均衡理论的"零利润条件"，对于任何生产部门而言，在最大化利润条件下，每一种投入要素的边际产出都必须等于其投入成本。这个命题可以由生产函数的利润最大化条件与欧拉方程简单地推导得到，这里不再赘述。

当要素供给总量外生给定时，要素价格即为各行业平均的要素产出率；而当要素价格外生给定时，要素实际需求量等于要素价格与边际产出相等时各行业要素需求的总和。在宏观经济建模领域，对于生产要素的供给与价格如何决定的问题，即那个变量作为外生变量的问题具有非常重要的意义，被称为模型的"宏观闭合规则"。系统"闭合"的意义在于区分模型的外生变量和内生变量，从而确定模型分析的边界。因此闭合规则的设定一方面与建模研究的目标有关，更重要的是与研究者对经济系统的运行特征的认识有关。

早在 20 世纪 60 年代大型宏观经济模型尚未发展的时期，英国剑桥大学经济学家，1998 年诺贝尔经济学奖得主阿马蒂亚 · 森就证明了在一般均衡的理论背景下可能存在过度识别的问题。阿马蒂亚 · 森（1963）①在研究收入分配问题时，发现给定投资和政府支出的条件下，生产部门的利润最大化与充分就业两个目标无法同时实现；也即模型存在过度识别的问题。如果按照不同方式平衡模型中的投资与储蓄，会对模型结果尤其是收入分配结果造成很大的影响。阿马蒂亚 · 森的研究明确地显示了不同学派（新古典学派、凯恩斯学派、新凯恩斯学派以及约翰逊学派）增长模型的区别，也由此提出了宏观经济模型的识别问题。

---

① A.K.Sen, "Neo-classical and Neo-Keynsian Theories of Distribution", in *Economic Record*, Volume 39, Issue 85, 1963, pp.53-64.

而 Taylor 和 Lysy(1979)①以及 Lluch(1979)②则从 CGE 建模实践的角度,最先提出了模型"闭合规则"的概念,Deculuwé 等(1987)③证明了按照 Arrow 和 Debru 的一般均衡理论建立的模型必然存在过度识别问题。随后,Taylor(1990)④、Rattsø(1982)⑤、Robinson(2003)⑥等学者也对此进行了研究,并逐渐将 CGE 模型宏观闭合问题的分析聚焦于要素供给、国际收支平衡、政府收支平衡等有限的几个方面。

对于资本要素供给的决定机制,新古典学派认为储蓄决定投资,通过外生的机制如外生利率决定储蓄,并于下一期转化为投资;相反,在约翰逊模型(Johansen,1960)⑦中,储蓄由投资需求决定,居民总收入扣除储蓄后用于消费。对于劳动力供给,凯恩斯闭合规则限定工资刚性,规定在工资刚性的条件下厂商可以调整劳动力雇佣的数量,因而劳动力市场可能存在失业;而 Kaldorian 闭合规则认为劳动工资不一定等于劳动的边际生产率,通过外生的机制实现收入分配(Löfgren 等,2002)⑧。

本书模型所采用的闭合规则事实上已经隐含在前面介绍的模型各个模块中,首先投资储蓄平衡关系,本书采用新古典闭合规则,即只考虑单期模型则储蓄率根据式(4.23)外生决定,而下一期各行业异质化的资本总供给量同样根据式(4.57)—式(4.61)外生决定。此时各行业的资本供给总量外生确定,资本价格(租金)水平根据实际需求情况浮动,即在市场均衡条件下:

① L.Taylor,*Socially Relevant Policy Analysis*: *Structuralist Computable General Equilibrium Models for the Developing World*,MIT Press,1990.

② C.Lluch,"The Extended Linear Expenditure System",in *European Economic Review*, Volume 4,Issue 1,April 1973,pp.21-32.

③ B.Deculuwe and A.Martens,"CGE Modeling and Developing Economies: A Concise Empirical Survey of 73 Applications to 26 Countries",in *Journal of Policy Modeling*, 1988,pp.529-568.

④ L.Taylor,*Socially Relevant Policy Analysis*: *Structuralist Computable General Equilibrium Models for the Developing World*,MIT Press,1990.

⑤ J.Rattso,"Diferent Msacroclosures of the 0riginal Johansen Model and Their Impact On Policy Evaluation",in *Journal of Policy Modeling*, 1982,pp.85-97.

⑥ S.Robinson,"Macro Models and Multiplier: Leontiof,Stone,Keynes and CGE Models",International Food Policy Research Institute,Washington DC.,2003.

⑦ S.Johansen and K.Juselius,"Maximum Likelihood Estimation and Inference on Cointegration,with Applications to the Demand for Money",in *Oxford Bulletin of Economics and Statistics*,52,1990,pp.169-210.

⑧ H.Löfgren,R.L.Harrisand S.Robinson,A Standard Computable General Equilibrium(Cge)Model in GAMS",in *Microcomputers in Policy Research*,5,International Food Policy Research Institute.

$$rk_i = \frac{\partial \pi_i}{\partial dk_i} \tag{4.86}$$

式中 π_i 为 i 行业的总收益，dk_i 为该行业的资本投入需求，在均衡条件下就等于资本供给 FXA_i。

对于劳动力供给，由于本书模型引入了最低工资机制，因而便形成了混合的闭合条件：当实际工资率高于最低工资限制时，按照所有劳动力均就业，劳动力总供给按照式(4.56)决定，工资率内生决定，即对任意 i 都有：

$$w = \frac{\partial \pi_i}{\partial dl_i} \tag{4.87}$$

当劳动力需求不足导致实际工资率下降到最低工资水平时，遵照凯恩斯闭合规则，即工资率外生限定，企业根据实际需求调整劳动力投入量，即形成失业。根据式(4.14)和式(4.67)，可求得失业率 μ：

$$\mu = \frac{EL(0) \cdot gp(t) \cdot glp(t)}{\sum_i dl_i} \tag{4.88}$$

三、预算约束

得到要素价格后，我们便可以求得各经济主体的预算约束。如本章第二节介绍的，居民部门的总收入包括劳动收入、资本收入，以及政府部门税收收入的转移支付；而居民支出则包括式(4.22)中所列的消费支出以及投资支出，如下：

$$\sum_i (dam_{wlf}+dam_{inv_d}) \cdot pam+ \sum_e dae_{wlf} \cdot pae \leqslant \sum_i rk_i \cdot FXA_i+w \cdot EL+TRANS \tag{4.89}$$

对政府部门而言，其收入来自于税收，而其支出则包括政府消费和转移支付，以及用于实现政策性价格管制的支出：

$$\begin{aligned}\sum_i \tau \cdot PY_i \cdot QY_i = dam_{gov}pam + dae_{gov}pae + TRANS + \\ PRGL\_crd \cdot PY_{11}QY_{11} + PRGL\_ng \cdot PY_{24}QY_{24}\end{aligned} \tag{4.90}$$

四、对外经济均衡

对外经济均衡不仅包括进出口供给与需求的平衡，同时由于进出口结算货币的特殊性，还需要考虑外汇供需的均衡。

在商品市场均衡方面，如本章第三节“开放经济模块”中所介绍，对于非能源产品采用“小国模型”假设，即我国的进出口都不会对国际市场价格造成影响。从另一个角度看，即在国际市场均衡价格下，供给与需求都是无限的，因此我国的进出口需求改变将会被其他市场的供需弥补，因此在国际市场价格水平下，进出口的供需均衡始终满足：

$$DEXP = QEXP; QIMP = DIMP \tag{4.91}$$

我国出口导向的经济增长带来了巨大的贸易顺差，尽管在强制结售汇的政策下，这部分外汇盈余大部分被兑换成为本国货币，进入市场流通。但是出口盈余相对应的那部分实际产出却已经流转至国外市场。在没有进口补偿的条件下，贸易余额净顺差事实上造成了国内可消费商品相对于货币供应下降了。从另一个角度看，贸易盈余可以视为是当期产出的窖藏：通过向国外消费者贷款，即获得外汇形式的储蓄，用以在将来进口国外产品，增加未来的效用。然而就目前来看，尚无法预期在什么时点我国会转为贸易逆差。根据 IMF 的预测，在未来 20 年中我国的贸易盈余还将继续增长。

此外，我国现有的汇率制度是以市场供求为基础、参考一篮子货币进行调节、有管理的浮动汇率制度，当商品进出口需求发生变化，引发本币升值或贬值压力时，外汇管理部门便会通过释放或收回外汇储备，保证汇率的稳定。综合以上两点，我们可以认为在我国当前的外汇管理体制和汇率决定机制下，外汇储备并非控制变量而是残值项，即用以实现在现有贸易条件和汇率水平下外汇供需的平衡。因此本书模型设定了固定汇率机制，即通过调整外汇储备，保障进出口需求和国外投资者收益汇出的需求，同时保持汇率稳定。在给定国际市场价格和汇率水平下，外汇供给量（QFX）必须等于外汇需求量：

$$QFX = FX_{fdi} + FX_{imp} - FX_{exp} \tag{4.92}$$

$$PFX = \overline{PFX} \tag{4.93}$$

第五节　模型数据与参数校准

本书模型以 2007 年 42 部门《中国投入产出表》为基准数据，测算各行业生产函数、各类主题的效用函数中的替代弹性、支出占比系数等参数。在标准的投入产出表中，石油开采与天然气开采，以及石油加工和炼焦为两个完整的行业，但是石油、天然气的实际供需结构、形势有很大区别，加之我国页岩气开发的潜力巨大，天然气将会对我国能源市场带来巨大的冲击；与此同时，石油加工行业与炼焦行业同样有着非常巨大的差异，两者分别是原油和煤炭主要需求行业，在能源供需体系中都扮演着完全不同但同样重要的角色。因此为了更好地模拟我国能源市场与能源供需体系，本书模型首先对基准数据进行处理，将石油和天然气开采业拆分为石油开采业和天然气开采业；将石油加工、炼焦和核燃料加工业拆分为石油加工业，以及炼焦和核燃料加工业。其中石油加工、炼焦和核燃料加工业的拆分直接依据 2007 年国家 135 部门投入产出表的数据；而对石油和天然气开采业的拆分由于没有直接可借鉴的参考，需要根据能源统计资料进行估计。

首先对于投入产出表纵列的分解。如果按照轻质原油 72. 34 美元/桶，每吨原油相当于 7. 3 桶，美元汇率按当年均价 760 元/100 美元计价，则每千克原油的价格约为 4. 0134 元。按照国家统计局发布的折标系数，每千克原油合 1. 4286 千克标煤，则每千克标煤的原油价格约为 2. 8093 元。相比之下，按照 3 元/立方米计价天然气，折标系数为 1. 3300，即每千克标煤天然气价格为 2. 2556 元。原油相对于天然气的溢价与我国“贫油多气”的能源结构是相对应的，溢价比例β约为 24. 55%，而这个相对较为固定的溢价能够为我们确定石油与天然气的产值。根据国家统计局能源统计司发布的《中国能源统计年鉴 2007》中的中国能源平衡表（标准量），计算基年原油与天然气的国内产量，分别记为 ${Q_{crd}}^d$ 和 ${Q_{NG}}^d$，则原油开采业和天然气开采也在“石油和天然气开采业”总产值中的占比分别可以近似地估计为：

$$ {S_{crd}}^d=\beta \cdot {Q_{crd}}^d/({Q_{crd}}^d+{Q_{NG}}^d);{S_{NG}}^d=(1-{S_{crd}}^d) $$

根据上述产值系数，可以对投入产出表的纵列进行拆分。

同时，根据能源统计年鉴中“分行业石油消费量（标准量）”和“分行业天然气消费量”，以及石油平衡表和天然气平衡表，可以得到各工业行业，以及农业、建筑业、商业服务业、交通运输业，以及生活部门和进出口部门的原油与天然气消费量（标准热值），再根据溢价比例，可以推算得到各行业原油与天然气投入的成本比例，并据此分拆投入产出表的横行。

最后，利用交叉熵方法对经过上述分拆处理的投入产出表进行调平处理，具体方法参见 Robinson 和 El-Said(2000)[①]。

基准数据处理完成后,需要据此标定模型系数。以 Nested CES 生产函数式(4.2)底层嵌套为例,构建拉格朗日函数求解最小化成本,可得欧拉方程:

$$\frac{r}{w}=\frac{c}{1-c}\left(\frac{dl}{dk}\right)^{1+\rho_1} => c=\frac{r\cdot dk^{1+\rho_1}}{r\cdot dk^{1+\rho_1}+w\cdot dl^{1+\rho_1}} \tag{4.94}$$

从上式可见,在即期设定要素与商品的基准价格为 1,则生产函数各个嵌套层级中的系数可以从投入产出表中各种投入的成本占比推算得到。上式通过调整 ρ 的数值,可以直接推广到柯布—道格拉斯以及里昂惕夫形式的生产函数中。另外效用函数中的系数同样可以通过支出占比推算,这里不再赘述。

人口增长数据根据我国人口历史数据拟合 logit 曲线外推得到,参见"劳动供给模块"的介绍。

模型校准以各年《中国统计年鉴》公布的 GDP、GDP 指数、工资增长率等数据为参照,调整式(4.23)中 *csp*、式(4.57)中 *cgk*,以及全要素生产率增速等不可观测的参数,力求使模型模拟结果与经济实际增长路径一致。

模型基准价格单位(Numeraire)设定为消费品的加权平均价格,因而模型结果中的各项价格变量均反映实际价格。

① S.Robinson and M.El-Said,"Gams Code for Estimating a Social Accounting Matrix(SAM) Using Cross Entropy(CE) Methods",TMD Discussion Paper No.64,2010.

第五章　国际原油价格波动及其不确定性的宏观经济影响模拟

基于本书构建的动态 CGE 模型,我们可以对国际原油价格波动对我国宏观经济的影响进行系统地模拟和分析。但是如前所述,CGE 模型作为典型的数值模型,无法直接模拟随机变量,而必须将变量转化为确定数值后,才能进行求解。随着近年来计算技术的突飞猛进,通过蒙特卡洛随机实验的方法,根据一定规则对随机变量的可能值进行多次重复抽样,并引入模型系统进行模拟和求解,从而研究被解释变量波动特征的方法,逐渐成为在数值模型中引入不确定性分析的重要技术手段。

另一方面,尽管蒙特卡洛模拟方法在技术上解决了数值模型处理不确定性的问题,但是如何将不确定性因素内化到经济主体的行为模式中,是更进一步需要解答的问题。随着微观经济理论的发展,市场波动的不确定性影响经济主体行为模式的研究也在不断深入,现代金融经济分析越来越多地认识到市场价格波动本身,也即变量的"二阶矩"也会和变量的绝对(期望)水平,也即变量的"一阶矩"一起,对市场主体的行为造成显著的影响。由此产生的预期理论与风险理论构成了现代金融以及宏观经济理论体系中非常重要的组成部分。因此在构建模型模拟宏观经济,尤其是分析外生价格冲击的经济影响过程中,除了通过蒙特卡洛模拟的方法在技术上模拟不确定性的产生外,更重要的是需要研究经济主体面对市场不确定性环境下,投资、消费等经济行为的改变,从机制上分析市场不确定性造成的影响。

现代金融理论通过将预期理论与风险偏好(Risk Appetite)理论相结合,将市场不确定性内化到经济主体的行为方程中分析市场不确定性对单一经济主体或者宏观加总层面上的经济行为造成的影响。其中20世纪90年代提出的风险价值(Value at Risk,VaR)理论通过对风险预期和风险偏好进行整合,形成包含风险因素的资产收益水平确定性等价,用于市场分析与风险管理。该方法目前已经被广泛地应用于风险管理、财务管理、金融市场分析、宏观经济分析以及公共管理领域(Alexander,2005)①。

本章首先根据第四章对国际原油价格波动特征的分析,利用蒙特卡洛模拟方法对未来国际原油价格的变化路径进行模拟和抽样,并借助前一章介绍的CGE模型,对油价波动的宏观经济影响进行模拟。通过比较不确定性、市场预期模式以及风险偏好结构三个维度上的不同设置对模型结果的影响,对国际石油价格不确定性影响我国宏观经济运行的机制以及表现进行全面、系统的分析。

第一节　国际原油价格情景设置

国际原油价格情景的设置是本书模型分析的有机组成部分。情景设置是否合理,在很大程度上影响着模型分析能否得到有意义的结论。由于CGE模型是典型的数量模型,因此其输入变量、内生变量、输出变量都必须是确定的数值而不能是随机变量。在传统的CGE模型分析中,情景的设置往往也遵循确定性变量的原则,给定一组或几组输入数据进行模拟和比较。就分析油价的宏观经济影响而言,设定确定性的价格变化路径能够直观、明了地反映出油价变化的直接作用,便于进行情景间的比较。但是正如前文所述,国际油价波动的一个重要的特征在于其不确定性——大量实证研究都表明,油价波动的不确定性对于各国以及全球宏观经济运行都会造成显著的影响,在进入本世纪以来,油价波动不确定性的影响甚至超过了价格水平本身的变化。而微观经济理论研究也表明,国际油价的不确定性会改变经济主体的行为,尤其是调整要素供给和使用,从而揭示了不确定性对宏观经济的影响的作用机制。而确定性的油价情景无法有效地反映油价波动不确定性造成的影响。

---

① M.Alexander,F.Rüdiger and E.Paul,*Quantitative Risk Management:Concepts Techniques and Tools*,Princeton University Press,2005.

随着随机计算技术的飞速发展，今天我们已经能够用蒙特卡洛方法(Monte Carlo Method)对随机变量进行大样本的抽样实验，通过这样的方法对系统中的不确定性因素及其造成的影响进行分析和评估。本书拟根据第四章的分析结果，结合国际机构油价预测的元分析(Meta-Analysis)以及蒙特卡洛随机抽样技术，对油价波动的总体趋势及其不确定性进行完整的模拟。与此同时，为了提高本书模型分析结构与其他研究的可比性，本书也设定了单独的确定性油价变化路径，针对特定问题进行分析。

一、确定性油价情景(基准情景 S0；高油价情景 S1；低油价情景 S2)

国际原油价格一直被认为是影响世界经济运行的重要变量，因而长久以来都受到了非常广泛的关注。不仅各国学者对油价波动的成因及其经济影响进行了广泛、深入的研究，各大国际经济组织以及各国能源机构也开展了专门的分析和研究，或者提供对未来油价走势的研判与预测。在此之中，经合组织(OECD)下属的国际能源署(International Energy Agency，IEA)，美国能源部下属的能源信息署(Energy Information Agency，EIA)以及石油输出国组织(Organization of the Petroleum Exporting Countries，OPEC)三大能源机构因其在国际石油市场上的特殊地位，其发布的国际石油价格预测具有最高的权威性，是被全世界研究人员、研究机构以及业界相关人员引用最为广泛的油价预测。

1. 国际能源署《世界能源展望》(*World Energy Outlook*)

国际能源署(IEA)每年 11 月发布其旗舰报告《世界能源展望》，通过对各国能源政策的不同政策情景进行模拟，分析未来国际能源市场供需与价格的变化情况，为各国政府、科研机构以及业界人员提供重要的参考。

《世界能源展望》中的预测是由 IEA 首席经济学家办公室牵头，以 IEA 开发的大型全球能源经济模型(World Energy Model，WEM)为基础作出的。WEM 在能源市场供需的局部模型基础上引入了一般均衡的条件，从而对终端能源需求(包括居民部门、服务部门、农业部门、工业部门、交通部门以及非能源使用部门)、发电供暖、石油炼化和其他能源转化部门、化石燃料供应、二氧化碳排放以及能源系统投资六大模块进行综合模拟，系统性地反映在世界经济及相关能源政策的不同情景下,国际能源供需与价格的未来趋势。

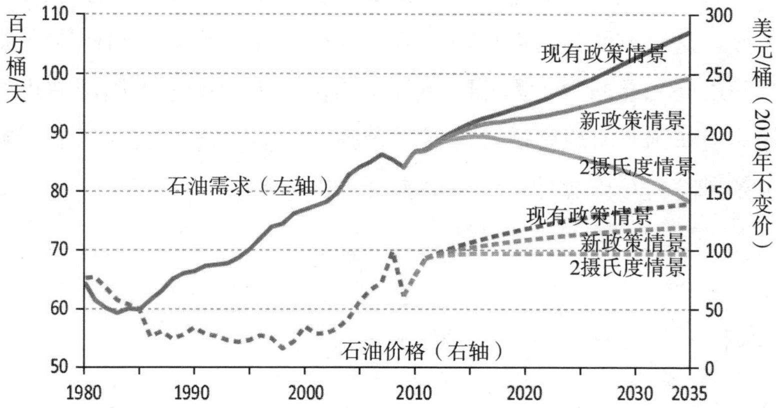

图 5.1　国际能源署《世界能源展望 2012》对全球原油需求及国际原油价格的预测

注:实线表示基准情景、政策优化情景和激进政策情景下的国际原油总需求量;虚线表示三种情景下相应的国际原油价格。

2012 年 11 月 13 日发布的《世界能源展望 2012》中指出,随着新兴经济体经济的快速增长,交通运输需求将会成为国际石油需求的主要来源,并持续地推高国际油价,同时国际石油供给受限于产能约束,面临增长的瓶颈。尽管油砂、天然气(页岩气)以及可再生能源的发展会在一定程度上替代石油满足能源供应的需求,但是国际油价长期将依然维持上涨的态势。从图 5.1 可以看出,即便在最为激进的能源政策下,低油价情景下预测的国际原油价格也将保持在 100 美元左右的水平。基准情景下 2035 年的油价预测水平为 138.28 美元/桶(2010 年美元不变价)的水平。

2. 美国能源信息署《年度能源展望》(*Annual Energy Outlook*)

美国能源信息署(EIA)因其掌握详尽的美国市场数据,对于金融市场相关因素的研判具有得天独厚的条件。此外 EIA 强大的分析和研究实力使他们的预测成为各国学者参照的重要依据。EIA 定期发布的《短期能源展望》(*Short-Term Energy Outlook*)对未来一年以内的能源供需及价格进行预测;《国际能源展望》(*International Energy Outlook*)以及《年度能源展望》(*Annual Energy Outlook*)则提供更为长期的国际和美国国内能源市场预测。EIA 在 2012 年 12 月 5 日最新公布的《年度能源展望》的预测时间跨度为 2013 年到 2040 年,从基准情景来看,EIA 对国际原油价格未来走势的研判比国际能源署乐观,2035 年的油价预测水平为 132.95 美元/桶(2010 年美元不变价),略低于 IEA 的估计水平。但是其预测价格波动的不确定性更大,2035 年高油价与低油价预测水平之间的差距达到了 134 美元。这一方面与两大机构对油价波动不确定性的评判标准有关(选择的置信区间不同),更重要的是 EIA 预测的数据基础更接近美国国内市场,由于美国市场一般认为具有较强的金融属性,受资本、货币等金融因素的影响较大,因而对市场风险和不确定性的认知也更为直接。

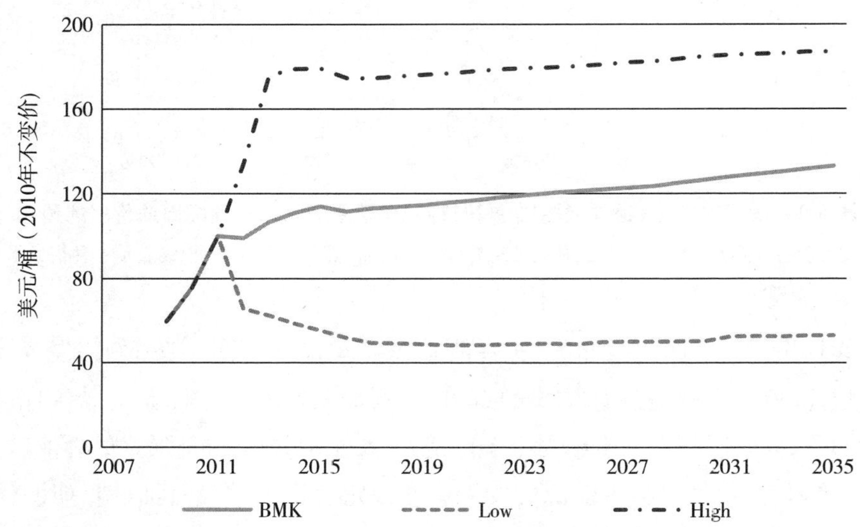

图 5.2　美国能源信息署《年度能源展望 2012》对国际原油价格的预测

EIA 的长期油价预测是在其国家能源模型系统(National Energy Model System,NEMS)对多种结构化的能源经济模型及时间序列分析基础上作出的。

3. *石油输出国组织《世界石油展望》(World Oil Outlook)*

石油输出国组织(OPEC)目前拥有全球 72.39%的石油探明储量,其石油供给占全球总供给的 42.44%,而其出口总量占全球原油总出口量的 57.31%。更重要的是 OPEC 作为典型的卡特尔组织,通过向各个成员国分配产量配额,实现对国际原油价格的控制和管理。尽管实证检验结果表明 OPEC 成员国对于产量配额约束的执行力度参差不齐,但是鉴于沙特阿拉伯巨大的储量和产能调整能力,其作为 OPEC 卡特尔的实际管理方的地位使得 OPEC 依旧在国际原油市场上拥有非常强大的价格影响力,OPEC 的每一次配额或产量调整都会对国际油价造成深远的影响。更重要的是 OPEC 的产量调整代表的是国际石油市场供给方对实际需求变化的相应，因此在很大程度上反映了对石油的实际供需基本面的变化，因此对于市场预期有着很强的引导作用。OPEC 每年发布的《世界石油展望》（*World Oil Outlook*）对国际石油天然气市场的长期供给、需求，以及下游成品油炼化的供需情况进行预测。根据 2012 年发布的《世界石油展望》，OPEC 预测到 2025 年 OPEC 原油参考篮子（OPEC Reference Basket，ORB）价格（名义价格）上涨至 136.19 美元/桶，到 2035 年上涨至 147.54 美元/桶。

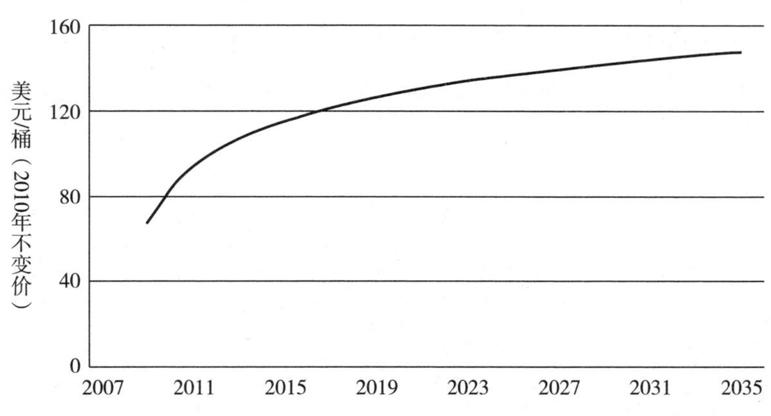

图 5.3　OPEC《世界石油展望 2012》对国际原油价格的预测

OPEC 的估计是基于其世界能源模型（OPEC World Energy Model，OWEM）作出的，OWEM 模型对全球各主要的石油需求方的需求结构进行了细化的模拟，尤其是对石油炼化部门的供需结构进行了细致的模拟，用于指导产量决策。

EIA、IEA 以及 OPEC 三大机构作出的长期油价预测都是基于结构性的能源系统模型，依据对石油市场供给、需求以及运输等中间部门的运行机制与行为模式的细化分析，对市场供需及均衡价格作出的预测。但是由于其所处立场不同，了解的信息也各有侧重，因此他们所作出的油价预测也有所差异。综合上述三大机构的预测，能够帮助我们客观全面地把握未来国际原油价格的变化趋势，从而设置合理的油价情景，进行模型模拟。鉴于此，本书的确定性油价情景（基准情景）依照三大机构的预测设置：对三大机构 2013 年到 2035 年的油价预测取平均值，再用 Hodrick-Prescott 滤波方法（HP Filter）平抑油价预测中的异常波动。

HP 滤波法是宏观经济领域应用最为广泛的一种时间序列数据平滑方法，特别适合用于平抑经济运行过程中的周期性波动因素和非常长扰动。通过对原始经济变量时间序列中的周期波动项和长期趋势项相分离，从而剔除数据干扰，优化数据拟合效果。HP 滤波法最早于 1923 年由英国经济学家 Edmund Taylor Whittaker 提出,并于 20 世纪 90 年代初由美国经济学家 Robert J. Hodrick 和 Edward C. Prescott 最先用于宏观经济分析。HP 滤波法的基本方法如下:记 y_t 为时间序列的对数值,并假设存在一个波动项(记为 ς)和一个趋势项(记为 τ),使 $y_t = \tau_t + \varsigma_t$,则根据(5.1)式可以递归地解出趋势项 τ_t。

$$\min_{\tau}\left(\sum_{t=1}^{T}(y_t-\tau_t)^2+\lambda\sum_{t=2}^{T-1}[(\tau_{t+1}-\tau_t)-(\tau_t-\tau_{t-1})]^2\right) \quad (5.1)$$

式中 λ 为自由参数,表示波动项的波动频度。经过处理后的油价情景设置如表 5.1 和图 5.4 所示。按照基准情景,2007 年到 2035 年间国际原油价格的年均增速为 2.38%。

表 5.1　三大机构油价预测与情景设置　　单位:美元/桶

年份	EIA 预测	IEA 预测	OPEC 预测	均值	HP 滤波
2007	72.34	72.34	72.34	72.34	
2008	99.67	99.67	99.67	99.67	
2009	61.95	61.95	61.95	61.95	77.75842
2010	79.48	79.48	79.48	79.48	83.70828
2011	94.88	94.88	94.88	94.88	89.5227
2012	99.08	96.41673	100.801	98.76591	95.03225
2013	106.64	101.3087	106.2586	104.7358	100.1185
2014	110.9	105.3057	110.7179	108.9745	104.7005
2015	113.97	108.6852	114.4881	112.3811	108.7432
2016	111.53	111.6126	117.754	113.6322	112.2544
2017	113.12	114.1948	120.6347	115.9832	115.2785
2018	113.75	116.5046	123.2116	117.8221	117.8733
2019	114.63	118.5941	125.5427	119.5889	120.104
2020	115.74	120.5016	127.6708	121.3042	122.035
2021	116.81	122.2564	129.6285	122.8983	123.7257
2022	118.25	123.8811	131.4411	124.524	125.2282
2023	119.27	125.3936	133.1285	125.9307	126.5863
2024	120.26	126.8085	134.707	127.2585	127.8367
2025	121.21	128.1375	136.1897	128.5124	129.0097
2026	121.96	129.3906	137.5877	129.6461	130.1296

续表

年份	EIA 预测	IEA 预测	OPEC 预测	均值	HP 滤波
2027	122.64	130.5759	138.9101	130.7087	131.2159
2028	123.52	131.7004	140.1646	131.795	132.2832
2029	125.1	132.7701	141.3579	133.076	133.3409
2030	126.51	133.7899	142.4957	134.2652	134.3939
2031	127.97	134.7644	143.5829	135.4391	135.444
2032	129.12	135.6975	144.6238	136.4804	136.4921
2033	130.35	136.5924	145.6223	137.5216	137.5387
2034	131.76	137.4523	146.5815	138.5979	138.5844
2035	132.95	138.2796	147.5046	139.5781	139.6295

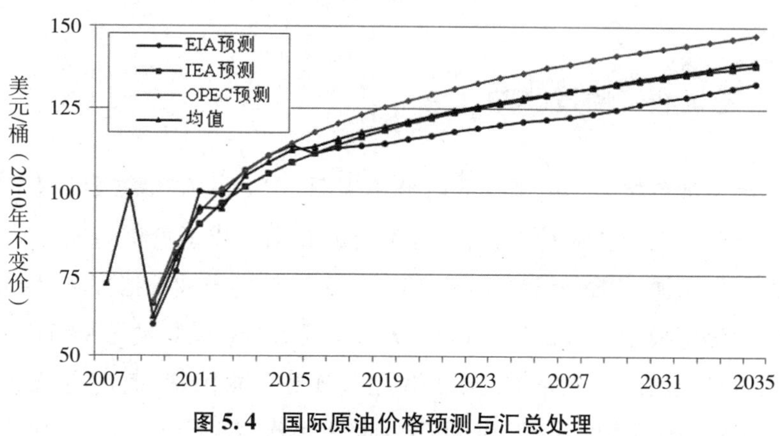

图 5.4　国际原油价格预测与汇总处理

对上述经 HP 滤波后的油价预测水平除以基期（2007 年）国际油价水平（72.34 美元/桶）使基期价格单位化为 1，就得到了本书模型模拟的油价基准情景（S0）。同时，为了比较不同的油价水平对宏观经济造成的影响，本书在基准情景的基础上还设定了高油价和低油价两种情景，如图 5.5 所示。高油价情景（S1）设定国际原油价格自 2013 年起加速上升，至 2035 年比基准情景高 50 美元/桶，2007 年到 2035 年间的年均增速为 3.51%；低油价情景（S2）设定国际油价小幅上涨后逐渐趋稳，到 2035 年比基准情景高 25 美元/桶，年均增速 1.65%。另外设定 NULL 情景，表示油价完全不发生变化的情景。下文对于确定性油价的模拟与比较分析便是基于这三种油价情景展开。

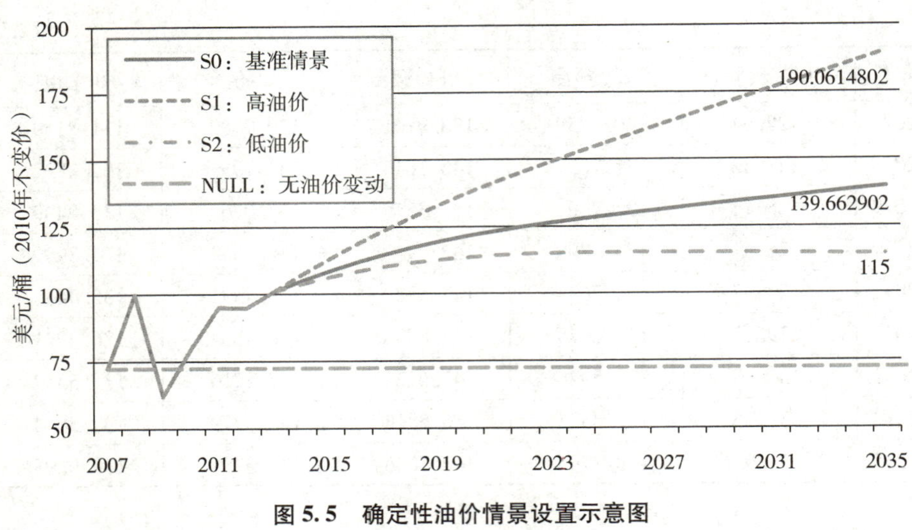

图 5.5　确定性油价情景设置示意图

二、随机油价情景(STOC)

对国际原油价格波动的结构分解分析表明,实际供给和需求因素是决定油价长期变化趋势的主要对动力,而金融市场因素则构成了价格短期波动及其不确定性的主要来源。IEA、EIA 以及 OPEC 三大机构的原油价格预测是基于他们开发的能源经济模型模拟得到,而对三大机构模型分析结构的分析可以发现,这些长期预测最主要的考虑因素是市场供给和实际需求因素,而往往没有考虑突发事件、金融市场因素的作用。因此虽然说这些预测实际上已经较为全面地反映了供给、需求的基本面变化对国际油价波动造成的影响。然而上述确定性油价无法定量地、系统性地分析国际原油价格波动特征及其不确定性。因此,可以将蒙特卡洛随机抽样方法和国际机构的预测相结合,从而完整地模拟国际原油价格波动中的长期趋势及短期不确定性。

(一)国际原油价格波动不确定性的界定

根据本书第四章分析的结果,国际原油价格波动能够完整地分解为供给效应、需求效应以及价格效应。OPEC 和非 OPEC 石油供给方向国际市场实际提供的原油供应量是决定国际原油价格波动中供给效应的直接原因,但供应总量实际上是一个结果,受到全球各原油供给方储量、产能投资、市场结构(OPEC 垄断程度及其产量限额的实际效力)等因素决定。除此之外,地缘政治、自然灾害等突发因素对全球原油供给造成的影响也同样反映在供给效应中。但是从第四章序列分解的结果可以看到,供给效应对于国际油价波动的贡献非常平稳,主要原因在与储量、产能建设、市场结构等因素都是慢变量,并且具有较高的可预测性;地缘政治因素在20世纪七八十年代曾经给国际石油市场带来巨大的震动,但是进入90年代之后,随着非洲、南美以及苏联地区原油供应的增加,国际原油供应来源的多元化导致了局部地缘政治因素或者自然灾害并不会对全球总供应造成根本性的影响,而更多的是通过市场预期对油价造成影响。需求效应是由全球经济总产出推动的实际需求因素。1997年之前全球经济持续快速增长的势头随着亚洲金融危机的爆发戛然而止并急转直下,在2000年IT泡沫破灭之后,全球经济走势进一步下滑。2003年以后,在新兴经济体的强劲增长带动下,全球经济逐渐恢复较快增长,直到2007年金融危机爆发。随着世界经济总体运行情况的起起伏伏,经济生产对原油的实际需求也随之涨落,推动油价发生相应的改变。但是从上述分析不难看出,世界经济的波动往往以几年,甚至几十年为周期,这从总体上决定着国际油价长期的变化趋势,但是对于油价短期波动的影响却非常有限。

IEA、EIA以及OPEC的油价预测已经在很大程度上包含了对于实际供给和需求等基本面因素对油价的决定作用,而通过对上述三大机构预测水平的归纳汇总,本书油价确定性基准情景已经能够较为全面地反映供给需求因素的影响①。因此本书单独对金融市场因素造成的国际油价波动进行分析,借助蒙特卡洛抽样方法和第四章VEC系统中的脉冲响应函数模拟随机冲击造成的油价波动,并将之叠加在确定性油价基准情景之上从而完整地反映油价变化的长期趋势与短期波动。

(二)国际原油价格波动不确定性的模拟

根据第四章的分析,国际原油价格波动可以很好地用自回归移动平均过程(ARMA)来描述,这也表明油价波动的总体是由各个影响因素的外生冲击及其

① 当然三大机构的预测也同样很可能偏离实际值,但是在现有的条件下,找不到其他的预测依据能够比三大机构的预测更加准确、权威。同时需要看到的是,三大机构的预测采用的基础数据、研究方法、模型框架都非常系统、科学,对于长期趋势的考量可谓非常全面。

滞后影响叠加构成，而价格效应即表示所有由价格波动本身的冲击（定义为与供给需求因素无关的价格波动）及其滞后影响累加构成的部分。其中前者可以由第四章 VEC 系统中的油价方程（（4.2）式）残差序列表示，而后者则可以由 VEC 系统的脉冲响应函数刻画。根据 VEC 油价方程的残差，我们可以推断价格冲击的分布情况①，如图 5.6 所示。

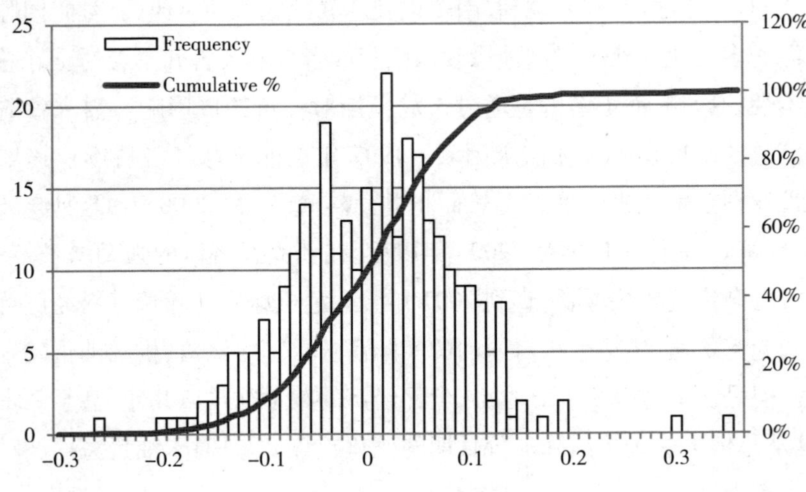

图 5.6　价格冲击的分布情况

计算残差分布相关的统计量，如表 5.2 所示。从表中可以看出，价格冲击的分布峰度远小于正态分布，表示其具有“尖峰”特征。而“尖峰”“厚尾”的特征是金融市场上普遍存在的分布特征，这也在一定程度上与前文提出的油价短期波动的金融属性加强不谋而合。

表 5.2　价格冲击分布的统计指标

	残差分布	正态分布
样本量	311	/
期望	-1.013E-15	0
标准差	0.07875221	1
峰度	1.234820744	3
偏度	0.132111441	0

① 需要指出的是，这里所指的价格冲击，并不是价格波动本身，而是价格波动中无法被之前发生的供给、需求以及价格冲击本身的滞后效应所包含的那部分价格波动。

根据其“尖峰”特征，本书采用广义误差分布（General Error Distribution，GED）对价格冲击的分布进行拟合。GED是金融市场分析领域常用的分布形式，记变量 x 服从均值为 μ、方差为 σ^2、形状参数为 κ 的GED分布（用 $x \sim GED(\mu,\sigma^2,\kappa)$ 表示），则其分布密度函数如下：

$$\mathrm{d}F(x\,|\,\mu,\sigma,\kappa) = \frac{e^{-\frac{1}{2}\left|\frac{x-\mu}{\sigma}\right|^{\frac{1}{\kappa}}}}{2^{\kappa+1}\sigma\Gamma(\kappa+1)}\mathrm{d}x \qquad (5.2)$$

式中 Γ 表示伽玛函数。根据形状参数 κ 的不同，GED分布可以呈现出不同的“尖峰”和“尾部”形状（如图5.7所示），当 $\kappa = 1/2$ 时，即退化为正态分布。

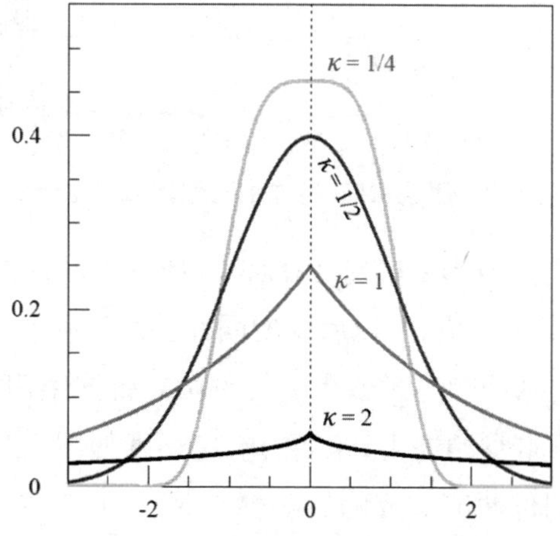

图5.7 广义误差分布密度函数

根据Giller（2005）提出的简算法则，GED分布的形状参数 κ 可以根据其峰度推算得到：

$$Kurtosis = \frac{\Gamma(5\kappa)\ \Gamma(\kappa)}{\Gamma^2(3\kappa)} \approx 1.3 \times 4.3^{\kappa} \qquad (5.3)$$

根据前文计算得到的峰度 = 1.2348、标准差 = 0.07875，可以由此推断本书分析的国际原油价格冲击服从如下形式的广义误差分布：$GED(0, 0.07875^2, 1.26627)$。出于对时间序列样本容量的考虑，第四章采用1985年1月到2011年6月之间的月度数据构建VEC模型，因此本节对冲击分布的分析结果也相应地反映月度的情况。

据此，本书利用Eviews软件的随机数生成器生成服从上述分布的随机变量，模拟各个月度随机发生的价格冲击。由于模型分析的时间跨度为2007年到

2035 年，共计 348 个月，因此以 348 个随机数为一组，共生成了 500 组随机序列，用于蒙特卡洛模拟。对随机序列分布情况进行后验的检验发现新生成的随机数峰度为 1.532，偏度为 0.00174，与原始序列的分布特征非常接近。

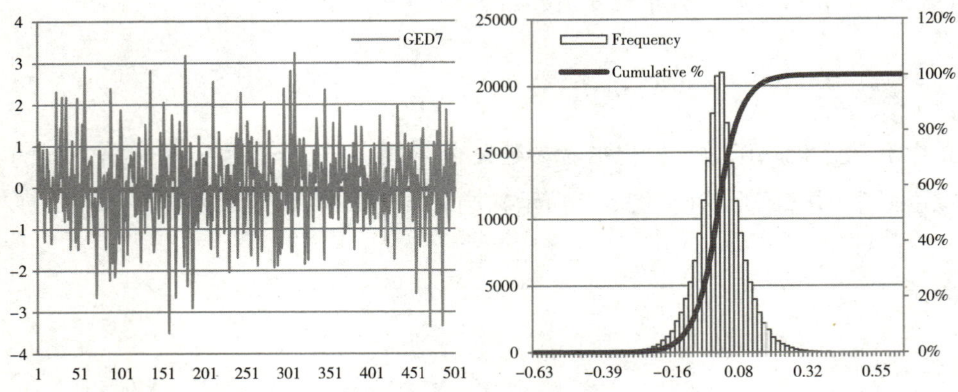

图 5.8　服从 GED 分布的一组随机冲击示例

由于油价波动服从 ARMA 过程，因此每一期发生的冲击不仅会对当期价格造成影响，更会产生滞后效应，对以后各期同样会产生影响。而这种滞后效应可以通过 SVAR 系统的脉冲响应函数来进行刻画。根据第四章的估计，国际油价对于 1 单位来自油价本身的冲击，各期的响应幅度如图 5.9 所示。从图 5.9 中可以看出，1 单位的油价冲击造成的影响会在第二、第三个月逐渐放大，并最终使油价上涨幅度收敛于冲击本身幅度的 127.65%。

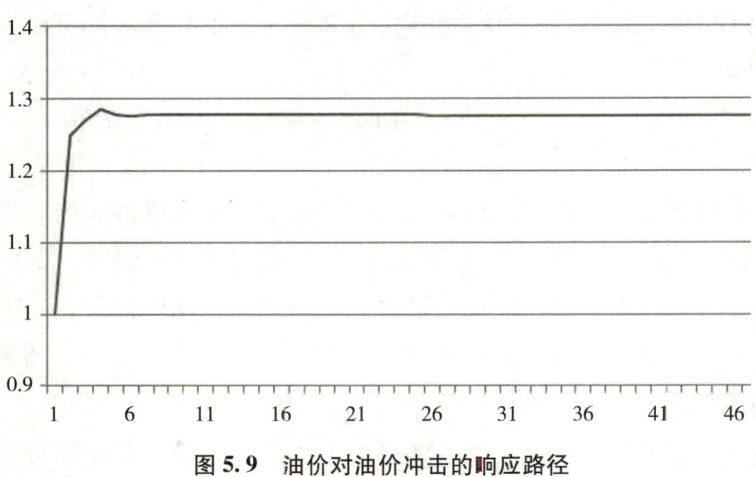

图 5.9　油价对油价冲击的响应路径

将各期生成的随机冲击与脉冲响应函数相乘即可得到各期冲击的当期以及之后各期的影响，再将各期发生的冲击与之前各期冲击的滞后效应相加，便可模拟由价格冲击造成的油价序列的波动情况。记 ε_t 为各期发生的油价冲击，IR_i 为脉冲响应系数（即图 5.9 中各期的值），则油价冲击效应产生的油价波动 FLC_t 可以表示为：

$$FLC_t = \prod_{i=1}^{\infty} \varepsilon_{t-i} IR_i \tag{5.4}$$

用先前生成的 500 组冲击序列，对每一期进行这样的加总，我们可以模拟油价的短期不确定性波动。由于到目前为止我们模拟的都是月度冲击，而本书 CGE 模型分析的时间维度是以年为单位，因此需要对利用上述方法计算得到的油价冲击计算各年的年度平均。将上述生成的油价随机波动序列与基准情景的确定性油价上涨趋势相叠加（相乘），便可得到完整的油价波动序列。图 5.10 和图 5.11 分别显示了其中的一条包含油价不确定性短期波动的完整序列样本，以及 500 组蒙特卡洛抽样的总体分布。将共计 500 个这样的样本（合称为随机油价情景，记为 STOC）代入 CGE 模型进行模拟，并对结果进行分析，便可以实现对油价波动不确定性的模拟和实验。不确定性冲击的模拟结果如图 5.11 所示。

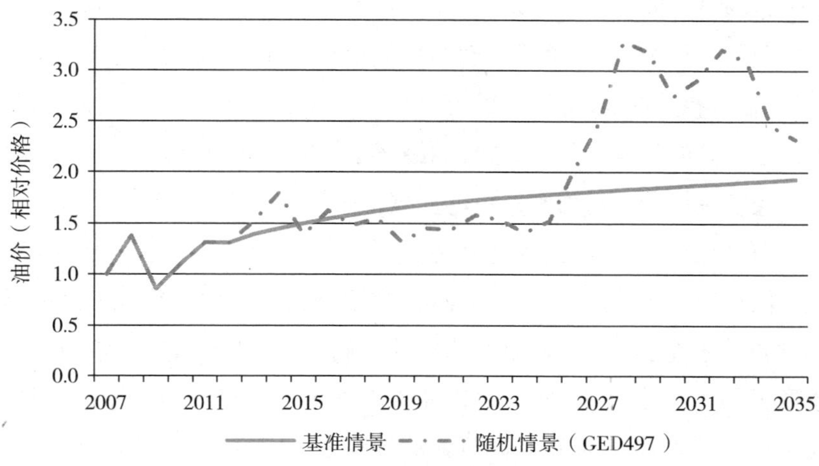

图 5.10　完整的随机油价波动序列抽样示例

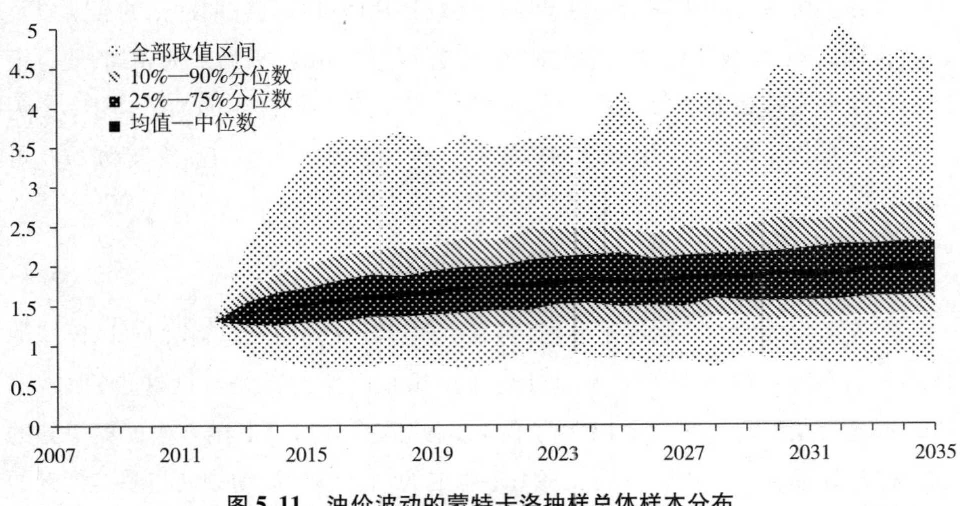

图 5.11　油价波动的蒙特卡洛抽样总体样本分布

第二节　不确定性条件下，理性预期与风险偏好结构的模型实现与结果比较

国际原油价格波动的不确定性、关于油价及受油价影响的其他宏观经济变量的理性预期，以及在存在不确定性的环境下经济主体出于风险厌恶而调整决策的行为，是互相关联、互为因果的有机整体。油价波动的不确定性不仅对宏观经济会造成直接的影响，还会通过影响经济主体的行为，对宏观经济造成间接的影响。而经济主体调整行为和决策的依据便是其对未来油价以及宏观经济运行情况的预期，以及其对风险的厌恶程度。

没有因风险厌恶造成的经济主体行为调整，则模型对不确定性和预期因素的模拟便是不全面的；没有油价波动的不确定性，那么预期因素与风险偏好的模拟便成为了无本之木；而反过来油价不确定性和对风险厌恶的模拟，又需要借助预期结构的设定与模拟将两者衔接起来。因此，本节即拟从不确定性、预期结构以及风险偏好结构三个维度，对传统的 CGE 模型进行扩展，比较模拟结果：

· 首先,在确定性油价情景(S1)、没有预期因素、经济主体风险中性①的模型设定下(模型 M1),模拟油价上涨对宏观经济的影响。

· 其次,在模型中引入因油价上涨受其影响的导致宏观经济运行情况的理性预期(模型 M2),在不考虑油价波动不确定性的情景(S0)下,分析理性预期的作用,以及在理性预期条件下油价上涨对宏观经济造成的直接影响。

· 随后,分别在无预期因素和理性预期两种模型设定条件下,引入油价波动的不确定性(油价情景 STOC),保持经济主体风险中性的假定(模型 M3 和 M3′),分析在这样的模型设定结构下油价上涨及其波动对宏观经济造成的直接影响。

· 最后,在油价波动不确定以及理性预期的条件下,引入风险厌恶的风险偏好结构(模型 M4),研究油价波动不确定性对宏观经济的间接影响。

上述分析框架的逻辑演进路径如图 5. 12 所示。

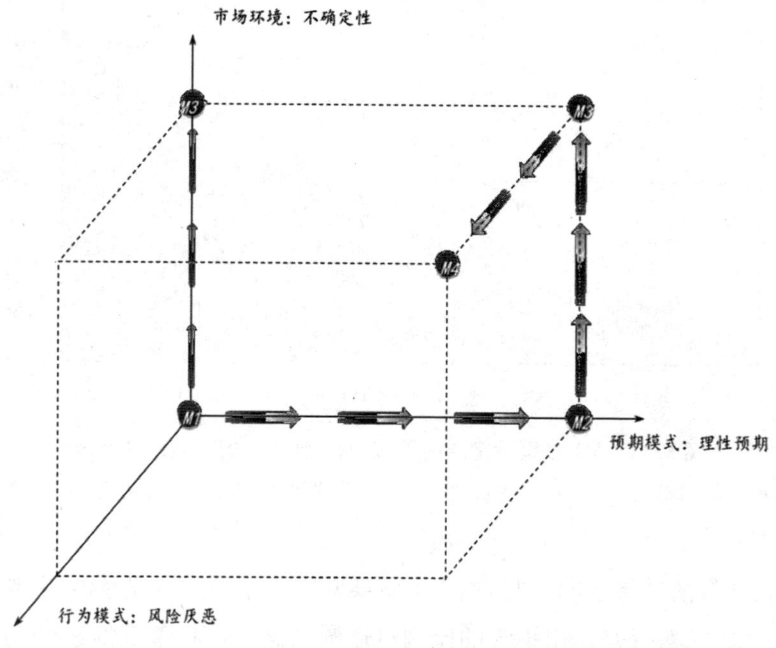

图 5. 12　油价波动不确定性的直接与间接影响分析逻辑与方法论框架

① 由于不考虑预期因素,因此经济主体对未来风险也没有明确的认知。因此 M1 模型设定中,实际上需要考虑风险偏好问题。这里只是为了保证在逻辑上的完整性,所以注明风险偏好结构为风险中性。

一、不考虑预期与风险偏好结构条件下，对油价上涨影响宏观经济的模拟（M1）

根据第四章第四节的介绍，本书构建的CGE模型中，经济主体对未来经济增长的预期主要体现在投资决策过程中。投资主体根据对未来收益率的预期，调整投资的流向，从而最大化投资收益。而在不考虑未来预期的情况下，设定各期投资的行业分配按照各行业既有资本存量决定，即保持产业结构不变。在这样的模型设定下，模拟确定性油价情景（S0、S1、S2）及油价不变情景（NULL）之间宏观经济产出和增速的变化，使我们能够管窥油价上涨对宏观经济造成的影响。

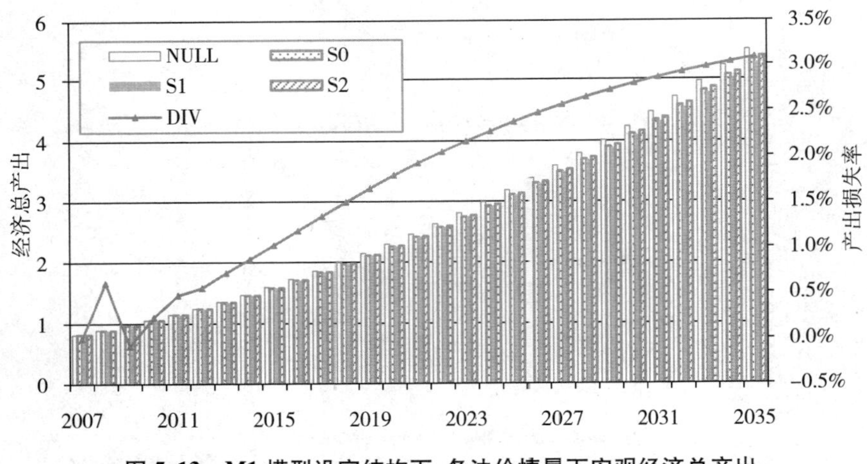

图5.13　M1模型设定结构下，各油价情景下宏观经济总产出

注：DIV表示基准油价情景（S0）与无油价波动情景（NULL）之间总产出相差的比例（右轴）；左轴表示经济总产出。

情景比较的结果表明，国际油价上涨会对宏观经济造成显著的影响，随着油价不断上涨，宏观经济产出损失的比例也逐渐提高。比较基准情景（S0）和无油价变化（NULL）的情景，可以看到产出损失的占比从0逐渐增加到2035年的超过3%。油价上涨的影响从经济增速中也能明显地看出。从图5.14中可以看到，油价上涨对经济增速的影响在早期较为显著，峰值约为0.18个百分点；尽管到后期有所下降，但依然维持在0.06个百分点以上。由此可见，在我国现有经济结构和特征下，国际原油价格上涨会对我国经济产出带来非常显著而强烈的冲击。

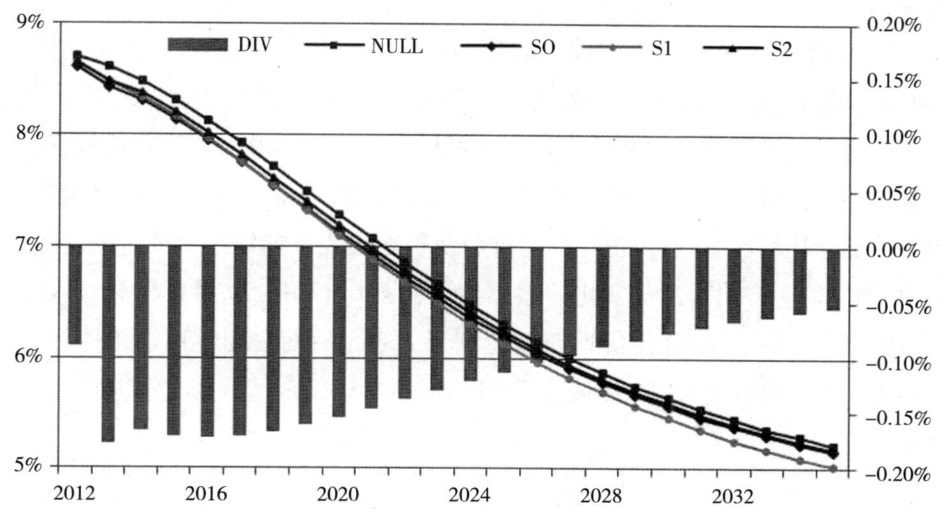

图 5.14　M1 模型设定结构下，油价上涨对宏观经济增速的影响

注：DIV 表示基准油价情景（S0）与无油价波动情景（NULL）之间产出增速的差值（右轴）；左轴表示经济产出增速。

二、理性预期、结构调整与油价上涨的宏观经济影响评估（M2）

如第四章第四节介绍的，本书模型的理性预期过程体现为金融市场主体在进行投资决策过程中，根据未来各行业预期收益率调整投资的行业分配，从而实现对不可逆投资的总收益进行优化。本书模型的宏观闭合条件采用新古典主义闭合，当期总储蓄，也即下期期初的总投资决定于居民终端需求模块中的边际储蓄倾向，而不受金融市场投资回报率的影响，因此投资主体的决策不是决定投资规模，而实际上是给定总投资如何分配投资的行业结构。由于油价上涨对不同行业的影响不同，因而各行业固定资产的资本回报率也会随之发生差异。当油价上涨时，具有理性预期结构的金融市场投资主体便会在预期收益的引导下，将更多的资产投向回报率较高，也即受油价影响较小的行业，而对于高耗能、高耗油，或者能源密集性产品需求较高的行业（从“投入—产出”结构来看，也即对石油产品的完全消耗系数较大的行业）的投资则会受到抑制。从这个角度看，油价变化影响宏观经济的预期效应在本书的模型中，便体现在油价上涨的预期引导投资调整，从而改变产业结构。

图 5.15 列示了在不考虑油价波动不确定性的情况下，引入理性预期因素（对未来油价上涨，以及由此引发的宏观经济变量的变化情况的预期）后，宏观经济产出及其增长的变化情况。从中还可以看到，比较 S0 与 NULL 情景，随着原油价格的上涨，宏观经济产出随之下降。从 NULL 情景下的产出与 S0 情景产出差值的占比情况看，引入理性预期机制使得宏观经济能够适应油价的持续上涨，从而降低了产出对油价变化的敏感性。在图 6.13 中，S0 情景相对与 NULL 情景的产出损失在 2030 年接近 3%，达到了 2.886%；而在理性预期条件下（图 5.15 中）同时期的产出损失下降为 2.3146%。

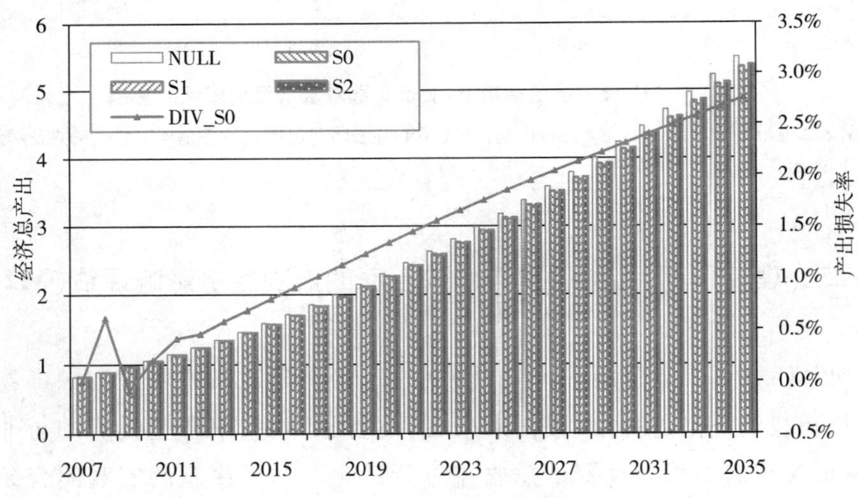

图 5.15　M2 模型设定结构下，各油价情景下宏观经济总产出

注：DIV 表示基准油价情景（S0）与无油价波动情景（NULL）之间总产出相差的比例（右轴）；左轴表示经济总产业。

对经济增速的分析也有同样的结果，如图 5.16 所示。比较 NULL 与 S0 情景下经济产出增速的差值可以发现，在理性预期的条件下，增速的差值维持在 0.1 个百分点上下，显著小于没有预期的情景下两者的差距，尤其是在油价开始上涨的早期。对未来油价波动的及时预期与投资调整引导产业结构相应调整，从而在很大程度上增加了经济体对油价上涨的适应能力，降低了总产出对油价的敏感性。

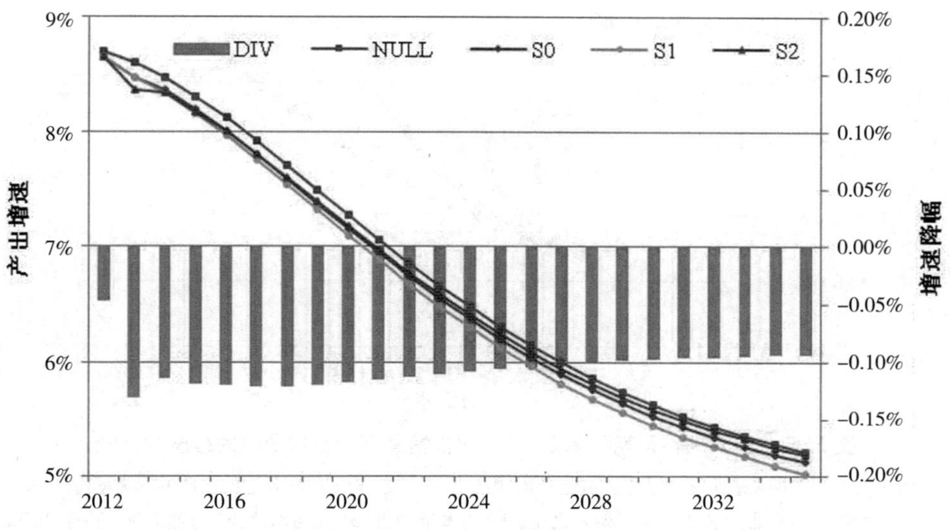

图 5.16 M2 模型设定结构下,油价上涨对宏观经济增速的影响

注:DIV 表示基准油价情景(S0)与无油价波动情景(NULL)之间产出增速的差值(右轴);左轴表示经济产出增速。

图 5.17 比较了在不同油价情景下宏观经济产出损失对油价涨幅的敏感性①,从中可以看到在理性预期推动下,未来油价高企的预期推动市场相应调整,从而提前适应油价变化。而进一步分析预期对产业结构的作用机制,我们可以用图 5.18 来表示。其中左图比较了低油价(S2)和高油价(S1)情景下,各工业行业预期收益率与资本积累速率的变化情况,从图中可以看到在低油价情景下,部分行业预期收益率高于高油价情景,因而引导投资流向这些行业,导致较高的资本积累速率,也即预期收益率的变化率与资本积累速率的变化率之间具有正向相关关系。右图则列示了资本积累速率变化最大和最小的各 8 个行业,从中可以看到:高耗能行业如冶金、建材、化工和造纸业,以及处于产业链前端的行业如石油天然气开采业等,对于预期国际油价变动的敏感性较高;而消费品行业,以及附加值较高、处于产业链末端的行业如纺织、电子产品等行业对于油价预期较不敏感。

① S0、S1 和 S2 情景下各期产出相比于 NULL 情景下相应各期的产出的损失率(Δ_{opt}),与 S0、S1 和 S2 情景下各期油价水平与 NULL 情景下相应各期油价水平之差($\Delta_{p\,oil}$),两者之比。

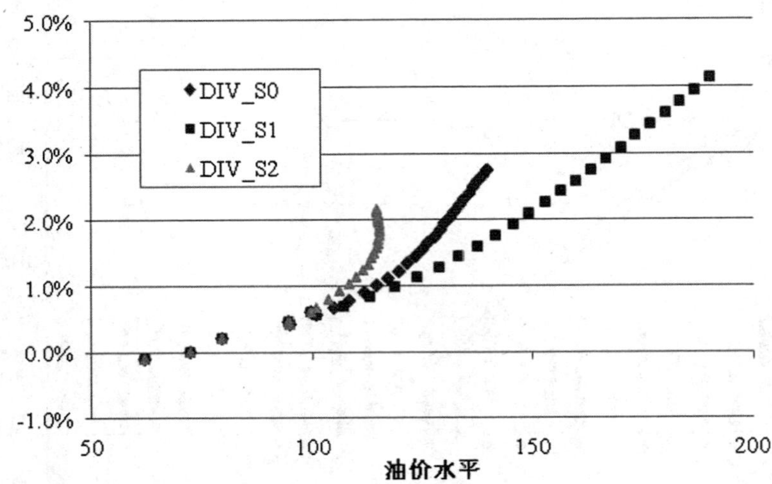

图 5.17　引入理性预期机制后，不同油价情景下产出对油价的敏感性比较

注：图中的各个数据点表示不同情景下各期产出相比于 NULL 情景下相应各期的产出的损失率（Δ_{opt}），与相应情景下各期油价水平（*Poil*），两者之比。S0 为基准油价，S1 为高油价，S2 为低油价。由于 NULL 情景下各期油价均标准化为 1，因此油价水平减 1 即表示涨幅，所以图中的数据点可以用来表示产出对油价变化的敏感性。

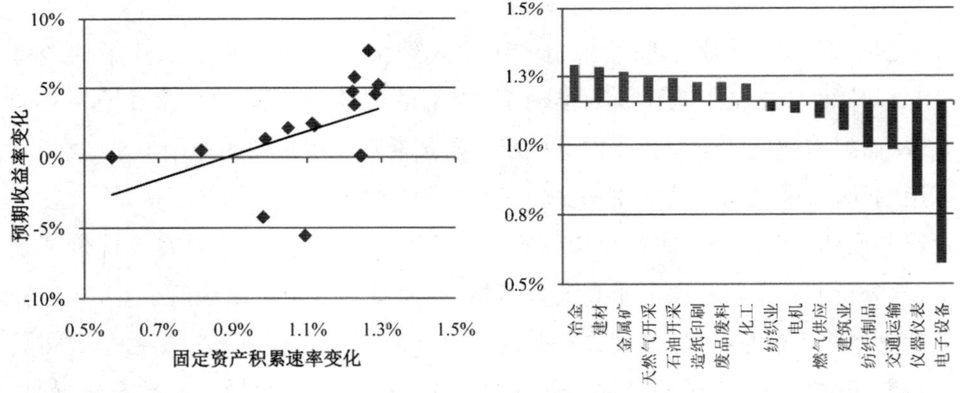

图 5.18　不同油价情景下各工业行业预期投资收益率与资本积累速率的变化情况

注：预期收益率指理性预期下各期按式（4.58）计算的收益率；固定资产积累速率指各行业固定资产存量增速；预期收益率和资本积累速率的变化，指低油价（S2）情景下相应变量比高油价（S1）情景提高的比例。

由此可见，对未来高油价的预期会促使更多的投资流向轻型化、低能耗、高附加值的产业，从而提高宏观经济对未来高油价的适应能力。这实际上推动了我国产业结构的转型。而图 5.19 则清楚显示了理性预期条件下的这种产业结构调整对于提高宏观经济对油价上涨的适应能力的重要作用——引入理性预期机制后，在油价上涨(S0)的情景下，经济产出优于没有理性预期机制的情况。

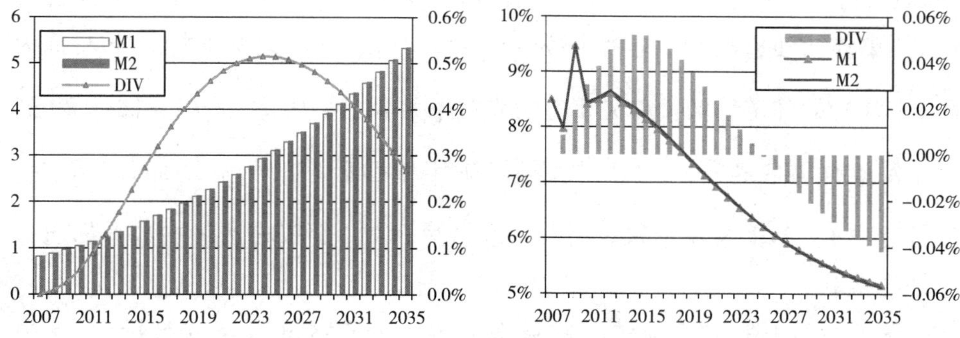

图 5.19　引入理性预期机制前后(M1 与 M2)油价上涨对宏观经济影响的比较

三、国际原油价格波动不确定性对宏观经济产出的直接影响模拟(M3 和 M3′)

在油价不确定性条件下，我们需要对模型的预期过程进行重新的构建。

完整的油价波动包括确定性的趋势项以及随机的波动项构成。在确定性油价情景的条件下，经济主体能够完全地对未来油价趋势进行预期，从而调整投资实现资产收益率的优化。但是在不确定性油价情景下，经济主体无法对未来油价波动的情况进行准确的预期。从图 5.20 可以看到，油价的

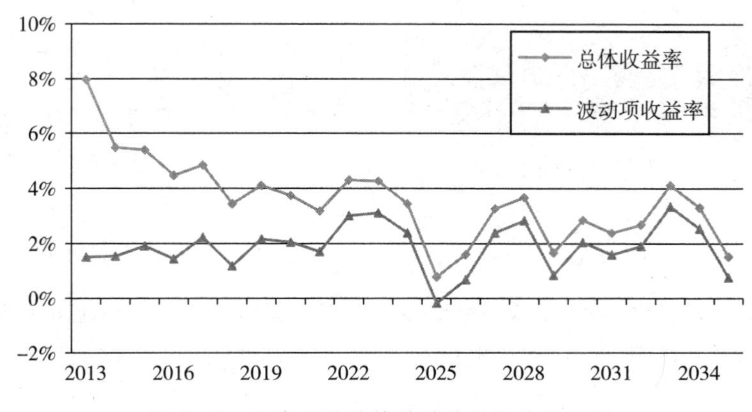

图 5.20　国际原油价格波动收益率曲线示例

随机波动是一个非平稳的时间序列过程，同时我们可以将其拆分成一个确定的趋势项（基准油价情景），以及一个服从自回归过程的随机波动项。从自回归特征出发，我们可以对油价波动的收益率分布进行分析。记实际油价为 P_t，则整体的油价波动收益率记为 $R_t^{oil} = P_t/P_{t-1} - 1$；记基准情景下油价为 $\bar{P}_t$，则油价的确定性增长趋势相应的收益率为 $\bar{R}_t^{oil} = \bar{P}_t/\bar{P}_{t-1} - 1$。图 5.20 列示了油价整体收益率（$R_t^{oil}$）以及剔除确定性趋势项的收益率部分（$\tilde{R}_t^{oil} = R_t^{oil} - \bar{R}_t^{oil}$）。ADF 检验结果表明两个收益率序列在 5%的显著性水平都通过了平稳检验。

图 5.21 和图 5.22 显示了收益率的波动分布区间以及分布特征，从中可以看出虽然收益率的分布总体呈现右偏的特征，但是其在各期的分布区间较为均衡，表明油价收益率在各期服从独立同分布。记 $\tilde{R}_t^{oil}$ 的期望 $\bar{\tilde{R}}_t^{oil} = 1.4858\%$，由于收益率的总体分布区间较大，显著性检验结果表明均值在 96.8%的置信度上拒绝了均值期望不等于零的假设，因此我们可以推断油价收益率剔除趋势项收益率的部分满足随机游走过程，其波动分布如图 5.22 所示。

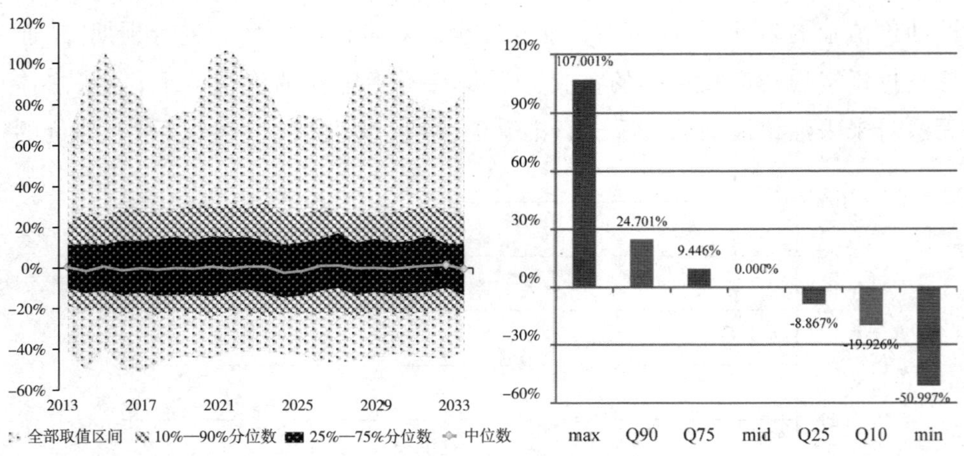

图 5.21　国际原油价格波动收益率（剔除确定性趋势项收益率）分布区间示意图

注：左图为各期分布；右图为总体分布，其中 10%和 90%临界值可用于下文“风险厌恶”行为模式的设定。

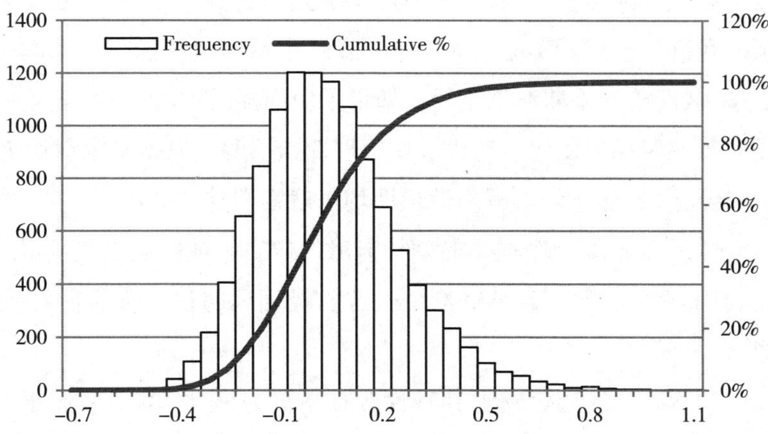

图 5.22 国际原油价格波动收益率(剔除确定性趋势项收益率)分布特征示意图

在油价波动不确定性的市场环境下,经济主体根据当期实际油价,以及关于油价波动特征的信息预期未来油价。根据上述分析,油价收益率服从独立同分布,因而可以根据收益率的分布特征预测未来油价的变化趋势,即设定经济主体在 t 期对 T 期之后的油价作出的预测遵循如下规则:

$$ {}_tE(P_{t+T}) = P_t \cdot \prod_{v=1}^{T}(1 + \bar{R}_{t+v}^{oil}) \tag{5.5} $$

在风险中性的设定下,经济主体以上述预期得到的未来油价期望水平作为确定性等价,引导投资行为、优化预期收益①。然而如前文所述,决定各行业投资结构的控制变量是各行业的投资收益率以及总储蓄率,而这些内生变量间接地受到油价这一外生输入变量的影响。因此在 CGE 模型的复杂系统下,我们无法找到油价与投资行为之间直接的、确切的映射关系。不仅如此,油价与行业投资回报率之间的映射关系还会受到其他变量的影响,而增长路径的任何改变都

① 需要明确的是在不确定性市场条件下,即便经济主体具有理性预期,也无法完全、准确地预测未来油价。对于不确定性波动的部分,经济主体只能按照当期水平进行估计。原因在于按照理性预期的定义(参见第一章第三节第三小节对理性预期的介绍),不论是理性预期的"强有效性"还是"弱有效性",都只是要求在给定可得信息的条件下,预期水平能够反映真实值的期望水平,也即其无偏性。因此并不是说理性预期就要求经济主体完全掌握未来经济变量的变化情况——这样的假设只是为了在理论分析过程中求解方便而作出的简化设定。在本书模型中,由于重点分析的对象便是市场的不确定性,因此在引入了油价不确定性波动的前提下,如果再引入"完全、准确预期"的设定,不仅不合实际,更与本书分析的目标相矛盾。考虑到油价波动可以分为确定性趋势以及不确定性波动两部分,则关于经济主体用于预期的可得信息,最合理的设定便是包含确定性的油价上涨趋势,以及波动项的分布及波动特征两部门。因此在波动项服从随机游走的情况下,(5.5)式能够有效地反映经济主体的理性预期结构。

会带来经济系统内部结构的调整,因而需要通过外部迭代的方式找到与现实相匹配的预期和行为模式(Dixon,2005)①。然而在不确定性条件下,每一期都会有新的信息,从而改变预期油价路径。如果采用同样的方法,则对于每一条油价变化路径的每一期都需要通过迭代来找到理性预期解。根据确定性油价情景求解过程中的经验,外部迭代求解理性预期均衡解需要迭代30—35次才能收敛。而在不确定性条件下,500个样本的蒙特卡洛抽样实验就需要迭代500(样本)×30(迭代次数)×29(期数)/2=435000次,这已经远远超过了普通计算机的预算和存储能力。

因此在对不确定性油价求解其理性预期解的过程中,本书采用了“识别相关关系法(Perceived Correlation Method,PCM)”模拟经济主体的预期。PCM方法是在蒙特卡洛实验的基础上,将计量分析与模型模拟技术相结合,从而近似地分析间接相关的变量之间的映射关系的方法,该方法长久以来在宏观经济建模,尤其是大型模型的建模工作中得到了广泛的应用(Rubinstein,1975②;Chichilnisky,1999③;Milani,2009④)。

PCM方法的基本原理是通过对控制变量进行重复、大样本的抽样,并将其代入复杂系统中求解其他内生变量,以此为基础借助计量回归分析方法,识别控制变量与内生变量之间间接的相关关系。虽然PCM的基本原理非常简单,但PCM却绝不是普适的方法:如果变量之间的间接相关关系表现出较为明显的非线性关系,或者存在结构性的改变,或者就没有明确的相关关系,那么基于经济计量分析的PCM方法便很难得到较为精确的结论,以此为依据设定模型参数往往可能会带来一定的风险。

以M2模型结构(包含对确定性油价增长路径的理性预期)下求解得到的各行业预期收益率为基准,本书对500个随机油价序列样本进行了求解,并以此为

---

① P.B.Dixon,K.R.Pearson,M.R.Picton and M.T.Rimmer,“Rational Expectations for Large CGE Models:A Practical Algorithm and a Policy Application”,in *Economic Modelling*,22,2005,pp.1001-1019.

② M.Rubinstein,“Securities Market Efficiency in an Arrow-Debreu Economy”,in *The American Economic Review*, Vol.65,No.5,1975,pp.812-824.

③ G.Chichilnisky and Wu,H.M.,“General Equilibrium with Endogenous Uncertainty and Default”,in *Journal of Mathematical Economics* 42,2006,pp.499-524.

④ F.Milani,“Expectations,Learning,and the Changing Relationship Between Oil Prices and ahe Macroeconomy”,in *Energy Economics* 31,2009,pp.827-837.

依据,估计各行业实际收益率与油价波动之间的关系。记 M2 模型结构、确定性基准有机情景(S0)下,i 行业在 t 期的预期投资收益率①为 $\overline{RR_{i,t}}$;而在包含不确定性的蒙特卡洛实验中,相应行业在相同期的实际收益率为 $RR_{i,t}$,记实际收益率与基准收益率之间的离差为 $\Delta RR_{i,t} = RR_{i,t} - \overline{RR_{i,t}}$;同样,记实际油价与基准油价之间的离差 $\Delta P_t = P_t - \bar{P}_t = \tilde{P}_t$,则本书模型 PCM 所要模拟的就是 $\Delta RR_{i,t}$ 和 ΔP_t 之间的统计相关关系。值得注意的是,在此之中 $RR_{i,t}$ 、$\Delta RR_{i,t}$ 以及 P_t 、ΔP_t 和 $\tilde{P}_t$ 都是包含 500 个样本的截面数据向量,而不是确数。

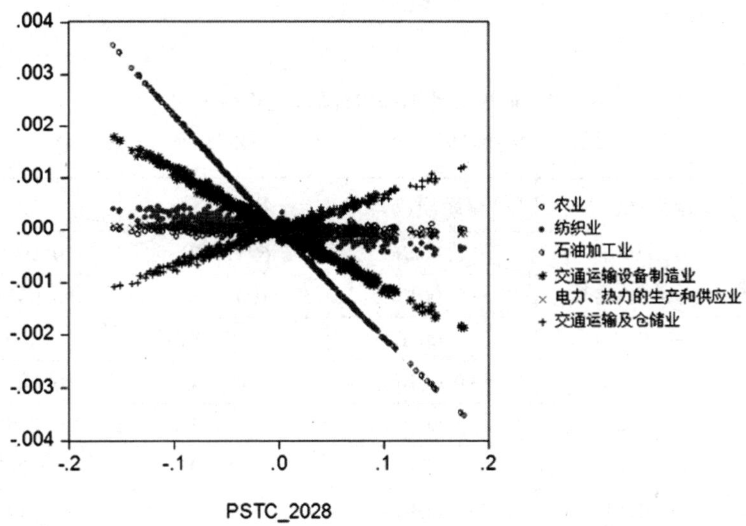

图 5.23　行业投资回报率与油价波动的相关关系

注:横轴为实际油价与基准油价的离差,纵轴表示实际行业投资回报率与基准回报率的离差。

由于各行业的要素投入结构、资本积累规模不同,而各期之间劳动力和资本以及产业结构也都发生了一定的变化,因此本书对各行业在每一期的资本收益率与油价波动之间的相关关系进行了模拟,每个方程包含 500 个样本,共计 44(行业)×29(期)= 1276 个回归方程:

$$\Delta RR_{i,t} = a_{i,t} \cdot \tilde{P}_t + b_{i,t} \tag{5.6}$$

图 5.23 列示了部分行业在样本年度(2028 年) $\Delta RR_{i,t}$ 和 ΔP_t 之间的关系,

① 由于 M2 模型结构包含了理性预期,同时又不包含不确定性,因此各行业的预期收益率也就等于实际收益率。

从中不难发现两个变量之间具有比较明显的线性相关关系，由此我们可以推断PCM方法能够比较精确地识别油价波动对行业投资回报率的影响。

在风险中性的风险偏好结构下，对未来收益率的预期即为引导经济主体投资行为的确定性等价。利用(5.6)式和预期方程式(4.58)，我们便可以推算在不同现期油价水平下，经济主体对未来各期投资收益率的预测值，再根据本书第四章(4.57)式—(4.61)式介绍的方法决定投资结构、优化跨期的投资收益率。而比较同样包含理性预期机制的确定性基准油价情景(M2,S0)下宏观经济的产出和增长情况，便能够向我们揭示国际油价波动不确定性对宏观经济造成的直接影响。

表5.3　油价波动不确定性的直接影响评估

（线性方程 $\Delta GDP = a \cdot \Delta P + b$ 的回归结果）

	趋势项(a)	截距项(b)	F统计量	R^2
2013	−0.01105	−0.00186	69815.81	0.992988
2014	−0.01187	−0.00178	10039.85	0.953194
2015	−0.01291	−0.00167	3302.913	0.870123
2016	−0.01302	−0.00166	1801.448	0.785133
2017	−0.01384	−0.00153	1181.788	0.705634
2018	−0.01443	−0.00149	819.0713	0.624258
2019	−0.01492	−0.00136	589.4261	0.544542
2020	−0.01466	−0.00129	504.152	0.505592
2021	−0.01411	−0.00128	324.0266	0.396592
2022	−0.01355	−0.00115	269.8645	0.353752
2023	−0.01382	−0.001	265.2654	0.349832
2024	−0.01342	−0.00101	210.3647	0.299083
2025	−0.01385	−0.0012	252.8353	0.338996
2026	−0.01382	−0.00128	192.1039	0.280401
2027	−0.01356	−0.00116	200.2385	0.288845
2028	−0.01536	−0.00096	243.9754	0.33105
2029	−0.01549	−0.00107	220.9793	0.309504
2030	−0.0143	−0.00102	194.1607	0.282555
2031	−0.01414	−0.00103	180.4722	0.267973

续表

	趋势项(a)	截距项(b)	F 统计量	R^2
2032	−0.01418	−0.00101	197.1842	0.285698
2033	−0.01479	−0.00086	207.3275	0.296044
2034	−0.01646	−0.00076	274.0512	0.357279
2035	−0.01625	−0.00097	219.735	0.308298

由于确定性油价情景下经济产出为确定值,而在不确定性油价情景下则是随机变量,因此对两者进行比较,需要在不确定性油价情景下,计算当油价等于基准油价($P_t = \bar{P}_t$)时,产出的条件期望($E(GDP_t \mid P_t = \bar{P}_t)$)。记基准情景下产出水平为 $\overline{GDP_t}$,则我们可以通过拟合不确定性油价情景下 GDP 水平与基准情景下 GDP 的离差($\Delta GDP_t = GDP_t / \overline{GDP_t} - 1$)以及随机油价情景下油价和基准油价的离差($\Delta P_t = P_t / \overline{P_t} - 1$)之间的线性关系,求解上述条件期望。表 5.3 列示了线性拟合的回归结果以及部分统计量,从中可以看到各期回归结果的截距项均小于 0,并且 F 统计量均非常显著。由此可以推断当油价与基准情景相等($\Delta P_t = 0$)时,GDP 水平小于基准水平($\Delta GDP_t < 0$),也即油价波动的不确定性会对宏观经济产出造成直接的不利影响。

图 5.24 是一个样本年度(2014 年)中,ΔGDP 与 ΔP 之间线性相关关系的示

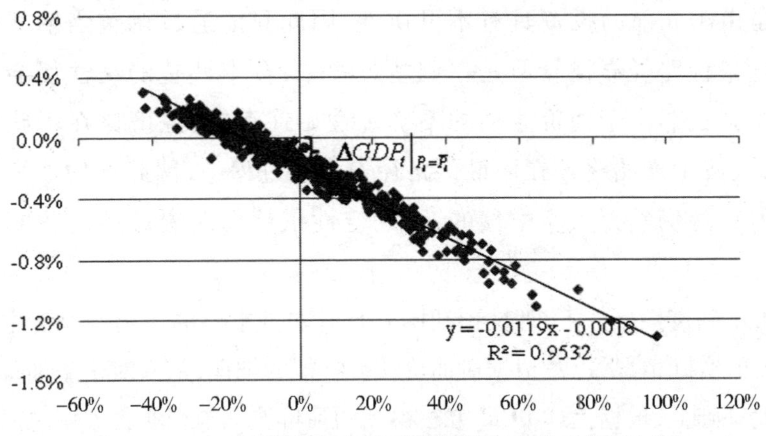

图 5.24　GDP 离差与油价离差的线性相关关系(2014 年)

注:横轴 x 表示 ΔP_t ,纵轴 y 表示 ΔGDP_t。

意图，图 5.25 则列示了各期截距项的水平，以及截距项在 90%置信度上的分布上下限，可以看到每一期 90%置信区间的上限也都位于横轴以下，表明各期截距，即 $\Delta GDP_t \big|_{P_t=\bar{P}_t}$ 水平显著小于 0。

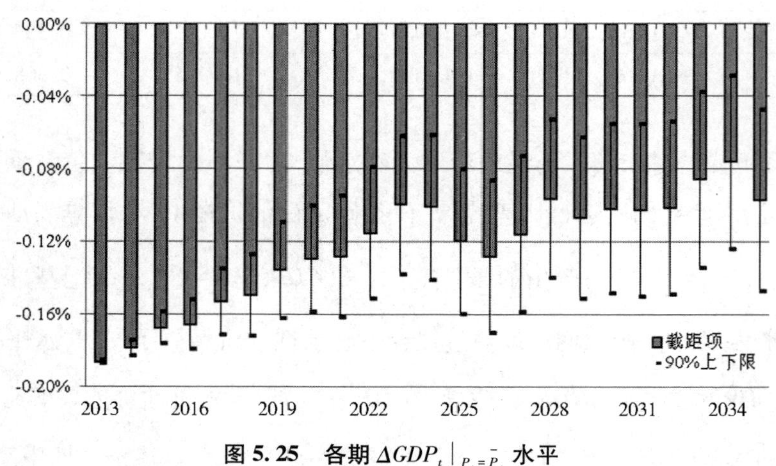

图 5.25　各期 $\Delta GDP_t \big|_{P_t=\bar{P}_t}$ 水平

从影响机制看，由于在不确定性条件下，经济主体无法准确预期未来油价的波动情况，因此只能根据当期水平预测未来的期望水平。在这样的条件下，当油价发生偏离预期的波动时，经济主体按照预期作出的投资决策便偏离了最优路径。比如当油价上涨超过预期时，部分对油价波动敏感的行业收益率相比于其他行业下降较多，此时便会导致这些行业收益率下降，投资需求下降。但是由于先前的投资具有不可逆性，因此只能通过调整当期新增投资量逐渐向最优路径靠拢。但是在调整过程中，资本调整的黏性便会带来额外的经济损失。由于油价波动的不确定性始终存在，经济体在不确定性的环境下，经济生产始终处在向最优路径逼近的过程中，因此即便经济主体的风险偏好结构仍然为风险中性的，不确定性依然会对宏观经济造成直接的影响。

油价不确定性条件下，理性预期同样具有非常重要的作用。经济主体根据油价波动的实际情况，以及根据对油价波动特征的把握，从而对未来油价进行预期。在此基础上，根据上述 PCM 方法得到的油价波动与行业收益率之间的相关关系，调整投资，从而优化投资收益。在投资调整的过程中，也相应地使得宏观经济结构和增长路径逐渐适应油价的波动，降低经济产出和增长对于油价波动的敏感性。图 5.26 显示了在油价波动不确定性情景下，比较宏观经济产出在有理性预期与没有理性预期两种模型设定条件下的异同。左图显示蒙特卡洛抽样结果各期 GDP 产出的标准差，右图显示的是 GDP 产出对油价波动的敏感性（即线性方程 $\Delta GDP = a \cdot \Delta P + b$ 的趋势项 a 回归结果）。

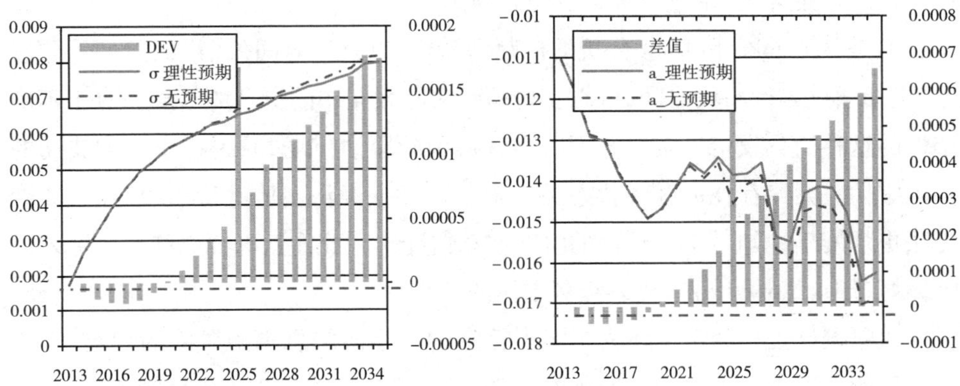

图 5.26 油价波动不确定性情景下，理性预期与非理性预期模型设定条件下，GDP 产出的标准差以及 GDP 产出对油价波动敏感性比较

注：左轴表示各期 GDP 产出标准差和敏感性系数；右轴表示两种模型设定下的差值。

从图 5.26 中还可以明显地看出在引入理性预期后，宏观经济产出的方差缩小，并且产出对油价的敏感性也显著降低。并且两种模型设定条件下，产出波动的方差以及对油价的敏感性的差距随时间快速扩大。考虑到油价波动的非平稳特征，这种离差的扩大在很大程度上表明随着油价波动的不确定性不断积累，油价变化的抽样路径与基准情景的偏离也会越来越大，从而在没有理性预期和产业结构调整的情景下，经济增长路径也会与最优路径越离越远。

四、风险偏好及行为调整的模型实现与结果比较（M4）

国际原油价格波动不确定性对宏观经济的影响不仅有直接效应，同时还有间接效应——由于不确定性的存在，导致经济主体调整行为模式，进而影响经济总体运行的路径。对于不确定性条件下经济主体行为模式的改变，不仅仅在金融市场分析的领域受到关注，在宏观理论研究领域同样很早就已经对此进行了分析。Bernanke(1983)①、Dixit(1989)②、Ferderer(1996)③等学者对实际经济周期的分析框架中就已经引入了不确定性对经济主体行为的影响,Bernanke 和 Dixit 的模型都模拟了经济主体在投资收益率不确定的条件下,延后投资行为以获得更多关于真实收益率的信息的机制;Ferderer 则从宏观加总的层面证明了在不确定性条件下,企业投资将会受到抑制。

但是 Bernanke 和 Dixit 分析的机制都需要在具有"时间价值"的条件下才成立,也即通过等待一段时间,可以获得关于实际收益率的更多的信息。对于不确定性的这种简化设定事实上并不适合分析国际原油市场,原因在于油价波动的不确定性是始终存在的客观状态,是"常态",即便经济主体等待一段时间,依然无法更加准确地知道未来油价的实际波动情况。因此在这里我们就需要引入风险偏好(Risk Appetite)来描述经济主体的行为。

风险偏好是指经济主体为了实现特定的目标而愿意承担风险的种类、大小等方面的基本态度。更为一般化的定义,是指经济主体对于给定期望收益水平,愿意承担的不确定性程度。在同样的期望收益条件下,如果特定经济主体更偏好不确定性高的投资品,则该经济主体为风险偏好型的;反之,大部分经济主体在同等预期收益水平下更偏好不确定性较小的投资品,也即风险厌恶。与消费偏好一样,风险偏好也可以用无差异曲线表示,令横轴表示风险程度,纵轴表示期望收益,则风险偏好的无差异曲线如图 5.27 所示。

图 5.27 表示在无差异曲线上,收益越高,则愿意承担的风险越大;相反,风险越大的投资,要求的收益也就越高。然而由于风险偏好无法观测,因而在实际分析市场风险及其影响的研究中,很少直接对风险—收益无差异曲线进行研究,更多的是寻找不确定性收益的确定性等价,这也符合"可度量""可报告""可比较"的要求(《巴塞尔协议 III》)。在此之中,风险价值(或称在险价值,Value at Risk,VaR)的概念受到了越来越多的重视。VaR 的概念最早在 1993 年的 G30 集团会议上被提出,并由摩根大通(JP Morgen)最先实际应用于风险管理体系

① B. S. Bernanke, "Irreversibility, Uncertainty and Cyclical Investment", in *Quarterly Journal of Economics*, 98(1), 1983, pp.85-106.

② A.Dixit, "Entry and Exit Decisions under Uncertainty", in *The Journal of Political Economy*, Vol.97, No. 3.1989, pp.620-638.

③ J.P.Ferderer, "Oil Price Volatility and the Macroeconomy: A Solution to the Asymmetry Puzzle", in *Journal of Macroeconomics*, 18, 1996, pp.1-16.

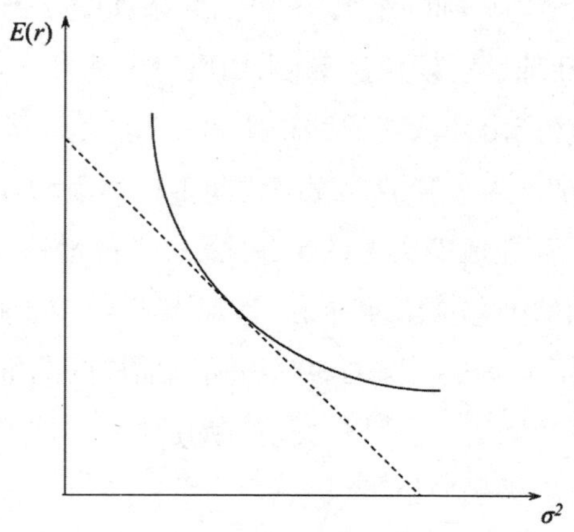

图 5.27　风险偏好(风险—收益无差异曲线)示意图

中。VaR 模型提供了衡量市场风险和信用风险的大小,不仅有利于金融机构进行风险管理,而且有助于监管部门有效监管。经过了 20 年的发展,VaR 已经成为国外大多数金融机构采用的衡量金融风险大小的方法。记置信度 $\alpha \in (0,1)$ 则风险价值 L 定义为:

$$VaR_{\alpha}(L) = \inf\{l \in R: P(L > l) \leqslant 1 - \alpha\} = \inf\{l \in R: F_L(l) \geqslant \alpha\} \quad (5.7)$$

从以上定义可以发现,VaR 在统计的意义上实际是指在给定的置信水平下,持有资产的最大预期损失。VaR 模型利用随机变量分布的分位数,将风险厌恶的偏好结构内化到预期收益的确定性等价中,因此用投资收益的 VaR 水平替代期望收益率引导投资者作出投资决策,便能够有效地模拟在不确定性和风险厌恶条件下投资者行为的调整。用各行业投资的 VaR(95%置信度)度量风险的价值,则修改式(5.6)便可以得到经济主体风险厌恶时投资收益 $RR'_{i,t}$ 的表达式:

$$RR'_{i,t} = \overline{RR}_{i,t} + \Delta RR_{i,t} - VaR_{0.95}(\Delta RR_{i,t}) = \overline{RR}_{i,t} + \begin{cases} a_{i,t}Q_{0.9}(\tilde{P}_t) + b_{i,t}, a_{i,t} \leqslant 0 \\ a_{i,t}Q_{0.1}(\tilde{P}_t) + b_{i,t}, a_{i,t} > 0 \end{cases} \quad (5.8)$$

其中 $Q_a(\tilde{P}_i)$ 表示油价波动性(收益率)分布的 a%分位数,本书模型区分 90%和 10%两个值。各期分布按照图 5.11 所示的样本总体分布,以及图 5.21 所示分位数水平决定。经过上述变形后,我们可以重新对随机油价情景进行估计,并与风险中性的 M3 模型结构得到的结果相对比，结果如图 5. 28 所示。

图 5. 28 表示了在理性预期条件下，采用风险中性（M3）与风险厌恶（M4）的不同模型设定时，经济产出和增速的期望水平及其差值，从中可以看到：引入风险厌恶因素之后，经济产出下降的幅度随时间推移逐渐增大，到 2030 年 GDP 产出的降幅约为 0. 1%；而在风险厌恶的情景之下，经济增速比风险中性情景下降的幅度同样随着时间的推移逐渐增加，到 2025 年后收敛于 0. 01%的水平。由于在两种模型设定下，用了完全相同的 500 组随机抽样的油价情景，因此事实上我们不需要考虑置信度的问题，而可以直接推断在风险中性的模型设定下，宏观经济产出的增速高于风险厌恶的情景。

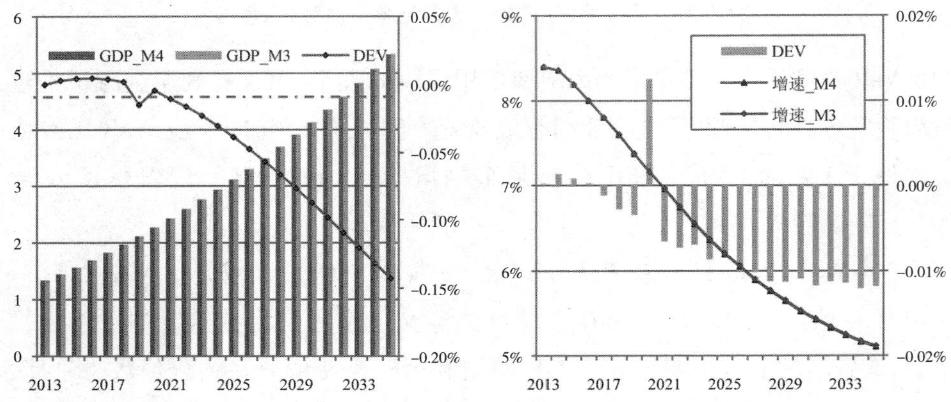

图 5. 28　风险中性与风险厌恶设定下，经济产出与增速的比较

注：DEV 表示风险中立（M3）与风险厌恶（M4）两种情景下增速的差值（右轴）。

然而从图 5. 28 中可以发现，风险偏好结构的差异对我国宏观经济产出的影响很有限，其主要原因在于本书模型的结构设定中遵循了新古典主义的闭合原则，即居民储蓄率外生于投资收益率（利率），而当期投资在下期全部转化为投资，而不能窖藏（但是可以有损耗）。因此对于在每一期的期初金融市场投资主体的投资决策实际上是在决策既定的投资总量如何分配的问题。对于收益率与油价负相关的行业而言，风险厌恶的保守性行为模式相当于预期油价会上涨，从而预期收益率下降；而对于收益率与油价正相关的行业而言，风险厌恶的保守性行为模式相当于预期油价会下跌，同样是预期收益率下降。这种相反的修正方向实际上使得不同行业的预期收益率同向变动，因而风险厌恶性的行为模式对于改变投资流向，进而调整产业结构的效应并不明显。由此我们也可以理解

Bernanke(1983)以及 Dixit(1996)提出的实际经济周期(RBC)模型都遵循凯恩斯主义的宏观闭合条件,即实际投资额由市场预期收益率决定,而居民总收入扣除投资后的部分用于消费。在这样的闭合条件下,市场不确定性的引入将会在一定程度上影响投资总额。然而正如第四章第二节所介绍的,对我国的实证研究表明居民储蓄率与市场利率、资本收益率并无明显的相关关系。因此在我国的宏观经济模型中采用凯恩斯主义闭合条件并不合理。因此,在新古典闭合条件下,如何修改投资模块,使其能够反映真实的投资需求,不仅是能源经济领域,同时也是宏观经济理论建模领域需要进一步重点研究的课题。

第三节　油价波动对我国宏观经济以及行业的影响

基于第二节的分析,本节将细化分析在引入油价波动不确定性、理性预期以及风险厌恶的模型设定下(M4),不确定性油价情景(STOC)与无油价波动情景(NULL)[①],我国宏观经济系统运行的情况以及增长路径的差异。通过比较两者之间的差别,分析油价波动及其不确定性对我国经济的影响机制、路径及程度。

一、GDP 产出与增速

在不同的油价情景下,模型模拟得到的经济产出(GDP)水平如图 5. 29 所示。图 5. 29 中绿色的区域表示在油价不确定性情景(STOC)下 GDP 产出的分布区域,每一期的分布情况都如小图所示,由于油价波动的分布区间有明显的右偏特征(参见图 5. 22),因此 GDP 产出的分布也随之出现左偏。与油价不变的情景相比,在油价不断上涨并且波动不确定的情景下,GDP 损失随油价上涨相应提高,在 2015 年约为 0. 99%,2020 年约为 1. 52%,2025 年约为 2. 05%,2030 年达到 2. 54%。在油价不变的情景下,2012—2030 年间,年均 GDP 增速为 7. 0331%,而在不确定性油价情景下,年均 GDP 增速最高为 7. 0274%,最低为

① 在无油价波动情景下,风险偏好结构对经济主体的行为不构成影响。同时 NULL 情景不包含不确定性,因此在 NULL 情景下,模型分析框架实际上退化为了 M2 结构。

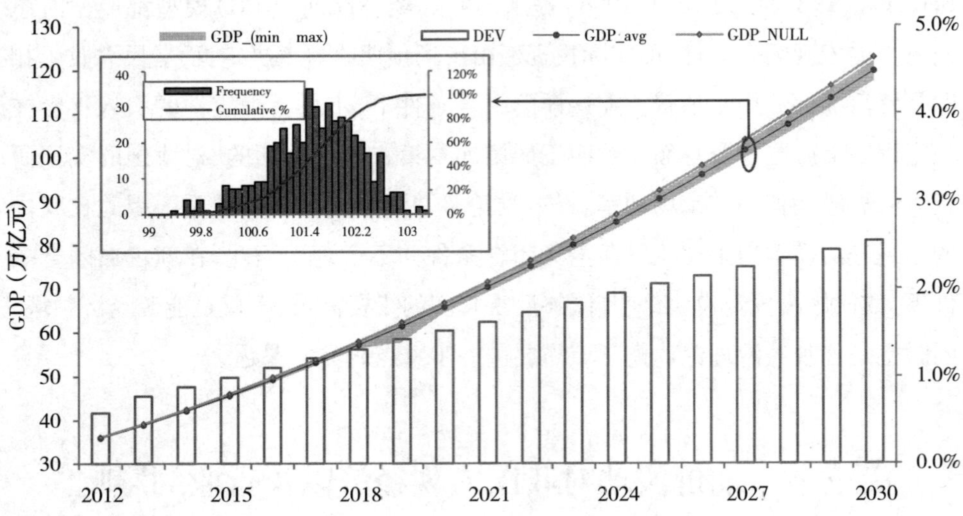

图 5.29 不确定性油价情景（STOC）与无油价变化情景（NULL）GDP 产出对比

6.7790%，平均水平为 6.9152%。

图 5.30 列示了在无油价波动（NULL）和油价上涨并随机波动（STOC）两种情景下，GDP 产出增速的变化情况，从中可以看到在油价上涨和波动不确定性的共同影响下，我国 GDP 年增速将会下降 0.1%—0.15%。

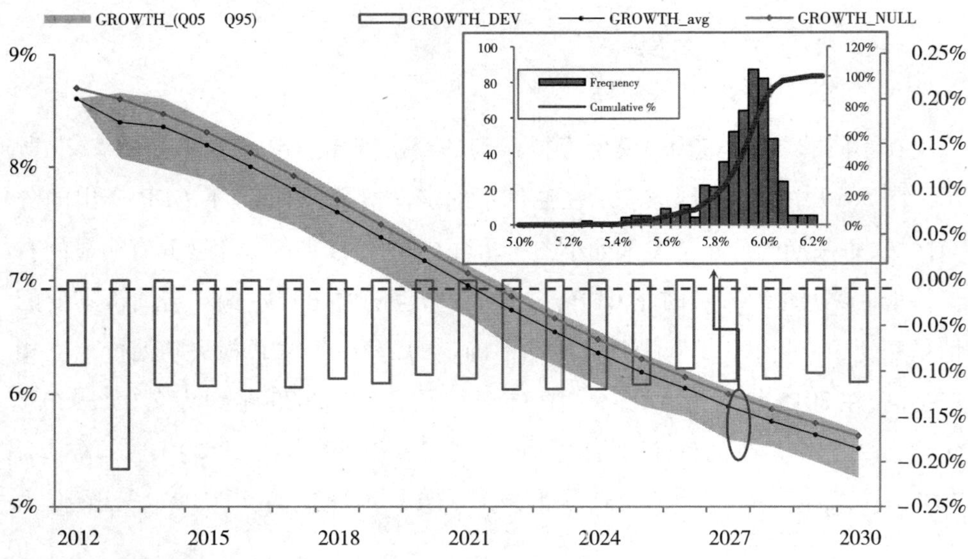

图 5.30 不确定性油价情景（STOC）与无油价变化情景（NULL）GDP 增速变化路径与对比

二、消费支出

居民收入和社会福利也是分析宏观经济总体运行情况的重要指标。CGE模型一般用居民部门消费效用表征社会总福利水平。居民消费总效用当中包含了政府对居民部门的转移支付,而这在现实经济运行过程中,主要通过政府提供公共服务,或者提高社会保障等手段实现。因此模型模拟的居民总消费实际上已经包含了社会保障、公共服务的部分,因此能够较为全面地反映居民部门的总体福利水平。同时,用效用函数的值表征总福利,也能够排除商品价格变化的影响,反映消费者的真实效用。然而在本书模型中,由于引入和扩展线性支出体系(Expanded Linear Expenditure System,ELES,参见第四章(4.24)式的介绍),因此在居民消费效用函数中使用的Stone-Geary效用函数剔除了生活必需品所提供的效用,同时在居民总效用函数中,也将消费效用和投资效用组合形成嵌套式的CET效用函数。通过这样处理,优化了居民部门的消费与投资行为,使其更加符合现实的行为模式,但也为效用函数的经济解释增加的困难。一方面在消费效用中没有包含生活必需品消费所提供的基础性效用;另一方面在总效用中所包含的"投资效用"并非实际的效用,而是通过这种方法模拟消费者的消费平滑行为。

鉴于上述原因,本书转而用居民部门的可支配收入减去投资支出后的部分,即消费总支出表征总福利水平。一方面消费支出中同样包含了政府部门的转移支付的部分,同时由于本书的基准价格按照CPI水平设定,即在各期CPI水平固定为单位值(=1),因此居民部门的消费支出已经剔除了消费品价格变化的影响。同时可支配收入扣除储蓄支出后的余额包含了所有用于基本品和非基本品消费的支出,因此能够较好地反映社会福利水平的变化。图5.31列示了在不同油价情景下,我国居民部门消费支出的总额和人均水平变化情况。从中可见,在油价上涨并随机波动的情景下,人均消费支出的年增速比没有油价波动的情景低约0.2%。相比经济产出的增速而言,居民收入的增速相对于油价波动更为敏感,在引入油价波动后,收入水平增速的降幅高于图5.30所示产出增速的降幅。主要原因在于本书模型按照"目标财富假定"设定居民部门储蓄率与宏观经济增速负相关——经济向好,则预期未来收入增加,当期更多收入用于消费;经济衰退时,则预期未来收入下降,因此更多的当期收入将被用于储蓄,以应对未来的风险。在这样的设定下,由于石油价格上涨导致经济产出增速放缓,则居民部门边际储蓄倾向提高,导致用于消费的支出占比下降,消费支出进一步下降。

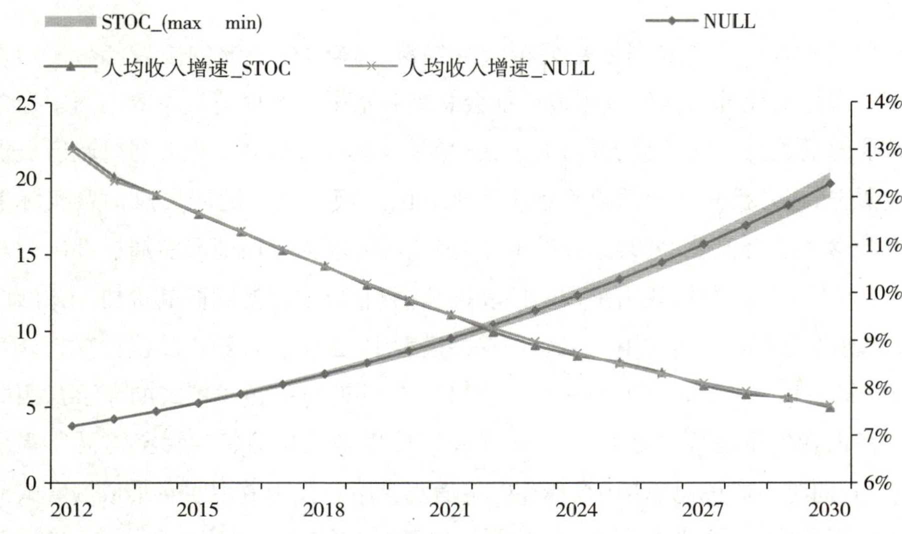

图 5.31 不确定性油价情景(STOC)与无油价变化情景(NULL)下居民可支配收入总额以及人均可支配收入增速对比

而从收入结构看,随着时间的推移,我国居民可支配收入中劳动收入的占比将从 2012 年的 37%下降到 2030 年的 21.2%,而资本收入和政府转移支付收入的占比则将分别达到 65.5%和 13.3%(参见图 5.32)。

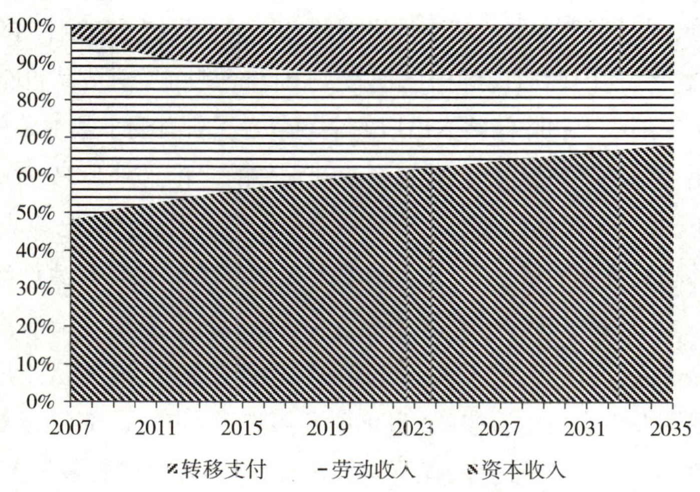

图 5.32 不确定性油价情景(STOC)下居民部门可支配收入来源结构(期望水平)

三、价格水平

由于本书模型中设定了以 CPI 作为参照价格，固定其为单位值（=1），因此模型结果中各种商品、商品组合以及要素的价格均为与 CPI 水平相比的相对价格。原油、成品油、交通运输、焦炭、化工产品以及电力、热力的供给价格受国际原油价格上涨的影响最大，而社会管理、农产品、教育以及供水等行业由于受到需求效应的影响，在油价上涨的情景下，国内供给价格反而下跌。表 5.4 列示了各行业在 2012—2030 年间的年均价格涨幅，以及其与无油价变化（NULL）情景下各行业产品价格年均涨幅的差值。

表 5.4　STOC 与 NULL 油价情景下，各行业产品供应价格年均涨幅及对比

行业	年均涨幅（STOC）	年均涨幅（NULL）	差值	行业	年均涨幅（STOC）	年均涨幅（NULL）	差值
原油	3.22%	1.02%	2.20%	冶金	-0.03%	-0.01%	-0.02%
成品油	2.98%	0.82%	2.16%	废品废料	-0.30%	-0.28%	-0.02%
交通	-0.46%	-0.85%	0.39%	非金属矿产品	0.82%	0.84%	-0.02%
焦炭	-3.33%	-3.52%	0.19%	建筑业	0.60%	0.62%	-0.02%
化工产品	-0.10%	-0.23%	0.13%	科研	0.31%	0.33%	-0.02%
电力	-1.26%	-1.34%	0.08%	住宿餐饮	-0.30%	-0.27%	-0.03%
租赁	-0.58%	-0.63%	0.05%	文体	-0.19%	-0.16%	-0.03%
房地产	-2.18%	-2.21%	0.03%	纺织	-0.36%	-0.32%	-0.04%
金融业	-1.63%	-1.65%	0.02%	邮政	1.30%	1.34%	-0.04%
天然气	0.52%	0.50%	0.02%	技术服务	0.39%	0.44%	-0.05%
煤炭	-1.45%	-1.47%	0.02%	通信设备	-0.16%	-0.11%	-0.05%
居民服务	-0.68%	-0.69%	0.01%	食品	0.52%	0.57%	-0.05%
金属矿	0.11%	0.10%	0.01%	交通设备	-0.34%	-0.29%	-0.05%
批发零售	-0.86%	-0.87%	0.01%	服装	0.18%	0.24%	-0.06%
通信	-1.60%	-1.60%	0.00%	工艺品	0.53%	0.59%	-0.06%
非金属矿	0.24%	0.24%	0.00%	社保	0.73%	0.79%	-0.06%
燃气	0.00%	0.00%	0.00%	木材家具	0.16%	0.22%	-0.06%
水利	-0.34%	-0.34%	0.00%	金属制品	-0.35%	-0.29%	-0.06%

续表

行业	年均涨幅（STOC）	年均涨幅（NULL）	差值	行业	年均涨幅（STOC）	年均涨幅（NULL）	差值
电器机械	−0.91%	−0.90%	−0.01%	公共管理	1.62%	1.70%	−0.08%
电子设备	−0.37%	−0.36%	−0.01%	农产品	2.63%	2.71%	−0.08%
仪器仪表	−0.20%	−0.19%	−0.01%	教育	1.84%	1.94%	−0.10%
造纸印刷	−0.82%	−0.80%	−0.02%	水	0.97%	1.09%	−0.12%

四、产业结构

在预期因素的引导下，金融市场投资主体通过调整投资流向的行业结构，优化预期收益率，在这个过程中也同时实现了产业结构的调整。不论是从实证（本书第二章第三节）还是理论机制（本章第二节）的角度看，产业结构调整都是国际原油价格上涨及其不确定性影响宏观经济长期增长路径的重要因素。图 5.33 列示了在不确定性油价（STOC）情景下，我国产业结构调整的路径。与没有油价变化的情景（NULL）相比，工业制造业以及建筑业的占比有所下降；服务业占比先上升后下降；而农业以及公用事业的占比则有所上升，具体的变化情况参见图 5.34。

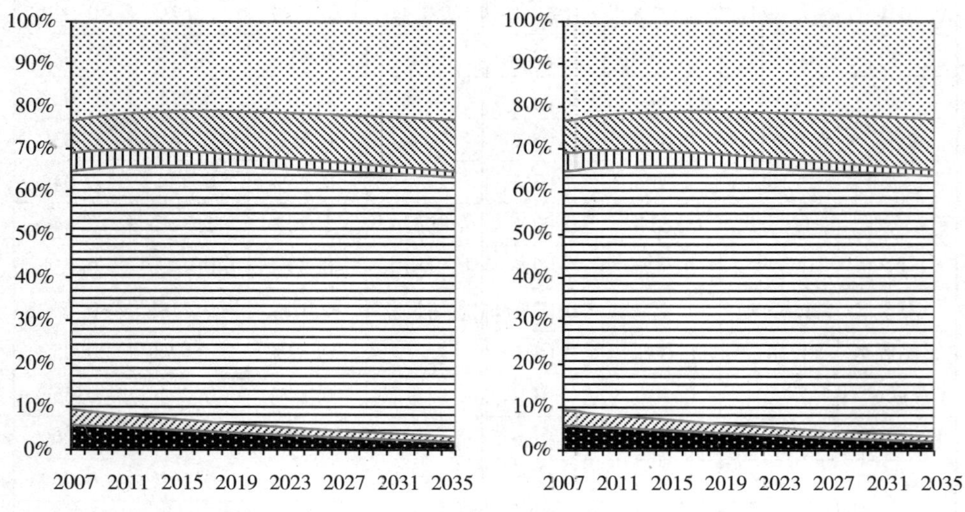

图 5.33 不同油价情景下产业结构变化路径

注：2007 不变价格计算；左图为油价不变情景（NULL），右图为随机油价情景（STOC）。

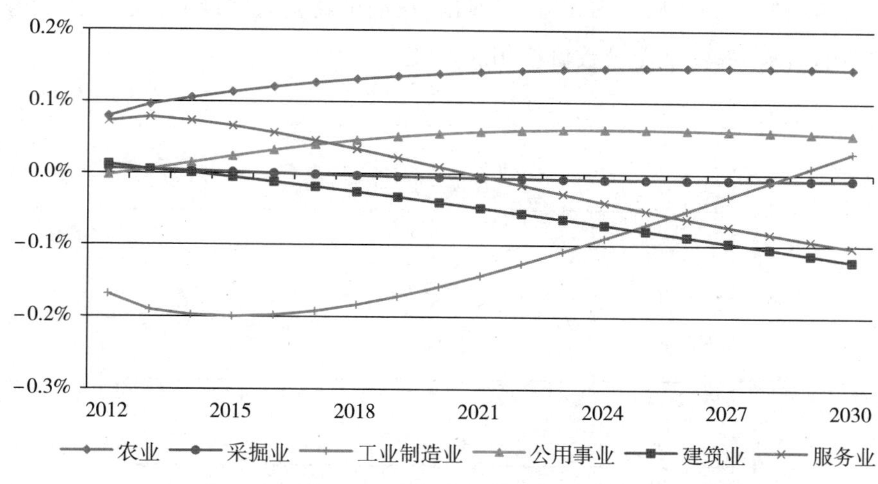

图 5.34 STOC 与 NULL 油价情景下各类产业占比差值

从图 5.34 可以看到不论是在怎样的油价情景下，工业在我国的产业结构中的占比都会有所上升，而服务业却鲜有增长。原因在于我国目前宏观经济运行过程中，要素积累特征表现为投资规模巨大、资本积累速率快；而相比之下，人口增长以及劳动生产率的进步速率则较为有限。模型模拟的结果表明在基期我国存量资本增长的速率约为 11%，而有效劳动供给的增速仅为 4%左右。在这样的要素积累结构的推动下，资本供给越来越充裕，随之拃动工业占比不断提高。由此也提示我们在我国现有经济产业结构下，受“GDP 锦标赛”体制推动盲目地招商引资、发展资本密集型的行业，无助于调整经济结构、转变经济增长方式，要实现服务业的发展，包括推进产业结构升级、提升高附加值产业，最根本的途径是通过提高劳动生产率，改变要素禀赋的配置，只有通过要素禀赋的结构优化，才能与市场形成合力，有效地实现产业结构的调整与升级。

随着油价上涨，高耗能行业占比也会随之下降，如图 5.35 所示。在 STOC 油价情景下，重点高耗能行业（煤炭洗选业、纺织业、造纸印刷、石化、化工、建材、钢铁、有色金属以及电力热力供应业等 9 大高耗能行业）产值在总产值中的占比比 NULL 情景下低约 0.5%。值得注意的是模型中已经考虑了我国现有气候政策，即“十一五”期间年均单产能耗下降 4%；“十二五”期间年均单产能耗下降 3.43%；2016 年起每年下降 3%。在这样的国内气候政策下，导致国内高耗能产业增长受到抑制。而油价的高企则进一步抑制了高耗能产业的增长，促进能源消费结构的改变。从图 5. 35 可以看出,在油价高企的情景下,煤炭、焦炭等替代能源的需求提高,从而导致价格相应上涨。

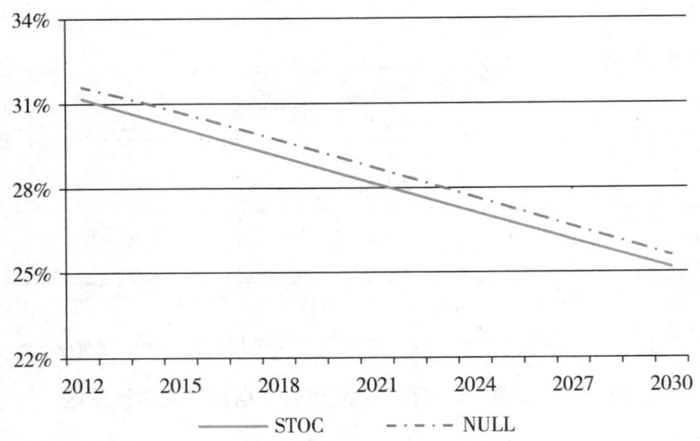

图 5. 35　高耗能行业产值占比变化路径

注:9 大高耗能行业包括煤炭、纺织、造纸、石化、化工、建材、钢铁、有色金属、电力(2007 年不变价)。

五、能源市场供需

国际油价改变会对能源供给和需求结构造成直接的影响。图 5. 36 列示了在 STOC 油价情景下,我国能源消费结构的变化情况;图 5. 37 则列示了在 STOC 油价情景与 NULL 油价情景下,各种能源消费占比的变化情况。从中可以清楚地看到,在油价上涨的情景下,原油与成品油的消费占比下降最多,而这部分能源需求主要由电力以及我国主导能源煤炭来替代,此外天然气的增速也较快,但是在我国天然气应用的基数较小,因此其在能源替代过程中的贡献较为有限。但是在考虑页岩气的供给之后,情况可能有所改变,具体参见本书第六章的模拟分析。

而在高油价情景下,其他能源对石油的替代导致了石油总需求的下降,同时也降低了石油的对外依存度,如图 5. 38 所示。从中可以看到,不论在什么样的油价情景下,由于我国经济增长带来的石油需求不断提高,同时国内石油供给在 2019 年达到峰值后逐渐萎缩,导致石油对外依存度不断提高。在基准油价情景下,我国原油对外依存度在 2015 年将达到 60%,2020 年达到 68%,2025 年达到

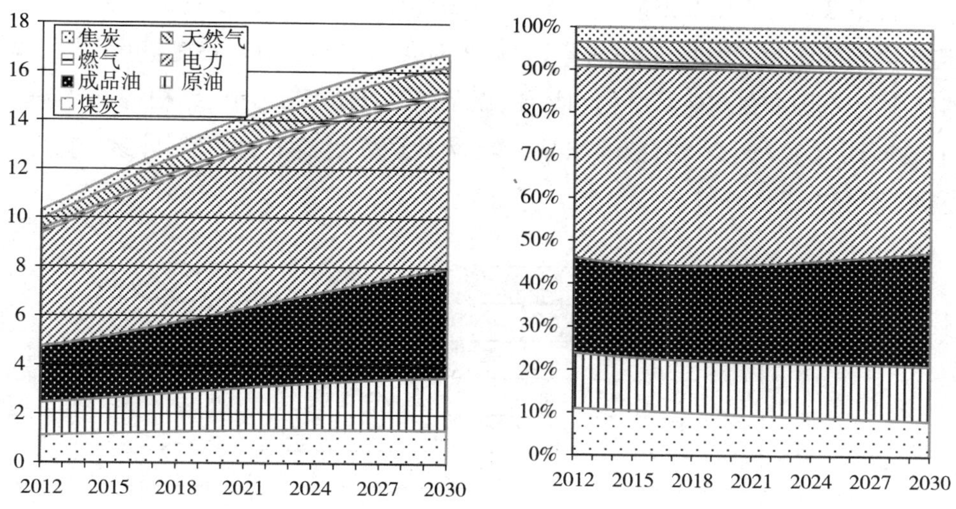

图 5.36　STOC 油价情景下我国能源消费结构的变化

注:图中的结构按照价值量计算,而非实物量或者热当量。

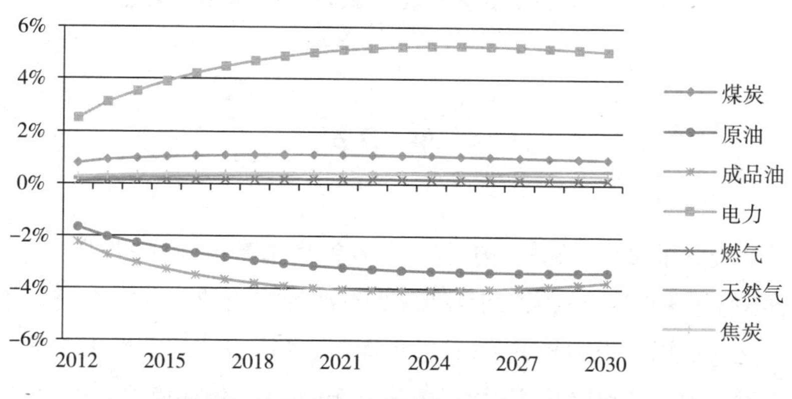

图 5.37　油价上涨对我国能源消费结构的影响

注:图中的结构按照价值量计算,而非实物量或者热当量。

74%,而 2030 年更是将达到 78%。但是在油价不变的情景下,各年的对外依存度将比基准情景高 6%到 10%。

根据发改委能源研究所(ERI)的预测,我国到 2020 年的原油对外依存度将达到 59%—62%,IEA 的预测值约为 77%,而 EIA 的预测水平约为 72%。可见本书模型在基准情景下的预测水平与权威机构的预测较为接近。过高的原油对外依存度不仅给我国经济运行造成巨大的进口支出成本负担,更重要的是在国际原油价格波动性不断加强的市场环境下，国际市场的波动将会对我国宏观经济造成更大的影响。因此，在下一章，我们将对我国的相关应对措施进行分析，模拟和比较我国在目前经济结构和特征，以及能源资源禀赋、消费结构特征等条件下，最为切实可行、经济有效的能源政策，为我国宏观经济的平稳、健康、有序发展保驾护航。

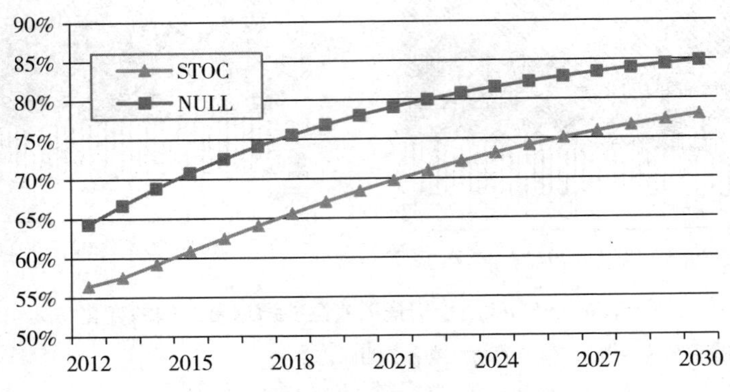

图 5.38　不同油价情景下我国原油对外依存度的变化路径

本章小结

本章研究在前文（第四章）构建的 CGE 模型基础上，进一步在三个维度上拓展了模型结构：通过引入蒙特卡罗模拟，对油价波动的不确定性进行了模拟；借助外部迭代法以及识别相关关系法（PCM）对经济主体的理性预期进行求解；通过引入投资收益的风险价值（VaR）模拟不确定性市场环境下经济主体的风险规避行为。通过比较不同模型设定结构下经济产出的变化情况，本章首先从机制和定量两个角度明确了油价冲击对我国宏观经济的影响。

模型分析结果表明，油价上涨及其波动的不确定性会对我国宏观经济产出及增速造成显著的影响。在确定性油价情景下，油价按照基准路径上涨会导致宏观经济产出下降最高达 3%；而 GDP 年均增速则会下降 0.06%—0.18%。引入理性预期因素后，经济主体能够根据对未来油价的预期，调整投资流向从而将更多的投资流入低能耗、低油耗，或者对原油价格不敏感的行业，进而引导产业结构提前调整，适应未来油价的变化。宏观模拟的结果表明引入理性预期后，

GDP 产出与增速受油价的影响有显著的下降；行业分析结果则表明高耗能行业如冶金、建材、化工和造纸业，以及处于产业链前端的行业如石油天然气开采业等，对于预期国际油价变动的敏感性较高，因而在预期油价上涨时，市场便会减少对这些行业的投资；而消费品，以及附加值较高、处于产业链末端的行业如纺织、电子产品等行业对于油价预期较不敏感，因此在高油价情景下这些行业的产能增长将会提高。通过这样的产业结构逐渐调整的过程，理性预期因素使得宏观经济结构能够更好地适应高油价，降低对油价波动的敏感性。从产业结构变化的模拟结果来看，在油价上涨与随机波动的情景下，我国产业结构中的服务业、公用事业以及农业的占比相对于无油价变化的情景将会提高；而工业、采掘业、建筑业的占比将会显著下降。在此之中，煤炭、纺织、造纸、石化、化工、建材、钢铁、有色金属、电力 9 大高耗能行业的产值占比降幅最高，达到约 0.5%。

油价波动的不确定性同样会给宏观经济造成直接的和间接的影响。由于在不确定性条件下，经济主体无法准确预期未来油价的波动情况，因此只能根据当期水平预测未来的期望水平。在这样的条件下，当油价发生偏离预期的波动时，经济主体按照预期作出的投资决策便偏离了最优路径。比如当油价上涨超过预期时，部分对油价波动敏感的行业收益率相比于其他行业下降较多，此时便会导致这些行业收益率下降，投资需求下降。但是由于先前的投资具有不可逆性，因此只能通过调整当期新增投资量逐渐向最优路径靠拢。但是在调整过程中，资本调整的黏性便会带来额外的经济损失。由于油价波动的不确定性始终存在，经济体在不确定性的环境下，经济生产始终处在向最优路径逼近的过程中，因此即便经济主体的风险偏好结构仍然为风险中性的，不确定性依然会对宏观经济造成直接的影响。模型评估的结果表明油价波动不确定性的直接影响将会使我国的 GDP 产出下降 0.07%—0.18%。间接影响则是指由于市场不确定性对经济主体的行为模式造成的影响，进而带来宏观经济产出的变化。在经济主体风险偏好非中性的条件下，就可能存在油价波动不确定性的间接效应。本书模型用风险价值（VaR）模型模拟了经济主体风险厌恶的假设条件下，宏观经济产出及增速的变化。结果表明油价波动不确定性的间接效应会导致 GDP 产出下降最高达 0.15%，而 GDP 增速则下降约 0.01%。

综合来看，GDP 损失随油价上涨相应提高，在 2015 年约为 0.99%，2020 年约为 1.52%，2025 年约为 2.05%，2030 年达到 2.54%。在油价不变的情景下，

2012—2030 年间，年均 GDP 增速为 7. 0331%，而在不确定性油价情景下，年均 GDP 增速最高为 7. 0274%，最低为 6. 7790%，平均水平为 6. 9152%；而 GDP 年增速将会下降 0. 1%—0. 15%。

居民部门的消费支出，即福利水平受油价上涨和波动不确定性的影响较大，年均增速下降约为 0. 2%。主要原因在于本书模型按照“目标财富假定”设定居民部门储蓄率与宏观经济增速负相关——经济向好，则预期未来收入增加，当期更多收入用于消费；经济衰退时，则预期未来收入下降，因此更多的当期收入将被用于储蓄，以应对未来的风险。在这样的设定下，由于石油价格上涨导致经济产出增速放缓，则居民部门边际储蓄倾向提高，导致用于消费的支出占比下降，消费支出进一步下降。按照我国现有的要素禀赋结构，未来劳动收入在居民收入中的占比将会显著下降，而资本收入和政府转移支付则会越来越高。

受油价上涨的影响，国内商品市场价格也会相应发生变化，其中原油、成品油、交通运输、焦炭、化工产品以及电力、热力的供给价格受国际原油价格上涨的影响最大，而社会管理、农产品、教育以及供水等行业由于受到需求效应的影响，在油价上涨的情景下，国内供给价格反而下跌。

国际原油价格的变化会对我国能源供需形势以及相对价格造成更为直接的影响。在高油价情景下，原油与成品油的消费量显著下降，在所有能源产品的总消费量（按价值量计算）中的占比会下降 3%—4%。由于国内原油供给量有限，而国外进口成品油面临严格的配额管制，因此石油需求的下降主要通过减少原油进口，进而降低成品油炼化产出来实现。由此，我国石油对外依存度相应降低。在油价不变的情景下，我国石油对外依存度到 2030 年将达到 85%；而在油价上涨并随机波动的情景下，2030 年我国石油对外依存度将低于 78%。而原油与成品油消费的下降带来的能源供给缺口主要由我国优势能源——煤炭，以及主要经由煤炭转化的电力来抵补。因此煤炭消费量占比上升约 5%。

通过上述梳理，我们对油价波动及其不确定性影响我国宏观经济的主要机制和相对的影响程度有了直观、全面的认识，为后文设定合理有效的应对机制提供了重要的参考。

第六章　应对油价波动及不确定性的政策评估

国际原油价格的持续上涨以及大幅波动，对全球经济，尤其是以中国为代表的新兴经济体的石油安全造成了巨大的威胁。石油是工业生产的重要基础性生产要素，同时也是当代社会最为重要的能源来源之一，因而不难理解石油安全越来越成为国家经济安全中的重要组成部分。根据《BP 世界能源统计》（*BP Statistical Review of World Energy*，2012）公布的数据，我国自 2002 年起超越日本，成为全球第二大石油消费国。2011 年我国原油总消费量达到 4.6 亿吨（976 万桶/天），其中进口量 2.53 亿吨，对外依存度达到 54.8%。随着国内工业化进程和城镇化进程的不断推进，以及居民收入提高带来的生活方式、出行方式的转变，导致我国石油需求呈现出快速上涨的趋势。根据国家统计局各年《中国能源统计年鉴》公布的数据，我国石油（包括成品油与原油）消费在 1990—2010 年间的年均增速为 7.69%，其中生活消费和交通能耗的增速最为迅速，分别达到了 11.51%和 13.31%，如图 6.1 所示。

在 20 世纪七八十年代，石油安全主要表现为突发性的地缘政治事件导致国际原油供给中断，从而带来油价的波动以及对经济生产造成冲击。然而正如本书第三章分析的，进入本世纪以来石油市场在未见重大供给冲击的情况下，油价持续上涨并出现大幅波动。石油市场与金融市场间不断增强的耦合关系导致油价波动不断加剧，使油价波动与宏观经济之间的相关关系也发生了改变。随着全球经济结构、国内经济形势，以及石油市场供需因素的改变，石油安全的范畴也越来越丰富、立体。各国关于石油安全的考量不再仅限于原油实际供给中断，更重要的是，还需要包括对国际原油价格波动及其不确定性的考量。

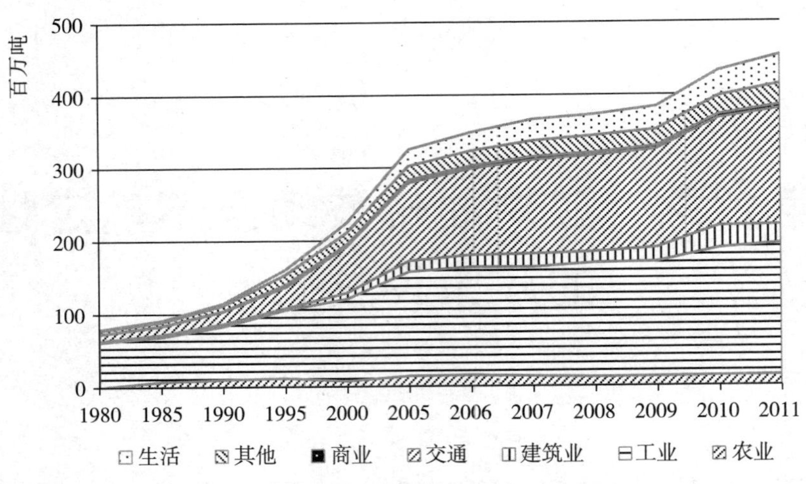

图 6.1　我国石油消费增长与结构变化路径

在我国石油需求快速增长、对外依存度不断提高、国际石油市场价格波动不确定性日益强化的环境下，探讨如何通过合理的政策应对国际市场石油价格风险、保障国内石油合理的供给价格、降低价格波动对宏观经济的影响，成为提高我国石油安全，进而保障宏观经济持续健康快速发展的核心内容。国土资源部2006年开展的研究课题《石油安全评价指标体系初步研究》及之后发表的与之相关的一系列研究成果表明，根据资源禀赋、生产保障能力、石油进口来源多元化以及应急保障能力等方面的表现，我国目前石油供应安全总体状况处在“弱安全”或者“不安全”的警戒区间内。集中表现为国内原油储采比高、国内储量替代率低、石油消费的对外依存度高、进口集中度高、国内石油储备水平低等方面。

对应于第三章提出的石油的“三重属性”，即可耗竭资源品的总量约束以及市场垄断的供给特征、基础性生产资料的需求刚性，以及金融市场属性，我们可以将“石油安全”的范畴也分解为三个层面的问题：第一层级是供给侧的石油供应保障，这是最根本的石油安全核心内容，包括实际供给的保障和控制合理的供给价格；第二层级是石油资源的优化配置，包括静态的横向配置以优化产出效率，以及动态的跨期配置，以促进节约利用，通过相应的政策降低宏观经济产出对石油需求的刚性，从而降低宏观经济运行对油价冲击的敏感性；第三层级是加强石油市场运行的平稳性，主要指利用石油资源的金融属性，通过金融衍生品交易使石油供需主体能够在金融市场上对冲风险,保证市场运行的平稳。"石油安全"的逻辑范畴如图 6.2 所示,而相关政策也必须从这几个方面入手,针对性、系统性地逐步推进。

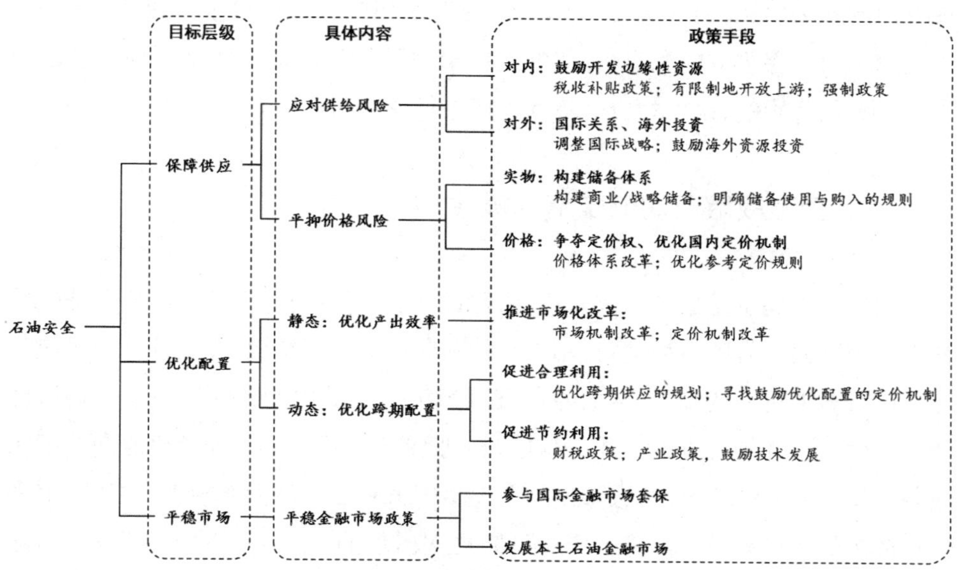

图 6.2　石油安全的逻辑内涵示意图

本章拟利用本书构建的动态 CGE 模型,从以上三个方面入手,分别对我国石油安全相关政策的执行效果和优化设计进行系统性的模拟与评估,重点针对构建战略储备体系、定价机制改革、市场结构优化,以及能源替代和技术进步等几个目前我国重点关注的政策进行分析。

第一节　我国构建石油战略储备的成本、收益评估,以及储备规模估计

如图 6.2 所示,维护我国第一层级石油安全,即保障石油供应主要包括对内和对外两方面的政策实现。对外政策主要指通过外交手段以及海外投资等方式,扩展石油供应渠道,保障我国石油进口来源的多元化、分散化,同时,保障海上运输以及跨境输油管道的安全,避免局部地区的地缘政治因素给我国石油供应造成无法弥补的影响。而对内政策则主要包括利用合理的税收、补贴以及行

政规制政策鼓励企业加大勘探力度、鼓励开发边缘、低质油田，充分利用现有的一切可利用的资源。由于对外政策涉及我国长期外交战略的落实和国际关系的营造，并非国内政策所能改善；而对内政策的效果以及潜力如何，则涉及地质勘探方面的相关信息，因而不是单纯从经济理论和模型的角度能够准确模拟的。因此对于第一层级的能源安全，本书主要集中于对我国构建战略石油储备的成本、效果、经济影响，以及相应的最优规模进行模拟与评估。

一、全球战略石油储备情况概述

战略石油储备是指各国政府或者官方组织为了应对突发的大规模石油供给冲击或中断而持有的石油储备，用于在特殊时期向市场释放，以保证石油供应的连续以及石油价格的稳定，从而避免宏观经济运行受到严重的冲击。战略石油储备制度最早受到各国的关注，可以追溯到 1973 年第一次石油危机时期。中东战争爆发导致 OPEC 石油禁运，使欧美发达国家蒙受了巨大的损失，并进而陷入旷日持久的经济萧条中。为了应对可能再次出现的石油供给冲击，部分发达国家在经合组织（OECD）的协调下，于 1974 年成立了国际能源署（IEA），其主要目的就在于协助和指导各国构建战略石油储备体系，并进行管理。在石油供给发生突然的冲击时，IEA 协调各成员国通过释放战略石油储备，维持供应和价格的稳定，以共同应对石油供给冲击。在成立至今的 40 多年时间里，IEA 大规模释放其战略石油储备的情况共有三次，分别是：1991 年海湾战争、2005 年卡特里娜飓风以及 2011 年 6 月利比亚动乱时期，对平抑国际石油市场波动起到了非常重要的作用。时至今日，IEA 的战略石油储备机制依然是发达国家应对石油供给中断的第一道，也是最有效的一道防线。

在 IEA 的管理框架下，目前全球主要的能源消费国都已经建立了自己的战略石油储备体系。按照 IEA 的规定，其成员国最低战略石油储备的要求是按照上一年均值计算相当于 90 天石油净进口量的水平。除此之外，美国现有的战略石油储备估计为 180—200 天进口量的水平，日本的储备量也达到了 120—150 天进口量的水平。由此可见，战略石油储备已经成为发达国家的国家安全体系中不可或缺的重要组成部分。但是从 IEA 释放战略石油储备的历程看，只有在国际石油市场出现战争、自然灾害等突发性的事件导致供给大规模中断时，才会发挥作用,而平抑市场价格波动却绝非战略石油储备的主要功能。在欧美日等发达国家,石油储备体系除了战略石油储备外,还有以商业储备形式存在的“平准库存”,通过低价购入、高价卖出实现对油价的跨期平滑。

二、我国构建战略石油储备的动议与历程

我国对战略石油储备的关注始于20世纪90年代中期。自1993年起,我国成为石油净进口国,在此之后进口量和对外依存度逐年上升,这也引发了国内对于石油安全的关注。在1996年3月17日第八届全国人民代表大会第四次会议批准的《中华人民共和国国民经济和社会发展“九五”计划和2010年远景目标纲要》中首次提出了要“加强石油储备”的目标。而这一目标的落实则是在“十五”期间。在《“十五”计划纲要》中,“建立国家石油战略储备,维护国家能源安全”的提法再一次被提出,并且在随后的《能源发展重点专项规划》中明确提出“十五”期间要“着手国家和企业两级石油储备体系的建设工作,逐步形成一定规模的国家原油战略储备,初步具备抵御国际突发事件对国内经济影响的能力”;“为保证石油安全供应、提高政府调控国内石油市场的能力,要加快建立国家石油储备制度……要争取建成一定规模的国家战略储备能力,同时,鼓励企业扩大储备”。

目前我国已经规划了四期战略石油储备基地,其中一期基地2003年起开始建设,主要分布在东南沿海地区,包括宁波镇海基地(520万立方米)、舟山的岱山基地(750万立方米)、青岛的黄岛基地(320万立方米)和辽宁的大连基地(300万立方米)。目前一期基地已经完成建设,并于2009年3月完成了预定储备量的注入,相当于约30天的石油进口量。建设中的二期储备基地包括广东湛江、甘肃兰州、江苏金坛等八处,近期也将完工。如果二期基地全部完成注油,则我国战略石油储备量将能够达到2.74亿桶,相当于60天的进口量。目前第三期储备基地选址还在进行中。

根据相关规定,我国石油储备体系依然依托三大石油集团,中石化、中石油和中海油负责选址、设计和建设任务,资金来源以政府投资为主,战略储备的管理由发改委国家石油储备中心负责。可见我国的战略石油储备体系由国有企业建立,但是其管理机制遵照公共储备的规则,主要用于应对突发事件,而不考虑

盈利问题。受限于市场管制政策的约束，我国目前民间储备尚没有发展的空间。相比之下，欧美日等发达国家的石油储备系统则更为立体化，民间储备占据了非常重要的地位。按照 IEA 的规定，战略石油储备分为公共储备和工业储备两类，其中工业储备由企业持有，既可以用来满足企业的商业需要，也可以用来满足国家的战略石油储备要求。多数 IEA 成员国都要求国内的一些指定企业如石油进口、炼化、批发企业建立工业战略石油储备，目前工业储备在 IEA 成员的总储备量中占比约 4 成。而作为全球最大石油储备国的美国，其国内政府储备占比不到储备总量的 1/3。

按照规划，我国将于 2020 年完成战略石油储备系统的建设，届时将形成相当于 90—100 天原油进口量的储备。根据国际能源署（IEA）2012 年 11 月发布报告，通过计算石油消费量与国内石油产量加进口原油量的差数，我国截至 2012 年 7 月上半年已经储存原油 1.07 亿桶，相当于 30—45 天的进口量。

三、石油储备的模型实现

石油储备体系的构建涉及储备油的购入以及释放两个环节。战略储备与商业储备在购入环节没有太多的差异，都是希望以尽量低的价格购入储备原油，以降低储备构建成本，但是在释放环节却有着较大差异。一般而言，战略石油储备主要用于应对大规模的突发性石油供给冲击或者中断，释放的时间较少、时机非常慎重，而影响也较大；相比而言，商业储备则以跨期平滑供给为主，往往在油价较高时便会释放储备，从而起到平抑价格波动的作用。

我国目前规划的石油储备体系中只有战略储备，而没有商业储备。从构建石油储备的相关文件中可以发现，规划中的战略石油储备也会在一定程度上用于平抑较大幅度的价格波动，比如《能源发展重点专项规划》中提出构建战略石油储备的主要目标之一便在于“提高政府调控国内石油市场的能力”。因此在本书模型中，我们并不对战略储备和商业储备进行区分，而统一地设定石油储备体系的主要目标为平抑石油价格的非正常波动。因此石油储备体系的行为模式受两方面因素的影响。

一是原油供给成本的变化情况。受国际原油价格波动的影响，国内成品油供给价格也会相应变化。当价格上涨幅度过大时，不论是出于对油价波动威胁经济生产平稳和健康，还是出于通过高位卖出储备获利的动机，都会产生释放储备的倾向；相反，当油价下跌时，不论是战略储备还是商业储备管理主体都会希望逢低购入原油以补充储备。

二是剩余储备量和储备能力/目标储备量的情况。当储备量不足时进一步抵御未来油价上涨的能力有限，因而继续释放储备的风险加大；而当储备充足、剩余储备能力不足，或者已经接近目标储备量时，低价带来的购入动机也随之下降。

储备管理主体需要综合考量油价与储备量的实际情况，进行动态的决策。就我国目前战略石油储备体系的管理机制来看，我们完全有理由预期未来我国战略石油储备体系完全建成后，很可能采取相机决策、综合目标的管理和使用方式，即一方面应对突发的进口原油供给冲击，另一方面对于国内市场的供给冲击，以及较大幅度的价格波动也会承担一定的调控作用。但是目前，我国战略石油储备体系尚处在构建过程中，具体的执行与管理规则还没有明确，同时购进战略储备石油的行为也是在秘而不宣地进行着，以避免对国际市场价格造成影响。因此，如何合理、可靠地模拟我国战略石油储备的使用与管理机制，也成为本书模型模拟战略储备的最大难点。为此，本节设定了两种储备行为机制，包括严格价格调控模型和目标价格带模型。

（一）严格价格调控模型（EXACT）

通过储备石油的购入与释放，限制国内石油供给价格与基准情景价格保持一致，即完全平抑价格波动。同时储备石油的购入和释放受到储备能力与储备量的限制，而储备能力即为目标储备量。所以综合来说，当油价高于基准价格时，如果还有剩余储备，则释放剩余储备直至价格与基准情景趋同，除非储备耗尽；当油价低于基准价格时，如果当期储备量小于目标储备量，则购入原油直至国内供给价格与基准情景相当，或者目标储备量达到。图 6.3 列示了严格价格调控模型的行为模式示意图。

目标储备能力根据 IEA 的规定设定，即按照前一期（年度）原油进口量的 1/4（约 3 个月）的规模设定。严格的价格调控在现实经济运行过程中并不可能出现，因而在本书中只是作为一种最极端的情况，用以和其他模型相比较。

模型设定在基期居民部门以基础禀赋的形式拥有实际储备量 RSV_t 相当于

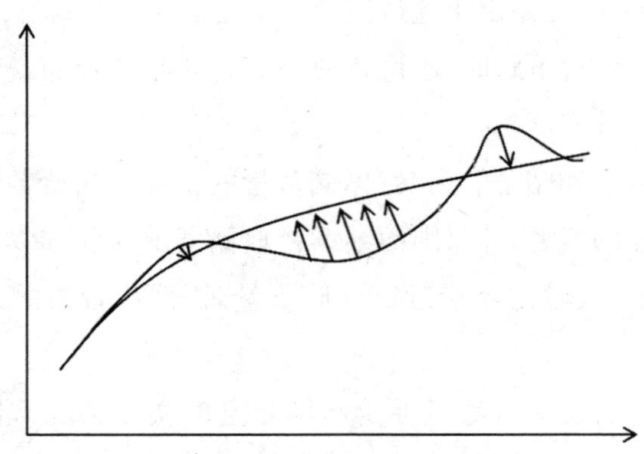

图 6.3 "严格价格调控模型"价格调控机制示意图

当年 1/4 进口量的石油作为储备;之后各期的目标储备量,也即储备能力 $\overline{RSV_t}$ 等于前一期进口量的 1/4。随着各期进口量的不断增加,储备需求以及储备能力也都会随之增长。由于国际油价外生于我国宏观经济系统①,因此我国战略石油储备的应用并不能直接影响国际油价,但是对国内原油供给却有直接的影响。因此模型设定国际油价波动作为触发战略石油储备使用或者购入的触发条件,但是储备使用的目标变量则是国内石油价格。首先模拟没有战略石油储备的条件下,国际油价 P_t^{oil} 等于基准油价 $\bar{P}_t^{oil}$ 时国内原油供给的加权平均价格 $PAE_t^{oil} = \overline{PAE_t^{oil}}$,作为储备调整的目标变量。如果当期油价 P_t^{oil} 高于 $\bar{P}_t^{oil}$,则释放的储备量 RSV_t^- 使国内原油供给价格恢复 $\overline{PAE_t^{oil}}$;而当 P_t^{oil} 低于基准价格 $\bar{P}_t^{oil}$ 时,购入储备 RSV_t^+ 同样使国内价格恢复 $\overline{PAE_t^{oil}}$。在均衡条件下,按照欧拉方程可得各行业石油投入的边际产出等于 $\bar{P}_t^{oil}$,即各行业和各部门的石油需求为:

$$DAE_{i,t}^{oil}\Big|_{\frac{\partial \pi_t}{\partial DAE_{i,t}^{oil}} = PAE_t^{oil}} \;;\; DAE_{c,t}^{oil}\Big|_{\frac{\partial U}{\partial DAE_{c,t}^{oil}} = PAE_t^{oil}} \tag{6.1}$$

式中 DAE^{oil} 为石油需求,下标 i 表示行业,c 表示消费者,π 为生产利润,而 U 为消费效用。记 t 期末实际储备量 $RSV_t = RSV_{t-1} + RSV_t^+ - RSV_t^-$,则在价格调控和储量约束的双重约束条件下,储量的调整可以用下列混合互补条件(Mixed Complementarity Problem)表示。当油价高于基准油价时:

① 尽管模型设定我国原油进口增加会导致国际石油价格上涨,但这并不是国际原油价格波动的唯一或者主要原因。

$$\sum_i DAE_{i,t}^{oil}\Big|_{\frac{\partial\pi_i}{\partial DAE_{i,t}^{oil}}=PAE_t^{oil}} + DAE_{c,t}^{oil}\Big|_{\frac{\partial U}{\partial DAE_{c,t}^{oil}}=PAE_t^{oil}} - IMP_t^{oil} - QY_t^{oil} - RSV_t^{+} \geqslant 0; RSV_t \geqslant 0;$$

$$\left(\sum_i DAE_{i,t}^{oil}\Big|_{\frac{\partial\pi_i}{\partial DAE_{i,t}^{oil}}=PAE_t^{oil}} + DAE_{c,t}^{oil}\Big|_{\frac{\partial U}{\partial DAE_{c,t}^{oil}}=PAE_t^{oil}} - IMP_t^{oil} - QY_t^{oil} - RSV_t^{+}\right)\cdot RSV_t = 0 \tag{6.2}$$

当油价低于基准油价时：

$$\sum_i DAE_{i,t}^{oil}\Big|_{\frac{\partial\pi_i}{\partial DAE_{i,t}^{oil}}=PAE_t^{oil}} + DAE_{c,t}^{oil}\Big|_{\frac{\partial U}{\partial DAE_{c,t}^{oil}}=PAE_t^{oil}} - IMP_t^{oil} - QY_t^{oil} + RSV_t^{-} \geqslant 0;$$

$$(\overline{RSV_t} - RSV_t) \geqslant 0;$$

$$\left(\sum_i DAE_{i,t}^{oil}\Big|_{\frac{\partial\pi_i}{\partial DAE_{i,t}^{oil}}=PAE_t^{oil}} + DAE_{c,t}^{oil}\Big|_{\frac{\partial U}{\partial DAE_{c,t}^{oil}}=PAE_t^{oil}} - IMP_t^{oil} - QY_t^{oil} + RSV_t^{-}\right)\cdot$$

$$(\overline{RSV_t} - RSV_t) = 0 \tag{6.3}$$

同时，在严格价格调控模型中，我们还可以放松储量和储能限制的约束，从而估算极端情况下完全平抑油价波动所需要的储备规模，即只考虑以下两个条件：

$$\sum_i DAE_{i,t}^{oil}\Big|_{\frac{\partial\pi_i}{\partial DAE_{i,t}^{oil}}=PAE_t^{oil}} + DAE_{c,t}^{oil}\Big|_{\frac{\partial U}{\partial DAE_{c,t}^{oil}}=PAE_t^{oil}} - IMP_t^{oil} - QY_t^{oil} + RSV_t^{-} \geqslant 0 \tag{6.4}$$

$$\sum_i DAE_{i,t}^{oil}\Big|_{\frac{\partial\pi_i}{\partial DAE_{i,t}^{oil}}=PAE_t^{oil}} + DAE_{c,t}^{oil}\Big|_{\frac{\partial U}{\partial DAE_{c,t}^{oil}}=PAE_t^{oil}} - IMP_t^{oil} - QY_t^{oil} - RSV_t^{+} \geqslant 0 \tag{6.5}$$

此时记录在各期不同随机油价情景下储备的动态变化过程，找到其最大值与最小值水平，便可估计在严格价格调控的政策目标下战略储备的需求规模。

（二）目标价格带模型（BELT）

通过石油储备的使用实现完全的价格调控，这在经济现实中并不存在。商业储备尽管调整较为灵活，但是其行为的目的并不是平抑价格，而是通过低价买入、高价卖出的方式实现收益，而在其跨期套利的过程中，实际可能因预期因素的影响，反而导致价格波动被放大。而对于战略石油储备而言，尽管其行为目标中很重要的一部分内容便是平抑市场价格的无序、大幅波动，但是从各国战略石油储备的管理实践来看，仅在出现突发的、急剧的市场波动时才可能动用战略储备，其管理和使用非常慎重。因此，我们放松“严格的价格调控”目标，转而允许价格在一定区间内浮动。具体而言，从图 5.11 中我们可以找到油价波动的蒙特卡洛抽样总体样本分布情况，根据这个分布，我们选取各年度油价波动的 10% 和 90%的百分位数，分别作为价格带的下限和上限，而在此之间的区间即为允许油价波动的目标价格带①。表 6.1 列示了各期目标价格带的上限、下限与基准油价情景。

表 6.1　各期目标价格带上限与下限价格

	上限（$Q90$）	下限（$Q10$）	基准情景		上限（$Q90$）	下限（$Q10$）	基准情景
2007	1	1	1	2022	2.454981	1.23088	1.726281
2008	1.377799	1.377799	1.377799	2023	2.452899	1.288075	1.746267
2009	0.856373	0.856373	0.856373	2024	2.477492	1.274035	1.764614
2010	1.098701	1.098701	1.098701	2025	2.473032	1.250758	1.781709
2011	1.311584	1.311584	1.311584	2026	2.38871	1.293549	1.797886
2012	1.308819	1.308819	1.308819	2027	2.495179	1.306614	1.813425
2013	1.68311	1.153017	1.393381	2028	2.451215	1.363722	1.828553
2014	1.894802	1.102884	1.448354	2029	2.501383	1.347453	1.843426
2015	2.008156	1.125026	1.498818	2030	2.593004	1.328038	1.858138
2016	2.133702	1.123994	1.544248	2031	2.579223	1.336742	1.872741
2017	2.180805	1.155011	1.584668	2032	2.585982	1.339614	1.887269
2018	2.238245	1.192556	1.620364	2033	2.671774	1.372693	1.90175
2019	2.243246	1.214461	1.651813	2034	2.770423	1.391509	1.916203
2020	2.353735	1.188407	1.679572	2035	2.738005	1.392755	1.930646
2021	2.306665	1.218249	1.704213				

同样设定国际油价波动为储备使用的触发机制，设国内原油供给价格为储

① 需要指出的是尽管一般理解的战略石油储备主要目标是抑制油价异常、急剧上涨，对于油价下跌并没有明确的抑制动机，但是在模型设定过程中如果仅考虑高油价时释放储备，进而设定单侧的储备使用方式时，原有的存量储备将会很快耗竭。由于各国战略储备的购入行为往往分散、秘密地进行，避免对国际市场造成冲击，因此我们无从得知确切的战略储备购入决策行为模式，因而本书模型中设置下限 10%的价格控制目标，与上限 90%相对应，以此来模拟构建储备的过程。就目前掌握的信息来看，我们无法找到更具体的信息表明具体的建储决策行为模式。当然如果以后对于战略石油储备建储行为的决策机制、行为模式有更具体的了解，便可以对此进行修正和优化。

备调整的目标变量。记不考虑储备时，当国际油价 P_t^{oil} 等于价格带上限 $\overline{\overline{P}}_t^{oil}$ 时，国内原油总供给的加权平均价格为 $\overline{\overline{PAE}}_t^{oil}$ ；而当 P_t^{oil} 等于价格带下限 $\underline{\underline{P}}_t^{oil}$ 时，国内原油总供给的加权平均价格为 $\underline{\underline{PAE}}_t^{oil}$ 。则当 $P_t^{oil} > \underline{\underline{P}}_t^{oil}$ 时，释放战略石油储备使国内石油供给价格恢复 $\overline{\overline{PAE}}_t^{oil}$ ；当 $P_t^{oil} < \underline{\underline{P}}_t^{oil}$ 时，购入原油补充储备量使国内石油供给价格恢复 $\underline{\underline{PAE}}_t^{oil}$（参见图 6.4）。同样，储备的购入与释放会受到目标储备量以及实际剩余储备量的限制；反过来，放松这两个约束条件则可以用同样的模型来估计目标价格带行为模式下，战略储备的需求规模。

目标价格带模型设定的储备使用的行为模式可以通过修改“严格价格调控”模型下的式(6.2)和式(6.3)得到，即当油价高于目标价格带上限时，石油储备的行为模式可以描述为：

$$\sum_i DAE_{i,t}^{oil}\Big|_{\frac{\partial\pi_i}{\partial DAE_{i,t}^{oil}}=PAE_t^{oil}} + DAE_{c,t}^{oil}\Big|_{\frac{\partial U}{\partial DAE_{c,t}^{oil}}=PAE_t^{oil}} - IMP_t^{oil} - QY_t^{oil} - RSV_t^{+} \geqslant 0; RSV_t \geqslant 0;$$

$$\Big(\sum_i DAE_{i,t}^{oil}\Big|_{\frac{\partial\pi_i}{\partial DAE_{i,t}^{oil}}=PAE_t^{oil}} + DAE_{c,t}^{oil}\Big|_{\frac{\partial U}{\partial DAE_{c,t}^{oil}}=PAE_t^{oil}} - IMP_t^{oil} - QY_t^{oil} - RSV_t^{+}\Big)\cdot RSV_t = 0 \tag{6.6}$$

同样，当油价低于目标价格带下限时：

$$\sum_i DAE_{i,t}^{oil}\Big|_{\frac{\partial\pi_i}{\partial DAE_{i,t}^{oil}}=PAE_t^{oil}} + DAE_{c,t}^{oil}\Big|_{\frac{\partial U}{\partial DAE_{c,t}^{oil}}=PAE_t^{oil}} - IMP_t^{oil} - QY_t^{oil} + RSV_t^{-} \geqslant 0;$$

$$(\overline{RSV}_t - RSV_t) \geqslant 0;$$

$$\Big(\sum_i DAE_{i,t}^{oil}\Big|_{\frac{\partial\pi_i}{\partial DAE_{i,t}^{oil}}=PAE_t^{oil}} + DAE_{c,t}^{oil}\Big|_{\frac{\partial U}{\partial DAE_{c,t}^{oil}}=PAE_t^{oil}} - IMP_t^{oil} - QY_t^{oil} + RSV_t^{-}\Big)\cdot$$

$$(\overline{RSV}_t - RSV_t) = 0 \tag{6.7}$$

图 6.4 列示了目标价格带模型设定下，通过储备管理平抑油价波动的示意图。在目标价格带模型下，估算储备规模需求的方法与严格价格调控时相同，这里不再赘述。

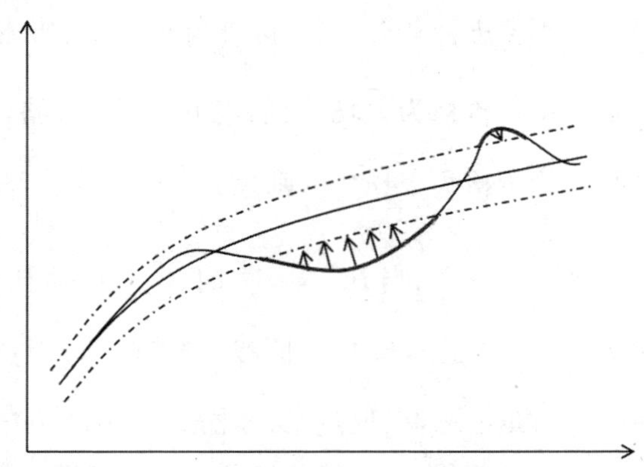

图 6.4 “目标价格带模型”价格调控机制示意图

四、模拟结果与比较

图 6.5 显示了在引入石油储备机制后,宏观经济产出的变化。由于引入石油储备机制对价格波动进行平抑之后,市场主体可以更加准确地对未来油价波动进行预期。与此同时,由于国内石油供给价格波动趋于减弱,投资收益率也更趋稳定,从这个意义上讲,经济系统的运行与增长路径将会更接近最优路径。因此,宏观经济产出及增速也较没有储备调整的情况更为有利。从图 6.5 可以看到,在引入石油储备后,不论是完全价格调控还是有限制的目标价格带调控,都会带来宏观经济产出的提升:严格价格调控下,GDP 产出的期望值提高 0.02%—0.04%;而在目标价格带调控下,GDP 产出的期望增幅为 0.01%—0.03%。

除了直接带来宏观经济产出的增长外,引入战略石油储备的一个重要作用是保证宏观经济的平稳、有序,避免石油供给或者价格的突然、大幅波动对宏观经济造成的冲击。图 6.6 比较了引入不同的储备机制对于宏观经济产出随油价波动的方差的影响。从中可以看到,引入严格价格管制对于经济平稳性并没有非常显著的影响,但是目标价格带模型却能够显著地提高不确定性油价情景下宏观经济产出的平稳性,表现为 GDP 产出随油价波动的方差减小。同时从图 6.6 中还可以明显地看到随着国际原油价格波动不确定性的不断累积,到后期产出波动性变化较大。储备量的过快耗竭是造成这种差异的主要原因,如图 6.7 所示,在严格价格调控的储备机制情景下,既有的储备很快耗竭,在 2015 年

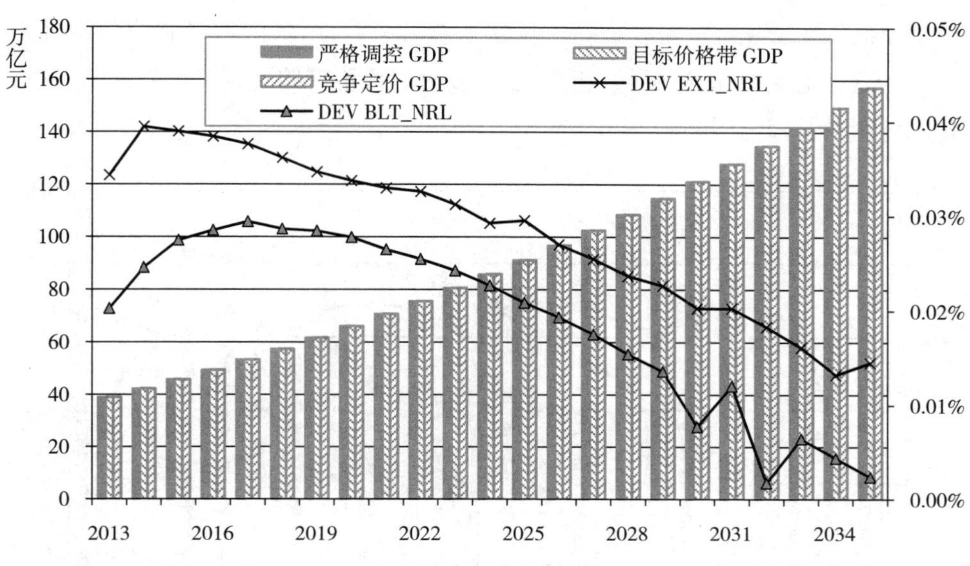

图 6.5 引入石油储备后,GDP 产出的变化情况

注:NRL 表示成品油市场竞争定价,但没有引入储备的情景;EXT 表示严格价格调控;BLT 表示目标价格带调控。

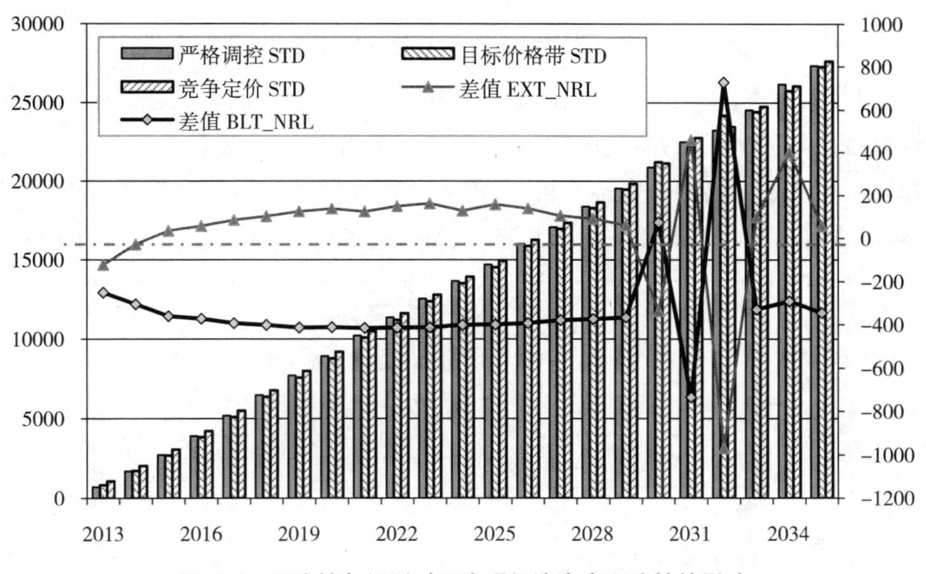

图 6.6 石油储备机制对于宏观经济产出平稳性的影响

之后,就有超过 40%的概率出现储备全部耗竭的情况。事实上由于模型设定双侧调整,因此有 50%的概率会出现油价低于基准油价,即可以购入原油用于储备的条件。因此即便所有存量储备完全耗竭,依然有 50%的概率通过购入新的储备原油从而使剩余储备不为零。从这个意义上看,严格的价格调控储备机制下存量储备很快便耗竭殆尽。相比之下,在目标价格带储备调控机制下,存量储备的耗用相对较为缓和。

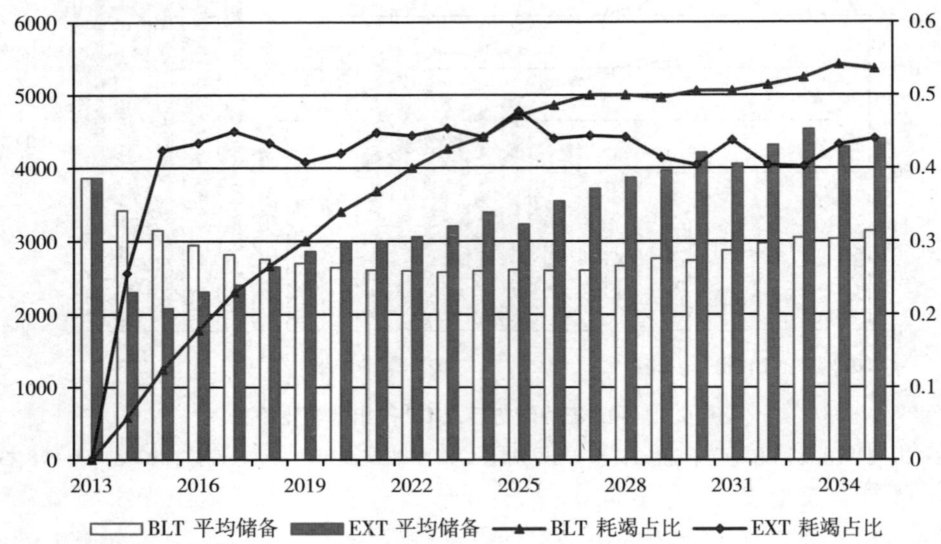

图 6.7 不同储备调控机制下,存量石油储备的耗用情况

如前文所述,我们可以通过放松储量和储能约束条件的方式,估算在不同储备调控机制下储备量的需求规模,结果如图 6.8 所示。根据蒙特卡洛模拟的抽样结果,要实现严格的价格调控目标,需要的石油储备量为基准年度 2007 年进口量的 24 倍;而要控制 95%的价格波动,则需要的储备量为基年进口量的 5—6

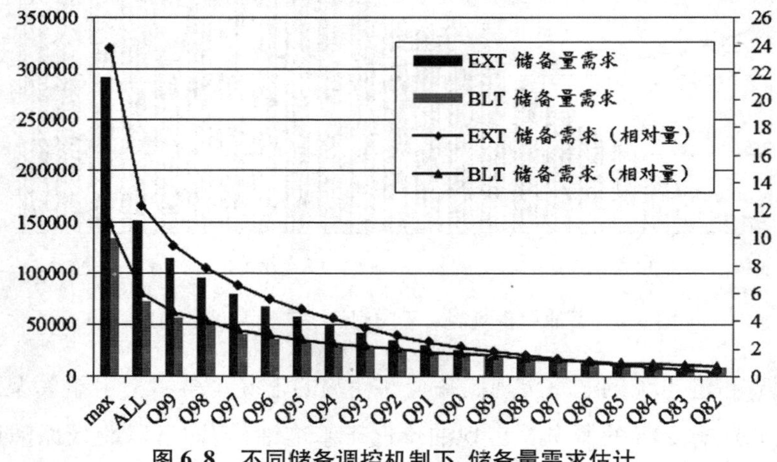

图 6.8 不同储备调控机制下,储备量需求估计

倍;控制90%的价格波动则需要相当于3倍的基年原油进口量作为储备。相比之下,在目标价格带调控目标下,相应的储备需求量显著下降。如图6.8所示,要完全实现价格调控的目标,需要的储备量相当于基年进口量的10倍;控制95%的价格波动则需要基年进口量3倍规模的储备;而控制90%的价格波动需要相当于基年进口量2倍的石油储备量。这一结果可以为我国构建战略石油储备提供重要的参考。

第二节　优化国内石油市场定价机制

石油及其相关产品作为具有战略意义的基础性生产要素,同时也是与社会运行息息相关的重要商品,其定价机制是否合理、灵活、有效,会对宏观经济生产和社会运行的平稳、健康、有序造成重大的影响。反观我国现有的石油工业、石油市场以及相关管理体系,我们遗憾地发现石油市场夹在垄断厂商和政府管制之间,受到了严重的扭曲和限制,定价机制也在政府主管部门与大型垄断企业的博弈之下,难以充分发挥作用。石油定价机制的扭曲、价格调整的严重滞后等因素,导致我国石油市场长期处于失衡和不健康的发展状态,对宏观经济带来了严重的不利影响。

本节拟对我国目前石油市场定价机制的逻辑基础及其弊端进行梳理,在此基础上,利用前文构建的CGE模型分析在我国现有经济结构和特征下,优化石油定价机制带来的经济产出的影响。

一、我国石油市场定价机制的弊端

尽管自20世纪90年代末以来,我国国内石油市场改革进程加快,定价机制与国际市场逐渐接轨,但是目前来看,不论是成品油市场还是原油市场都依然处在强有力的政府监管之下,根据"确保宏观经济稳定运行、适当兼顾能源企业利益"的基本原则予以调整。就原油而言,国内石油供应以及炼化均由三大石油集团垄断,上下游一体化的经营模式决定了原油并没有明确的市场流通和交易。政府管制价格主要针对内部交易,用于规范企业内部的成本核算、细化利润以及税收核算依据。对于成品油而言，目前我国国内成品油定价机制参照国际石油市场价格确定，从而使国内价格得以与国际市场价格联动。尽管我国现行油气市场改革沿着构建“政府指导价”下的有限市场调节机制不断推进，但是就现有的定价机制看，依然难以摆脱政府管制的桎梏。不彻底的市场化和定价机制改革不仅无法完全起到优化资源配置的目标，还会造成市场扭曲，固化市场垄断，导致长期的供需失衡。具体而言，我国现有石油市场定价机制的弊端主要体现在以下几个方面：

（一）“市场调节机制”缺位导致石油市场供需失衡频现、市场调节效率低下

我国石油市场的最近一次成品油定价机制改革在2008年年底推行，发改委价格主管部门规定从2009年起，国内成品油指导价格定价按照国际市场价格波动情况不定期调整，调价的条件为国际市场22个工作日连续上涨超过4%，则国内成品油价格“择机”、“相应”提高。就本质而言，这样的定价机制依然是严格的政府定价，只是定价的参考改为国际市场价格。从目前我国原油对外依存度看，我国石油炼化企业的原油约有一半来源于进口，因此国际市场价格在一定程度上会对炼化成本造成影响，但这也只是一部分影响。虽然对于国内成品油加工的成本构成我们无从知晓，但是可以根据国际石油炼化企业的成本情况进行推算。以汽油为例，根据美国能源部能源信息署（EIA）公布的数据，2011年美国国内成品油价格中，原油成本占68%，炼化成本占13%，物流与分销占7%，而税收占12%。根据广东省海外价格采集分析中心的分析，我国汽油不含税价比美国相应价格低约13%①，而我国税收在价格中的占比约为36%。如果假定造成两国石油炼化成本最大的差距在于人工成本、炼化工艺以及分销过程，那么据此推算，我国石油炼化部门的原油成本约占72%。按照我国原油对外依存度55%计算，则进口原油成本仅占总生产成本的40%。更重要的是对于石油炼化企业而言，主要的石油进口渠道为长期合同，而现有定价机制参照的是现货市场价格，与实际的生产成本并无直接的相关关系。由此可见，参照国际市场价格的国内成品油定价机制，其本质可以理解为“机会成本”定价标准，即如果国内石油

① http://www.price007.com/0724.asp.

炼化企业将原油或者成品油出口可以获得的利润,作为定价的主要依据。在我国石油对外依存度不断提高的背景下,国内石油市场定价机制改革在一定程度上缓解了原有固化定价机制造成的国际国内市场的价格倒挂现象,避免了能源企业在国际市场价格上涨、国内市场价格调整严重滞后的情况下,通过增加出口、减少本地供应以获得更高利润,加剧国内市场供需失衡。然而这样的定价方法不仅没有考虑国内市场的实际供给与需求情况,从而使价格机制失去了原有的调节作用,同时还会导致市场在调价窗口期前后供需行为的异化、客观上催生了投机行为。而依然模糊的调价机制则放大了市场对价格预期的不确定性、导致了市场的超调行为,使得国内石油市场短期供需失调进一步加剧。

近年来随着工业化发展和居民收入的提高带来的生活方式的转变,石油需求快速增长进一步凸显出市场调节机制的滞后:多地出现的油气供应短缺尽管不能排除偶发因素,但是“市场调节机制”的缺位直接弱化了价格这一“看不见的手”在市场短缺条件下,及时刺激生产侧扩大供给、需求侧缩减消费的调节作用。

(二)封闭的价格体系割裂了国际、国内市场,强化国内市场垄断与结构失调

国际贸易特别是自由贸易发挥不同国家的比较优势、实现帕累托改进;跨国公司通过资本的全球流动实现利润最大化。这两大特征是全球化背景下开放经济面对的市场规则,我国能源企业同样也在加速其国际化战略。国内市场与国际市场的割裂实际上是能源产业内部不同产业链环节的割裂,这就使得能源企业必须强化其上下游一体化经营来平衡利润、利用“国有”背景加强垄断,既不利于其在国际市场获得公平的竞争机会,也对未来我国能源工业的市场化改革带来更多的障碍。

(三)非市场化定价阻碍资源合理、高效配置,造成产业发展的无序和不均衡

“价格体系”的核心作用在于“平衡供需”和“优化生产、消费行为”,我国现行的石油价格体系,乃至整个能源系统定价体系都普遍处在严格的政府管制及非竞争性定价机制之下,原油与成品油,以及石油与其他替代能源之间形成了多种价格屏蔽。政府强制定价固然避免了价格的过快波动,但是这种制度屏蔽同

时也切断、扭曲、异化了多种能源产业的上下游关联性，使得各种成本、需求冲击无法沿价格链条顺畅传导，导致市场机制优化资源配置的功能无从实现。我国正处于经济增长和社会发展的关键时期，随着工业化转型的不断推进，能源需求的规模、刚性都呈现出快速的增长。能源价格的这种扭曲长期存在，不仅会导致能源工业发展的不均衡，更可能导致产业结构发展路径的异化，偏重于高耗能、高耗油的重化工业，带来产能失调、环境污染等一系列的经济、社会、环境问题。

这种资源配置的失调，对我国经济、产业的国际化战略也带来了深远的影响。一段时期以来，随着我国作为全球“制造工厂”的地位逐渐被强化，一系列针对我国出口企业的关税、非关税贸易壁垒、贸易保护政策也随之而来。但是在WTO框架下，这些均成为反倾销诉讼的直接理由。而与此同时，发达国家正在通过提高环境标准、实施碳税等手段对中国出口企业予以进一步规制。碳税作为一种对全球性公共资源征收的补偿税，其合法性已经被WTO准则所认定，因此尽管美国、中国等航空企业强力反对，但是欧盟对于所有到港航班征收碳税的政策仍然得以执行。今后随着越来越多的国家和地区在本地征收碳税，碳关税的壁垒必将在全球更大范围内出现，形成对中国出口企业特别是高耗能出口企业的直接威胁。我国能源价格体系从政府管制到政府指导再到市场化主导的过程如果不深化下去，是无法有效应对这一外部挑战的。事实上，在经济起飞阶段的管制性能源价格体系对于保护国内幼稚工业、强化出口企业的竞争力确实有着重要的作用，但是我国现在正在从要素驱动转向效率驱动的经济增长方式，放松价格管制、提高能源配置效率是促进整个经济增长效率提升、转型发展的关键之所在。

（四）政府定价体系弱化市场调节功能，对社会经济可持续发展构成挑战。

经济发展的阶段性特征是各个经济体都无法回避的，这种特征也直接体现在能源消费的总量和结构特征上。本世纪以来，我国终端能源消费均呈加速增长态势。这主要与我国进入工业化中期、产业结构向重型化过渡直接相关，而其中高耗能产业的快速扩张和对外出口的大幅度增加则是首当其冲的推动因素。

为了应对能源消费的过快增长，我国自“十一五”以来明显加大了节能减排力度，一方面“关、停、并、转”了一批规模小、能源效率低的高耗能企业，另一方面也提供了大量节能减排专项资金，扶持节能技术改造。但是应该看到，在市场机制的运用上,我国的节能减排政策还缺乏灵活的制度设计和对价格杠杆的合理运用。现行的能源价格管制本身就意味着大量的转移支付和交叉补贴的存在、严重削弱了对能源消费过快增长的直接抑制作用;而在硬币的另外一面则是政府通过节能减排政策再一次改变公共资源的配置流向,对产业发展予以直接规制。多重扭曲下,尽管每一项干预机制都有着相对明确的政策目标,但是交叉运用的结果则使得市场配置资源的功能被严重弱化,社会福利严重耗损。

我国经济发展的开放程度日益提升,产业结构如何优化调整,取决于国际国内要素市场、商品市场及资本流动的基本导向、宏观政策必须依托产业结构调整的内生、外生动力加以实施,才能有的放矢! 这必然应该是一个以市场调节为主、以政府规制为辅的渐进过程。“节能减排”这一公共政策也必须通过精准的市场机制设计进入价格系统中,才能降低政策执行成本、减少对经济运行的干扰。

二、优化定价机制的模型实现

如前文所述,目前我国原油市场定价主要为石油炼化和加工企业的内部定价,不涉及市场交易,因而优化我国石油市场的定价机制主要体现在成品油的市场化定价环节。

如第四章(4.71)式所述,本书模型通过政府税收和补贴的调整,在实现国内成品油价格管制的同时,保证市场供应。这样的设定隐含的一个假定便是政府承认并接受了市场供给主体的垄断地位:当生产成本高于管制价格时,生产者如果没有动力增加生产,则由此造成的市场供应短缺无法由其他生产者弥补;相反,如果生产成本低于垄断价格,而政府无法限制厂商增加产出,则供给增加会对市场均衡价格造成影响。考虑到我国三大石油集团的国有、国营的特征,以及垄断的市场结构特征,这样的模型设定符合经济现实。

值得注意的是尽管微观经济学基础理论指出完全竞争市场下的定价能够带来最大的社会总福利(即生产者剩余与消费者剩余之和),但是在我国现有的成品油市场结构下,单纯放松价格管制并不能当然地带来完全竞争的定价机制,原因在于我国成品油市场由三大石油集团垄断,一旦政府价格主管部门放开成品油价格管制,那么考虑到石油需求的价格弹性非常低,因而在垄断供给的市场结构下成品油价格按照垄断定价将会大幅提高,从而带来更严重的市场扭曲和福利损失。从这个角度看,定价机制的改革和市场结构的优化是互为因果、相辅相成的。本节将聚焦于定价机制的优化,关于市场垄断因素对我国国内石油市场定价、经济产出与福利的影响将在下节详细介绍。

在 CGE 模型框架下模拟成品油市场的完全竞争结构,只需要在原有的模型中去掉约束条件式(4.71)以及与之相应的政府补贴和税收调整条件。

三、模拟结果与比较

成品油生产成本中,国际原油进口成本是增长最快、波动最大的部分,而在原有的政府定价机制下,这部分成本的波动被放大成为决定成品油价格的唯一决定因素。因此不难理解在放松价格管制之后,我国国内成品油价格会明显下降,并且随国际原油价格波动的幅度也有所收窄,如图 6.9 所示。在实际生产成本(即竞争性价格)低于政府管制价格时,这部分价格差作为垄断收益,并没有能够增加居民部门的总福利,而更高的、不确定性更强的要素价格,也对宏观经济生产的平稳和健康有序造成了非常严重的影响。

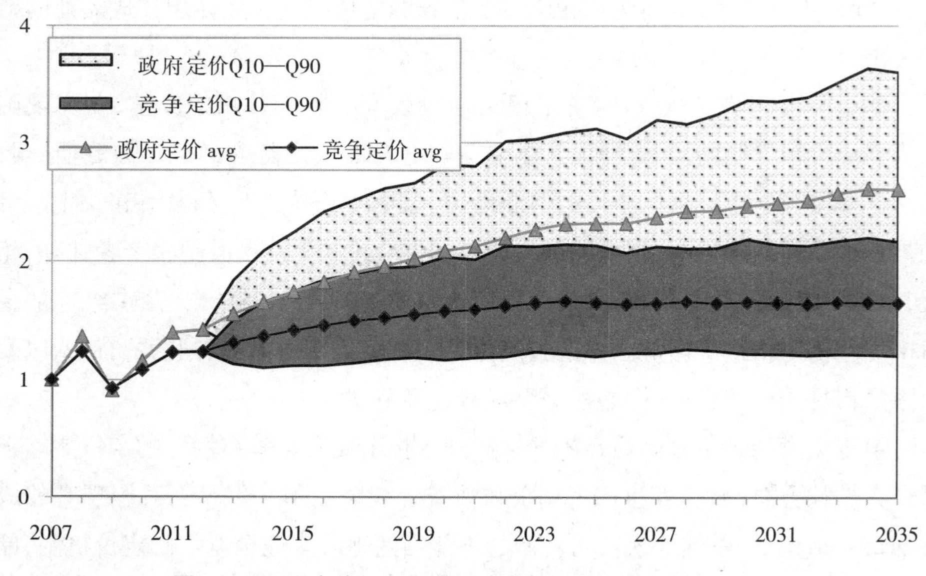

图 6.9 不同定价机制下成品油价格波动区间与均值对比

图 6.10 列示了放松价格管制后,我国宏观经济产出及增速的变化情况,从中可以看到随着原油价格不断上涨以及不确定性的逐渐提高,通过优化成品油

定价机制对宏观经济产出的影响也随之不断增大。图 6.11 则列示了两种定价机制下,宏观经济产出随油价波动的标准差。

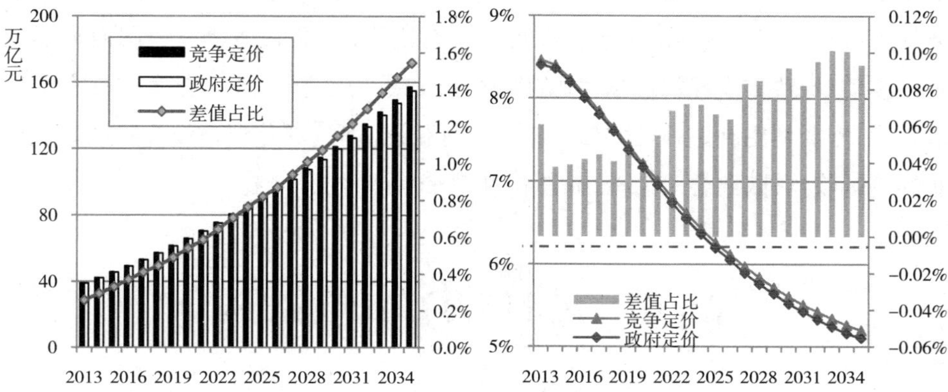

图 6.10　优化成品油定价机制对宏观经济产出及增速的影响

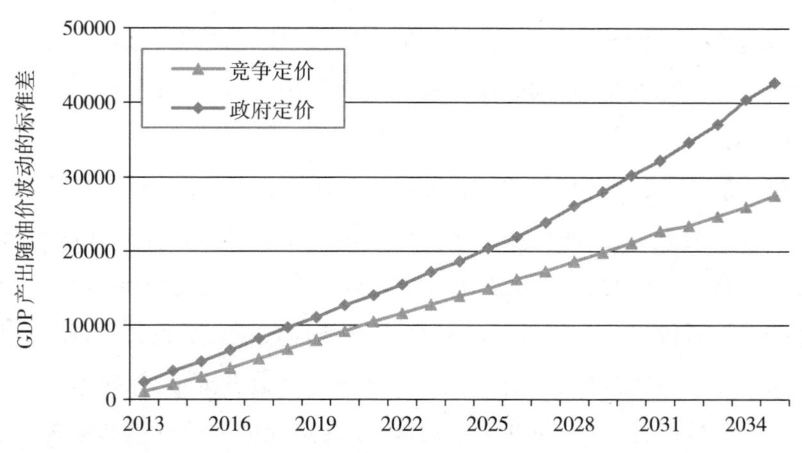

图 6.11　优化成品油定价机制对宏观经济产出平稳性的影响

从模型模拟的结果可以明显地看到,在竞争性定价的成品油定价机制下,我国宏观经济生产能够有效地、自发地应对国际市场原油价格波动,优化成品油的定价机制,推进竞争性、市场化定价,不仅有助于提高要素配置效率、优化经济生产,更重要的是能够借助市场机制和价格机制的快速调节,使宏观经济在不确定性的市场环境下保持平稳。

模型模拟的结果明确表明,尽管政府价格管制的目的是保证宏观经济平稳、避免国际市场价格冲击对国内市场的影响,但是不论从实际经济运行的现实情况，还是从宏观经济模型模拟的结果看，成品油政府定价机制都完全没有起到预想的积极效果。一方面现有国内成品油定价机制完全依照国际市场原油价格波动制定，不仅没有平抑价格波动的作用，反而使原本只占成本 40%但波动性最强的进口石油成本成为决定价格波动的绝对因素，更显著地放大了国内市场的价格波动，导致宏观经济产出对国际油价波动更为敏感。另一方面在政府定价情景下，需要利用补贴等公共资源维持目标价格，而这部分补贴作为石油炼化企业的垄断收益，因此会对总产出、总福利都带来严重的影响。

第三节　优化国内石油市场结构

石油行业从勘探、开采、炼化、分销，整个产业链都具有很强的规模效应、范围效应以及网络效应，因此产生了自然垄断的特征。事实上各国石油行业都具有很强的垄断性。另外，由于石油的稀缺性以及特殊的战略性地位，导致各国政府出于经济和能源安全的考虑，往往采取政府管制与管控，进一步强化石油企业的垄断地位。

在垄断市场上，为了避免垄断企业过度地滥用市场影响力，提高原油价格导致宏观经济受到威胁，因而对成品油采取价格管制的政策。如果如前文所述，单纯地放开政府价格管制，放任油企自由定价时，并不能实现预想的竞争性定价，而是会形成垄断价格。由于石油的价格需求弹性较低，因而油企的市场垄断力非常可观，导致成品油价格大幅上涨。因此在优化定价机制、深化市场体制改革的同时，还需要着力优化成品油市场结构，尤其是推进下游分销和零售环节的竞争。只有这样才能使市场机制和价格体系真正发挥调节供需、优化配置的作用。

本节首先拟对我国石油市场目前的供需结构进行梳理，并基于前文构建的 CGE 模型，模拟垄断定价机制下，油价及宏观经济产出的变化情况，为政策制定提供参考。

一、我国石油市场结构特征

在我国，石油行业具有非常强的行政垄断性。尽管 2005 年国务院发布《关于鼓励支持和引导个体私营等非公有制经济发展的若干意见》（该意见具有划时代的意义，被称为“三十六条”），明确要鼓励、支持和引导非公有制经济的发展，“允许非公有资本进入垄断行业和领域，加快垄断行业改革，在电力、电信、铁路、民航、石油等行业和领域，进一步引入市场竞争机制”。该意见还特别提出了“允许具备资质的非公有制企业依法平等取得矿产资源的探矿权、采矿权，鼓励非公有资本进行商业性矿产资源的勘查开发”。但是就目前落实的情况看，“三十六条”在石油行业的执行并没有获得显著的成效。

（一）石油开采

就石油勘探与开采而言，我国《矿产资源法》规定“矿产资源属于国家所有，由国务院行使国家对矿产资源的所有权”，石油开采采取行政许可和专营制度，“勘查、开采矿产资源，必须依法分别申请、经批准取得探矿权、采矿权”，而绝大部分特许经营权均由中石油、中海油以及中石化三大国有企业垄断。《国家统计年鉴 2012》公布的数据表明，截至 2010 年年底我国“石油和天然气开采行业”的国有资产比重为 96.61%，提供了 94.70%的产值。由于石油资源关乎国计民生，具有非常重要的战略意义，因而如美国允许民营资本进入石油开采行业，但是具体的开采和供销都需要由政府严格管制；俄罗斯在 20 世纪 90 年代后期向私人部门开放了石油资源，结果导致更严重的垄断，以及“石油寡头”的兴起，不仅对市场，更对政治的稳定造成了冲击，因而重新将石油资源收归国有……除此之外，石油开采所需的巨大前期研究、勘探、投资成本，也远非民营资本所能承担。综上所述，在石油勘探和开采行业保持政府管制下的垄断、特许经营，是非常合理和有效的管理体制。

（二）成品油炼化

中游的石油加工炼化环节具有很强的规模效应，属于典型的自然垄断行业。同时，行政管制也进一步强化了国有炼化企业的垄断地位。目前我国石油炼化行业中，中石油、中石化两家企业几乎完全垄断了市场。截至 2011 年年底，国内成品油市场中，中石化约占 45%，中石油约占 34%，中海油的市场份额较小，为 5%。其他地方炼油企业约占 15%。

（三）下游分销

成品油零售分销环节是“三十六条”颁布后，民营资本进入最多的环节。自2006年起，大量民营加油站一度占据了市场的大半份额，但是事实上成品油批发依然由中石油、中石化、中海油等垄断企业把持，并无经营的自主权。在近年国际原油价格大幅攀升、油价波动剧烈的市场环境下，巩固国内市场的目标使得中石油、中石化展开了市场争夺战。有新闻媒体的报道指出，目前民营加油站已经有半数被两大油企收购。从中石化2012年公布的年度财务报告中可以看出，2011年中石化在国内销售成品油15116万吨，同比增长7.6%，其中零售量10024万吨，同比增长14.4%；直销量3322万吨，增长2.5%；唯独批发量同比下降13.5%，至1770万吨。而在此之中汽油批发量下降22.2%、柴油批发量更是锐减30.3%（徐沛宇、王佑，2012），①由此可见中石化通过扩张自有加油站实现市场占有的同时，也减少了对民营加油站的批发。②

二、市场垄断的模型实现

根据微观经济学的市场定价理论，经济主体根据市场需求与自身生产成本调整产量，实现最大化利润。记市场需求对总供给 q 的反需求函数为 $p(q)=p$，其中 p 为销售价格；在总供给量中，某企业产量 q_i，相应的生产成本为 $c(q_i)$。考虑在不同的竞争态势的市场上，生产者对于其他生产者的供给决策会相应作出调整，即不同生产者的决策不是单独的，而是通过博弈得到的均衡解。如果假定在特定厂商的任意产量决策 q_i 下，均存在唯一的博弈均衡，使得市场总供给量等于 q，那么我们就可以用总供给函数 $q(q_i)$ 表示市场总供给量随单一厂商产量变化而变化的情况。此时，厂商的行为方程为：

$$\max_{q} p[q(q_i)]\, q_i - c(q_i) \tag{6.8}$$

求解一阶条件可得：

$$p'[q(q_i)]\, q'(q_i^*)\, q^* + p(q) = c'(q^*) \tag{6.9}$$

① 《第一财经日报》2012年4月5日，见 http://www.news365.com.cn/xwzx/qc/201204/t20120405_344100.html。

② 中石油的年报中没有披露相关的信息。

对上式左边部分进行变形：

$$p'(q^*)q'(q_i^*)q^* + p(q^*) = p(q^*)\left(\frac{\partial p}{\partial q}\frac{\partial q}{\partial q_i}\frac{q_i^*}{p^*} + 1\right) = p(q^*)\left(1 - \frac{1}{|\varepsilon_i^*|}\right) \tag{6.10}$$

式中 q_i^*、q^* 以及 p^* 分别表示厂商的最优产量，以及与之对应的市场总供给、均衡价格；ε_i^* 表示市场对单一厂商产品需求的价格弹性：

$$\varepsilon_i^* = -\frac{dq}{dp}\frac{dq_i}{dq}\frac{p^*}{q_i^*} = -\frac{dq}{dp}\frac{p^*}{q^*}\cdot\frac{dq_i}{dq}\frac{q^*}{q_i^*} = \varepsilon^*\eta^* \tag{6.11}$$

其中 ε^* 表示市场总需求的价格弹性，η^* 表示市场总供给的边际增量中厂商 i 的供给所占比重。当市场为完全竞争时 $\eta^*=0$，即单一厂商的行为对市场总供给完全无影响，此时一阶条件变为 $p(q_i^*)=c'(q_i^*)$，即边际成本定价；而当市场为完全垄断时 $\eta^*=1$，即单一厂商的产量完全决定了市场总供给，$q^*=q_i^*$，此时式(6.10)可以进一步改写为：

$$\frac{p(q^*) - c'(q^*)}{p(q^*)} = p'(q^*)\frac{-q^*}{p(q^*)} = \frac{1}{|\varepsilon_p^*|} \tag{6.12}$$

上式表明垄断市场中的定价与商品边际生产成本（即竞争市场定价）的加成率（Monopoly Markup），可以通过市场需求弹性推算得到，这便是著名的勒纳指数（Lerner index）。

在给定需求函数形式的条件下，我们可以根据勒纳指数直接计算垄断市场的定价，但是在一般均衡的系统性分析框架下对垄断定价的分析却要复杂得多，原因在于局部均衡的分析框架下，需求函数给定，因而随着供给量的变化，市场价格和消费量的关系只是沿着给定的需求函数边界上运动，因此根据需求函数就能够准确地、完全地掌握在不同价格条件下的需求弹性。但是在一般均衡的框架下，单一行业的供给或者价格变化一方面会导致该行业产品与其他行业产品的相对价格发生变化，另一方面商品绝对价格的变化会通过企业收入，进而影响要素收入，最终传导到居民总收入。而总收入的变化以及相对价格的变化都会对需求函数本身的位置和形状造成影响。因而在一般均衡分析框架下，尽管模型对每一种商品都设定了直接需求函数，但是我们不能简单地根据直接需求函数计算商品需求的价格弹性，而是要借助数据包络的方法刻画商品供给量 q 与市场价格 p 的完整的变化路径，即求解 $(dq/q)/(dp/p)$。

遗憾的是尽管部分学者已经注意到了市场非完全竞争对我国石油市场的重要影响，并且将之引入一般均衡分析框架（袁永德，2007①；李丽，2011②），但是现有研究都是通过计算石油产品的直接需求函数，即 Armington 整合环节③对国内成品油的需求，从经济意义上看，这个环节的需求弹性实际上表征的是本国成品油与国际市场成品油的替代弹性。事实上我国目前成品油进口环节有着严格的进口配额管制，2001 年以来我国成品油进口年均增速约 10%，尤其在 2008 年后国际原油价格高企、经济增长乏力，成品油需求不足给国内炼化企业利润造成较大冲击的时期，原油进口增速更是被限制在 8%左右。相对于国内成品油总需求量的高速上涨，进口成品油的增长速度缓慢，而且基数很小，因而在市场总供给中的占比非常有限，无法形成对国产成品油的替代。事实上在我国目前的成品油市场管理规定中，进口的主要油品，包括汽油、柴油都需要经由中石油、中石化的再加工才能够供应市场；只有非常有限、用量非常少的部分特种进口油品才能够直接供应市场，因此根据 Armington 函数对成品油的需求弹性进行设定会造成非常严重的误读，低估成品油市场的垄断强度。因此，本书利用比较静态分析方法，在基准油价情景（S0）下，对模型求解的每一期，都设定多个不同的成品油价格加成率（0%，2%，…，100%共计 50 档加成率）进行模拟，记录在相应成品油价格垄断加成率的条件下，市场价格与国内产品需求量，从而刻画各期成品油需求量与市场价格之间的相关关系，即在一般均衡模型的框架下模拟真实的成品油需求函数。根据上述模拟得到的各期需求函数，我们便可以估计真实的成品油需求弹性，据此设定垄断厂商收益最大化的成本加成率，从而模拟垄断定价对成品油市场造成的影响。图 6. 12 列示了基准年度（2007 年）比较静态分析的结果，从中可以看到随着加成率的不断提高，成品油价格上升、需求下降，形成了一条性状比较良好的平滑曲线。这为我们求解垄断条件下的价格加成率提供了必要的条件。

根据图 6. 12 中的需求函数，我们可以近似地计算边际收益率的变化曲线。之所以说是近似地计算，原因在于比较静态分析并不能为我们提供需求函数的准确的解析式，而只是提供了需求函数上不同点的位置。因此，我们只能根据各

① 袁永德：《非完全竞争市场假设在 CGE 模型中的引入及应用》，《当代经济科学》2007 年 1 月第 1 期。

② 李丽：《国际油价波动对中国经济影响的评估》，《华东经济管理》2011 年第 5 期。

③ 参见第四章第一节。

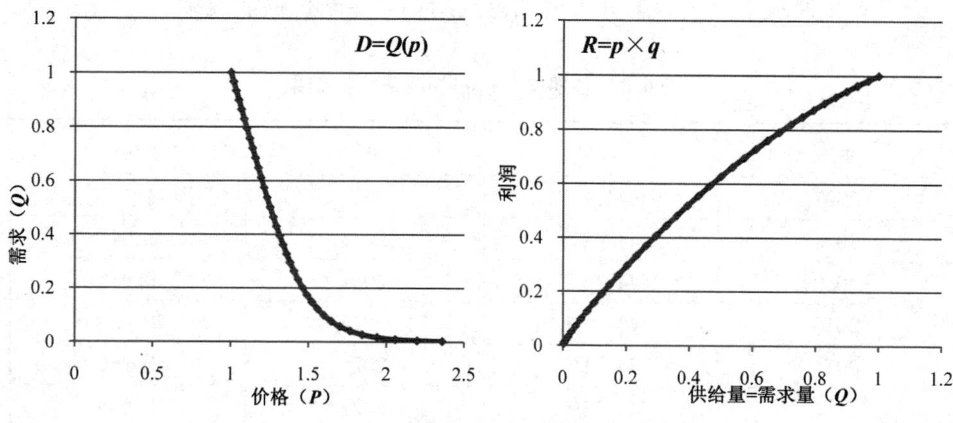

图 6.12　成品油市场需求函数比较静态模拟

点之间的连线斜率近似地推算不同加成率下，垄断厂商的边际收益率，即：

$$MR\mid_{mk}=\frac{\Delta R_{mk}}{\Delta q_{mk}}=\frac{R_{mk}-R_{mk-1}}{q_{mk}-q_{mk-1}} \tag{6.13}$$

上式中下标 mk 和 $mk-1$ 表示相邻的垄断价格加成率设定值。图 6.13 列示了边际收益的变化路径，而垄断厂商的最优化行为模式便是在边际收益等于边际成本（$MR=MC$）时进行生产，而商品价格则根据市场需求函数确定。图 6.13 中，基期的生产成本 = 1，因而相应的成本加成率 MK 便是在 MC 与 MR 曲线交点处相应的需求曲线与成本曲线的离差占比，计算结果为 $MK_{2007}=45.6757\%$。

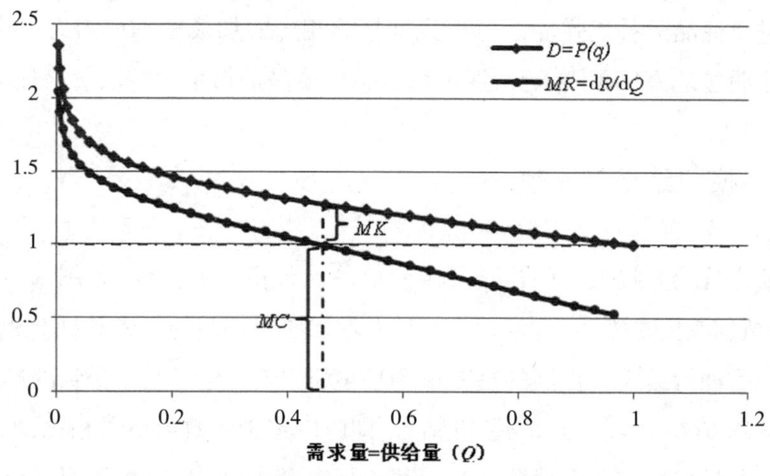

图 6.13　垄断厂商收益率变化路径模拟结果

表 6.2 列示了比较静态分析模拟得到的各期垄断价格加成率。

表 6.2　各期垄断价格加成率模拟结果

年份	*MK*	年份	*MK*
2007	44.51%	2022	41.18%
2008	44.48%	2023	41.04%
2009	44.13%	2024	40.93%
2010	44.81%	2025	40.83%
2011	44.41%	2026	40.76%
2012	44.32%	2027	40.65%
2013	44.51%	2028	40.65%
2014	44.13%	2029	40.51%
2015	43.50%	2030	40.58%
2016	43.18%	2031	40.55%
2017	42.36%	2032	40.48%
2018	42.20%	2033	40.48%
2019	41.86%	2034	40.51%
2020	41.52%	2035	40.48%
2021	41.52%		

相比之下，模型设定的直接需求函数，即成品油的 Armington 函数中，国内油品与进口油品的替代弹性设为 6，据此推算相应的加成率 MK' 约为 17%，可见这种方法明显地高估了需求弹性，因而低估了成品油市场的垄断价格加成率。

三、模拟结果与比较

垄断定价的直接效果同样是使国内成品油价格大幅上涨，如图 6.14 所示。同时，垄断利润由垄断生产者所有，并没有增加居民部门的收入和社会福利。

在成品油价格大幅提高的垄断市场环境下，宏观经济生产受到的影响更为显著。从图 6.15 可以看到，与基准情景，即政府定价的政策情景相比，如果放开市场管制并且任由垄断厂商肆意滥用其市场垄断力，将会给我国宏观经济带来无法承受的后果。从 GDP 产出总量看，由于垄断定价造成的成品油价格大幅上

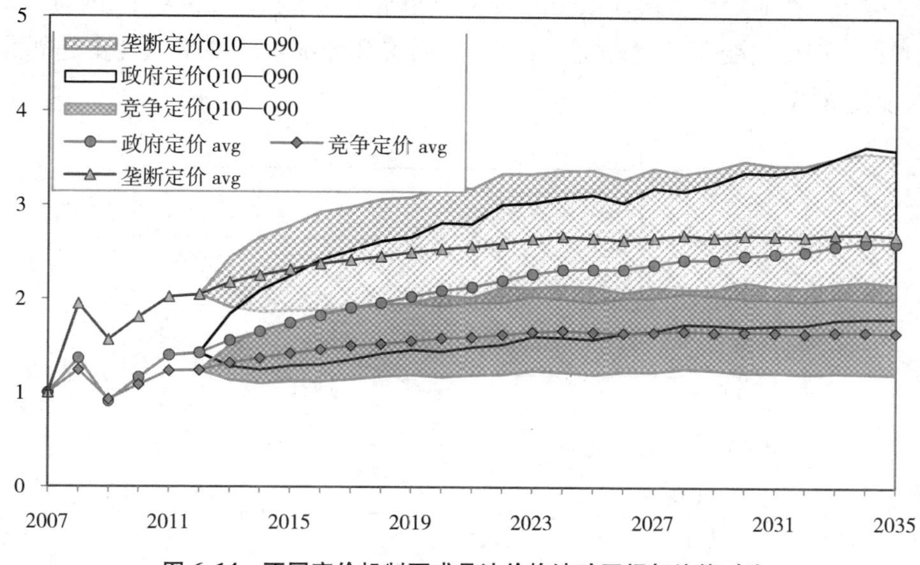

图 6.14　不同定价机制下成品油价格波动区间与均值对比

涨，会导致宏观经济产出下降 4%—5%；而同时 GDP 年均增速也会显著放缓，最大的降幅为 0.4%。

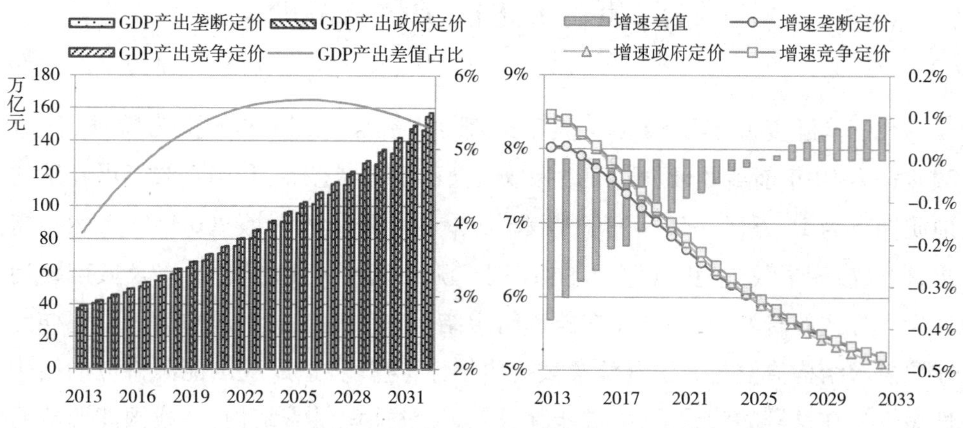

图 6.15　石油市场垄断对宏观经济产出及增速的影响

尽管从图 6.14 来看国内成品油价格在市场垄断情景下的波动区间略小于政府管制定价，但是由于总体的油价水平（国内成品油价格）高于政府定价以及竞争定价的情况，因此实际上导致宏观经济对价格波动的承受能力下降。从图 5.17 可以看到，随着油价不断上涨，宏观经济产出对价格波动的敏感性也会不断提高，而这在国内成品油市场上，即表现为尽管垄断定价情景下成品油价格波动区间小于政府定价情景，但是由于总体价格水平高于政府定价水平，因而导致宏观经济产出的变化幅度却更为扩大，表明宏观经济生产的平稳性更趋恶化（参见图 6.16）。

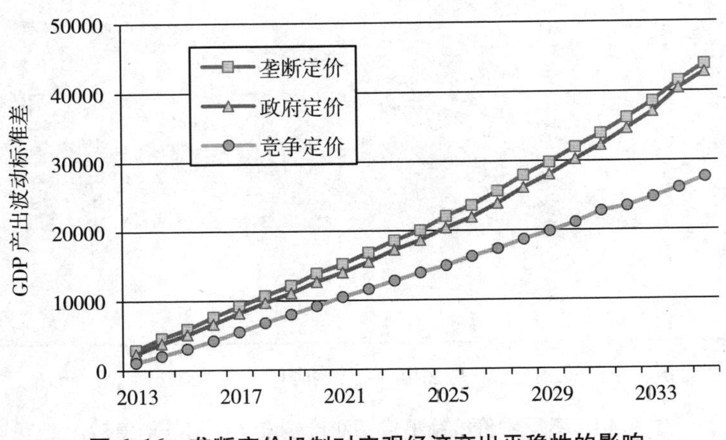

图 6.16　垄断定价机制对宏观经济产出平稳性的影响

第四节　推进能源替代战略

我国能源资源禀赋结构一直以来都以“富煤、贫油、少气”为特征，而自 2009—2010 年前后我国页岩气勘探取得突破性进展，发现我国页岩气可开采的地质储量为 15 万亿—30 万亿立方米，如果完全开采可满足 200 年的天然气需求，彻底改变了我国“少气”的能源结构。随着现代工业的发展，以及城市结构和生活方式的转变，石油产品在能源需求结构中的地位越来越重要——这样的能源需求结构恰恰与我国资源禀赋结构相悖，进一步造成我国能源供应的结构性短缺。在这样的背景下，推进能源替代、调整能源供需结构，是我国能源战略中非常重要的战略目标。而结合我国能源资源禀赋结构的“富煤”和“多气”的特征，用煤炭和天然气替代石油是非常重要的能源替代途径。

一、能源替代的技术选择

能源替代战略在西方国家往往通过电力部门的电源结构调整来实现。但是在我国,由于一直以来"富煤、少油"的能源禀赋结构决定了我国现有电源结构以煤炭为主,辅以水电。由于目前我国成品油价格偏高,因而很少有燃油机组上网发电的情况。从图 6.17 中可以看到,2011 年我国电源结构中,石油产品占比非常低,主要用于企事业单位自备的小型柴油发电机组的应急供电,由此可见在电力部门实现石油替代的空间非常有限。从图 6.1 可以看到,我国石油产品的消费结构中,工业和交通运输业的占比最大,两项合计占总消费量的 74.72%。因此要实现能源替代,主战场在于工业和交通部门。

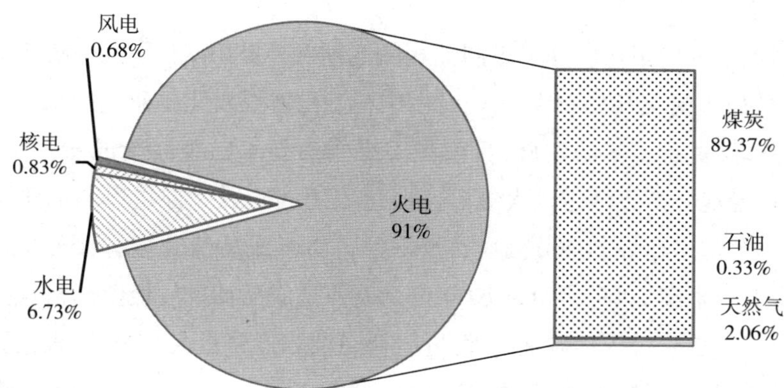

图 6.17　2011 年我国电源结构示意图(按发电煤耗法计算)

根据能源替代方式的不同,我们可以将各种能源替代技术路径分为两大类:直接替代与间接替代。前者是指通过各种能源化工工艺,将不同种类的能源转化为与石油具有相同或者相近性状,可以替代石油作为燃料或者工业物料投入的能源类型。随着国际原油价格的不断上涨,煤制油、生物质汽柴油以及醇基液体燃料等替代燃料的吸引力也越来越大。就我国现有的资源禀赋特征而言,如果石油价格继续进一步上涨,那么煤制油必将成为非常重要的石油替代手段。其次,间接替代是指通过不同的燃料实现与石油相同的功能,比如用高效率的燃气、燃煤机组替代燃油机组;或者在交通部门推广电动车、燃气车,从而替代石油产品的使用。在这方面,天然气不仅与石油有着伴生、伴采的特征,同时由于其与石油产品在化学性质上的相近,因而在应用领域上也有很多相似之处。随着我国页岩气的发现与开发,进一步扩大天然气在工业、交通以及生活部门的应用,实现对石油的替代,成为高油价时代我国能源战略中的现实、紧迫,同时又是有利可图的路径选择。

（一）煤制油发展现状与展望

所谓“煤制油”，顾名思义是指通过煤炭化工技术，将固态的煤炭转化成为烃基的液态燃料。由于其物理和化学性状与石油非常接近，因此可以用作石油以及部分化工产品的替代品。本世纪以来国际石油市场波动剧烈、石油价格不断高企，由此推动煤制油技术在全球各个煤炭储量较为丰富的国家和地区快速发展。美国、澳大利亚、印度以及德国等煤炭大国都在煤制油领域投入了大量的力量和资金进行研究和开发。

我国也于本世纪初展开了煤制油相关的研究。2001 年，“‘煤转油’重大科技项目”被列入国家“863 计划”，当时由中科院山西煤炭化工研究所承担主要的研究任务。经过了多年的发展，目前我国煤制油技术已经逐渐成熟，并且在山西、内蒙古等地开始逐渐进入大规模商业化应用的阶段。神华煤制油化工有限公司、神华鄂尔多斯煤制油分公司以及内蒙古伊泰成品油销售有限公司等多家煤制油企业分别于 2009 年和 2010 年申请商务部成品油批发经营资格获批。其中神华集团是最早进入煤制油行业，并且是目前生产量最大的企业，根据神华集团发布的数据，其煤制油项目在 2012 年产量近 90 万吨，并且这些油品大部分是经由其自建的加油站进行销售，实现利润 5 亿多元。

根据现有技术水平，我国生产一吨煤制油目前可变成本相当于 30 美元/桶原油的水平，但是主要的障碍在于投资成本。据测算，每万吨产能的投资需求约为 1000 万元，这给煤制油行业的大规模发展带来了巨大的障碍。

（二）页岩气发展

在过去的 20 年里，美国页岩气的大规模开发为全球能源系统带来了地震式的冲击。据测算，美国页岩气资源量为 42 万亿—52.6 万亿立方米。页岩气的大规模开发一举改变了美国天然气进口国的地位，并推动美国天然气发电占比从 2008 年的 20%左右上涨到超过 30%。

除了美国之外，加拿大、英国、波兰也在积极探索页岩气的开发，而印度、阿根廷、澳大利亚等国也都发现了较大的页岩气储量。页岩气大规模开发的前景可以说重新定义了国际能源市场的版图，对国际石油和天然气价格都造成了显著的影响。自 2009 年年初至 2012 年年底，原油价格已上涨接近一倍，而国际天然气价格却一改一直以来随油价波动的特征，出现逆市下跌。2009—2012年间，美国天然气价格降幅达到近15%。

页岩气在我国也引起了政府有关部门的高度重视。自2009年起，我国的页岩气开发经历了如表6.3所示的历程。

表6.3　我国页岩气开发历程

· 2009年我国国土资源部在重庆市綦江县启动了中国首个页岩气资源勘查项目
· 2009年我国启动"中国重点地区页岩气资源潜力及有利区优选"项目
· 2010年我国分三个梯次开展了研究工作，第一启动了"川渝黔鄂页岩气调查先导试验区"工作开展重点调查，第二在下扬子苏皖浙地区开展页岩气资源调查，第三在北方地区（华北、东北和西北）开展页岩气资源前期调查研究
· 2010年中石油西南油气田分公司蜀南气矿介入宜宾市珙县上罗镇页岩气井勘探开发
· 2012年3月1日国土资源部召开新闻发布会，首次评价页岩气资源潜力
· 2012年3月，国家批准设立"四川长宁—威远国家级页岩气示范区"和"滇黔北昭通国家级页岩气示范区"
· 2012年3月20日壳牌公司与中国石油签署产品分成合同，在四川盆地进行页岩气勘探、开发及生产
· 2012年7月17日珙县上罗镇10余户居民家中正式安装上页岩气管道，成功用上页岩气，创下中国页岩气民用"第一单"

资料来源：中国页岩气网新闻中心，2013年3月12日，http://www.csgcn.com.cn/article/show/13842.aspx。

2011年国土资源部对我国页岩气资源进行了初步评估，结果表明我国页岩气的潜在可采储量约为25万亿立方米，这一规模与目前勘探的常规天然气储量相当。如果按照国家统计局发布的2010年我国天然气消费总量估计，完全开采这25万亿立方米的页岩气，将能够满足我国天然气需求近200年。这对于我国推进能源结构调整必将带来革命性的改变。

二、能源替代的模型实现

由于页岩气与煤制油产业在基准数据（2007年投入产出表）中都没有出现，因此我们无从估计其生产技术参数、投入结构，以及市场对其产品的需求量、需求弹性等参数；与此同时，对于相应行业的资本积累存量也无从得知，这些因素都对本书模型的模拟造成了很大障碍。本书根据国家有关部门的规划，以及重点企业相关技术参数等信息，对页岩气、煤制油行业的发展现状及前景进行估计，以此为依据设置模型参数。

(一)页岩气开发进程

国家发改委、财政部、国土资源部以及国家能源局于2013年3月13日发布了《页岩气发展规划(2011—2015年)》,对我国页岩气的勘探、开发的相关工作进行了规划和展望,规划期限为2011—2015年,展望到2020年。根据规划,在"十二五"期间,即2015年前要"基本完成全国页岩气资源潜力调查与评价,初步掌握全国页岩气资源量及其分布,优选30—50个页岩气远景区和50—80个有利目标区",同时要完成"探明页岩气地质储量6000亿立方米,可采储量2000亿立方米,实现页岩气产量65亿立方米"的目标。该《规划》同时展望,到2020年力争年产量达到600亿—1000亿立方米。

根据国家统计局发布的《中国能源统计年鉴2011》,基准年度(2007年)我国天然气消费量705.23亿立方米。据此推算,在2015年我国页岩气规模化开发逐渐展开,年产量约为天然气基期消费量的10%,而到2020年的页岩气供给量将达到基年的天然气消费量。随着技术的不断成熟,在此之后,页岩气将能够实现对传统天然气的完全替代。尽管对于2020年之后页岩气完全开发阶段的供应能力相关数据尚无法准确预测,但是从美国目前天然气市场的价格来看,在页岩气成功开发后,美国国内市场天然气价格下跌约一半。据此,本书模型设定我国页岩气行业生产成本(包括资源禀赋约束带来的稀缺租)为传统天然气行业的50%,页岩气的供给量自2015年起到2020年间逐渐增长。记基年(2007年)天然气用量为1,则2015年页岩气供给量为0.1,2020年供给量为1,其间年度供给量线性增长;到2020年后,不再对页岩气供给总量进行约束,此时由于生产成本的差异,最终结果会导致天然气市场价格下跌50%。

(二)煤制油技术成本

尽管煤炭同样作为可耗竭资源,但是在我国富煤的能源结构下,煤炭资源约束并不像石油和传统天然气那样严苛,因而对于煤制油技术的分析重点放在技术成本的模拟。据测算,在现有技术水平下,转化每吨石油需要消耗3.5吨煤炭,如果只考虑燃料和物料成本(可变成本),则煤制油的成本相当于30美元/桶原油;如果考虑投资成本,则目前煤制油技术的综合成本相当于80美元/桶原油的水平。以2007年WTI原油现货价格72.34元为参照,煤制油的综合成本比基期油价高约10%；其中37.5%为煤炭投入。按照2007年投入产出表，石油加工业的原油投入占比为65.73%。记传统的石油加工业在基期的单位生产成本为1，其中石油投入占0.6573；煤制油行业的综合单位生产成本为1.1，其中煤炭投入占0.4125。煤制油行业的其他非煤炭投入要素和物料的投入结构参照石油加工炼化行业基准数据。记石油炼化行业的单位生产成本中，非原油投入 i 占 $x\%$，则在煤制油行业中该投入占$\left[\frac{x}{1-0.6573}\times(1.1-0.412)\right]\%$。

通过上述处理，我们便可以在前文构建的CGE模型框架下分析页岩气与煤制油的能源替代对我国能源消费结构、宏观经济产出以及经济运行的平稳性进行分析。

三、模拟结果与比较

随着国际油价的持续上涨以及大幅波动，各种替代能源的成本列示逐渐弱化，甚至产生了相对于高油价的成本优势，因而其市场吸引力也不断提高。就我国而言，煤炭资源相对富裕，以低成本的煤炭转化为石油成为最为现实和可行的技术选择。模型模拟结果表明，随着油价的不断上涨，我国煤制油行业也随之逐渐发展成熟，形成对传统原油的替代。图6.18列示了我国成品油供给结构的变化情况，

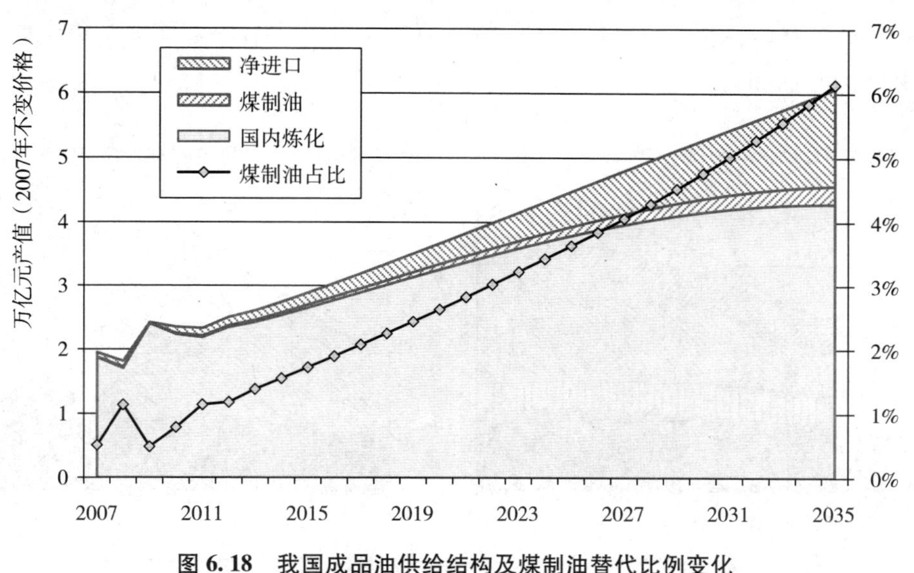

图6.18　我国成品油供给结构及煤制油替代比例变化

从中可以看到我国煤制油行业自2007年到2035年间产值迅速提高，到2035年可满足约6%的成品油市场需求，按照2007年不变价格计算的产值近3万亿元。

页岩气的开发在我国未来能源战略中同样占据着重要的地位。随着页岩气资源的大规模开发，页岩气在我国天然气供应中的占比也迅速提高。图6.19列示了页岩气对我国天气供给形势的巨大影响。

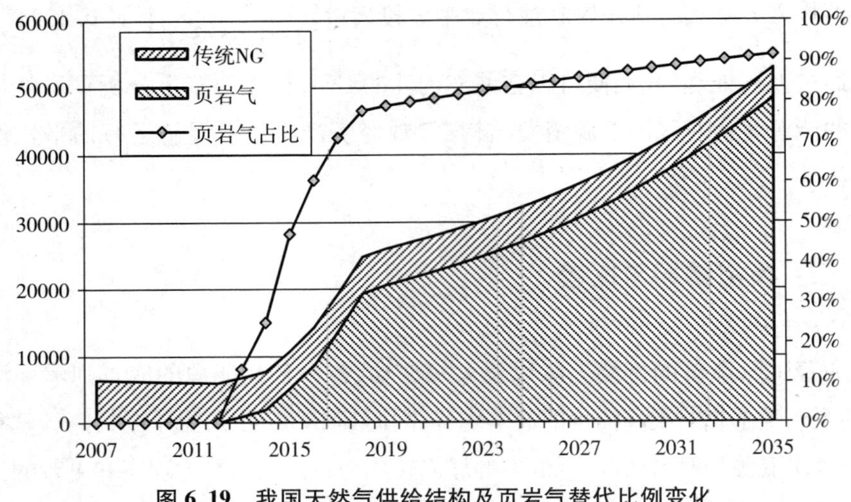

图6.19　我国天然气供给结构及页岩气替代比例变化

图6.20则列示了按产值计算的我国一次能源国内供给与终端能源消费结构的变化情况，从中可以看到页岩气以及煤制油在我国总体的能源系统中所处的地位和造成的影响。

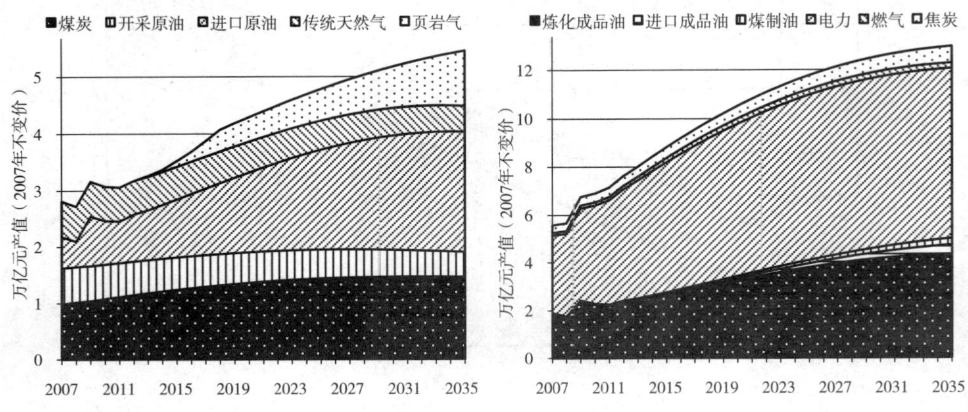

图6.20　能源替代情景下我国一次能源供给与终端能源消费结构变化趋势

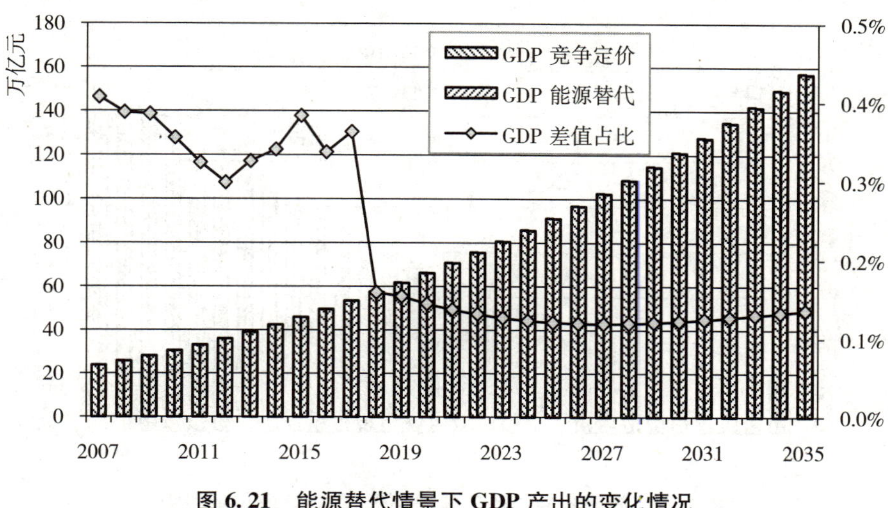

图 6.21　能源替代情景下 GDP 产出的变化情况

能源供应的增加与渠道的丰富给我国宏观经济产出带来正向的效应。图 6.21 列示了在能源替代情景下，我国宏观经济产出(GDP)与没有替代能源选择的情景下的对比情况。从中可以看到引入替代能源后，GDP 产出的总量有所上升，并且其涨幅在前期(尤其是 2019 年之前)较为明显，主要原因在于页岩气的大规模开发刺激经济增长；而到后期则逐渐趋稳。

值得注意的是上述比较都是建立在能源价格通过竞争性的方式形成，即不存在政府管制价格、垄断等市场扭曲因素。只有在较为完善的市场机制下，价格信号才能够有效地引导要素和资源合理、优化配置。当市场存在扭曲时，价格机制失效，即便存在替代能源的选择，也无法充分发挥替代能源和技术的成本优势，反而需要用更多的社会公共资源维持原有的管制价格或者扭曲因素。从这个意义上看，在存在市场扭曲、失衡，价格机制失效的环境下，引入能源替代对宏观经济的积极影响很可能被大幅削减。模型模拟结果也印证了这一观点，从图 6.22 中可以看到，在价格管制的情景下，引入替代能源尽管在前期对宏观经济产出带来了一定的刺激作用，但是在后期却反而导致了产出水平的下降。由此可见，技术替代并不是独立的政策选择，只有在优化市场结构和定价机制的前提下，才能够充分发挥能源替代技术的积极效应，保障宏观经济产出和增长。

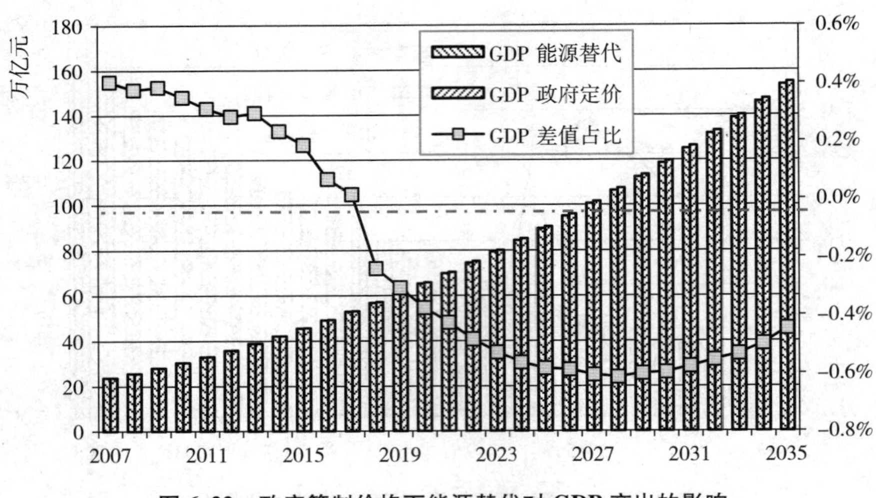

图 6.22　政府管制价格下能源替代对 GDP 产出的影响

第五节　推进工业节能技术发展

我国进入工业化中期、产业结构向重型化过渡，而其中高耗能产业的快速扩张和对外出口的大幅度增加不断推高能源生产与消费。我国重化工业能源技术效率虽然已经有长足进步，但是相较发达国家仍有较大差距。要进一步落实节能减排工作，不仅要适度控制高耗能产业的过快增长，更要重视工业化中期产业重型化趋势的内在合理性，将节能工作的重心放在关键部门、关键技术、关键工艺的技术节能、管理节能上。

本节拟对我国推进重点耗能，尤其是耗油行业的节能、节油技术进行分析，并借由前文构建的 CGE 模型对高耗能行业的技术选择、技术选择的内生动力和调整机制进行模拟，分析推进高耗能行业节能技术进步对我国能源消费以及宏观经济的影响。

一、高耗能产业能源消费与经济产出

国家发改委 2004 年 11 月发布了《节能中长期专项规划》，其中提出了电力、钢铁、有色、石化、化工、建材、煤炭和机械等工业行业，以及交通和建筑作为节能工作的重点领域，同时提出了工业锅炉（窑炉）改造、区域热电联产、余热余压利用、石油替代、电机系统节能改造、能量系统优化以及建筑节能、绿色照明、政府机构节能、节能监测和技术服务体系等十大重点节能工程。除此之外，《节能中长期专项规划》还对2020年前我国的节能目标进行了较为细化的设定，如表6.4和表6.5所示。

表6.4　《节能中长期专项规划》设定的主要产品单位能耗目标

	单位	2000年	2005年	2010年	2020年
火电供电煤耗	克标准煤/千瓦时	392	377	360	320
吨钢综合能耗	千克标准煤/吨	906	760	730	700
吨钢可比能耗	千克标准煤/吨	784	700	685	640
10种有色金属综合能耗	吨标准煤/吨	4.809	4.665	4.595	4.45
铝综合能耗	吨标准煤/吨	9.923	9.595	9.471	9.22
铜综合能耗	吨标准煤/吨	4.707	4.388	4.256	4.000
炼油单位能量因数能耗	千克标准油/吨·因数	14	13	12	10
乙烯综合能耗	千克标准油/吨	848	700	650	600
大型合成氨综合能耗	千克标准煤/吨	1372	1210	1140	1000
烧碱综合能耗	千克标准煤/吨	1553	1503	1400	1300
水泥综合能耗	千克标准煤/吨	181	159	148	129
平板玻璃综合能耗	千克标准煤/重量箱	30	26	24	20
建筑陶瓷综合能耗	千克标准煤/平方米	10.04	9.9	9.2	7.2
铁路运输综合能耗	吨标准煤/百万吨公里	10.41	9.65	9.40	9.00

表6.5　《节能中长期专项规划》设定的主要耗能设备能效目标

	单位	2000年	2010年	2020年
燃煤工业锅炉（运行）	%	65	70	80
中小电动机（设计）	%	87	90	92
风机（设计）	%	75	80	85
泵（设计）	%	75-80	83	87
气体压缩机（设计）	%	75	80	84
汽车（乘用车）平均油耗	升/百公里	9.5	8.2	6.7

续表

	单位	2000 年	2010 年	2020 年
房间空调器(能效比)		2.4	3.2	4
电冰箱(能效指数)	%	80	62	50
家用燃气灶(热效率)	%	55	60	65
家用燃气热水器(热效率)	%	80	90	95

此后,发改委环资司又于 2006 年 4 月发起实施“千家企业节能行动”,进一步落实了《节能中长期专项规划》关于推进我国工业节能的相关要求。《千家企业节能行动实施方案》明确了纺织业、造纸及纸制品业、石油加工、炼焦及核燃料加工业、化工原料及化学制品制造业、化学纤维制造业、非金属矿物制品业、黑色金属冶炼及压延加工业、有色金属冶炼及压延加工业以及电力、燃气及水的生产和供应业九个重点耗能行业,并在此之中挑选了年综合能源消费量超过 18 万吨标煤的企业共计 1008 家,作为节能工作的主要承担者。

尽管针对重点高耗能工业行业的节能工程正在积极推进,但是在我国现阶段工业化转型的进程之中,高耗能产业依然经历了高速的膨胀,带动能源消费的快速增长。2000—2011 年间高耗能行业总能耗的年均增速达到 9.15%。在 2011 年,九大高耗能行业的能源消耗约占全国能源消费量的 45.80%,占工业总能耗的 64.40%;实现工业总产值占所有工业行业总值的 39.87%。

从具体产品的生产能效来看,我国目前的总体能源效率与国际先进水平依然有较大差距。根据国家统计局能源统计司《中国能源统计年鉴 2012》发布的 2011 年数据,我国燃煤发电效率比世界先进水平低 5%,钢可比能耗比世界先进水平高 14%,水泥综合能耗高 20%,乙烯综合能耗高 42%,合成氨综合能耗高 58%,造纸的综合能耗更是比世界先进水平高 86%,交通运输能耗高 45%—50%。由此可见,我国目前具有相当大的节能增效空间。

二、能源技术进步的模型实现

除了综合能耗较高的九大重点高耗能行业外,本书分析更加关心的是各行业对石油的需求。因此,本书参考发改委提出的九大高耗能行业目录,综合考虑各行业综合能耗、石油支出在生产成本中的占比,以及行业石油消费量在各行业石油消费总量中的占比三个因素，从 44 个行业中选择了六大重点耗油工业行业，细化分析这些行业的节能技术选择与技术进步的内生机制。具体如表 6.6 所示。

表 6.6　重点耗油工业行业选择依据与结果

编号	行　　业	石油支出占比	排名	石油消费总量（吨）	排名
01	农林牧渔业	0.008381	24	3942660	8
02	煤炭开采和洗选业	0.01379	20	1355775	17
03	石油开采业	0.045436	5	2895534	12
S03	天然气开采业	0.043759	6	1326981	20
04	金属矿采选业	0.058776	4	3647695	9
05	非金属矿及其他矿采选业	0.040176	8	1558528	16
06	食品制造及烟草加工业	0.003173	40	1306791	21
07	纺织业	0.003485	39	888901.9	28
08	纺织服装鞋帽皮革羽绒及其制品业	0.00615	29	1099674	25
09	木材加工及家具制造业	0.005403	31	600690.1	33
10	造纸印刷及文教体育用品制造业	0.005178	32	781746.3	30
11	石油及核燃料加工业	0.685337	1	1.29E+08	1
S11	炼焦业	0.018535	17	589453.3	34
12	化学工业	0.05927	3	37046645	3
13	非金属矿物制品业	0.025832	12	6011252	7
14	金属冶炼及压延加工业	0.013911	19	8746224	6
15	金属制品业	0.003594	38	646652.6	31
16	通用、专用设备制造业	0.004928	34	1957239	13
17	交通运输设备制造业	0.004131	37	1344153	18
18	电气机械及器材制造业	0.004484	35	1221457	23
19	通信设备、计算机及其他电子设备制造业	0.002554	42	1047367	26
20	仪器仪表及文化办公用机械制造业	0.003025	41	148501.1	41
21	工艺品及其他制造业	0.005614	30	342077.1	36
22	废品废料	0.001529	44	61692.05	44
23	电力、热力的生产和供应业	0.041797	7	13573451	4
24	燃气生产和供应业	0.014122	18	153698.4	40

续表

编号	行　　业	石油支出占比	排名	石油消费总量（吨）	排名
25	水的生产和供应业	0.008442	23	101140.5	43
26	建筑业	0.018774	16	11748126	5
27	交通运输及仓储业	0.186614	2	59102290	2
28	邮政业	0.032396	9	247143.4	38
29	信息传输、计算机服务和软件业	0.001623	43	160462.1	39
30	批发和零售业	0.004463	36	1277366	22
31	住宿和餐饮业	0.006192	28	907099.4	27
32	金融业	0.006392	27	1218751	24
33	房地产业	0.0091	22	1338452	19
34	租赁和商务服务业	0.029202	10	3438222	11
35	研究与试验发展业	0.007873	26	112185.5	42
36	综合技术服务业	0.01913	15	833549	29
37	水利、环境和公共设施管理业	0.028964	11	619123.8	32
38	居民服务和其他服务业	0.020241	14	1739673	14
39	教育	0.013038	21	1701348	15
40	卫生、社会保障和社会福利业	0.005122	33	575193	35
41	文化、体育和娱乐业	0.008292	25	294169.1	37
42	公共管理和社会组织	0.022577	13	3567216	10

根据表 6.6 的分析结果，本书选取金属矿采选业、石油加工业、化学工业、非金属矿物制品业、金属冶炼及压延加工业以及电力、热力的生产和供应业 6 大重点耗油行业，其中石油加工业的主要替代技术已经在能源替代部分详细介绍过了。对于其他 5 个行业，则需要对其能源投入的经济效率，以及综合成本进行设定。

根据《中国能源统计年鉴》公布的我国高耗能产品与国际先进水平的差距，本书设定金属矿采选业的最优可得节能技术（Best Available Technology，BAT）相比现有技术，燃油经济性提高 20%，综合成本提高 10%；化工行业的燃油经济性提高 50%，综合成本提高 10%；非金属矿物制品业燃油经济性提高 20%，综合成本提高 10%；金属压延加工行业燃油经济性提高 20%，综合成本提高 10%。对于电力部门，由于石油在我国现有的电源结构中就不是主要的能源品种，主要用于分散式的应急发电，多见于小型柴油发电机。因此其他能源对于石油的替代在电力部门并没有很大的空间，同时在我国探讨电力部门的燃油经济性也并不具有现实的意义。因此在本书模型中拟重点分析不投入石油、煤炭以及天然气等传统化石燃料，但是综合成本比传统能源发电高40%的新能源、可再生能源发电技术。

与第四章介绍的模型产业结构调整机制相同，这里模拟的各行业技术进步机制同样采用Putty-Clay黏性调整机制：首先为上述各重点耗油行业设定一个替代行业，对应于各行业的节能生产技术（BAT），这些新引入的行业与相对应的原行业产出同质的产品，但是能源投入较少、其他要素和物料投入需求较多。每个行业需要投入差异化的资本，并且投资行为不可逆，即存量资本不能够跨行业使用，而只能通过折旧与新增资本的形成逐渐调整。在理性预期的机制下，经济主体出于优化投资收益的动机，会将投资投向未来收益较高的行业。对于高耗能行业以及其替代行业而言，在基期由于新技术的综合成本高于传统技术，因此前期投资收益较低；但是随着油价不断高企，传统技术生产成本相应提高，从而新技术逐渐具有成本优势，因而也即会吸引更多的投资进入，而这个过程也是新技术的资本积累及产能建设的过程。

当然，新兴技术的生产成本也不会是固定不变的——随着新兴技术应用的范围和规模不断扩大，生产成本也会随之下降，这便是技术进步的学习效应（Learning-by-doing Effect）。此外，随着生产规模的扩大，一些不变成本被不断摊薄，这种规模效应（Scale Effect）对单位生产成本的下降同样起到了非常重要的作用。对于新兴节能技术而言，能源投入成本的降低与综合成本的提高之间的权衡，是决定新兴技术市场吸引力的主要因素。在模型模拟中，不论是学习效应还是规模效应，都可以表示为单位生产成本与历史累积产量之间的相关关系。在第四章第三节中界定了一般行业的总体全要素生产率的提高，以此来表征全社会整体的技术水平的提高，以及管理能力的改善。然而相比于那些成熟产业的成熟技术，新兴节能生产技术尚处于发展的前期，除了一般意义上的技术进步带来的生产效率提高之外，更需要考虑技术应用规模，即产量的提高对于技术成本的影响。因此在本书模型中，对于前述五大类节能技术对应的行业设定其全要素生产率 TFP_j 除了随一般趋势（ g_t^{TFP} ）上涨外，还有一个随累积产量增长的部分：

$$g_{j,t}^{SCL}=\frac{19.092\times g_t^{TFP}}{16.373+e^{(1+10\sum_t Q_{j,t})^{-1}}} \tag{6.14}$$

式中 $Q_{j,t}$ 表示 j 行业在 t 期的产量，用基期产量的倍数表示。则此时 $g_{j,t}^{SCL}$ 的增长路径如图 6.23 所示，随着累积产量的不断增加，该技术的全要素生产率提高幅度逐渐逼近 1.1，也即逐渐弥补基期条件下这些技术综合成本与成熟技术的差异，因而随着产量的不断累积，最终影响技术成本的主要便是能源价格变化的因素。

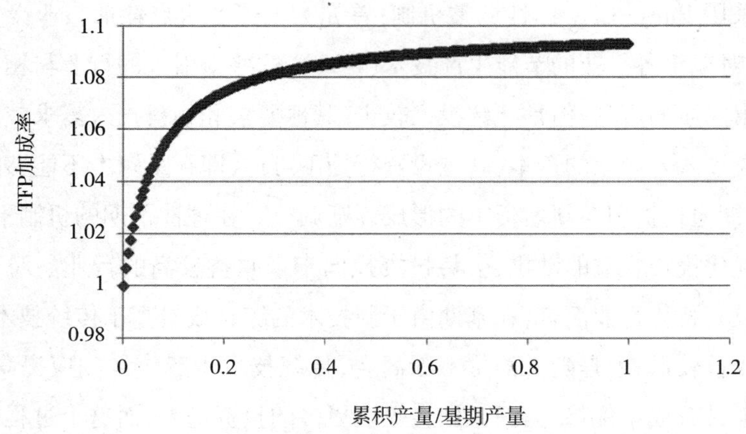

图 6.23　节能技术全要素生产率随累积产量变化路径

三、模拟结果与比较

通过对技术选择内生机制的模拟，我们可以对引入生产技术进步前后，宏观经济产出与增速的变化情况进行比较。模型模拟结果出乎意料地表明引入技术进步后，宏观经济产出以及 GDP 增速不升反降，如图 6.24 所示。尽管降幅非常微小，并且在后期有所缩减，但是这依然值得我们深入分析。

本书模型将资本品与生产技术相耦合，设定特定的资本品只能对应于一种特定的生产技术，因此要实现技术进步必须通过技术选择，也即通过折旧原油技术对应的资本存量，同时逐期形成新技术对应的新的技术，从而构建新的节能技术的生产能力。因此，在本书模型构建的机制下，为了保证在未来高油价的情况下能够迅速地实现节能技术对原有技术的替代，前期就需要进行产能建设，即形成一定规模的固定资产，而这对于宏观经济而言会造成一定的损失。

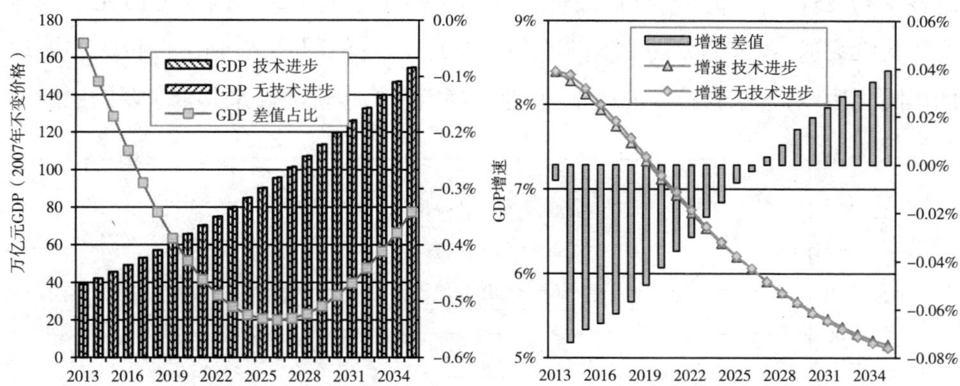

图 6.24 引入技术进步前后我国 GDP 产出与增速的变化情况

反观本书设定的节能（节油）替代技术相关参数，一方面石油成本在各行业的生产成本中的占比较为有限，从表 6.6 中可以看到，除了石油炼化行业的石油投入成本占比为 68.5%以外，排名其次的工业行业为化工业，石油投入的成本占比仅为 5.9%，本书设定的节油技术的石油经济效率提高 20%到 50%，相比于综合成本上涨的 10%非常有限，因而节能技术的经济效益直到后期国际油价上涨至较高水平时才逐渐显现。从图 6.24 可以看到，存在技术进步的情景下宏观经济增速前期有所下降，但是到后期逐渐提高，并且高于不存在技术进步的情景，表明在高油价的背景下节能技术的经济效益逐渐显现。然而由于前期产能建设所需投资造成的宏观经济产出损失则需要更长的时间才能抵补。

此外，油价的波动对于节能技术的经济效益也具有非常重要的影响。图 6.26 列示了不存在油价波动不确定性的基准油价情景下（S0 情景），引入技术进步之后宏观经济产出的变化情况。比较图 6.24 和图 6.25 可以明显地看到在确定性油价情景下，宏观经济产出的降幅小于不确定性油价的情景。由于节能技术相对于传统生产技术的成本优势只有在未来油价上涨较为稳定的情况下才能够逐渐显现，因此油价波动如果具有较强的不确定性，那么节能技术的投资收益也会面临较大的风险，从而影响经济主体的投资决策。这也就解释了在 2005 年之前的油价持续上涨阶段，欧、美、日等发达经济体，尤其是欧洲国家纷纷推动新能源、可再生能源的大规模发展，风能、太阳能光伏、生物质燃料等可再生能源技术的应用快速增长，而在金融危机导致油价大幅波动之后，即便油价迅速又回到了危机前的高油价水平，甚至大有再创记录的趋势，但是各国对于新能源、可再生能源技术的投资热情却并没有像油价那样迅速回暖。主要的原因一方面在于全球经济持续衰退，各国无力进一步推进高成本的技术；但同时，看到了油价大幅波动的风险之后，对未来新技术的成本、收益不确定性的担忧同样是非常重要的原因。

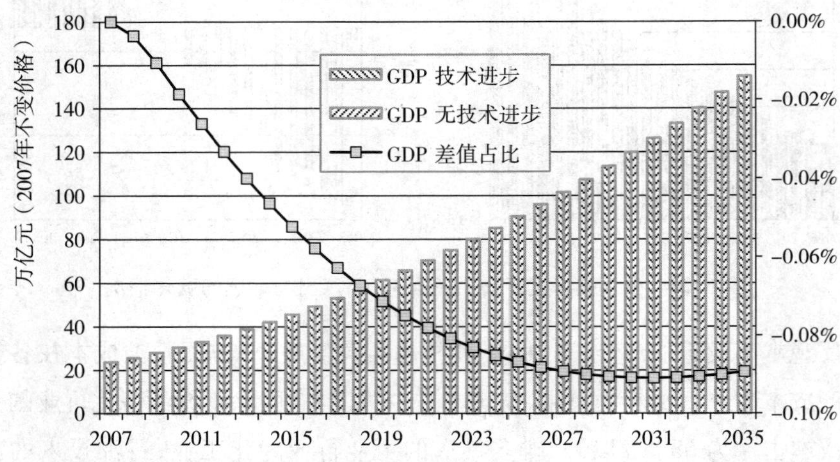

图 6.25　确定性油价情景下引入技术进步对我国 GDP 产出的影响

同时，模拟结构表明由于目前节能技术在我国的应用有限，尚没有实现大规模商业化的应用，加之其综合成本在前期高于传统技术，因此在不考虑政策扶持的情景下相关技术对传统技术的替代较为有限，如图 6.26 所示。从中可以看到，综合成本的劣势导致部分高耗能产业节能技术的增长率甚至低于所有行业的平均资本积累速率。由于节能技术在基期的应用非常有限，存量资本积累从

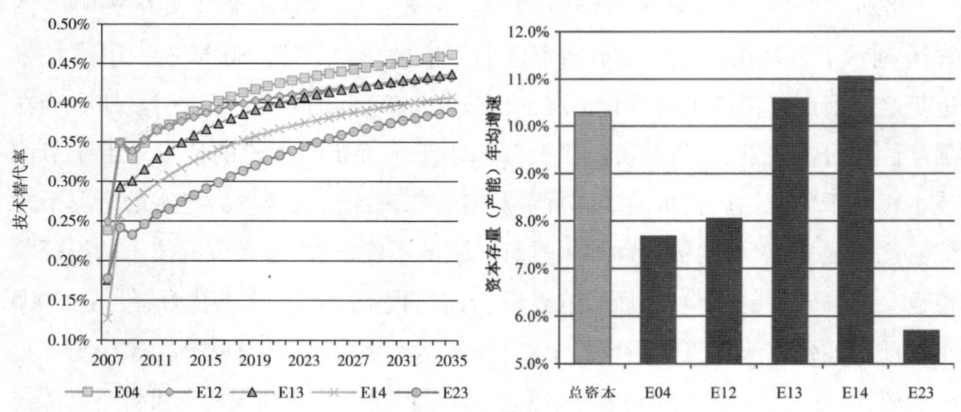

图 6.26　节能技术的增长率与替代率

注：E04 为金属矿采选；E12 为化工；E13 为建材；E14 为冶金；E23 为电力。

很低的起点开始，因而其实现的替代率也较低。如果不考虑政策激励，到 2035 年自发形成的节能技术对传统技术的替代率不到 0.5%。

模型模拟的这一结果也得到了经济现实的印证。在工业节能工作过程中，政府主管部门通过财政税收政策鼓励新技术的投资，或者采取规制性政策以及政府投资等措施，推进节能技术的应用。这些政策在执行初期往往会起到较明显的鼓励作用，刺激相关技术和产业的高速发展，但是却难以形成市场自发增长的动力。长期执行这样的政策一方面会造成市场扭曲，同时还会给财政造成重大的压力，并且导致寻租的出现。一旦相关扶持、鼓励或者规制政策取消，高成本的生产技术便会丧失进一步增长的动力，甚至造成大量前期投资的浪费。这事实上造成了非常严重的资源配置无效率。

本书模型对规制性的产业政策进行了模拟，通过对图 6.26 所示的节能技术产能积累速率基础上，外生地设定产能积累速率进一步提高 20%（如图 6.27 所示），各期的总投资中，首先需要按照产业政策的要求满足节能技术的投资需求，其余部分的投资按照第四章式（4.57）—式（4.61）所示的方法决定其行业结构。由于产业政策的刺激，节能技术很快地实现了对传统生产技术的替代，如图 6.27 所示。新技术的大规模应用固然能够降低能源需求、实现节能的目标，但是其增长完全是由于政策的推动，而非市场自发决定。一方面新技术产能快速增长导致传统生产技术相应的资本存量收益率下降，加速折旧或者淘汰；另一方面由于新技术尚不具备成本优势，因此为了实现既定的产业政策目标，就需要使

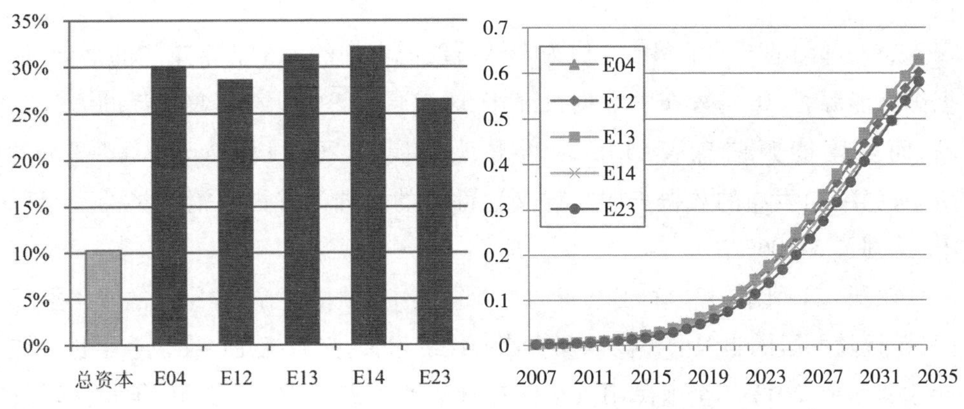

图 6.27　产业政策刺激下节能技术的增长率与替代率

注：E04 为金属矿采选；E12 为化工；E13 为建材；E14 为冶金；E23 为电力。

用财政补贴等公共资源，引导投资流向，造成产业结构调整偏离最优路径，进一步造成经济产出和社会福利的损失。在这样的情景下，模型模拟结果表明宏观经济产出将会大幅下降，造成不可弥补的损失，如图 6. 28 所示。

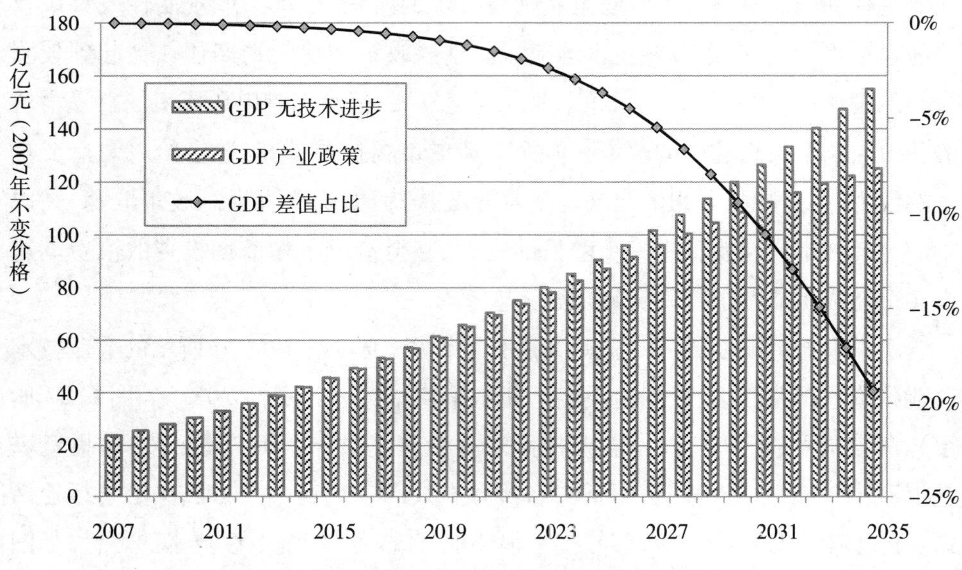

图 6. 28　规制性的产业政策对我国 GDP 产出的影响

第六节　发展低碳交通

交通部门的石油消费已经成为全球石油需求中的一个非常重要的部分，根据国际能源署（IEA）发布的数据，目前全球交通部门的能耗占总能耗的 25%左右，而美国能源信息署（EIA）《世界能源展望 2012》（*International Energy Outlook*，IEO）发布的数据表明全球交通部门的石油消费占总消费量的一半以上，达到了 54. 06%。

如图 6. 1 所示，我国石油消费的行业结构中交通部门的占比仅次于工业部门，并且随着居民收入的提高以及快速的经济增长，交通能耗也在快速增长。统计数据显示，2011 年全国民用汽车保有量达到 7327 万辆，与 2010 年相比增长 23%。汽车消费的快速增长，导致石油消耗加速增长，也使得我国每年的石油对外依存度不断提高。从单车消耗的角度看，我国的平均单车耗油与美国相比高出20%,比日本高出一倍以上。在全球环境、能源安全和经济发展等各种驱动因素,以及在我国工业化、城镇化进程深化的大背景下,发展节能交通运输方式,推进新能源汽车的发展已经成为我国推进可持续发展的重要选择;与此同时,新能源汽车的发展也能够成为我国实现低碳转型、建设生态文明的重要抓手,以及中国民族汽车工业比肩世界先进水平的重点突破方向之一。

一、我国低碳交通技术发展与相关政策梳理

在科技部"十城千辆"计划带动下,北京、上海、深圳、重庆、广州等城市加速发展电动汽车,制定了相关政策积极鼓励地方电动汽车产业发展和推广应用。总体来看,这些项目仍存在不同程度的市场推动力不足的问题。后续规模化、商业化发展需要政府相关部门形成更强合力、出台更具针对性的政策,加大力度培育供需市场、提高基础设施覆盖面积、降低制造运维成本等,从根本上克服制约新能源汽车发展的关键瓶颈。

与传统汽车相比,电动汽车能源成本较低,但整车购置成本较高,其中又以电池成本占比最大。统计数据显示,算上政府补贴,小型电动车的整车成本约为20万元,其中电池成本约为6万—8万元,占比为30%—40%;相比之下传统燃料汽车平均整车成本约为15万元。而电动公交车等大型乘用车整车成本约为200万元,其中电池成本约为80万元,占比约为40%;而传统柴油公交车平均整车成本为70万—80万元。在燃料成本方面,在现有充电定价政策下按照居民电价0.78元/千瓦时,则电动车的单位里程燃料成本为普通燃料车的1/3—1/4;而电动公交车的单位燃料成本则为柴油车辆的35%—40%。

综上所述,与传统燃料车辆相比,电动车较高的整车成本在一定程度上削弱了市场需求;而较高的电池成本则抑制了整车生产上的积极性。但是随着国际石油价格的不断高企,以电动车为代表的新能源汽车,包括混合动力汽车必将逐渐积累起市场吸引力。

目前我国电动汽车产业已基本形成完整产业链和区域产业集聚,2010年《国务院关于加快培育和发展战略新兴产业的决定》和2011年《关于进一步做好节能与新能源汽车示范推广试点工作的通知》等一系列政策的出台对扶持和培育市场需求、推进电动汽车产业化起到了积极推动作用。然而在电动汽车产

业上游制造业环节，由于政策支持力度和落实效率相对有限，电池研发和整车制造等电动汽车产业关键环节生产成本居高不下，导致产品造价较高、市场需求有限，无法进行规模生产使得相关企业单位产品的生产亏损更加严重，这一恶性循环在一定程度上影响了电动汽车相关制造厂商的生产积极性。因此，推进电动汽车产业发展既要继续推动和培育市场需求，更要加大对电动汽车产业上游生产制造环节的重视和扶持力度。

整车制造环节是解决电动汽车产业生产成本较高和市场需求低迷的关键环节。一方面，整车制造是联接电动汽车上游各生产环节的终端枢纽，目前国内外各大整车生产企业都已与电池、电机生产厂商建立了战略联盟合作，上游生产成本最终会通过产业链转移到整车制造环节，最终反映在整车价格当中；另一方面，市场需求对电动汽车性能、价格等因素的考虑是综合的，只有整车产品才能最终满足消费者需求，此外，整车企业的品牌在电动汽车市场推广过程中有着举足轻重的作用。

电动汽车产业作为新兴制造业，在上游电池研发、制造、试验，电机和关键零部件制造，整车制造和基础设施建设等各生产环节具有很大的发展潜力，作为大型汽车制造业、先进材料制造业、新能源车业和综合服务业的融合产业，电动汽车产业所带来的就业前景、产业带动效果、环境改善作用和市场利润空间都是巨大的，因此对电动汽车产业的大力扶持是必需的也是必要的。

二、低碳交通的模型模拟

低碳交通技术的模型模拟方法与工业节能技术相同，即通过 Putty-Clay 的方式模拟新能源汽车对传统燃油汽车的逐渐替代过程。新能源汽车的技术参数设定为不消耗石油产品，但是综合成本比传统汽车高 40%。

三、模拟结果与比较

如表 6.6 所示，交通运输部门在所有行业（包括工业与服务业）中的石油消费总量排名第二，同时其能源支出（即石油成本）在总成本中的占比达到了 18.66%，仅次于石化行业。因此石油价格的上涨对于交通部门的影响较大，而推进交通节能的经济效益非常显著。模型结果表明,尽管节能交通部门在初期的综合成本比传统交通部门高40%,但是由于其带来了显著的节能收益,因此依然产生了较为可观的经济收益,GDP产出总量逐渐提高,到2035年比没有引入节能交通的情景高0.6%。

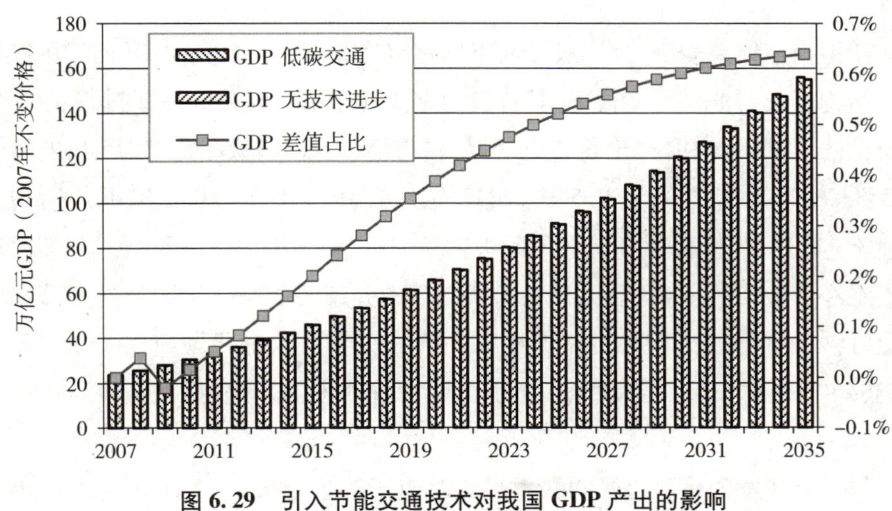

图6.29 引入节能交通技术对我国GDP产出的影响

比较工业节能技术与低碳交通技术的宏观经济影响,尽管模拟方法相同、参数设定相近,但是却对宏观经济造成了截然不同的影响,一个非常重要的原因即在于技术成本以及节能收益的对比情况。只有当新技术在未来具有相当的成本优势时,才能够对经济系统产生积极的促进作用。相反,如果在很长的时间内节能收益都无法抵补节能技术巨大的产能投资需求带来的成本,那么盲目地通过扶持政策推动节能技术的发展不仅会对原有行业造成冲击,降低资本产出率,同时还会导致公共资源与社会资源向高成本部门集中,导致资源配置的低效率,不仅无法促进经济增长,而且会进一步使政策选择陷入两难:继续扶持则会带来难以承受的财政压力,而取消扶持政策则又会导致巨额前期产能投资的浪费。

本章小结

本章基于前文构建的动态CGE模型,通过调整市场结构和政策约束的设定，以及引入替代能源、替代技术等方式，模拟了在现阶段我国应对国际原油价格上涨和波动不确定性、保障我国石油安全、促进宏观经济平稳、健康、发展的可行政策，包括构建石油战略储备体系、推进成品油市场化定价改革、优化成品油下游市场结构、发展替代能源与优化能源结构，以及发展高耗能行业的节能技术等。

模型模拟结果表明，推进成品油市场化定价、放开价格管制在目前我国能源市场结构以及石油供需特征下，具有极为重要的作用。放开价格管制，采取竞争性定价的情景下，GDP 产出将会显著提高，与价格管制情景相比，2015 年的增幅为 0.33%，2020 年增幅为 0.54%，2025 年达到 0.82%，而 2030 年更是达到了 1.15%。GDP 年增速也相应地提高 0.04%—0.1%。相比于油价上涨及其波动对宏观经济造成的影响（参见第五章第三节的介绍，到 2030 年因油价上涨和不确定性波动导致我国宏观经济产出损失约为 2.54%），优化国内成品油定价机制能够显著地降低我国宏观经产出受国际油价冲击的影响，提高经济生产的平稳性。

但需要注意的是放松管制并不当然对应于竞争定价，在我国现有石油市场的垄断结构下，放任成品油供应商自由定价，则由于石油需求的价格弹性较高，会导致成品油垄断价格加成率达到 40%以上，给宏观经济造成更大的影响。因此改革定价机制与优化市场结构是两个相辅相成、互为前提的政策。

除此之外，推进成品油竞争性的市场定价对于增强其他能源政策的效果也具有基础性的作用。对石油储备战略而言，国内成品油价格能够作为储备调整机制的有效标杆，反映市场供需以及储备调整的效果。模拟结果表明构建战略石油储备对我国宏观经济产出具有一定的积极效应，能够使总产出提高 0.01%到 0.03%，同时经济产出随油价波动的平稳性也会显著提高（各期波动方差平均下降 4%—5%）。逆向求解的结果表明，由于我国目前石油需求规模大、需求刚性强，因此要有效地平抑国际石油市场波动，需要的储备规模较大。在目标价格带调控目标下（10%—90%的价格波动区间为目标价格带），要完全实现调控目标需要基年（2007 年）原油进口量的 11 倍，而要保证平抑 90%的价格波动，则需要相当于基年进口量的 1.66 倍的石油储备，均远大于目前规划的 90 天进口量的储备规模。

对于替代能源而言，同样需要以成品油市场化的定价机制为条件。通过模拟煤制油技术以及页岩气的大规模开发，本章研究模拟了我国能源结构优化与石油替代战略的经济影响。结果表明在竞争性的市场定价机制下，GDP 产出会由此提高 0.2%—0.4%。然而在现有的政府定价机制下，宏观经济产出反而下降了。政府定价会导致市场机制的扭曲，进而导致价格机制失效。在这样的条件下，替代能源无法充分发挥其成本优势，反而需要用更多的社会公共资源维持原有的管制价格或者扭曲因素，带来不必要的经济损失。

最后，本章模拟了在重点高耗能、高耗油行业推进节能技术的政策情景，模拟结果表明我国目前尚不具备大规模推进新技术的条件。一方面节能技术综合成本较高，在油价波动不确定性较大的市场环境下，新技术的市场吸引力有限；另一方面由于新技术的推广涉及大量的前期投资，在产能建设的过程中会造成一定的经济损失。模型模拟结果表明随着油价在未来的不断上涨，节能技术的节能效益将能够逐渐抵补前期的投资成本，但是周期较长。如果强制地通过产业政策推进技术替代，一方面导致大量的投资流入经济效益较低的行业，造成资源配置低效率；另一方面会造成传统技术相应资产、设备的过早淘汰，形成资源浪费。如果不能形成市场自发增长的态势，那么长期采取这种规制性的产业政策会带来巨大的财政压力，进一步导致公共资源的无效使用，造成不可承受的经济损失。

第七章　结论与政策建议

我国石油需求不断增长、石油对外依存度快速提高,国内能源市场管理体制、市场结构也正经历着巨大的变革,在这样的背景下,国际原油价格波动对我国宏观经济的健康平稳增长造成的影响受到了越来越多的重视。而随着我国逐渐进入工业化转型的关键时期,国内产业结构的调整和经济增长的方式都面临着很大的不确定性,加之在经济体制转型的过渡期,国内市场,尤其是在能源系统中,市场力量与政府力量的交织、国内市场与国际市场的角力……多重因素的复合导致不同系统之间的交互影响与关联反馈变得极其复杂多变,对经济系统的分析因而也变得困难重重。在国际原油价格不断高企,并且伴随着油价波动不确定性日渐加剧的外部环境下,研究油价波动对我国宏观经济的影响不仅需要宏观的视角,更需要深入经济主体的行为机制,从微观的层面分析在内部经济与外部环境多重不确定性条件下,并通过宏观经济理论将分散的经济主体决策系统化,从而构成推动经济系统运行、产业结构调整、增长方式转型的内在动力机制。本书即构建了这样一个分析框架,通过在动态的可计算一般均衡(Dynamic CGE)模型框架下,进一步拓展微观主体的行为机制,引入了理性预期、风险偏好等因素,刻画了资本积累动态调整的内生动力机制,及其受国际石油市场冲击的调整过程,在此基础上评估了油价持续高企以及波动不确定性对我国宏观经济带来的影响,并对相关能源政策的效果和经济影响进行了评估。

本书首先从实证的角度,对油价与我国宏观经济之间的相关关系进行了分析。基于宏观层面的SVAR模型以及叠加脉冲响应分解方法(SIRA),本书实证研究对油价冲击影响我国宏观经济的不同传导路径进行了分解和比较分析,结果表明油价冲击对我国宏观经济不仅具有短期的直接影响,更重要的是会通过影响企业投资行为,改变产能积累的过程,从而导致长期产出的下降。序列分解的结果表明,油价冲击对宏观经济的直接影响能够很快恢复(影响效应的半衰期为 2—3 个月),但是借由对投资的抑制进而影响宏观经济产出的长期效应却会在很长一段时间内不断提高,并成为影响长期宏观经济产出的主要因素。

行业层面的 Near-SVAR 模型分析证明了在我国国内市场需求不足、出口部门恶性竞争严重、价格管制盛行等因素下,价格机制的调整过程受到阻滞,使得我国的成本冲击难以沿产业链向下传导,而这种价格调整的阻滞会恶化油价冲击带来的不利影响,进一步恶化油价冲击带来的长期影响。因为在粘滞的价格传导机制下,油价冲击造成的成本上升压力在行业间的分担并不均衡,市场价格无法有效平衡供需,从而导致资源配置的低效率。

实证研究的结果表明,油价冲击影响投资,进而影响产能积累和产业结构调整,是油价冲击影响我国宏观经济长期产出的关键机制;而价格冲击传导机制的黏性则是决定长期效应强度的重要因素。考虑到我国目前正处于工业化转型的关键时期,产业结构具有较大的不确定性,而资本积累和产业结构调整过程在很大程度上决定着我国长期经济结构转型路径与经济增长方式;而优化产业结构调整路径的重要途径便是推进国内市场,尤其是能源以及其他上游生产资料行业的市场化改革,优化生产、生活要素的市场化定价机制,借助市场机制的价格信号引导资源优化配置。

由此出发,本书构建的动态 CGE 模型着重刻画了资本积累与产业结构调整的动态机制。模型设定各行业使用差异化的资本,新增投资具有不可逆性,即在形成产业资本之前具有跨行业流动性,而形成产业资本之后便不能跨行业流动,只能通过折旧和新增资本的形式逐渐调整(黏性调整机制,Putty-Clay)。在这样的动态调整机制下,经济主体按照其对未来油价以及其他宏观经济变量的理性预期,调整各期投资的行业结构,优化投资的跨期收益,并在投资调整的过程中逐渐引导产业结构调整,适应油价的变化,而这也是国际油价冲击影响我国长期宏观经济产出的重要传导机制。同时,本书模型还从能源市场的微观结构,以及我国现有能源政策的实际情况出发,在能源系统模块中对我国能源市场的结构特征、政策约束、资源禀赋以及运行规律进行了细致的模拟和设定,引入了原油、传统天然气的资源总量限制,成品油的价格约束、市场垄断,以及进口限制等因素,不仅提高了模型模拟的准确性和参考价值,更为本书提出针对性的政策建议提供了有力的工具和基础。

除此之外，本书模型在传统 CGE 模型基础上，结合了蒙特卡罗抽样实验法(Monte Carlo Experiment)设定包含随机波动的油价情景，从而突破了传统 CGE 模型数值模拟的限制，有效地实现了对油价波动的不确定性的模拟和分析；同时借助外部迭代法以及识别相关关系法(PCM)，对数值模型中的理性预期机制进行了优化和扩展，成功地实现了对不确定性条件下经济主体理性预期行为的求解；最后通过引入投资收益的风险价值(VaR)模拟了不确定性市场环境下经济主体的风险规避行为。

模型分析结果表明，由于我国能源需求的规模大、刚性强，同时石油对外依存度高，因此国际原油价格的上涨以及油价波动的加剧会对我国宏观经济产出及增速带来显著的不利影响。相比于油价不变的情景，油价不断上涨与波动加剧会导致我国 GDP 产出在 2015 年下降约 0. 99%，2020 年下降约 1. 52%，2025 年下降约 2. 05%，2030 年下降达到 2. 54%。在油价不变的情景下，2012—2030 年间，年均 GDP 增速为 7. 0331%，而在不确定性油价情景下，年均 GDP 增速最高为 7. 0274%，最低为 6. 7790%，平均水平为 6. 9152%；而各年的 GDP 增速则会下降 0. 1—0. 15 个百分点。

蒙特卡罗模拟的结果表明，油价波动的不确定性同样会给宏观经济造成直接的和间接的影响。由于在不确定性条件下经济主体无法准确预期未来油价的波动情况，因此只能根据当期水平预测未来的期望水平。在这样的条件下，当油价发生偏离预期的波动时，经济主体按照预期作出的投资决策便偏离了最优路径。在投资不可逆的条件下，经济主体只能通过调整当期新增投资逐渐向最优路径靠拢。由于油价波动的不确定性始终存在，导致经济生产也始终处在向最优路径逼近的过程中，因此即便经济主体的风险偏好中性，不确定性依然会对宏观经济造成直接的影响。模型评估的结果表明油价波动不确定性的直接影响将会使我国的 GDP 产出下降 0. 07%—0. 18%。间接影响则是指由于市场不确定性对经济主体的行为模式造成的影响，进而带来宏观经济产出的变化。在经济主体风险偏好非中性的条件下，就可能存在油价波动不确定性的间接效应。本书模型用风险价值(VaR)模型模拟了经济主体风险厌恶的假设条件下，宏观经济产出及增速的变化。结果表明油价波动不确定性的间接效应会导致 GDP 产出下降最高达 0. 15%，而 GDP 增速则下降约 0. 01 个百分点。

在油价上涨并且随机波动的情景下，居民部门的消费支出，即福利水平所受的影响更大于经济产出，以居民消费支出表征的社会福利水平年均增速下降约为0.2个百分点。主要原因在于本书模型按照“目标财富假定”设定居民部门储蓄率与宏观经济增速负相关——经济向好，则预期未来收入增加，当期更多收入用于消费；经济衰退时，则预期未来收入下降，因此更多的当期收入将被用于储蓄，以应对未来的风险。在这样的设定下，由于石油价格上涨导致经济产出增速放缓，则居民部门边际储蓄倾向提高，导致用于消费的支出占比下降，消费支出进一步下降。按照我国现有的要素禀赋结构，未来劳动收入在居民收入中的占比将会显著下降，而资本收入和政府转移支付则会越来越高。

受油价上涨的影响，国内商品市场价格也会相应发生变化，其中原油、成品油、交通运输、焦炭、化工产品以及电力、热力的供给价格受国际原油价格上涨的影响最大，而社会管理、农产品、教育以及供水等行业由于受到需求效应的影响，在油价上涨的情景下，国内供给价格反而下跌。

国际原油价格的变化会对我国能源供需形势以及相对价格造成更为直接的影响。在高油价情景下，原油与成品油的消费量显著下降，在所有能源产品的总消费量（按价值量计算）中的占比会下降3—4个百分点。由于国内原油供给量有限，而国外进口成品油面临严格的配额管制，因此石油需求的下降主要通过减少原油进口，进而降低成品油炼化产出来实现。由此导致我国石油对外依存度相应降低。在油价不变的情景下，我国石油对外依存度到2030年将达到85%；而在油价上涨并随机波动的情景下，2030年我国石油对外依存度将低于78%。原油与成品油消费的下降带来的能源供给缺口主要由我国优势能源——煤炭，以及主要经由煤炭转化的电力来抵补。因此煤炭消费量占比上升约5个百分点。

基于上述模型模拟结果，我们可以对我国目前石油安全的现状进行初步的评估。从石油安全的三个层面出发，本书重点分析了通过构建战略和商业石油储备保障原油实际供应的持续和供给价格的稳定；通过放开价格管制、打破下游成品油供给垄断的方式，优化国内石油市场的价格机制，实现资源优化配置；以及推进替代能源和节能技术发展，实现节能降耗，优化石油资源耗用的跨期配置。

横向比较各项政策对我国宏观经济产出及其平稳性的影响，我们发现优化市场定价机制在我国现有的经济结构特征以及能源系统中最为紧迫,也具有最为显著的影响。模拟结果表明,尽管政府价格管制名义上是以保证宏观经济平稳、避免国际市场价格冲击对国内市场的影响为目的,但是目前我国成品油市场所采取的以国际原油价格波动为依据的政府管制定价机制不论从经济运行的现实情况,还是从理论分析的视角来看,都完全不能起到预想的积极效果。一方面现有国内成品油定价机制完全依照国际市场原油价格波动制定,不仅没有平抑价格波动的作用,反而使原本只占成品油成本40%,但波动性最强的进口石油成本成为决定价格波动的绝对因素,更显著地放大了国内市场的价格波动,导致宏观经济产出对国际油价波动更为敏感。另一方面考虑到我国成品油生产者具有较强的生产垄断力以及政策干预能力,因此在持续扭曲的市场定价机制下,政府主管部门为了维持现有的定价机制和价格水平,必须动用大量的补贴等公共资源,导致社会资源的二次分配进一步扭曲,将资源配置到没有效率的部门形成垄断收益,对总产出、总福利带来严重的影响。模型结果表明放松价格管制后,我国国内成品油价格总体水平将会下降20%—35%,促进宏观经济产出提高最高达1.6%,GDP年均增速也因此会提高0.05—0.1个百分点。与此同时,由于在更为灵活的定价机制下,市场机制的作用将有效地提高要素配置效率,相比于原有的政府管制价格机制下,宏观经济对于油价波动的适应能力反而更强,表现为GDP产出随油价波动的方差显著缩小。

由此可见,优化成品油的定价机制,推进竞争性、市场化定价,不仅有助于提高要素配置效率、优化经济生产,更重要的是能够借助市场机制和价格机制的快速调节,使宏观经济在不确定性的市场环境下保持平稳。但值得注意的是在我国现有的成品油市场结构下,单纯放松价格管制并不能带来完全竞争的定价机制,原因在于我国成品油市场由三大石油集团垄断,一旦政府价格主管部门放开成品油价格管制,那么考虑到石油需求的价格弹性非常低,因而在垄断供给的市场结构下成品油价格按照垄断定价将会大幅提高,从而带来更严重的市场扭曲和福利损失。模型模拟结果表明由于石油需求的价格需求弹性非常低,因而如果任由垄断供给方依照原油与成品油市场需求弹性进行垄断定价,则垄断定价相对于竞争性定价的价格加成率将高达40%—45%。畸高的成品油价格将会给我国宏观经济造成难以承受的冲击,导致GDP产出下降4%—5.5%,宏观经济对油价波动的敏感性也会随之提高。从这个角度看,定价机制的改革和市场结构的优化互为因果、相辅相成——优化市场结构必须要在放开价格管制的前提下才能够真正发挥作用，实现市场化的定价，发挥市场机制的作用；而反过来，放开价格管制又必须配合下游成品油分销市场的市场结构优化，打破市场垄断，才能够避免垄断定价带来的更为不利的影响。

目前我国几大石油集团的垄断力不仅来自于其市场地位，更重要的是来自于行政垄断的作用。在我国现有的石油市场管理体制下，几大石油集团具有非常巨大的政策影响力，要推进市场结构优化困难重重。此外，从经济属性看，石油产业链的上游勘探开采以及中游炼化均具有非常明显的规模效应、范围效应和网络效应，因而具有自然垄断的特征，强制打破垄断不仅难度大、成本高，也违背经济效率的目标。但是在下游成品油分销环节则应当努力推进市场化竞争。“新三十六条”的推出为相关的改革提供了有力的政策支撑，在几大集团垄断油源的环境下，放开进口成品油配额限制以及进口油品经营权将是最主要的突破口。

尽管市场结构的优化和定价机制的改革困难重重，但这对于我国优化能源市场结构、提高资源配置效率、推进可持续发展都具有至关重要的作用。事实上定价机制的改革不仅能够带来直接的经济效益，同时对很多其他能源政策而言，要实现真正积极的效果，必须以市场化的定价机制为前提。

对能源替代政策而言，本章模拟了我国推进煤制油技术发展，以及页岩气大规模开发对我国能源供需结构和以及宏观经济产出造成的影响。在基准的政策情景下，模型模拟的结果出人意料地表明引入替代能源从长期来看反而对宏观经济造成了不利影响。由于在基准政策情景下，成品油价格严重扭曲，价格机制失效。此时即便存在替代能源的选择，也无法充分发挥替代能源和技术的成本优势，反而需要用更多的社会公共资源维持原有的管制价格或者扭曲因素。而当模型设定放松了价格管制、实现竞争性的市场定价条件下，替代能源技术才真正显现出其积极的作用，刺激宏观经济产出上涨最高达到0.4%，石油对外依存度也显著地下降。从这个意义上看，技术替代并不是独立的政策选择，只有在优化市场结构和定价机制的前提下，才能够充分发挥能源替代技术的积极效应，保障宏观经济产出和增长。

石油储备政策的执行同样需要以市场化的灵活的定价机制为基础，原因在于国际原油价格外生于我国经济系统，国际油价与国内成品油价格之间具有单向的传导关系。在国际油价大幅波动,威胁我国宏观经济生产的平稳与安全时,石油储备的调整需要找到一个合理有效的标杆,反映市场供给调整的需求和效果。当国内成品油定价机制不能有效地反映市场实际供需时,政府定价机制便会与石油储备机制产生矛盾,从而导致石油储备的调整成为无的放矢;只有以市场化调整的国内价格为标杆,才能够有效地执行储备调整,保障石油供应和价格的平稳。模型模拟结果表明,石油储备的引入能够使市场主体的预期更加稳定可靠,从而降低不确定性,优化产业结构调整路径、刺激总产出。在目标价格带调控机制下,宏观经济产出将会提高最高达 0.03%,更主要的是产出波动的平稳性将会提高约 25%(方差下降幅度)。模型逆向求解的结果表明,由于我国目前石油需求规模大、刚性强,因此要保证石油供给与经济产出的稳定,对石油储备的需求量也非常可观。在 80%价格波动区间的目标价格带调控机制下,要完全实现调控目标需要储备相当于基年(2007 年)进口量 10 倍的原油储备量;要实现对 90%的价格波动进行调控,则需要储备基年进口量 2 倍的储备。目前我国规划的相当于 90 天原油进口量的战略石油储备预计能够平抑 80%—85%的石油价格波动。

本书最后模拟了重点高耗能行业推进节能技术进步以及发展低碳交通的情景。模型利用黏性技术调整机制(Putty-Clay Technology)将差异化的资本品与特定生产技术相耦合的方式,模拟新技术对既有生产技术的产能替换即投资与产业结构调整的内生机制。由于投资不可逆,因此要实现技术进步必须通过逐渐投资于新技术形成产能,并以折旧的形式逐渐淘汰旧技术的方式实现。在这样的机制下,为了保证在未来高油价的情况下能够迅速地实现节能技术对原有技术的替代,前期就需要进行产能建设,即形成一定规模的固定资产,而这对于宏观经济而言会造成一定的损失。模型模拟结果表明,由于新的节能技术综合成本较高、投资需求较大,因此新技术的产能建设会给宏观经济带来一定的成本,导致产出下降;这种影响到后期逐渐由新技术带来的节能成本所抵补,但是周期非常长。

此外,由于新技术的未来收益很大程度上取决于油价的水平,因此未来油价的波动性对于新技术的推进有着非常重要的影响。模型模拟结果表明在不存在油价不确定性的情况下,新技术不论是应用程度还是经济效益都要显著优于存在不确定性的情景。这个结论得到了经济现实的印证:2005 年油价持续上涨刺激欧、美、日等发达经济体加速新能源的开发，而在金融危机导致油价大幅波动之后，即便油价迅速又回到了危机前的高油价水平，但是各国对于新能源、可再生能源技术的投资热情却依然低迷，除了由于经济持续衰退，各国无力进一步推进高成本的技术外，油价大幅波动带来的风险对未来新技术的成本、收益造成的不确定性同样是非常重要的原因。

必须看到的是，节能技术的推进，包括所有一般意义上的技术进步都有其内在的机制，需要在市场的引导下逐渐调整、不断优化。新技术不是无本之木、无由而生，而是需要特定的载体，主要包括设备等资本品。因此新技术的初期推进往往涉及大量的投资成本，如果忽视市场规律，片面地追求新技术，强制进行推进，不仅无法实现节能增效的目标，还会导致抑制市场的公平性与合理的激励机制。长期执行这样的政策一方面会造成市场扭曲，同时还会给财政造成重大的压力，并且导致寻租的出现。一旦相关扶持、鼓励或者规制政策取消，高成本的生产技术便会丧失进一步增长的动力，甚至造成大量前期投资的浪费，这事实上造成了非常严重的资源配置无效率。本书模型对这样的强制性技术推进政策进行了模拟，结果表明外生地设定新技术的产能积累速率提高 20%，则节能技术尽管很快能够实现了对传统生产技术的替代，但是其增长完全是由于政策的推动，而非市场自发决定。一方面新技术产能快速增长导致传统生产技术相应的资本存量收益率下降，加速折旧或者淘汰；另一方面由于新技术尚不具备成本优势，因此为了实现既定的产业政策目标，就需要使用财政补贴等公共资源，引导投资流向，造成产业结构调整偏离最优路径，进一步造成经济产出和社会福利的损失。在这样的情景下，模型模拟结果表明宏观经济产出将会大幅下降，最高甚至会达到惊人的 20%，造成不可弥补的损失。

参考文献

Abel, A. B. and Bernanke, B. S., *Macroeconomics*, Addison – Wesley Longman Inc., 2001.

Adelman, M.A., "OPEC as a Cartel", in *OPEC Behavior and World Oil Prices*, 1982, pp.37–63.

Akaike, H., "A new look at the statistical model identification", IEEE Transactions on Automatic Control 19(6), 1974, pp.716–723.

Alexander, M., Rüdiger, F. and Paul, E., *Quantitative Risk Management: Concepts Techniques and Tools*, Princeton University Press, 2005.

Alhajji, A.F. and Huettner, D., "OPEC and Other Commodity Cartels: A Comparison", *Energy Policy*, Volume 28, Issue 15, December 2000, pp.1151–1164.

Alquist, R. and Kilian, L., "What do We Learn from The Price of Crude Oil Futures", *Journal of Applied Econometrics, Special Issue: Forecast Uncertainty in Macroeconomics and Finance*, Volume 25, Issue 4, 2010, pp.539–573.

Arize, A.C., "U.S. Petroleum Consumption Behavior and Oil Price Uncertainty: Tests of Cointegration and Parameter Instability", *Atlantic Economic Journal*, Volume 28, Issue 4, 2000, pp.463–477.

Armington, P.S., "A Theory of Demand for Products Distinguished by Place of Production", Staff Papers – International Monetary Fund, Vol. 16, No. 1, 1969, pp. 159–178.

Arrow, K.J., "The Role of Securities in the Optimal Allocation of Risk Bearing", *Review of Economic Studies*, 1964, 31, pp.91–96.

Arrow, K.J., Chenery, H.B., Minhas, B.S. and Solow, R.M., "Capital-Labor Substitution and Economic Efficiency", *The Review of Economics and Statistics*, Vol.43, No.3, 1961, pp.225-250.

Atkeson, A., & Kehoe, P.J., "Models of Energy Use: Putty-putty vs. Putty-clay", *American Economic Review*, 89, 1999, pp.1028-1043.

Bacon, R.W., "Rockets and Feathers: The Asymmetric Speed of Adjustment of U.K. Retail Gasoline Prices to Cost Changes", *Energy Economics*, 13, 1991, pp. 211-218.

Balke, N.S. and Fomby, T.B., "Threshold Cointegration", *International Economic Review*, 38, 1997, pp.627-645.

Balke, N.S., Brown, S.P.A. and Yücel, M.K., "Oil Price Shocks and the U.S. Economy: Where Does the Asymmetry Originate", *The Energy Journal*, Vol.23, No.3, 2002, pp.27-52.

Barro, R.J., "Unanticipated Money, Output, and the Price Level in the United States", *Journal of Political Economy*, 86, 1978, pp.549-580.

Barro, R.J., *Macroeconomics*, New York: John Wiley & Sons, 1984.

Barsky, R. and Kilian, R.., "Oil and The Macroeconomics since The 1970s", NBER Working Paper, 10855, 2002, http://www.nber.org/papers/w10855.

Beider, P. and Braden, D., "A Comparison of Assumptions Used in Models of The World Oil Market", Decision and Control including the Symposium on Adaptive Processes, 1981, 20th IEEE Conference, Dec.1981, Washington, DC.

Bekiros, S.D. and Diks, C.G.H., "The Relationship between Crude Oil Spot and Futures Prices: Cointegration, Linear and Nonlinear Causality", *Energy Economics*, Volume 30, Issue 5, September 2008, pp.2673-2685.

Bentzen, J. and Engsted, T., "Short- and Long-run Elasticities in Energy Demand: A Cointegration Approach", *Energy Economics*, 15(1), 1993, pp.9-166.

Bernanke, B.S., "Irreversibility, Uncertainty and Cyclical Investment", *Quarterly Journal of Economics*, 98(1), 1983, pp.85-106.

Bernanke, B.S., Gertler, M. and Watson, M., "Systematic Monetary Policy and The Effects of Oil Price Shock", *Brookings papers on Economic Activity*, 1, 1997, pp.

91-142.

Berndt, E.and Wood, D., "Technology, Prices, and the Derived Demand for Energy", *The Review of Economics and Statistics*, Vol.57, 1975, pp.259-268.

Birol, F., *World Energy Outlook*, Paris, France: International Energy Agency, 2012: 13.

Blanchard, O.J.andGalì, J., "The Macroeconomic Effects of Oil Shocks: Why are the 2000s So Different from the 1970s", NBER Working Paper No.13368, 2007.

Bohi, D.R., *Energy Price Shocks and Macroeconomic Performance*, Washington, D.C.: Resources for the Future, 1989.

Bohi, D.R., "On the Macroeconomic Effects of Energy Price Shocks", *Resources and Energy*, 13, 1991, pp.145-162.

Bohi, D.R., and Toman, M.A., "Energy Security: Externalities and Policies", *Energy Policy*, 21, 1993, pp.1093-1109.

Böhringer, C.and Rutherford, T.F., "Combining Bottom-up and Top-down", *Energy Economics*, 30, 2008, pp.574-596.

Böhringer, C.and Rutherford, T.F., "Integrated Assessment of Energy Policies: Decomposing Top-down and Bottom-up", *Journal of Economic Dynamics & Control*, 33, 2009, pp.1648-1661.

Boyd, R. andCaporale, T., "Scarcity, Resource Price Uncertainty, and Economic Growth", *Land Economics*, Vol.72, No.3, 1996, pp.326-335.

Branch, W.A. and Evans, G.W., "Model Uncertainty and Endogenous Volatility", *Review of Economic Dynamics*, Volume 10, Issue 2, April 2007, pp.207-237.

Bresnahan, T.F., and Ramey, V.A., "Output Fluctuations at the Plant Level", NBER Working Paper 4105, June 1992.

Brown, S.P.A. andYücel, M.K., "Energy Prices and State Economic Performance", *Federal Reserve Bank of Dallas Economic Review*, 1995, pp.13-21.

Brown, S.P.A.andYücel, M.K., "Oil Prices and U.S.Aggregate Economic Activity: A Question of Neutrality", *Federal Reserve Bank of Dallas Economic and Financial Review*, 1999, pp.16-53.

Brown, S.R.A.andYücel, M.K., "Energy Prices and Aggregate Economic Activity:An Interpretative Survey", *The Quarterly Review of Economics and Finance*, 42, 2002, pp.193-208.

Bruno, M.R., & Sachs, J., "Supply versus Demand Approaches to The Problem of Stagflation", in H. Giersch & J.C.B. Tubingen (Eds.), *Macroeconomic Policies for Growth and Stability*, 1981.

Bruno, M.R., & Sachs, J., "Input Price Shocks and the Slowdown in Economic Growth: The Case of U.K. Manufacturing", *Review of Economic Studies*, 49 (1982): 679-705.

Bruno, M.R., & Sachs, J., *Economics of Worldwide Stagflation*, Cambridge, MA: Harvard University Press, 1985.

Burbidge, J., & Harrison, A., "Testing for The Effects of Oil-price Rises Using Vector Autoregression", *International Economic Review*, 25, 1984, pp.459-484.

Büyükşahin, B., Haigh, M.S., Harris, J.H., Overdahl.J.A. and Robe, M.A., "Fundamentals, Trader Activity and Derivative Pricing", EFA 2009 Bergen Meetings Paper.

Cao, R.X., Carpentier, A. and Gohin, A., "Measuring Farmers' Risk Aversion: The Unknown Properties of The Value Function", *Papier soumis aux Journées Internationales du Risque*, 2011, pp.26-27.

Carruth, A., Hooker, M., & Oswald, A., "Unemployment Equilibria and Input Prices: Theory and Evidence from The United States", *Review of Economics and Statistics* (Nov.1998).

Chandrasekhar, C. P. andGhosh, J., "Oil Speculation and Global Growth", http://www.networkideas.org/news/mar2008/China_Asia_Trade.pdf.

Chichilnisky, G. and Wu, H. M., "General Equilibrium with Endogenous Uncertainty and Default", *Journal of Mathematical Economics*, 42, 2006, pp.499-524.

Clarke, L., Weyant, J. and Edmonds, J., "On The Sources of Technological Change: What Do The Models Assume", *Energy Economics*, 30, 2008, pp.409-424.

Cochrane, J.H., "Shocks", *Carnegie-Rochester Conference Series on Public Policy*, 41, 1994, pp.295-364.

Coleman, N. and Levin, C., "Excessive Speculation in the Natural Gas Market",

Permanent Subcommittee on Investigations, US Senate, 2007.

Cologni, A. and Manera, M., "Oil Prices, Inflation and Interest Rates in A Structural Cointegrated VAR Model for The G-7 Countries", *Energy Economics*, 30(3), 2008, pp.856-888.

Cologni, A. and Manera, M., "The Asymmetric Effects of Oil Shocks on Output Growth: A Markov-Switching Analysis for The G-7 Countries", *Economic Modelling*, 26, 2009, pp.1-29.

Cremer, J. andIsfahani, D.S., *Competitive Pricing in the Oil Market: How Important is OPEC?* University of Pennsylvania, Center for Analytic Research in Economics and the Social Sciences, 1980.

Cunado, J. and de Gracia, P.F., "Do Oil Price Shocks Matter? Evidence for Some European Countries", *Energy Economics*, 25(2), 2003, pp.137-154.

Dahl, C.A., andYücel, M., "Testing Alternative Hypotheses of Oil Producer Behavior", *Energy Journal*, 12(4), 1991, pp.117-138.

Darby, M.R., "The Price of Oil and World Inflation and Recession", *American Economic Review*, 72, 1982, pp.738-751.

Davis, S.J., "Allocative Disturbances and Specific Capital in Real Business Cycle Theories", *American Economic Review*, 77, 1987, pp.326-332.

Davis, S.J., "Fluctuations in The Pace of Labor Allocation", *Carnegie-Rochester Conference Series on Public Policy*, 27, 1987, pp.335-402.

Davis, S.J. andHaltiwanger, J. "Sectoral Job Creation and Destruction Responses to Oil Price Changes and Other Shocks", *Journal of Monetary Economics*, Volume 48, Issue 3, December 2001, pp.465-512.

Deoaluwe, B. and Martens, A., "CGE Modeling and Developing Economies: A Concise Empirical Survey of 73 Applications to 26 Countries", *Journal of Policy Modeling*, 1988(4), pp.529-568.

Dervis, K., de Melo, J. and Robinson, S., *General Equilibrium Models for Development Policy*, London: Cambridge University Press, 1982.

Dixit, A., "Entry and Exit Decisions under Uncertainty", *The Journal of Political Economy*, Vol.97, No.3. (Jun., 1989), pp.620-638.

Dixit, A., andPindyck, R., *Investment Under Uncertainty*, Princeton, New Jersey: Princeton University Press, 1994.

Dixon, P.B., Pearson, K.R., Picton, M.R.and Rimmer, M.T., "Rational Expectations for Large CGE Models: A Practical Algorithm and A Policy Application", *Economic Modelling*, 22, 2005, pp.1001-1019.

Dohner, R.S., "Energy Prices, Economic Activity and Inflation: Survey of Issues and Results", in K. A. Mork (Ed.), *Energy Prices, Inflation and Economic Activity*, Cambridge, MA: Ballinger, 1981.

Doroodian, K.and Boyd, R., "The Linkage between Oil Price Shocks and Economic Growth with Inflation in The Presence Of Technological Advances: A CGE Model", *Energy Policy*, 31, 2003, pp.989-1006.

Dotsey, M., and M. Reid., "Oil Shocks, Monetary Policy, and Economic Activity", *Federal Reserve Bank of Richmond Economic Review*, 78(4), 1992, pp.14-27.

Eastwood, R.K., "Macroeconomic Impacts of Energy Shocks", *Oxford Economic Papers*, 44, 1992, pp.403-425.

EIA, *Annual Projections to* 2040 *Database*, http://www.eia.gov/analysis/projection-data.cfm#annualproj.

Ezzati, A., "Future OPEC Price and Production Strategies as Affected by Its Capacity to Absorb Oil Revenues", *European Economic Review*, 8(2), 1976, pp.107-138.

Fama, E. F., *Foundations of Finance: Portfolio Decisions and Securities Prices*, New York Basic Books, 1976.

Féménia, F. and Gohin, A., "Dynamic Modelling of Agricultural Policies: The Role of Expectation Schemes", *Economic Modelling*, 28, 2011, pp.1950-1958.

Ferderer, J.P., "Oil Price Volatility and The Macroeconomy: A Solution to The Asymmetry Puzzle", *Journal of Macroeconomics*, 18, 1996, pp.1-16.

Findley, D.F., Monsell, B.C., Bell, W.R., Otto, M.C., and Chen, B.C., "New Capabilities and Methods of the X-12-ARIMA Seasonal Adjustment Program", *Journal of Business and Economic Statistics*, 16, 1998, pp.127-176.

Frankel, J.A.and Kenneth A.F., "Using Standard Survey Data to Test Standard

Propositions Regarding Exchange Rate Expectations", *American Economic Review*, Vol.77, No.1, (March 1987), pp.133-153.

Fried, E. R. andSchultze, C. L., "Overview", in Fried & Schultze (Eds.), *Higher Oil Prices and the World Economy*, Washington, D. C.: The Brookings Institution, 1975.

Friedman, B.M., "Survey Evidence on the 'Rationality' of Interest Rate Expectations", *Journal of Monetary Economics*, Volume 6, Issue 4, October 1980, pp. 453-465.

Garbaccio, R. F., Ho, M. S., Jorgenson, D. W., *Controlling Carbon Emissions in China*, Cambridge University Press, 1999, http://journals.cambridge.org/action/displayAbstract? fromPage=online&aid=49931.

Gately, D., "A Ten-year Retrospective: OPEC and The World Oil Market", *Journal of Economic Literature*, Vol.22, No.3, Sep., 1984, pp.1100-1114.

Gately, D., Kyle, J. F. and Fischer, D., "Strategies for OPEC's Pricing Decisions", *European Economic Review*, Volume 10, Issue 2, 1977, pp.209-230.

Geanakoplos, J., "An Introduction to General Equilibrium with Incomplete Asset Markets", *Journal of Mathematical Economics*, 19, 1990, pp.1-38.

Gilbert, R.J., andMork, K.A., "Efficient Pricing during Oil Supply Disruptions", *Energy Journal*, 7(2), 1986, pp.51-68.

Gilchrist, S. and Williams, J. C., "Investment, Capacity, and Uncertainty: A Putty-Clay Approach", *Review of Economic Dynamics*, 8, 2005, pp.1-27.

Giller, G. L., "A Generalized Error Distribution", *Giller Investments Research Note*, 2003, p.8.

Gisser, M., and Goodwin, T. H., "Crude Oil and the Macroeconomy: Tests of Some Popular Notions", *Journal of Money, Credit, and Banking*, 18, 1986, pp. 95-103.

Greene, D.L., andLeiby, P.N., *The Social Costs to the U.S. of Monopolization of the World Oil Market*, 1972-1991, Oak Ridge National Laboratory, March 1993.

Griffin, J. and Gregory, P., "An Intercountry Translog Model of Energy Substitution Responses", *American Economic Review*, Vol.66, 1976, pp.845-857.

Griffin, J.M., "OPEC Behavior: A Test of Alternative Hypotheses", *American Economic Review*, 75(1985): 954-963.

Griffin, J.M.andXiong, W.W., "The Incentive to Cheat: An Empirical Analysis of OPEC", *Journal of Law & Economics*, 40, 1997, pp.289-316.

Hamao, Y., Masulis, R.W.and Ng, V., "Correlations in Price Changes and Volatility Across International Stock Markets", *Review of Financial Studies*, Volume 3, Issue 2, 1990, pp.281-307.

Hamilton, J.D., "Oil and The Macroeconomy since World War II", *Journal of Political Economy*, 91, 1983, pp.28-248.

Hamilton, J.D., "A Neoclassical Model of Unemployment and The Business Cycle", *Journal of Political Economy*, 96, 1988, pp.593-617.

Hamilton, J. D., "A New Approach to the Economic Analysis of Nonstationary Time Series and the Business Cycle", *Econometrica*, 57, 1989, pp.357-384.

Hamilton, J.D., "This Is What Happened to The Oil Price-Macroeconomy Relationship", *Journal of Monetary Economics*, 38, 1996, pp.215-220.

Hamilton, J.D. "Oil and the Macroeconomy", prepared for: *Palgrave Dictionary of Economics*, 2005.

Hamilton, J.D. and Herrera, A. M., "Oil Shocks and Aggregate Macroeconomic Behavior: The Role of Monetary Policy", *Journal of Money, Credit, and Banking*, 36, 2004, pp.265-286.

Hammoudeh, S.and Madan, V., "Expectations, Target Zones, and Oil Price Dynamics", *Journal of Policy Modeling*, Volume 17, Issue 6, December 1995, pp. 597-613.

Heal, G.M., "Economic Aspects of Natural Resource Depletion", in Pearce, D. W.and Rose, *The Economics of Natural Resource Depletion*, 1975, pp.118-139.

Helliwell, J. F., "Comparative Macroeconomics of Stagflation", *Journal of Economic Literature*, 26, 1988, pp.1-28.

Helliwell, J.F., Boothe, P.M.and McRae, R.N., "Stabilization, Allocation and the 1970s Oil Price Shocks", *Scandinavian Journal of Economics*, 84, 1982, pp.259-288.

Hickman, B. G., Huntington, H. G. and Sweeney, J. L. (eds.), "Macroeconomic

Impacts of Energy Shocks: A Summary of Key Results", in Energy Modeling Forum (EMF) 7 Working Group Report, *Macroeconomic Impacts of Energy Shocks*, Amsterdam: North-Holland, 1987.

Hooker, M., "What Happened to the Oil Price-Macroeconomy Relationship", *Journal of Monetary Economics*, 38, 1996, pp.195-213.

Hooker, M., "Are Oil Shocks Inflationary? Asymmetric and Nonlinear Specifications versus Changes in Regime", *Journal of Money, Credit and Banking*, Vol.34, No. 2, May, 2002, pp.540-561.

Hoover, K.D., and Perez, S.J., "Money May Matter, but How Could You Know", *Journal of Monetary Economics*, 34, 1994, pp.89-99.

Horn, M., "OPEC's Optimal Crude Oil Price", *Energy Policy*, Volume 32, Issue 2, January 2004, pp.269-280.

Hotelling, H., "The Economics of Exhaustible Resources", *Journal of Political Economy*, Vol.39, No.2, Apr., 1931, pp.137-175.

Huang, B.N., Hwang, M.J.andPeng, H.P., "The Asymmetry of the Impact of Oil Price Shocks on Economic Activities: An Application of the Multivariate Threshold Model", *Energy Economics*, 27, 2005, pp.455-476.

Huizinga, J., "Inflation Uncertainty, Relative Price Uncertainty, and Investment in U.S.Manufacturing", *Journal of Money, Credit and Banking*, Vol.25, No.3, Part 2: *Inflation Uncertainty: A Conference Sponsored by the Federal Bank of Cleveland*, Aug., 1993, pp.521-549.

Hurwicz, L., "What is the Coase Theorem", *Japan and the World Economy*, 7, 1995, pp.49-74.

Jackson, J.D., and Smyth, D.J., "Specifying Differential Cyclical Response in Economic Time Series", *Economic Modelling*, 2, 1985, pp.149-161.

Jiménez-Rodríguez, R., "The Industrial Impact of Oil Price Shocks: Evidence from the Industries of Six OECD Countries", Banco de Espaìa Working Papers 0731, 2007.

Johansen, S., "Statistical Analysis of Cointegrating Vectors", *Journal of Economic Dynamics and Control*, 12, 1988, pp.231-254.

Johansen, S. and Juselius, K., "Maximum Likelihood Estimation and Inference on Cointegration, with Applications to the Demand for Money", *Oxford Bulletin of Economics and Statistics*, 52, 1990, pp.169–210.

Jones, C.T., "OPEC Behavior under Falling Prices: Implications for Cartel Stability", *Energy Journal*, 11(3), 1991, pp.117–129.

Jones, D.W., Leiby, P.N. and Paik, I., "Oil Price Shocks and the Macroeconomy: What Has Been Learned Since 1996", *The Energy Journal*, Vol.25, No.2, 2004, pp.1–32.

Kaufmann, R.K., Bradford, A., Belanger, L.H., Mclaughlin, J.P. and Miki, Y., "Determinants of OPEC Production: Implications for OPEC Behavior", *Energy Economics*, 30, 2008, pp.333–351.

Kaufmannn, R.K., Dees, S., Karadeloglou, P. and Sanchez, M., "Does OPEC Matter? An Econometric Analysis of Oil Prices", *The Energy Journal*, Vol.25, No.4, 2004, pp.67–90.

Keane, M.P. and Prasad, E.S., "The Employment and Wage Effects of Oil Price Changes: A Sectoral Analysis", *Review of Economics and Statistics*, 78, 1996, pp.389–400.

Keane, M.P. andRunkle, D.E., "Testing the Rationality of Price Forecasts: New Evidence from Panel Data", *The American Economic Review*, Vol.80, No.4, Sep., 1990, pp.714–735.

Kemfert, C., "Estimated Substitution Elasticities of A Nested CES Production Function Approach for Germany", *Energy Economics*, 20, 1998, pp.249–264.

Kenen, P.B., *The International Economy*, Cambridge: Cambridge University Press, 1994.

Kilian, L., "The Economic Effects of Energy Price Shocks", CEPR Discussion Paper No.DP6559, 2007.

Kilian, L.(2009). "Not All Oil Price Shocks Are Alike: Disentangling Demand and Supply Shocks in the Crude Oil Market", *The American Economic Review*, Vol.99, No.3, Jun., 2009, pp.1053–1069.

Kim, I.M., andLoungani, P., "The Role of Energy in Real Business Cycles",

Journal of Monetary Economics, 29, 1992, pp.173-189.

Kim, S. Y. andKuijs, L., "Raw - material Prices, Wages and Profitability in China's Industry", World Bank China Research Paper, vol.8. Washington, DC, 2007.

Kohl, W.L., "OPEC Behavior, 1998-2001", *The Quarterly Review of Economics and Finance*, Volume 42, Issue 2, Summer 2002, pp.209-233.

Krautkraemer, J. A. and Toman, M. A., "Fundamental Economics of Depletable Energy Supply", Resources for the Future Discussion Paper 03-01, 2003.

Krichene, N., "World Crude Oil and Natural Gas: A Demand and Supply Model", *Energy Economics*, 24, 2002, pp.557-576.

Kurz, M., "On The Structure and Diversity of Rational Beliefs", *Economic Theory*, 1994, pp.877-900.

Kurz, M. and Wu, H. M., "Endogenous Uncertainty in A General Equilibrium Model with Price Contingent Contracts", *Economic Theory*, 1996, Volume 8, Issue 3, pp.461-488.

Kydland, F.E., & Prescott, E.C., "Time to Build and Aggregate Fluctuations", *Econometrica*, 50(6), 1982, pp.1345-1370.

Lardic, S.and Mignon.R., "The Impact of Oil Prices on GDP in European Countries: An Empirical Investigation Based on Asymmetric Cointegration", *Energy Policy*, 34, 2006, pp.3910-3915.

Lardica, S.and Mignona, R., "Oil Prices and Economic Activity: An Asymmetric", *Energy Economics*, 30, 2008, pp.847-855.

Leduc, S.and Sill, K., "A Quantitative Analysis of Oil Price Shocks, Systematic Monetary Policy and Economic Downturns", *Journal of Monetary Economics*, 51, 2004, pp.781-808.

Lee, B.R., Lee, K. andRatti, R.A., "Monetary Policy, Oil Price Shocks, and The Japanese Economy", *Japan and the World Economy*, 13, 2001, pp.321-349.

Lee, K.and Ni, S., "On The Dynamic Effects of Oil Price Shocks: A Study Using Industry Level Data", *Journal of Monetary Economics*, 49, 2002, pp.823-852.

Lee, K., Kang, W. andRatti, R.A., "Oil Price Shocks, Firm Uncertainty and Investment", *Macroeconomic Dynamics*, 2011-Cambridge University Press.

Lee, K., Ni, S. andRatti, R. A., "Oil Shocks and the Macroeconomy: The Role of Price Variability", *The Energy Journal*, Vol.16, No.4, 1995, pp.39–56.

Leeuw, F. D. and McKelvey, M. J., "Price Expectations of Business Firms", *Brookings Papers on Economic Activity*, Vol.1981, No.1, 1981, pp.299–314.

Lilien, D., "Sectoral Shifts and Cyclical Unemployment", *Journal of Political Economy*, 90, 1982, pp.777–793.

Lluch, C., "The Extended Linear Expenditure System", *European Economic Review*, Volume 4, Issue 1, April 1973, pp.21–32.

Löfgren, H. Harris, R. L. and Robinson, S., "A Standard Computable General Equilibrium (CGE) Model in GAMS", *Microcomputers in Policy Research* 5, International Food Policy Research Institute, 2002.

Long, J.B. andPlosser, C.I., "Real Business Cycles", *Journal of Political Economy*, 91, 1983, pp.39–69.

Long, J. B. andPlosser, C. I., "Sectoral vs. Aggregate Shocks in the Business Cycle", *American Economic Review*, 77, 1987, pp.333–336.

Löschel, A. and Otto, V.M., "Technological Uncertainty and Cost Effectiveness of CO_2 Emission Reduction", *Energy Economics*, 31, 2009, pp.S4–S17.

Loungani, P., "Oil Price Shocks and the Dispersion Hypothesis", *Review of Economics and Statistics*, 68, 1986, pp.536–539.

Lucas, R.E., "Some International Evidence on Output-Inflation Tradeoffs", *American Economic Review*, 63, 1973, pp.326–334.

Lucas, R. E., "Methods and Problems in Business Cycle Theory", *Journal of Money, Credit, and Banking*, 14, 1980, pp.696–715.

Lucas, R.E.Jr., "Econometric Policy Evaluation: A Critique", *Carnegie-Rochester Conference Series on Public Policy*, 1976.

Lucas, R.E.Jr., "On the Mechanics of Economic Development", *Journal of Monetary Economics*, Volume 22, Issue 1, July 1988, pp.3–42.

MacAvoy, P.W., *Crude Oil Prices as Determined by OPEC and Market Fundamentals*, Ballinger Publishing Co., Cambridge, MA, 2008 Feb.

Mackinnon, J.G., "Critical Values for Cointegration Tests", in: R.F.Engle and C.

W.J. Granger (eds.) , *Long－run Economic Relationships*：*Readings in Cointegration*, Oxford University Press, 1991.

Martinsen, T., "Introducing Technology Learning for Energy Technologies in A National CGE Model hrough Soft Links to Global and National Energy Models", *Energy Policy*, Volume 39, Issue 6, 2011, pp.3327－3336.

Mason, C. F. andPolasky, S., "What Motivates Membership in non－Renewable Resource Cartels? The Case of OPEC", *Resource and Energy Economics*, 27, 2005, pp.321－342.

McMillan, W.D. and Parker, R.E., "An Empirical Analysis of Oil Price Shocks in the Interwar Period", *Economic Inquiry*, 32, 1994, pp.486－497.

Meltzer(eds.), "Stabilization Policies and Labor Markets", Carnegie－Rochester Conference Series in Public Policy, 28, 1988, pp.324－368.

Milani, F., "Expectations, Learning, and The Changing Relationship between Oil Prices and The Macroeconomy", *Energy Economics*, 31, 2009, pp.827－837.

Mork, K.A., "Factor Substitution, Rational Expectations, and the Effects of Commodity Price Shocks on Employment and Investment", *Economic Inquiry*, 28, 1985, pp.507－524.

Mork, K.A., "Oil and The Macroeconomy When Prices Go Up and Down：An Extension of Hamilton's Results", *Journal of Political Economy*, 97, 1989, pp. 740－744.

Mork, K.A., "Business Cycles and the Oil Market", *Energy Journal*, 15 Special Issue, 1994, pp.15－38.

Mork, K. A., & Hall, R. E., "Energy Prices, Inflation, and Recession, 1974－1975", *The Energy Journal*, 1(3), 1980, pp.31－63.

Mork, K.A., Olsen, Ø. and Mysen, H.T., "Macroeconomic Responses to Oil Price Increases and Decreases in Seven OECD Countries", *Energy Journal*, 15(4), 1994, pp.19－35.

Mory, J.F., "Oil Prices and Economic Activity：Is the Relationship Symmetric", *Energy Journal*, 14(4), 1993, pp.151－161.

Muth, J.F., "Rational Expectations and the Theory of Price Movements", *Econo-*

metrica, Vol.29, No.3, Jul., 1961, pp.315–335.

Myers, S.C., "Determinants of Corporate Borrowing", *Journal of Financial Economics*, Volume 5, Issue 2, November 1977, pp.147–175.

Narayana, P.K. and Narayan, S., "Modelling Oil Price Volatility", *Energy Policy*, 35, 2007, pp.6549–6553.

Nasseh, A.R., and Elyasiani, E., "Energy Price Shocks in the 1970s: Impact on Industrialized Countries", *Energy Economics*, 6, 1984, pp.231–244.

Nordhaus, W. D., "Oil and Economic Performance in Industrial Countries", *Brooking Papers on Economic Activity*, 2, 1980, pp.341–388.

Nordhaus, W.D., "Forecasting Efficiency: Concepts and Applications", *The Review of Economics and Statistics*, Vol.LXIX, No.4, Nov., 1987.

Okagawa, A.and Ban, K., "Estimation of Substitution Elasticities for CGE Models", Graduate School of Economics and Osaka School of International Public Policy Discussion Paper, 2008.

Okun, A.M., "A Postmortem of the 1974 Recession", *Brooking Papers on Economic Activity*, 1, 1975, pp.207–221.

Olsen, O.andMysen, H., "Macroeconomic Responses to Oil Price Increases and Decreases in Seven OECD Countries", *Energy Journal*, 15, 1994, pp.19–35.

OPEC, *World Oil Outlook*, OPEC Secretariat, 2012, Helferstorferstrasse 17, A–1010 Vienna, Austria.

Otto, V. M., Löschel, A. and Dellink, R., "Energy Biased Technical Change: A CGE Analysis", ZEW Discussion Paper No.05–32, 2007.

Perry, G.L., "Potential Output and Productivity", *Brooking Papers on Economic Activity*, 1, 1977, pp.11–47.

Phillips, P.C.B., "Impulse–response and Forecast Error Variance Asymptotics in Nonstationary VARs", *Journal of Econometrics*, 83, 1998, pp.21–56.

Pierce, J. L. andEnzler, J. J., "The Effects of External Inflationary Shocks", *Brookings Papers on Economic Activity*, 1, 1974, pp.13–61.

Pindyck, R.S., "Gains to Producers from the Cartelization of Exhaustible Resources", *The Review of Economics and Statistics*, Vol. 60, No. 2, Apr., 1978, pp.

238-251.

Pindyck, R.S., "Interfuel Substitution and the Industrial Demand for Energy: An International Comparison", *The Review of Economics and Statistics*, Vol. 61, No. 2, May, 1979, pp.169-179.

Pindyck, R.S., "Volatility in Natural Gas and Oil Markets", CEEPR Working Paper, 2003.

Pindyck, R.S. and Rotemberg, J.J., "Energy Shocks and The Macroeconomy", in Alm, A. L., Weimer, R. J. (Eds.), *Oil Shock: Policy Response and Implementation*, Harper & Row Ballinger, Cambridge, MA, 1984, pp.97-120.

Pindyck, R.S., "Volatility and Commodity Price Dynamics", *The Journal of Futures Markets*, Vol.24, No.11, 2004, pp.1029-1047.

Rahman, S. and Serletis, A., "Oil Price Uncertainty and the Canadian Economy: Evidence from A VARMA, GARCH-in-Mean, Asymmetric BEKK Model", *Energy Economics*, 34, 2012, pp.603-610.

Ram, R. and Ramsey, D.D., "Government Capital and Private Output in the United States: Additional Evidence", *Economics Letters*, 30, 1989, pp.223-226.

Rasche, R.H., & Tatom, J.A., "Energy Resources and Potential GNP", *Federal Reserve Bank of St.Louis Review*, 59(6), 1977, pp.10-24.

Rasche, R.H., & Tatom, J.A., "The Effects of The New Energy Regime on Economic Capacity, Production and Prices", *Federal Reserve Bank of St. Louis Economic Review*, 59(4), 1977, pp.2-12.

Rasche, R.H. and Tatom, J.A., "Energy Price Shocks, Aggregate Supply and Monetary Policy: The Theory and the International Evidence", in K. Brunner and A.H. Meltzer (eds.), *Supply Shocks, Incentives and National Wealth*, Carnegie-Rochester Conference Series on Public Policy, 14, 1981, pp.9-93.

Rattso, J., "Different Macroclosures of the Original Johansen Model and Their Impact on Policy Evaluation", *Journal of Policy Modeling*, 1982, (4), pp.85-97.

Raymond, J. E. and Rich, R. W., "Oil and the Macroeconomy: A Markov State-Switching Approach", *Federal Reserve Bank of New York Mimeo*, April 1995.

Razavi, H. and Samii, M., "Speculative Demand for Oil", *OPEC Review*, Volume

7, Issue 1, March 1983, pp.86-101.

Robert, L.K. andVigfusson, J., "Nonlinearities in the Oil Price-Output Relationship", http://www-personal.umich.edu/~lkilian/md112810r1.pdf, 2010.

Robinson, S and El-Said, M., "Gams Code for Estimating A Social Accounting Matrix(SAM) Using Cross Entropy(CE) Methods", TMD Discussion Paper No.64, 2000.

Robinson, S.(2003), "Macro models and multiplier: Leontiof, Stone, Keynes and CGE models", International Food Policy Research Institute, Washington DC.2003.

Romer, C.D., and Romer, D.H., "Monetary Policy Matters", *Journal of Monetary Economics*, 34, 1994, pp.75-88.

Romer, C.D., and Romer, D.H., "Does Monetary Policy Matter? A New Test in the Spirit of Friedman and Schwartz", in O. Blanchard and S. Fischer(eds.), *NBER Macroeconomics Annual*, 4, Cambradge, Mass.: MIT Press, 1989, pp.122-170.

Romer, P., "Endogenous Technological Change", *Journal of Political Economy*, 98, 1990, pp.71-102.

Rotemberg, J.J. and Woodford, M., "Imperfect Competition and the Effects of Energy Price Increases on Economic Activity", NBER Working Paper No.5634, 1996.

Rubinstein, M., "Securities Market Efficiency in an Arrow-Debreu Economy", *The American Economic Review*, Vol.65, No.5, Dec., 1975, pp.812-824.

Sadorsky, P., "Oil Price Shocks and Stock Market Activity", *Energy Economics*, 21, 1999, pp.449-469.

Salant, S.W., "The Economics of Natural Resource Extraction: A Primer for Development Economists", *World Bank Research Observer*, Volume 10, Issue 1, 1995, pp. 93-111.

Sargent, T.J., "The Observational Equivalence of Natural and Unnatural Rate Theories of Macroeconomics", *Journal of Political Economy*, Vol. 84, No. 3, Jun., 1976, pp.631-640.

Sato, K., "A Two-Level Constant-Elasticity-of-Substitution Production Function", *The Review of Economic Studies*, Vol.34, No.2, Apr., 1967.

Schmidbauer, H. and Rösch, A., "OPEC News Announcements: Effects on Oil

Price Expectation and Volatility", *Energy Economics*, 34, 2012, pp.1656-1663.

Schultz, T.W., "Reflections on Investment in Man", *Journal of Political Economy*, Vol.70, No.5, Oct., 1962, pp.1-8.

Schwarz, G., "Estimating the Dimension of A Model", *The Annals of Statistics*, 6, 1978, pp.461-464.

Sen, A.K., "Neo-classical and Neo-Keynsian Theories of Distribution", *Economic Record*, Volume 39, Issue 85, March 1963, pp.53-64.

Shiskin, J., Young, A.H., and Musgrave, J.C. "The X-11 Variant of The Census Method II Seasonal Adjustment Program", Bureau of the Census Technical Paper 15, U.S.Department of Commerce, Washington, DC, 1967.

Sims, C., "Macroeconomics and Reality", *Econometrica*, 48(1), 1980, pp.1-48.

Smyth, D.J., "Energy Prices and the Aggregate Production Function", *Energy Economics*, 15, 1993, pp.105-110.

Struckmeyer, C.S., "The Putty-Clay Perspective on the Capital-Energy Complementarity Debate", *The Review of Economics and Statistics*, Vol.69, No.2, May, 1987, pp.320-326.

Tang, W., Wu, L. and Zhang, Z., "Oil Price Shocks and Their Short-and Long-term Effects on The Chinese Economy", *Energy Economics*, 32, 2010, pp. S3-S14.

Tatom, J.A., "Are the Macroeconomic Effects of Oil Price Changes Symmetric", Carnegie-Rochester Conference Series on Public Policy, Volume 28, Spring 1988, pp. 325-368.

Tatom, J.A., "Are There Useful Lessons from the 1990-91 Oil Price Shock", *Energy Journal*, 14(4), 1993, pp.129-150.

Taylor, L., *Socially Relevant Policy Analysis: Structuralized Computable General Equilibrium Models for the Developing World*, MIT Press, 1990.

Taylor, L.F.andLysy, J., "Vanishing Income Redistributions: Keynesian Clues about Model Surprises in the Short Run", *Journal of Development Economics*, Volume 6, Issue 1, 1979, pp.11-29.

Teece, D.J., *OPEC Behavior and World Oil Prices*, London: Allen and Unwin,

1982.

Tobin, J., "Stabilization Policy Ten Years After", *Brookings Papers on Economic Activity*, 1, 1980, pp.19–71.

Toman, M.A., "The Economics of Energy Security: Theory, Evidence, Policy", in A.V.Kneese and J.L.Sweeney (eds.), *Handbook of Natural Resource and Energy Economics III*, Amsterdam: North–Holland, 1993, pp.1167–1218.

van der Werf, E., "Production Functions for Climate Policy Modeling: An Empirical Analysis", *Energy Economics*, 30, 2008, pp.2964–2979.

Vennemo, H., "A Dynamic Applied General Equilibrium Model with Environmental Feedbacks", *Economic Modelling*, 14, 1997, pp.99–154.

Verleger Jr, P.K., "Oil Markets in Turmoil: An Economic Analysis", in *OPEC Behavior and World Oil Prices*, 1982.

Wang, Y.and Yao, Y.D., "Sources of China's Economic Growth 1952–1999: Incorporating Human Capital Accumulation", *China Economic Review*, 14, 2003, pp. 32–52.

Watkins, G. C., "The Hotelling Principle: Autobahn or Cul de Sac?", *Energy Journal*, 13(1), 1992, pp.1–24.

Wei, C., "Energy, the Stock Market, and the Putty–Clay Investment Model", *The American Economic Review*, Vol.93, No.1, Mar., 2003, pp.311–323.

Wei, Z.X., Li, W.J., Wang, T., "The Impacts and Countermeasures of Levying Carbon Tax in China under Low–carbon Economy", *Energy Procedia*, 5, 2011, pp. 1968–1973.

Wirl, F., "Dynamic Demand and OPEC Pricing", *Energy Economics*, 12, 1990, pp.174–177.

Wirl, F., "Why Do Oil Prices Jump (or Fall)", *Energy Policy*, 36, 2008, pp. 1029–1043.

Yoon, K. H. andRatti, R. A., "Energy Price Uncertainty, Energy Intensity and Firm Investment", *Energy Economics*, 33, 2011, pp.67–78.

Yousefi, A. and Wirjanto, T. S., "Exchange Rate of the US Dollar and the J Courve: The Case of Oil Exporting Countries", *Energy Economics*, 25, 2003, pp.

741-765.

Zarnowitz, V., "Rational Expectations and Macroeconomic Forecasts", *Journal of Business & Economic Statistics*, Vol.3, No.4, October 1985.

Zhang, Z.X., *Integrated Economy-Energy-Environment Policy Analysis: A Case Study for the People's Republic of China*, Ph.D Dissertation, Department of General Economics, University of Wageningen, The Netherlands, 1996.

冯连勇、唐旭、赵林:《基于峰值预测模型的中国石油产量合理规划》,《石油勘探与开发》2007 年第 8 期。

冯连勇、赵林、赵庆飞、王志明:《石油峰值理论及世界石油峰值预测》,《石油学报》2006 年第 5 期。

甘欢欢、焦建玲:《油价冲击对我国行业经济的影响研究》,《合肥工业大学学报(自然科学版)》2011 年第 10 期。

高帆:《中国劳动生产率的增长及其因素分解》,《经济理论与经济管理》2007 年第 4 期。

高凌云、程敏:《居民消费结构分析:从 ELES 到 SFLE》,《统计与决策》2007 年第 11 期。

桂繯评、李双妹:《基于油价上涨的中国价格传导机制研究——中国 CPI 被逐步推高的一个解释》,《江西社会科学》2011 年第 8 期。

郭庆旺、赵志耘、贾俊雪:《中国省份经济的全要素生产率分析》,《世界经济》2005 年第 5 期。

杭斌:《基于持久收入和财富目标的跨时消费选择——中国城市居民消费行为的实证研究》,《统计研究》2007 年第 2 期。

贺菊煌:《消费函数研究》,《数量经济技术经济研究》1998 年第 12 期。

贺菊煌:《我国资产的估算》,《数量经济技术经济研究》1992 年第 8 期。

贺菊煌、沈可挺、徐嵩龄:《碳税与二氧化碳减排的 CGE 模型》,《数量经济技术经济研究》2002 年第 10 期。

胡宗义、蔡文彬、陈浩:《能源价格对能源强度和经济增长影响的 CGE 研究》,《财经理论与实践》2008 年第 152 期。

焦建玲、范英、魏一鸣:《石油价格研究综述》,《中国能源》2004 年第 4 期。

亢翔、Robert E.Marks、万广华:《国有企业全要素生产率变化及其决定因素:1990—1994》,《经济研究》1999 年第 7 期。

李宾、曾志雄:《中国全要素生产率变动的再测算:1978-2007》,《数量经济技术经济研究》2008 年第 1 期。

李京文、钟学义:《中国生产率分析前沿》,社会科学文献出版社 1998 年版。

李丽:《国际油价波动对中国经济影响的评估》,《华东经济管理》2011 年第 5 期。

李猛:《金融危机下中国经济系统的内部外部冲击影响——基于虚实两部门一般均衡模型的研究及模拟测算》,《财经研究》2009 年第 10 期。

李猛:《后危机时期政策或冲击对中国宏观经济影响的数量分析——基于环境与金融层面相统合的多部门 CGE 模型》,《数量经济技术经济研究》2011 年第 12 期。

李善同:《2002 年中国地区扩展投入产出表:编制与应用》,经济科学出版社 2010 年版。

李陶、陈林菊、范英:《基于非线性规划的我国省区碳强度减排配额研究》,《管理评论》2010 年第 6 期。

李焰:《关于利率与我国居民储蓄关系的探讨》,《经济研究》1999 年第 11 期。

李莹、李德贵:《我国石油产量峰值预测》,《中国能源》2007 年第 4 期。

李子奈、鲁传一:《管理创新在经济增长中贡献的定量分析》,《清华大学学报》2002 年第 2 期。

林伯强、牟敦国:《能源价格对宏观经济的影响——基于可计算一般均衡(CGE)的分析》,《经济研究》2008 年第 11 期。

林坦、宁俊飞:《基于零和 DEA 模型的欧盟国家碳排放权分配效率研究》,《数量经济技术经济研究》2011 年第 3 期。

林文芳:《县域城乡居民消费结构与收入关系分析》,《统计研究》2011 年第 4 期。

刘建、蒋殿春:《国际原油价格波动对我国工业品出厂价格的影响——基于行业层面的实证分析》,《经济评论》2010 年第 2 期。

刘小川、汪曾涛:《二氧化碳减排政策比较以及我国的优化选择》,《上海财经大学学报》2009 年第 4 期。

刘亦文、胡宗义:《国际油价波动对我国经济影响的 CGE 分析》,《经济数学》2009 年第 4 期。

芦琳娜、雷涯邻、车纲:《国际油价、经济增长与原油消费变动对国内油价的协整分析》,《资源与产业》2012 年第 3 期。

鲁成军、周端明:《中国工业部门的能源替代研究——基于对 ALLEN 替代弹性模型的修正》,《数量经济技术经济研究》2008 年第 5 期。

陆旸:《我国主要进口商品的 Armington 替代弹性估计》,《国际贸易问题》2007 年第 12 期。

骆祚炎:《利用线性支出系统 ELES 测定贫困线的实证分析——兼比较几种贫困标准》,《当代财经》2006 年第 3 期。

米慧芬、张志宏:《当前国际原油价格的影响因素分析》,《资源·产业》2005 年第 4 期。

石敏俊、张卓颖:《中国省区间投入产出模型与区际经济联系》,科学出版社 2012 年版。

宋树仁、史亚东、马草原:《中产阶层消费需求结构的宏观数量分析——基于 ELES 模型》,《科学·经济·社会》2010 年第 3 期。

谭力文、代伊博、娄汇阳、陈冰洁:《国际石油价格上涨对中国汽车产业的冲击效应——基于 VAR 与 VEC 模型的实证研究》,《统计与信息论坛》2010 年第 5 期。

唐旭、张宝生、邓红梅、冯连勇:《基于系统动力学的中国石油产量预测分析》,《系统工程理论与实践》2010 年第 2 期。

佟苍松:《Armington 弹性的估计与美国进口中国商品的关税政策响应分析》,《世界经济研究》2006 年第 3 期。

涂正革、肖耿:《中国的工业生产力革命》,《经济研究》2005 年第 3 期。

王灿、陈吉宁、邹骥:《气候政策研究中的数学模型评述》,《上海环境科学》2002 年第 7 期。

王灿、陈吉宁、邹骥:《可计算一般均衡理论及其在气候变化研究中的应用》,《上海环境科学》2003 年第 3 期。

王灿、陈吉宁、邹骥:《基于 CGE 模型的 CO_2 减排对中国经济的影响》,《清华大学学报(自然科学版)》2005 年第 12 期。

王金营:《人力资本与经济增长:理沦与实证》,中国财政经济出版社 2001 年版。

王金营:《中国经济增长与综合要素生产率和人力资本需求》,《中国人口科学》2002 年第 2 期。

王小鲁、樊纲、刘鹏:《中国经济增长方式转换和增长可持续性》,《经济研究》2009 年第 1 期。

魏涛远:《世界油价上涨对我国经济的影响分析》,《数量经济技术经济研究》2002 年第 5 期。

魏巍贤、林伯强:《国内外石油价格波动性及其互动关系》,《经济研究》2007 年第 12 期。

魏一鸣、吴刚、刘兰翠、范英:《能源—经济—环境复杂系统建模与应用进展》,《管理学报》2005 年第 2 期。

吴静、王铮、吴兵:《石油价格上涨对中国经济的冲击——可计算一般均衡模型分析》,《中国农业大学学报(社会科学版)》2005 年第 2 期。

吴力波:《中国工业生产的劳动、资本和能源的替代分析》,《电力与能源》2011 年第 3 期。

吴力波:《国际原油价格上涨特征分析——及其对世界经济的影响初探》,《世界经济情况》2008 年第 8 期。

吴力波、汤维祺、孙立坚:《本世纪以来国际原油价格变化特征》,《经济纵横》2011 年第 4 期。

肖明智、谢锐:《国际原油价格上涨对中国经济影响的一般均衡研究》,《世界经济与政治论坛》2012 年第 1 期。

谢雯、张珣、傅晓旗、徐山鹰、汪寿阳:《油价高企对中国经济及相关行业的影响》,《管理评论》2005 年 4 期。

徐卓顺:《可计算一般均衡(CGE)模型:建模原理、参数估计方法与应用研究》,吉林大学博士毕业论文,2009 年。

薛鹏、王倩:《我国城乡居民消费状况比较研究:1978—2008》,《统计研究》2009 年第 11 期。

颜鹏飞、王兵:《技术效率、技术进步与生产率增长:基于 DEA 的实证分析》,《经济研究》2004 年第 12 期。

杨超、王锋、门明:《征收碳税对二氧化碳减排及宏观经济的影响分析》,《统计研究》2011 年第 7 期。

姚昕、刘希颖:《基于增长视角的中国最优碳税研究》,《经济研究》2010 年第 11 期。

姚云飞、梁巧梅、魏一鸣:《主要排放部门的减排责任分担研究——基于全局成本有效的分析》,《管理学报》2012 年第 8 期。

易纲、樊纲、李岩:《关于中国经济增长与全要素生产率的理论思考》,《经济研究》2003 年第 8 期。

袁永德:《非完全竞争市场假设在 CGE 模型中的引入及应用》,《当代经济科学》2007 年第 1 期。

原鹏飞、吴吉林:《能源价格上涨情景下能源消费与经济波动的综合特征》,《统计研究》2011 年第 9 期。

翟凡、李善同:《一个中国经济的可计算一般均衡模型》,《数量经济技术经济研究》1997 年第 3 期。

翟凡、李善同、冯珊:《中期经济增长和结构变化——递推动态一般均衡分析》,《系统工程理论与实践》1999 年第 2 期。

张抗:《近 20 年中国石油储量变化分析》,《石油与天然气地原》2005 年第 5 期。

张丽峰:《中国能源供求预测模型及发展对策研究》,首都经济贸易大学博士论文,2006 年。

张意翔、孙涵、成金华:《国内外原油价格关系的动态分析》,《管理学报》2007 年第 1 期。

张友国、郑玉歆:《中国排污收费征收标准改革的一般均衡分析》,《数量经济技术经济研究》2005 年第 5 期。

张跃军、范英、魏一鸣:《基于 GED-GARCH 模型的中国原油价格波动特征研究》,《数理统计与管理》2007 年第 3 期。

赵庆飞、陈元千:《对我国石油消费量和原油自供量的预测与分析》,《石油科技论坛》2006 年第 2 期。

郑玉歆、樊明太:《中国 CGE 模型及政策分析》,社会科学及文献出版社 1999 年版。

郑照宁、刘德顺:《考虑资本—能源—劳动投入的中国超越对数生产函数》,《系统工程理论与实践》2004 年第 5 期。

钟笑寒、李子奈:《全球变暖的宏观经济模型》,《系统工程理论与实践》2002 年第 3 期。

朱艳鑫、薛俊波、王铮:《多区域 CGE 模型与区域转移支付政策模拟》,《管理学报》2010 年第 7 卷。

后　记

本书脱胎于本人的博士论文，在撰写过程中经历了多次的辗转、纠结，终告完成。首先要感谢我的导师华民教授以及吴力波教授对我的指导与帮助，两位老师的耐心、宽容与支持给了我莫大的鼓励。华老师作为影响过中国经济发展方向的著名经济学家，从他身上我学到的不仅仅是经济学的知识与思想，更有求真务实的追求，以及经邦济世、感怀天下的胸怀！吴力波教授是能源经济学领域的权威专家，吴老师在专业上的真知灼见与宽广的视野让我很快能够接触到相关领域的前沿，看到了能源与资源、环境经济学广阔的天地。从两位老师在学术上的专注、热情以及坚定、执著，以及他们慷慨地为每一个学生倾其所能地提供资源与帮助，更是让我看到了一个经济学人的追求、志向与气度。

从论文落笔到重新拿出来改写准备出版历经整整两年，再从头到尾读一遍自己的文章，除了熟悉的文字之外，更在字里行间看到了整个研究生阶段留下的深深烙印，感觉好像文中的每一个字句，甚至每一个标点都能找到出处——连自己都惊讶于这种感觉居然如此的强烈，以至于自己都分不清文中有哪些是我自己的观点，而哪些又是得自老师的教诲、得自课题项目，甚至讨论闲谈过程中的潜移默化。

我还要感谢我的家人给我无条件的支持。“万般皆下品，唯有读书高”是父母那一辈人的执念，可是即便如此，当我惴惴地告诉他们“博士还有‘后’”的时候，心里也不知道对他们而言，边际效用是否依然大于零。事实证明我多虑了，“只要做你喜欢做的事，觉得快乐就是最好”是他们一直挂在嘴边的话，于我而言，读书、研究、学术，早已经不仅仅是任务，而更多的变成了一项乐此不疲的事业了。

最后,我要把此书送给我的妻子张祎珉。在博士阶段的最后时期我们偶然相识,很快走入婚姻的殿堂,然后又很快体验了远隔重洋的分离。她见证了我的论文的完成及本书的诞生,也陪我走过了博士后三年间的彷徨和痛苦,更见证了我的变化和成长。这些经历让我们在一起的每一天都显得更加快乐和幸福。相信有她的陪伴,未来的路不论怎么走,都会越走越宽、越走越好!

2016 年 3 月

于复旦大学　金砖国家研究中心

责任编辑:陈　登

图书在版编目(CIP)数据

不确定性条件下油价宏观经济影响的动态一般均衡模拟研究/汤维祺 著. —北京:
人民出版社,2017.9
ISBN 978-7-01-017883-7

Ⅰ.①不…　Ⅱ.①汤…　Ⅲ.①石油价格-经济波动-影响-宏观经济-研究
Ⅳ.①F407.225 ②F015

中国版本图书馆 CIP 数据核字(2017)第159716号

不确定性条件下油价宏观经济影响的动态一般均衡模拟研究

BUQUEDINGXING TIAOJIAN XIA YOUJIA HONGGUAN JINGJI YINGXIANG DE DONGTAI YIBAN JUNHENG MONI YANJIU

汤维祺　著

人民出版社 出版发行
(100706　北京市东城区隆福寺街99号)

涿州市星河印刷有限公司印刷　新华书店经销

2017年9月第1版　2017年9月北京第1次印刷
开本:710毫米×1000毫米 1/16　印张:18.5
字数:296千字

ISBN 978-7-01-017883-7　定价:45.00元

邮购地址 100706　北京市东城区隆福寺街99号
人民东方图书销售中心　电话 (010)65250042　65289539